权威·前沿·原创

皮书系列为

“十二五”“十三五”“十四五”时期国家重点出版物出版专项规划项目

GREEN BOOK

智库成果出版与传播平台

乡村旅游绿皮书
GREEN BOOK OF RURAL TOURISM

中国乡村旅游发展报告（2023）

ANNUAL REPORT ON THE DEVELOPMENT OF RURAL TOURISM IN CHINA (2023)

主　编／王金伟　吴志才

社会科学文献出版社
SOCIAL SCIENCES ACADEMIC PRESS (CHINA)

图书在版编目(CIP)数据

中国乡村旅游发展报告.2023 / 王金伟，吴志才主编.--北京：社会科学文献出版社，2024.5
（乡村旅游绿皮书）
ISBN 978-7-5228-3139-8

Ⅰ.①中… Ⅱ.①王… ②吴… Ⅲ.①乡村旅游-旅游业发展-研究报告-中国-2023 Ⅳ.①F592.3

中国国家版本馆 CIP 数据核字（2023）第 255132 号

乡村旅游绿皮书
中国乡村旅游发展报告（2023）

主　　编 / 王金伟　吴志才

出 版 人 / 冀祥德
组稿编辑 / 任文武
责任编辑 / 李　淼
责任印制 / 王京美

出　　版 / 社会科学文献出版社 · 生态文明分社（010）59367143
　　　　　地址：北京市北三环中路甲 29 号院华龙大厦　邮编：100029
　　　　　网址：www.ssap.com.cn
发　　行 / 社会科学文献出版社（010）59367028
印　　装 / 三河市东方印刷有限公司

规　　格 / 开 本：787mm×1092mm　1/16
　　　　　印 张：25.25　字 数：415 千字
版　　次 / 2024 年 5 月第 1 版　2024 年 5 月第 1 次印刷
书　　号 / ISBN 978-7-5228-3139-8
定　　价 / 128.00 元

读者服务电话：4008918866

《中国乡村旅游发展报告（2023）》
编　委　会

主要编撰者简介

王金伟 北京第二外国语学院旅游科学学院教授、中国旅游政策研究中心主任，《旅游导刊》执行副主编，全国高校黄大年式教师团队（旅游管理）成员，北京市课程思政教学名师。研究方向：旅游经济、乡村旅游、红色旅游。主持国家自然科学基金项目、国家社会科学基金项目、教育部人文社会科学研究基金项目等国家和省部级课题11项，在*Journal of Travel Research*、*Tourism Management Perspectives*、*Current Issues in Tourism*、*Journal of Destination Marketing & Management*、*Tourism Review*、《旅游学刊》、《旅游科学》、《地理研究》、《自然资源学报》、《经济地理》等刊物发表论文100余篇，其中多篇被"人大报刊复印资料"等第三方书刊转载。多篇咨政报告被教育部、文化和旅游部等中央和地方政府部门采纳。

吴志才 华南理工大学旅游管理系/旅游发展与规划研究院院长、教授、博士生导师。华南理工大学数字乡村与文旅可持续发展重点实验室主任、广东旅游战略与政策研究中心主任，广东省"百千万工程"专家智库首批专家委员。主要从事乡村振兴与减贫治理、数字乡村与城乡融合、全域旅游与文旅融合等理论与应用研究。主持教育部后期重大项目和国家社科基金项目3项、广东省哲学社会科学重大及专项课题10项，主持乡村振兴和文化旅游实践横向课题100余项，其中有近30项决策成果经国家、省政府、市级政府采纳或发布实施，发表学术期刊论文和报刊理论文章近100篇，出版专著和教材6部。荣获广东省第九届哲学社会科学优秀成果奖一等奖，两次入选教育部扶贫十大典型案例。

序 言

2023年是我国全面贯彻落实党的二十大精神的开局之年，也是加快建设农业强国的起步之年。回望百余年的奋斗历程，中国共产党团结带领全国各族人民创造了举世瞩目的发展奇迹，中华民族迎来了从站起来、富起来到强起来的伟大飞跃，实现中华民族伟大复兴进入了不可逆转的历史进程。党的二十大报告指出："从现在起，中国共产党的中心任务就是团结带领全国各族人民全面建成社会主义现代化强国、实现第二个百年奋斗目标，以中国式现代化全面推进中华民族伟大复兴。"在新征程上，我们必须坚定信心、同心同德，埋头苦干、奋勇前进，为全面建设社会主义现代化国家、全面推进中华民族伟大复兴而团结奋斗。

农村是国之根本。只有实现乡村的全面振兴，才能实现中华民族的伟大复兴。乡村振兴不仅关乎农民的福祉，也关乎国家的繁荣和稳定。党的二十大报告提出："全面推进乡村振兴。全面建设社会主义现代化国家，最艰巨最繁重的任务仍然在农村。坚持农业农村优先发展，坚持城乡融合发展，畅通城乡要素流动。加快建设农业强国，扎实推动乡村产业、人才、文化、生态、组织振兴。"当前，我国已进入全面实施乡村振兴、加快农业农村现代化的新阶段，农业农村发展成效显著，乡村振兴已经成为中华民族伟大复兴的重要支撑和坚实基础。

乡村旅游是推动乡村振兴的重要抓手。2023年中央一号文件在部署全面推进乡村振兴重点任务中，突出强调"培育乡村新产业新业态""实施乡村休闲旅游精品工程，推动乡村民宿提质升级"。乡村旅游作为一种新兴特色产业，近年来市场规模持续扩大、产业体系不断完善，并在促进农业农村发展和农民增收致富、推动乡村全面振兴方面发挥了重要作用。文化和旅游部数据显示，截至2023年10月，我国已有8个乡村入选联合国世界旅游组织“最佳旅游乡村”名录，数量位列世界第一；同时，全国已推出1597个全国乡村旅游重点村镇（乡），超过6万个行政村开展了乡村旅游经营活动，乡村旅游已成为新时代推动实现乡村振兴战略目标的核心动能。

本书立足中国式现代化的本质要求，并结合国家乡村振兴战略思想和共同富裕目标，在第一本《乡村旅游绿皮书》的基础上，进一步阐述了新时代我国乡村旅游发展的重要成就，总结梳理了目前乡村旅游发展面临的关键问题，并在此基础上提出乡村旅游高质量发展的针对性建议。本书是集体之作，感谢北京第二外国语学院旅游科学学院、北京旅游发展研究基地、华南理工大学、北京理工大学、贵州师范学院、遵义师范学院、湘潭大学、西北师范大学、中央民族大学、中国人民大学、四川大学、湖南师范大学、山西财经大学、辽宁师范大学、山东财经大学、东北师范大学、河南大学、贵州财经大学、云南财经大学、华中师范大学、安顺学院等院校和机构（排名不分先后）的专家学者对本书的支持。希望本书能够为全面推进乡村振兴战略贡献旅游智慧。

目前，乡村旅游不仅成为中国乡村伟大变迁的生动体现，更日益成长为新时代乡村振兴的有生力量、展示美丽中国的亮丽窗口。推进乡村旅游业全面振兴，离不开学界和业界的共同努力。希望未来有更多的专家学者加入乡村旅游领域，为实现乡村振兴愿景、助推中国式现代化贡献智慧和力量。

主编　王金伟　吴志才

2023年10月31日

摘　要

乡村旅游是加快推进农业农村现代化的重要抓手，是推动乡村全面振兴的重要途径。近年来，国家高度重视乡村旅游发展，并出台了诸多相关政策，采取多项措施增强乡村旅游的带动作用，以助推区域经济增长、传承中华优秀传统文化、引导农业产业融合发展等。2022~2023 年全国乡村旅游发展取得了显著成效：乡村旅游发展势头强劲，市场占比不断增大；多元价值不断凸显，助力乡村全面振兴；乡村旅游提质增效，"宜居宜业和美乡村"稳步推进；新兴业态不断涌现，全产业链提质升级；游客需求愈发多元，消费潜力全面释放；数字科技赋能发展，"智慧"水平显著提升。为深入推动乡村旅游高质量发展，本书提出以下政策建议：一是强化顶层设计，加大政策扶持力度；二是打破地域限制，实现协同联动发展；三是完善配套设施，优化乡村发展环境；四是坚持创新驱动，深化数字技术应用；五是创新人才培养体系，提升乡村旅游服务质量。

本书分为总报告、分报告、专题篇、区域篇和案例篇 5 个部分。总报告分析了乡村旅游发展的总体背景，全面总结了乡村旅游发展的主要成就，剖析了乡村旅游发展面临的问题与挑战，并在此基础上提出了未来乡村旅游高质量发展的建议。分报告围绕数字乡村政策的演变与特征、农业文化遗产旅游发展、传统村落文旅产业融合发展、红色文化与乡村旅游高质量融合发展等方面进行全面总结、梳理和评价。专题篇聚焦于生态文明建设视域下乡村旅游高质量发展、乡村旅游人才回流、乡村居民参与文化遗产旅游的价值共创、可持续生计视角下茶旅融合发展、"社会企业"引领乡村产业集聚、乡村生态宜居水平评价与提升、数字电商与乡村旅游高质量发展等重要议题进行了深入研究。区域篇梳理并分析了 2022~2023 年贵州省、湖南省、山东省、山西省、辽宁省、河南省、吉林省等重点地区的乡村旅游发展情况。案例篇以北京市京西稻农业文化遗产、西藏自治区山南市、重庆市三河村、中国地质大学秭归研学旅行基地、云南省大理喜洲古镇、湖北省恩施州、贵州省山地乡村振兴、云南省腾冲市中寨司莫拉佤族村作为乡村旅游发展的实践案例。

总的来看，2022~2023 年全国乡村旅游稳步推进，但仍存在诸多值得关注的问题，未来需要从多维度、多领域推动乡村旅游提质升级。从分报告来看，数字乡村建设逐渐受到重视、农业文化遗产旅游发展前景广阔、传统村落文旅产业融合持续深入、“红色文化+乡村旅游”的发展模式初具成效。从专题篇来看，生态文明建设视域下的乡村旅游持续赋能乡村振兴、乡村旅游持续赋能乡村人才振兴、居民参与价值共创助力乡村旅游高质量发展、茶旅融合市场潜力巨大、乡村旅游可持续发展新模式不断涌现、乡村居民生态环保意识不断加强、数字经济重构乡村旅游发展格局。从区域篇来看，贵州省、湖南省、山东省、山西省、辽宁省、河南省、吉林省的乡村旅游在 2022~2023 年都取得了一定成效，未来需要进一步从文化内涵挖掘、基础设施建设、营销模式创新、数字化治理能力提升等方面助推乡村旅游高质量发展。案例篇通过深入剖析多个案例，为农业文化遗产活化、民族地区农民增收、乡村文旅综合体助力乡村振兴、研学活动转型升级、古镇乡村旅游高质量发展、乡村旅游产业治理、文旅融合促进山地乡村振兴、民族村寨幸福乡村建设提供了有效借鉴思路。

关键词： 乡村旅游　乡村振兴　共同富裕　高质量发展

Abstract

Rural tourism is a catalyst for accelerating agricultural and rural modernization, and a crucial way for promoting the vitalization of rural areas. Recently, China has attached great importance to the development of rural tourism and numerous associated policies have been issued, adopting a variety of measures to enhance the leading role of this form of tourism to boost regional economic growth, enhance traditional Chinese culture, and guide the integrated development of agriculture. From 2022 to 2023, China has achieved remarkable results in the development of rural tourism. The growth momentum of rural tourism development is robust and its market share is constantly increasing. Diverse values are constantly highlighted, helping the wide-ranging vitalization of rural areas. The quality and effectiveness of rural tourism have improved. Also, the development of "livable, employable, and beautiful villages" is steadily advancing, emerging entrepreneurial ventures are constantly emerging, and the entire industry chain is expanding and upgrading. Tourist demands are becoming more diverse and consumption potential fully released. Digital technology is empowering development and technological skill capacity levels are significantly improving. To promote the high-quality development of rural tourism, this book proposes the following policy recommendations: 1) Strengthen top-level design and increase policy support; 2) remove geographical restrictions and adopt coordinated and collaborative development; 3) improve support facilities and optimize the rural development environment; 4) encourage innovation-driven initiatives and widen the application of digital technologies; and 5) enhance human talent training systems and the service quality of rural tourism.

The book is divided into five parts, namely general report, topical report, monographic section, regional section, and case study section. The general report analyzes the overall background of rural tourism development, comprehensively summarizing the achievements of rural tourism development, identifying the problems and challenges faced, and putting forward suggestions for the high-quality development of rural tourism in the future. The topical report summarizes the evolution and characteristics of digital rural policies, the development of agricultural cultural heritage tourism, the integrated development of traditional village cultural and tourism industries, and the high-quality, integrated development of red culture and rural tourism. The monographic section features in-depth research on important issues such as high-quality development of rural tourism from the perspective of ecological and community development, return of rural tourism human talent, value co-creation of rural resident participation in cultural-heritage tourism, integrated development of tea tourism from the perspective of sustainable livelihoods, leading role of social enterprises in rural industrial agglomeration, evaluation and improvement of rural ecological livability, and the high-quality development of digital e-commerce and rural tourism. The regional section sorts and analyzes the development of rural tourism in key regions, including Guizhou, Hunan, Shandong, Shanxi, Liaoning, Henan, and Jilin provinces from 2022 to 2023. The case study section describe the Beijing Jingxi rice agricultural cultural heritage, rural tourism in Shannan City, Sanhe Village in Chongqing, Zigui study tour base of China University of Geosciences, Xizhou Ancient Town in Dali, Enshi in Hubei, rural vitalization in Guizhou, and Simola Village in Yunnan as practical cases of rural tourism development.

Overall, rural tourism across China has made steady progress from 2022 to 2023, but there are still many noteworthy issues. In the future, it is vital to continue the quality upgrading of rural tourism in numerous ways. According to the topical reports, digital rural construction is gradually gaining greater priority, agricultural cultural heritage tourism has broad development opportunities, the integration of traditional village cultural and tourism industries continues to diversify, and the "red culture + rural tourism" development model has achieved initial success. The monographs suggest that rural tourism development is empowering rural vitalization, rural tourism is enhancing rural human talent cultivation, and resident participation in value co-creation is promoting quality development in rural tourism. Additionally, the market potential of tea tourism is considerable, new models for the sustainable development of rural tourism are constantly emerging, rural resident awareness of ecological and environmental protection is constantly strengthening, and the digital economy is reshaping the development patterns of rural tourism. Regionally, rural tourism in Guizhou, Hunan, Shandong, Shanxi, Liaoning, Henan, and Jilin provinces has achieved encouraging results from 2022 to 2023. In future, the quality development of rural tourism needs further attention through cultural investigation and interpretation, infrastructure development, marketing innovation, and the enhancement of digital governance capabilities. The case studies provide valuable reference ideas for engaging with agricultural cultural heritage, increasing farmers' incomes in ethnic areas, promoting rural resurgence through cultural and tourism complexes, transforming and upgrading of educational research activities, developing ancient town rural tourism, alleviating poverty through rural tourism activities, integrating culture and tourism to promote rural redevelopment in mountainous areas, and constructing happy ethnic villages.

Keywords: Rural Tourism; Rural Vitalization; Common Prosperity; High-Quality Development

目录

Ⅰ 总报告

Ⅱ 分报告

Ⅲ 专题篇

Ⅳ 区域篇

V 案例篇

CONTENTS

I General Report

Ⅱ Topical Reports

Ⅲ Monographic Section

Ⅳ Regional Section

Ⅴ Case Study Section

总报告

General Report

G.1
2023年中国乡村旅游发展形势分析与展望*

王金伟　任建荣　张　宏　刘　敏　黄　佾　周志华　牟　琳**

摘　要： 2023年是全面贯彻落实党的二十大精神的开局之年。随着旅游市场的全面复苏，乡村旅游迎来重大利好，优势潜力持续释放并不断取得新的突破。具体来看，呈现出乡村旅游发展势头强劲，市场占比不断增大；多元价值不断凸显，助力乡村全面振兴；乡村环境持续优化，“宜居宜业和美乡村”建设稳步推进；新兴业态不断涌现，全产业链提质升级；游客需求愈发多元，消费潜力全面释放；数字科技赋能发展，“智慧”水平显著提升的良好发展态势。但目前乡村旅

* 基金项目：山东省人文社会科学联合基金项目（2023-LHYM-01）。

** 王金伟，北京第二外国语学院旅游科学学院教授、北京旅游发展研究基地研究员，研究方向为旅游经济、乡村旅游、红色旅游；任建荣，北京第二外国语学院硕士研究生，研究方向为旅游经济、乡村旅游；张宏，北京第二外国语学院硕士研究生，研究方向为旅游经济、乡村旅游；刘敏，北京第二外国语学院硕士研究生，研究方向为旅游经济、乡村旅游；黄佾，北京第二外国语学院硕士研究生，研究方向为乡村旅游；周志华，北京第二外国语学院硕士研究生，研究方向为旅游经济、乡村旅游；牟琳，文化和旅游部旅游质量监督管理所标准化处副处长、全国旅游标准化技术委员会秘书处负责人，全国项目管理标准化技术委员会（sac/tc 343）委员、中国旅游景区协会专家委员、北京市法学会旅游法分会委员，研究方向为旅游标准化、旅游管理。

游也面临政策体系有待完善、区域协调发展不足、营销方式有待创新、配套设施相对薄弱、专业人才队伍缺乏等问题。鉴于此，未来有必要进一步强化顶层设计，加大政策扶持力度；打破地域限制，实现协同联动发展；完善配套设施，优化社区发展环境；坚持创新驱动，深化数字技术应用；创新人才培养体系，提升旅游服务质量，为扎实推进中国式现代化积蓄“乡村旅游力量”。

关键词： 乡村旅游 高质量发展 共同富裕 乡村振兴

一 全国乡村旅游发展总体背景

（一）全面推进乡村振兴战略

实施乡村振兴战略，是党的十九大做出的重大决策部署。2022 年，中央一号文件《中共中央 国务院关于做好 2022 年全面推进乡村振兴重点工作的意见》进一步立足新时代“三农”问题，并将“全面推进乡村振兴”作为重点工作加以强调。同时，党的二十大报告对“全面推进乡村振兴”进行了战略擘画，并指出“全面建设社会主义现代化国家，最艰巨最繁重的任务仍然在农村”。未来需要从城乡融合发展、乡村产业振兴、基础设施建设等多个方面加以关注。从“实施乡村振兴战略”到“全面推进乡村振兴”，意味着实施乡村振兴战略进入了新阶段。为了进一步推动新时期乡村产业振兴，2023 年中央一号文件《中共中央 国务院关于做好 2023 年全面推进乡村振兴重点工作的意见》指出，要“推动乡村产业高质量发展”“实施乡村休闲旅游精品工程，推动乡村民宿提质升级”。全面推进乡村振兴的一系列政策为乡村旅游发展带来了新的契机，同时也为乡村旅游高质量发展指明了新的方向。未来有必要进一步坚持“全面推进乡村振兴”战略，深挖乡村旅游潜力，持续扩大高品质服务和优质产品供给，以稳步推进乡村旅游提质增效。

（二）加快实现共同富裕目标

习近平总书记指出：“共同富裕是全体人民共同富裕，是人民群众物质生活和精神生活都富裕。”目前，我国正在向第二个百年奋斗目标迈进，加快实现全体人民共同富裕是适应我国社会主要矛盾变化，更好地满足人民日益增长的美好生活需要的重要途径。党的二十大报告强调：“共同富裕是中国特色社会主义的本质要求，也是一个长期的历史过程。”在此过程中要把高质量发展放在首位，深化供给侧结构性改革，提升整个供给体系质量；要促进基本公共服务均等化，注重机会公平；要缩小区域发展差距，加强文化建设和生态环境保护。加快实现共同富裕目标以及国家提出的各项鼓励措施，将有利于推动农村各地挖掘乡村多元价值，丰富乡村旅游产业业态，不断提高村民的生活质量，缩小收入差距，实现物质富足和精神富有。毫无疑问，共同富裕目标的提出既为乡村旅游发展提供了新的发展契机，也提出了新的发展目标，未来有必要进一步优化发展环境，全面提升乡村旅游发展质量，以不断增强人民群众的获得感、幸福感和安全感。

（三）推进城乡融合发展战略

城乡发展不平衡不协调是实现中国式现代化进程中必须解决的重大问题。党的二十大报告指出：“着力推进城乡融合和区域协调发展，推动经济实现质的有效提升和量的合理增长。”坚持城乡融合发展、畅通城乡要素流动对于促进地区均衡发展、改善人民生活、推进经济转型升级等具有重要意义。推进实施城乡融合发展要求破除制约城乡要素自由流动、平等交换的体制机制壁垒，促进各类要素在城乡之间高效配置，增强城乡经济联系，充分发挥乡村作为消费市场和要素市场的重要作用，激发农村要素活力，更好协调和平衡城乡供需关系，实现国民经济活动的各环节在城乡之间有机衔接和循环畅通。国家在推进实施城乡融合发展战略中提出的各项政策和措施，不仅能够为乡村旅游带来更多的政策支持和资金投入，促进农村地区的基础设施建设和公共服务水平提升，而且能有效推动不同地区之间的合作与交流，促进乡村旅游资源的整合和优化配置，提升乡村旅游的综合实力。

（四）建设宜居宜业和美乡村

《中共中央国务院关于做好 2023 年全面推进乡村振兴重点工作的意见》指出，“扎实推进宜居宜业和美乡村建设”，并从“加强村庄规划建设”“扎实推进农村人居环境整治提升”“持续加强乡村基础设施建设”“提升基本公共服务能力”等方面出发擘画了乡村未来发展建设蓝图。2023年中央一号文件《中共中央 国务院关于做好2023年全面推进乡村振兴重点工作的意见》进一步释放改革信号，再次强调要扎实推进宜居宜业和美乡村建设。从建设社会主义新农村到美丽乡村，再到和美乡村，体现了对乡村建设内涵和目标的进一步扩展和丰富，是乡村发展的全新蜕变。“宜居宜业和美乡村”的建设是中国乡村发展的新机遇和新方向。这一战略的实施将为中国的乡村带来全新的面貌和活力，也为乡村旅游的发展提供了更广阔的发展空间和更丰富多样的机遇。未来有必要进一步完善乡村旅游基础设施，改善乡村人居环境，营造乡村旅游的“和美”氛围，为乡村振兴注入源源不断的动力源泉。

（五）“农文旅”深度融合发展

党的二十大报告提出，“坚持以文塑旅、以旅彰文，推进文化和旅游深度融合发展”。这为新时代新征程文旅融合工作指明了发展方向、提供了根本遵循。国家和地方政府更是通过出台多项政策推动文旅深度融合发展。2023年9月国务院办公厅印发《关于释放旅游消费潜力推动旅游业高质量发展的若干措施》，提出“开展文化产业赋能乡村振兴试点，推动提升乡村旅游运营水平”“因地制宜打造美丽田园、景观农业、农耕体验、休闲渔业、户外运动等新业态”。在文旅融合深度发展的新阶段，“农文旅”融合发展备受关注，其不仅丰富了乡村旅游产业的文化内涵，同时也通过乡村旅游推动了乡村文化振兴和乡风文明建设。近年来，浙江省、江苏省、山东省等积极推进“农业+教育+旅游+文化”多领域跨界融合发展模式，开展非遗文化保护、推进乡土文化活态传承，不断培育壮大乡村文旅产业，逐步形成了独具特色的农文旅融合品牌，持续释放出乡村振兴新活力。

（六）科技创新赋能文旅振兴

科技创新已成为经济社会高质量发展的战略支撑和核心动力。近年来，随着5G、大数据、云计算、人工智能等现代信息技术的兴起，国家高度重视科技创新在相关产业领域的运用。《数字乡村发展战略纲要》提出，“立足新时代国情农情，要将数字乡村作为数字中国建设的重要方面，加快信息化发展，整体带动和提升农业农村现代化发展”。《“十四五”文化和旅游科技创新规划》进一步指出，“以科技创新引领和支撑文化和旅游发展，提高文化和旅游生产要素水平，推动文化和旅游更好融入新发展格局，实现高质量发展”。乡村旅游是“数字乡村”建设和文旅科技创新的前沿阵地，通过与数字技术结合不仅能够催生新的产品、新的业态和新的模式，带动乡村经济社会全面振兴发展，同时也能有效推动中华优秀传统文化保护、活化和传承，助力文化强国建设。

二　全国乡村旅游总体发展成效

（一）乡村旅游发展势头强劲，市场占比不断增大

近年来，国家持续推动乡村旅游发展，采取多项措施刺激乡村旅游消费，激发乡村振兴发展新动能，乡村旅游展现出强大的市场活力和发展潜力。据统计，2019 年全国乡村旅游共接待游客 30.9 亿人次，占国内旅游接待总数一半以上，乡村旅游总收入 1.81 万亿元。① 2020~2022 年，尽管受到严重突发公共卫生事件的影响，全国乡村旅游产业遭受重创，但是也表现出较强的韧性。文化和旅游部相关数据显示，2022 年全国乡村旅游接待游客约 22.62 亿人次，乡村旅游总收入 9326 亿元，分别占全国国内旅游人数（25.30 亿人次）的 89.4%和国内旅游收入（2.04 万亿元）的 45.7%（见图 1）。此外，《乡村旅游绿皮书》课题组调查结果显示，95.4%的调查对象选择在 2023 年再次体验乡村旅游活动（“非常同意”和“同意”）（见图2）。毫无疑问，乡村旅游已成为我国旅游产业中韧性最强、增速最快、潜力最大的领域之一。

（二）多元价值不断凸显，助力乡村全面振兴

随着乡村旅游产业的不断优化和深入发展，其经济、社会、文化、生态等价值日益凸显，成为推动乡村全面振兴的重要动力。据统计，截至 2023 年 10 月，全国共有 1399 个全国乡村旅游重点村和 198 个全国乡村旅游重点镇（乡），超过

① 余俊杰、郎兵兵：《文化和旅游部：乡村旅游正在快速恢复》，新华社，http：//www.xinhuanet.com/politics/2020-09/13/c_ 1126486430.htm，2020 年 9 月 13 日。

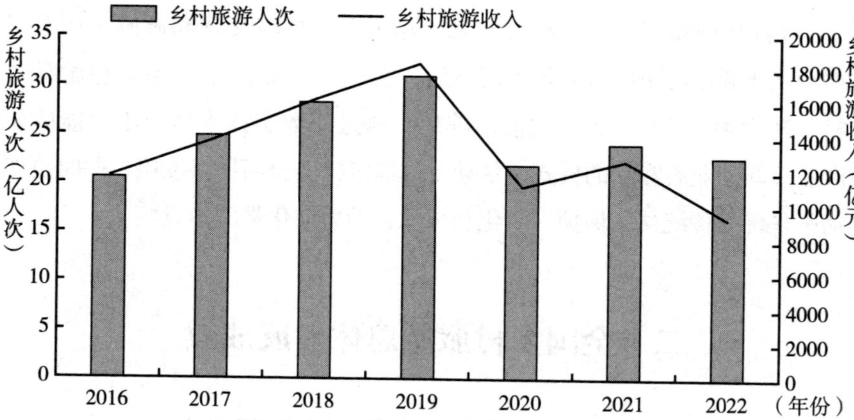

图 1　全国乡村旅游接待人数及收入（2016~2022 年）

资料来源：《乡村旅游绿皮书》课题组根据国家历年旅游业统计公报、媒体公开报道等资料整理而成。

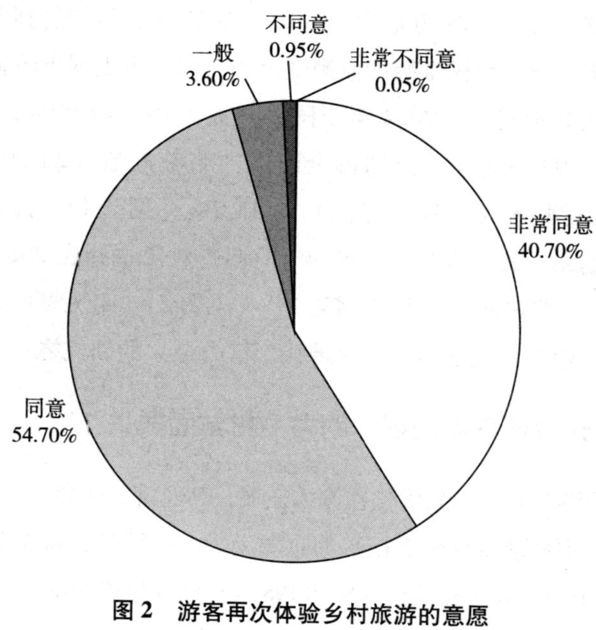

图 2　游客再次体验乡村旅游的意愿

注：调查题目为“2023 年，你会再次参观体验乡村旅游目的地”。
资料来源：《乡村旅游绿皮书》课题组调研。

6万个行政村参与乡村旅游经营活动。这些村镇通过深挖乡土文化、拓展产业链、带动当地村民就业，实现了乡村居民收入增加并极大地改善了生活质量。陕西袁家村是我国乡村旅游发展的典型代表，近年来一直坚持推动“农文旅”深度融合，并注重培育和打造乡村旅游品牌，不断彰显旅游综合带动效应。据统计，仅2022年，袁家村游客量就超过600万人次，旅游综合收入达到十多亿元，农民人均纯收入达15万元以上①，有效提升了当地村民的生活品质，并推动了当地社会经济全面振兴发展。另外，《乡村旅游绿皮书》课题组调查结果显示，超98%的受访者认为乡村旅游对巩固脱贫攻坚成果和乡村振兴具有重要的推动作用（“非常有帮助”和“有帮助”）（见图3、图4）。

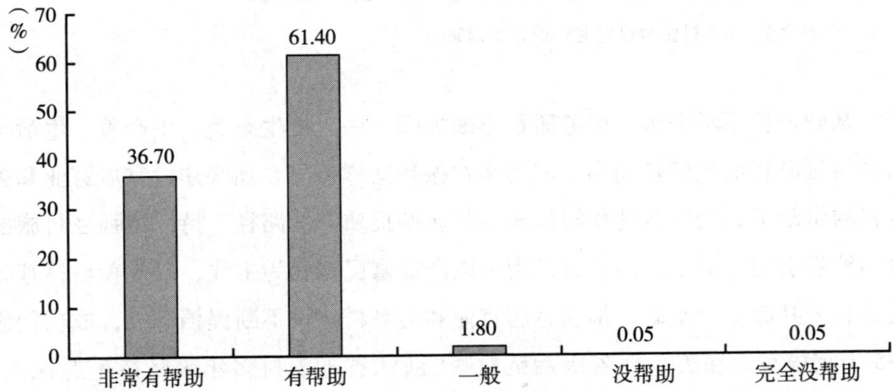

图3　乡村旅游对巩固脱贫攻坚成果的助推作用

资料来源：《乡村旅游绿皮书》课题组调研。

（三）乡村环境持续优化，“宜居宜业和美乡村”建设稳步推进

建设宜居宜业和美乡村是全面建设社会主义现代化国家的重要内容，也是“产业兴旺、生态宜居、乡风文明、治理有效、生活富裕”乡村振兴战略总要求的进一步体现。② 近年来，在乡村旅游发展过程中，乡村人居环境日益提

① 冯晓琬、刘计划：《袁家村走出乡村振兴新路径》，《咸阳日报》2023年9月11日，第4版。

② 顾仲阳、常钦、李晓晴等：《建设宜居宜业和美乡村（全面推进乡村振兴）》，《人民日报》2022年11月25日，第1版。

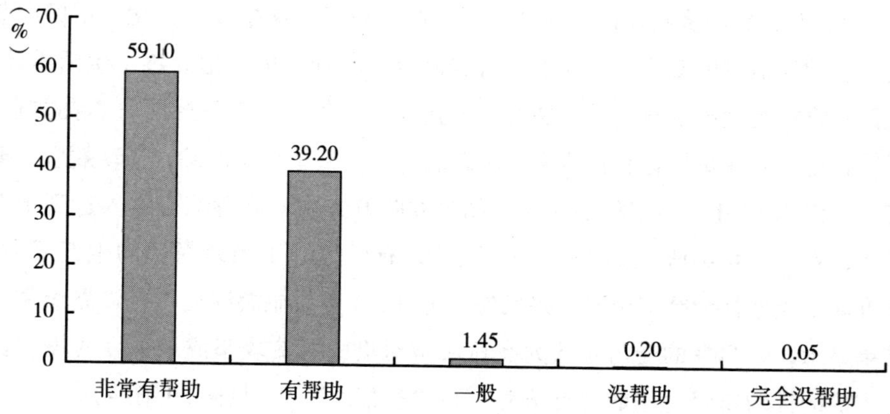

图 4　乡村旅游对乡村振兴的助推作用

资料来源：《乡村旅游绿皮书》课题组调研。

升、基础设施不断完善、服务质量不断加强，一大批生态美、生产美、生活美的乡村旅游目的地脱颖而出，成为乡村振兴新样板。在加快建设宜居宜业和美乡村的带动下，全国各地积极探索乡村旅游提质升级路径，持续增强乡村旅游目的地吸引力。例如，山东省济南市以产业富民强村为主线，以改善乡村基础设施和公共服务为基础，推动宜居宜业和美乡村建设不断提档升级，成功创建235 个宜居宜业和美乡村省级示范村。① 浙江省下姜村多年来坚持生态优先、绿色发展，逐步形成以乡村旅游产业为支柱，规模效益农业为补充的生态产业集群。2023 年，下姜村入选联合国世界旅游组织 2023 年“最佳旅游乡村”名录，成为旅游产业推动“宜居宜业和美乡村”建设的“浙江样板”。总的来看，乡村旅游产业发展品质不断提升，并成为推动宜居宜业和美乡村建设的重要力量，同时也为乡村振兴和中国式现代化进程开拓了新的发展路径。

（四）新兴业态不断涌现，全产业链提质升级

随着乡村振兴的稳步推进，人们对生态环境、健康休闲、文化体验等需求不断增加，乡村旅游正持续催生新的业态和模式，展现出广阔的市场前景。一方面，越来越多的乡村旅游目的地利用自身独特的传统文化和特色旅游资源，延伸

① 张茜：《我市全力推进宜居宜业和美乡村建设》，《济南日报》2023 年 11 月 24 日，第 2 版。

打造以乡土教育、休闲度假为核心的乡村研学、乡村微度假、乡村旅居、郊野露营、周末亲子野营、乡村微康养等产品业态，不断改善乡村单一产业结构，拓展乡村旅游发展空间。另一方面，一些乡村旅游地尝试借助 5G、VR/AR、人工智能等现代技术，打造独具魅力的乡村智慧文旅新场景和沉浸式体验新空间，为游客提供更为个性化的旅游体验，推动乡村旅游全产业融合、全要素提升和全链条提质升级。贵州省西江千户苗寨景区，积极探索科技创新与古老苗族传说的有机融合，打造文旅元宇宙项目，游客佩戴混合现实（MR）眼镜，即可参与“寻宝”“解谜”等活动，深入体验当地的文化。《乡村旅游绿皮书》课题组调查发现，2022 年游客到访的乡村旅游目的地类型中，除了传统的生态观光型（24.27%）和文化传承型（13.87%）之外，休闲度假型（24.37%）、健康疗养型（8.94%）、运动探险型（5.63%）、科普教育型（5.59%）等也是游客们选择较多的目的地类型（见图 5）。尤其值得关注的是，尽管科技赋能型目的地到访人数较少（1.75%），却成为一种新兴的类型，代表了乡村旅游发展的一个重要方向（见图 5）。

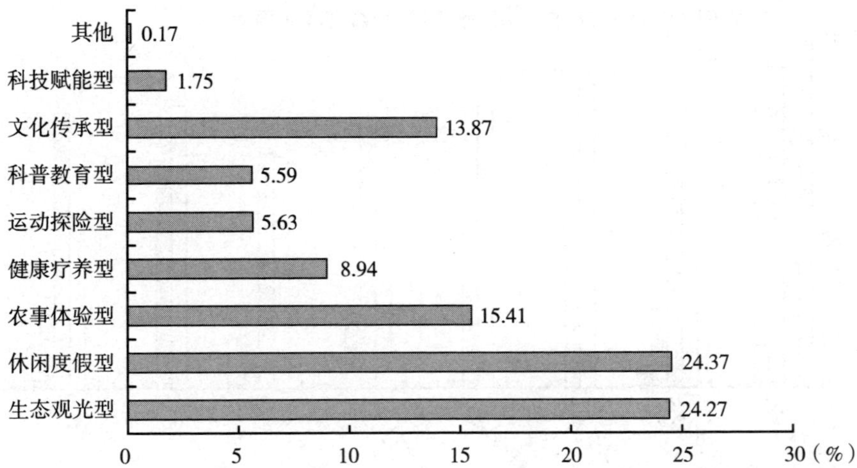

图 5　2022 年游客到访的乡村旅游目的地类型

资料来源：《乡村旅游绿皮书》课题组调研。

（五）游客需求愈发多元，消费潜力全面释放

近年来，随着国家经济的平稳增长和人均可支配收入的不断提高，人们不再满足于简单的观光旅游，而是开始追求更深层次的文化、休闲、娱乐和健康

等体验活动，乡村旅游需求多元化及消费升级趋势明显。《乡村旅游绿皮书》课题组调查结果显示，“品尝农家美食”“欣赏田园风光”“缓解身心压力”“远离城市喧嚣”“了解乡村文化”等是乡村旅游游客的主要出游动机。其中，“品尝农家美食”和“欣赏田园风光”的动机最为强烈，认同游客占比分别为98.53%和98.15%（“非常同意”和“同意”的占比，下同）。除此之外，出游动机为“增进感情交流”、“追忆乡村生活”和“体验农事活动”的游客占比也分别达到81.65%、79.75%和79.20%（见图6）。可见，游客参与乡村旅游的需求正朝着多元化趋势发展。同时，旅游需求多元化趋势的增加也进一步推动了旅游消费升级。《乡村旅游绿皮书》课题组调查结果显示，超七成中国乡村旅游游客消费金额集中在500元以上，仅有6.8%的游客消费金额在300元及以下（见图7）。在需求多元化与消费升级趋势下，乡村旅游发展迎来转型新机遇，乡村旅游目的地正以新产品、新业态、新服务拉动乡村经济全面增长，并逐步实现高质量发展。

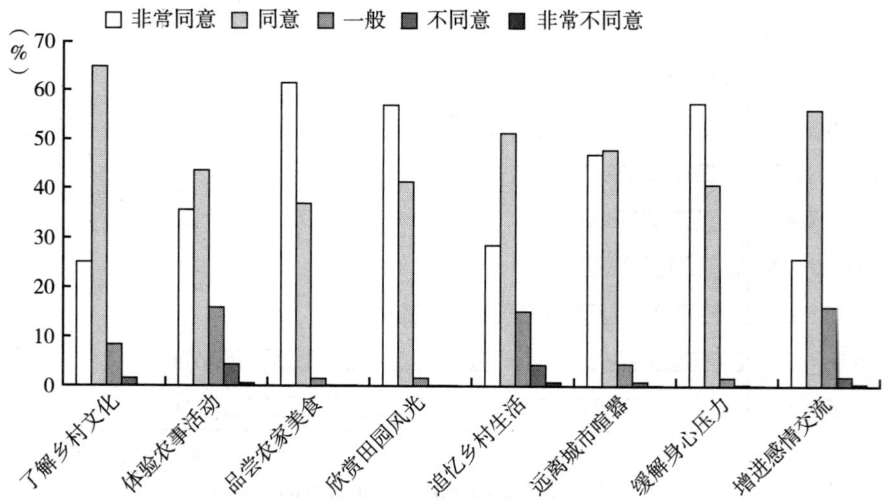

图6　2022年乡村旅游者出游动机

资料来源：《乡村旅游绿皮书》课题组调研。

（六）数字科技赋能发展，“智慧”水平显著提升

随着5G、云计算、物联网、人工智能等新技术的飞速发展，数字技术在乡村旅游发展中扮演着愈发重要的角色。从采用数字化手段进行营销，到使用

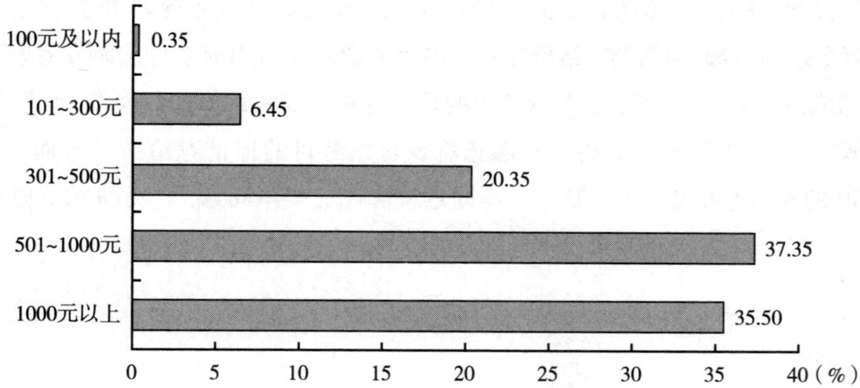

图 7　2022 年乡村旅游者消费情况

资料来源：《乡村旅游绿皮书》课题组调研。

智能化服务提升游客体验，再到运用大数据进行管理优化，数字技术不断赋能乡村旅游的高质量发展，并推动目的地数字化、智能化水平持续提升。在营销方面，数字科技为乡村旅游提供更广泛、更精准的营销渠道。社交媒体、电商平台、OTA 等数字化平台成为宣传乡村旅游资源和提升目的地竞争力的有效工具。同时，一些乡村旅游目的地尝试与互联网“大 V”、网络名人展开合作，通过直播、综艺、短视频等形式增加曝光度，提升目的地影响力，吸引潜在游客到来。在服务方面，数字科技为乡村旅游带来了智能化服务。乡村旅游目的地通过引入虚拟现实、增强现实等技术，为游客提供高“临场感”的体验，提高目的地吸引力。在管理方面，数字科技的应用使乡村旅游目的地更好地进行数字化管理。通过收集游客行为数据、市场趋势等信息，乡村旅游目的地可以更加智能、精确地了解游客需求，调整和优化资源配置，提高服务质量与目的地竞争力。毫无疑问，数字技术的多元应用为乡村旅游注入了新的活力，推动了乡村旅游高质量、可持续发展。

三　全国乡村旅游发展面临的问题与挑战

近年来，在乡村振兴战略的推动下，乡村旅游虽然发展成效显著，但仍面临一些问题与挑战，包括政策体系有待完善、区域协调发展不足、营销方式有待创新、配套设施相对薄弱、专业人才队伍缺乏等，亟须予以重视。同时，《乡村旅游绿皮书》课题组的调查结果显示，绝大多数游客对当前乡村旅游发展感到“非常满意”和“满意”，但不容忽视的是，也有7.20%的游客表示“一般”和“不满意”（见图8）。另外，在愿意将乡村旅游目的地推荐给亲友方面，有6.80%的被调查者表示“一般”、“不同意”和“完全不同意”（见图9），这也可证实全国乡村旅游的发展仍存在提升的空间。

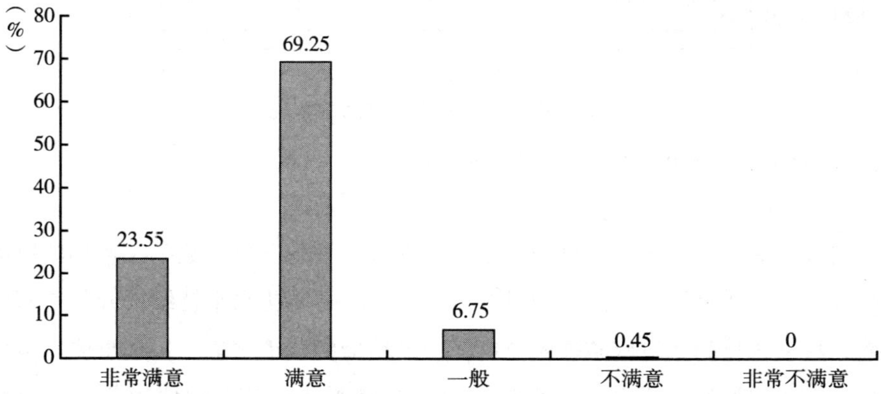

图8　2022年游客关于乡村旅游发展的总体满意度情况

资料来源：《乡村旅游绿皮书》课题组调研。

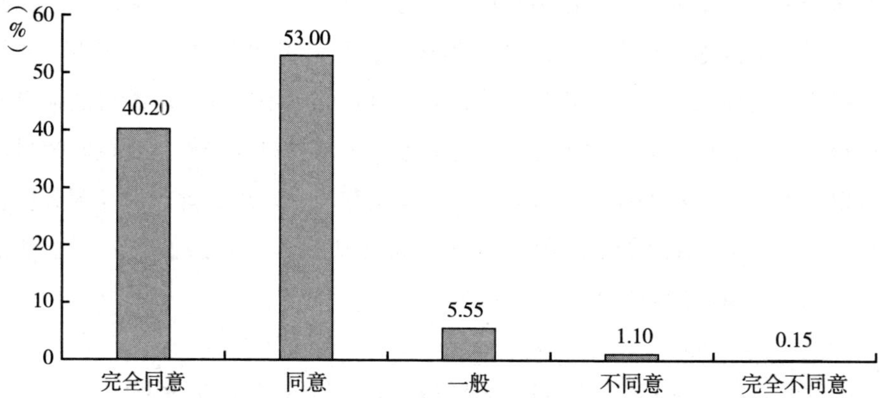

图9　愿意将乡村旅游目的地推荐给亲友

资料来源：《乡村旅游绿皮书》课题组调研。

（一）政策体系有待完善

政策体系在乡村旅游发展中具有引导、保障、规范、促进等多重作用，合理、完善的政策体系有利于乡村旅游持续健康发展。但目前我国乡村旅游政策体系仍存在以下问题。第一，政策执行力度有待加强。受多方面因素的影响，一些地方政府可能对乡村旅游的政策执行不到位，也难以深入地践行乡村旅游发展策略与经营标准，同时虚假宣传、强制消费、欺客宰客等不规范经营行为时有发生，这在一定程度上不利于乡村旅游整体形象与服务水平的提升。第二，协调性与一体化水平低。现行政策体系中各个部门间存在管理职责不清晰、政策碎片化等现象，导致重复建设与资源浪费、服务质量与体验不佳等问题，不利于乡村旅游政策执行效率与经济效益的提升。第三，针对性与差异化程度低。由于自然、文化、经济等因素的差异，各地乡村旅游资源和市场状况千差万别，因此，传统单一化的政策往往难以满足其多样化发展需求，也会在一定程度上限制乡村旅游的创新发展。第四，利益分配机制尚待完善。在缺乏相关制度保障的情况下，居民在各利益相关者的博弈中常常处于弱势地位，无法充分成为旅游参与的主体，也无法共享旅游发展收益，不利于乡村旅游的可持续发展。

（二）区域协调发展不足

区域协调发展是实现地区间互利共赢，促进产业结构调整优化、提升乡村旅游质量的重要力量。目前，各地区乡村旅游在取得一系列发展成果的同时，也面临着区域协调发展不足的问题。第一，基础设施建设不均衡。乡村旅游的发展需要完善的基础设施支撑，且随着人民生活水平的不断提高，人们对旅游基础设施的便捷度和舒适性的要求也越来越高。然而，目前不同地区基础设施建设存在较大差距，部分地区的乡村基础设施建设薄弱，这严重影响了当地乡村旅游的发展，也加剧了区域间的发展不平衡。第二，旅游发展理念不统一。一些乡村旅游目的地可能过于追求经济效益，而忽视了环境保护和文化传承；同时，部分目的地也有可能过于强调环境保护，而忽视了经济发展需求。这种理念差异导致各地区在乡村旅游规划发展与实施过程中难以达成共识，影响了区域协调发展的进程。第三，合作协调机制不完善。一方面，区域间缺乏科学的合作机制。信息、技术、资源等常处于相互分割状态，缺乏有效联系和互动；另一方面，区域间利益协调机制不完善。乡村旅游目的地间可能因资源与旅游定位的相似性，产生利益冲突，阻碍区域间旅游资源的共享和互补发展。

（三）营销方式有待创新

在乡村旅游市场竞争日益激烈的环境下，创新营销方式成为乡村旅游高质量发展的必然选择。然而，目前在乡村旅游营销中仍然存在营销意识不强、营销手段落后、品牌缺乏个性等问题。第一，营销意识不强。一些乡村旅游目的地管理者并没有形成品牌营销意识，在营销过程中过于追求短期盈利，缺乏长远眼光，忽略了对品牌形象的塑造和维护。同时，乡村旅游目的地管理者对市场需求和消费者行为了解不足，常导致其营销策略与市场需求不匹配，难以实现预期目标。第二，营销手段落后。一方面，部分乡村旅游目的地缺乏专业的营销策划和推广团队，产品营销缺乏整合性和创新性，难以吸引更多游客。另一方面，在信息推广中，科技化手段在营销中运用不足，新媒体平台推广效果欠佳，乡村旅游目的地知名度难以大幅度提升。第三，品牌缺乏个性。在品牌定位方面，乡村旅游目的地缺乏对乡村历史和文化的充分挖掘以及专业人士的深度解读，使其在定位方面常出现模糊不清、同质化现象严重等问题，游客难以感受到品牌的特色和吸引力。在此背景下，转变营销观念，强化乡村旅游品牌建设，利用新技术新手段创新营销模式尤为必要。

（四）配套设施相对薄弱

在乡村振兴战略的实施过程中，乡村旅游的作用和地位日益凸显，但乡村旅游目的地基础设施还有待进一步完善。第一，旅游目的地可进入性较差。一些乡村受地理位置偏僻、经济发展水平较低等条件制约，基础设施建设水平较低，游客的可达性较差，旅游体验不佳，不利于提升乡村旅游满意度。《乡村旅游绿皮书》课题组研究发现，在乡村旅游目的地旅游交通满意度的评价中，选择“一般”、“不满意”和“非常不满意”的游客超过4成。这在一定程度上说明，乡村旅游的交通条件和基础设施建设水平仍有较大提升空间（见图10）。第二，接待能力有限。部分地区因为融资、投资力度不够，缺乏高品质的酒店与餐饮场所及多样化的文化娱乐项目，游客在住宿、就餐及休闲娱乐方面的选择相对有限，无法满足多元需求。《乡村旅游绿皮书》课题组调查数据显示，有17.40%的游客对乡村旅游目的地的餐饮和住宿的评价不高（“一般”、“不满意”和“非常不满意”）（见图10）。第三，信息设施不完善。由于部分乡村地区信息化水平相对较低，缺乏完善的信息发布和导览系统，游客较难获取准确、及时的旅游信息，这不仅影响了游客的旅游体验，还制约了乡村旅游的进一步发展。

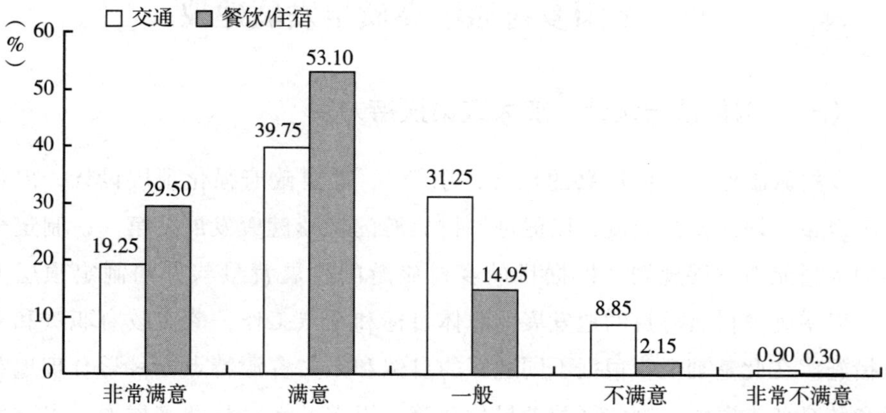

图10　2022年乡村旅游中旅游交通、餐饮/住宿满意度情况

资料来源：《乡村旅游绿皮书》课题组调研。

（五）专业人才队伍缺乏

在乡村旅游不断迈入高质量发展赛道的过程中，旅游目的地专业人才匮乏、服务质量及管理水平较低的问题日渐明显。第一，服务水平仍与市场需求不匹配。目前，虽然对乡村旅游服务人员的培训力度已得到加强，并取得了较好的成效，但是仍存在一些有待完善的方面，尤其是乡村旅游目的地的从业人员多为社区居民，他们往往受教育水平较低，缺少专业培训与管理经验，无法满足游客对个性化、专业化服务的需求，不利于乡村旅游可持续发展。第二，乡村旅游行业吸引力有待提高，专业人才极为紧缺。尽管人们已经普遍意识到乡村旅游发展前景比较广阔，但是考虑到医疗条件、生活水平、社会福利待遇等方面的制约，选择扎根乡村的旅游专业人士（尤其是青年人才）仍有限。

第三，乡村旅游行业人才需求多样化，但供需匹配度较低。乡村旅游不仅需要传统旅游管理专业人才，还需要拥有对生态环保、农业、教育等多方面深刻了解的人才。但目前旅游院校人才培养主要侧重于传统旅游管理领域，对乡村旅游多元化需求的匹配度较低，导致行业内的人才多样性较为欠缺。因此，对旅游专业人才的多样化培养，以及后期的素质提升、针对性训练尤为重要。

四　全国乡村旅游高质量发展建议

（一）强化顶层设计，加大政策扶持力度

乡村旅游作为乡村振兴的重要“引擎”，需要政府强化顶层设计，出台专项政策，增加扶持力度，以促进乡村旅游的持续健康发展。第一，制定全面的乡村旅游发展规划。根据目前乡村旅游的发展背景与方向制定顶层方针，以明确乡村旅游目的地发展的总体目标和重点工作，落实政府职责和支持措施。在此基础上，根据不同地区的自然和人文资源特点，科学合理地利用和整合各类资源，制定区域差异化政策，以促进乡村旅游多层次、多方面地发展。第二，强化资金支持。通过政府增加财政投入，设立专项资金，以支持乡村旅游项目的建设与开发；鼓励金融机构提供专门的信贷支持，降低乡村旅游企业的融资成本。第三，优化乡村旅游项目审批流程。在明确各部门职责的基础上，简化乡村旅游项目立项和审批程序，提升政务服务能力。例如推行“一站式”服务，集中办理各类手续。第四，建立奖励机制。政府和相关管理部门可以通过出台乡村旅游发展奖励政策，全面激发产业内的积极性并持续壮大乡村旅游特色产业，同时鼓励企业和从业者不断提升旅游服务质量，推动乡村旅游产业转型升级。

（二）打破地域限制，实现协同联动发展

乡村旅游的发展不应该受到地域间的限制，而需要通过协同联动的方式，实现包括乡村间、城乡间、跨区域之间的合作与互动。第一，深化政务合作。不同地区的政府间应加强合作与协调，建立起跨区域的政务联动机制。政府可以成立专门的乡村旅游协作机构，例如乡村旅游联盟和合作组织，定期召开会

议，加强政策交流，共同解决乡村旅游发展问题。第二，建立信息共享平台。目前乡村旅游的信息不对称和孤岛化现象较为突出，地区间应建立统一的信息共享平台（包括网站、APP 等），整合各地的旅游资源和信息，提供一站式的查询和预订服务。第三，加强构建统一的标准与规范。为实现乡村旅游协同发展，可以联合制定相关政策，鼓励各地在产品的质量与服务水平方面遵守统一的标准，并进行统一的培训与指导，以提升乡村旅游产品质量与人员服务水平。第四，促进跨区域旅游线路开发与推广。各地在注重旅游线路的主题性和连贯性的基础上，通过引导旅游企业合作开发与推广跨区域乡村旅游线路，以实现跨区域乡村旅游协同发展。

（三）完善配套设施，优化社区发展环境

完善配套设施建设与优化社区发展环境是乡村旅游高质量发展的重要保障。通过完善配套服务设施、打造生态宜居环境、优化利益联结机制等措施，可以进一步提高乡村旅游的接待能力和服务质量，并推动乡村旅游的可持续发展。第一，完善配套服务设施。完善的配套服务设施既包括供水、供电、通信、道路等基础设施，也包括旅游服务、住宿餐饮、休闲娱乐等公共设施。乡村旅游目的地应积极争取各类财政资金，引入社会资本，加大对各类基础设施及公共设施的建设。第二，打造生态宜居环境。乡村旅游目的地应将提升农村人居环境质量作为发展乡村旅游的重要目标，加快推进“宜居宜业和美乡村”建设。通过制定标准化环境保护政策、法规与约束准则，来保护乡村旅游区域的生态环境和自然资源。同时，加强环境监测和治理工作，促进乡村旅游可持续发展。第三，优化利益联结机制。一套科学、完善的利益联结机制是保障村民主体地位、激发旅游内生动力、提高社区治理效率、营造良好社区氛围的关键要素。在建设过程中不仅要确保村民能够直接或间接地分享到旅游发展红利，也要注重提升村民的主人翁意识，大力支持乡村居民参与到乡村旅游目的地建设之中，成为乡村旅游社区的真正“主人”。

（四）坚持创新驱动，深化数字技术应用

近年来，大数据、区块链、云计算、人工智能等数字科技高速发展，充分发挥数字时代海量数据和丰富应用场景的优势对乡村旅游高质量发展起着至关

重要的作用。第一，利用数字技术，搭建乡村旅游数据监管与服务平台，实时监测客流数据、车位信息等，并提供智能导览和信息服务，实现乡村旅游目的地的精准化管理。第二，借助互联网、大数据技术进行数据分析与智慧化管理，挖掘游客偏好与需求，创新旅游产品设计，提高游客的体验质量和满意度。第三，搭建集“食、住、行、游、购、娱”等功能于一体的乡村旅游信息平台，为游客提供游前、游中、游后的一站式旅游服务，在方便游客参访的同时，提高管理效率。第四，顺应旅游消费线上线下一体化趋势，借助短视频、直播等形式实现多方位营销宣传，激活乡村资源，提升乡村旅游知名度。例如，借助短视频充分呈现乡村美景、美食与风土人情，让大众关注到乡村地区的文化与工艺风俗，打开广阔市场，推进乡村文化和旅游产品线上线下互联互通，带动旅游综合消费。

（五）创新人才培养体系，提升旅游服务质量

创新人才培养体系，是提升乡村旅游管理水平、助力实现乡村旅游高质量发展的重要途径。第一，制定系统的培训计划。在制定培训计划前，需全面分析乡村旅游产业发展趋势，确定培训方向与内容。同时，应注重乡村旅游多元化人才的培养，制定包括管理、营销、服务等多方面的课程体系，以全面提升从业人员的综合素养。第二，打造高水平人才智库。人才智库不仅能够为乡村旅游提供前沿的理论支持，还可以促进不同地区、不同机构之间的经验交流，推动整个行业的共同进步。乡村旅游目的地应加强与高校、研究机构等的合作，形成一个集合各类乡村旅游领域专业知识和经验的平台，为乡村旅游发展培育专业的储备人才。第三，加大人才引进力度。一方面，推出具有吸引力的人才引进优惠政策，明确乡村人才晋升途径，改善乡村人才结构，为乡村旅游发展注入活力；另一方面，建立健全乡村旅游人才流动机制。这需要与各相关部门合作，制定灵活的人才政策，为乡村旅游人才提供更广泛的职业发展空间。

分 报 告

Topical Reports

G.2 中国数字乡村政策发展报告*

吴志才　夏梦婷**

摘　要： 数字乡村建设能够提升农业农村的现代化水平，是数字中国战略实施的必由之路。本文基于公共政策变迁理论，以数字乡村政策为研究对象，借助 ROST Content Mining 6.0 软件对 163 份与数字乡村建设密切相关的政策文本进行量化分析，剖析党的十八大以来数字乡村政策的演进规律与主要特征。研究发现：党的十八大以来，我国数字乡村建设的相关政策不断演进和完善，2012~2014 年为政策萌芽阶段，2015~2017 年为政策发展阶段，2018~2020 年为政策提升阶段，2021 年至今为政策深化阶段，各阶段特征与发展侧重点有所差异。数字乡村建设逐渐得到重视，数字乡村的相关

* 本报告为 2022 年度教育部哲学社会科学研究后期资助项目（22JHQ020）、广东省哲学社会科学规划重大基础理论研究（GD21ZDZGL01）、广东省哲学社会科学创新工程特别委托项目（GD22TWCXGC05）阶段性研究成果。

** 吴志才，博士，华南理工大学旅游管理系/旅游发展与规划研究院院长，教授、博士生导师，数字乡村与文旅可持续发展重点实验室主任，研究方向为乡村振兴与减贫治理、数字乡村与城乡融合、文旅融合与文化创新；夏梦婷，华南理工大学旅游管理系硕士研究生，研究方向为乡村旅游与数字乡村。

政策也从“强基础”逐步发展到“重应用”。我国应从“强基础”“活经济”“善治理”“兴文化”等方面，持续加强数字乡村建设。

关键词： 数字乡村建设　政策变迁　政策特征

一　前言

数字乡村建设能够解放、发展数字化生产力，是提升农业和农村现代化水平的重要途径。实施数字乡村建设，不仅是我国实现农业农村现代化的重要举措，更是我国农村未来发展的新方向。在数字乡村发展的过程中，数字乡村政策可为其建设发展指明方向与路径。基于此，我国高度重视数字乡村的建设，连续多年，出台多部政策文件来支持数字乡村的发展。2022 年 4 月，中央网信办、农业农村部等五部门联合印发《2022 年数字乡村发展工作要点》，从 10 个方面全方位部署了 30 项重点任务，进一步明确了我国数字乡村发展的工作目标，提出到 21 世纪中叶，全面建成数字乡村，实现农业强、农村美和农民富的目标。① 推动数字乡村建设，要全面做到对国家方针、战略的准确理解和对数字乡村建设方向的把握。当前，我国数字乡村建设已取得一定进展并将继续深化发展，但由于相关制度建设尚在完善，我国数字乡村建设仍面临一系列问题亟待解决。因此，迫切需要从理论和实践层面梳理以往数字乡村政策的发展脉络和主要特征，提炼制度化经验，从理论层面为未来的政策制定和方向调整提供借鉴。

本研究利用网络爬虫技术，搜集了党的十八大以来至 2023 年 8 月中国政府颁布的 163 份数字乡村发展相关的政策文本，运用政策文献计量法和政策内容分析方法，首先从政策阶段划分对数字乡村建设的相关政策文件进行整体统计分析；基于对数字乡村建设政策的阶段划分，使用关键词网络对其具体文本内容进行实证分析，明晰我国十八大以来数字乡村建设政策的阶段性特征。最

① 中央网信办等五部门印发《2022 年数字乡村发展工作要点》，中共中央网络安全和信息化委员会办公室，cac. gov. cn。

后结合研究结果探讨未来我国数字乡村政策的优化方向，以期推进我国数字乡村建设高质量发展。

二 文献回顾

“数字乡村”这一概念被提出后，学界从不同角度对数字乡村这一基本议题进行了广泛而积极的探索。在数字乡村的内涵上，王胜等指出数字乡村是以数字经济的发展为基础，以现代信息网络为载体，依托现代信息技术，重构乡村经济发展的一种手段。[①] 在数字乡村的发展效能上，学者们分别从数字乡村建设与共同富裕的耦合关系[②]、数字乡村建设对乡村振兴的影响路径[③]、数字乡村建设与城乡融合的作用机理[④]等方面进行研究。在数字乡村的发展评价上，研究多集中在数字乡村评价指标构建[⑤]、数字乡村试点的建设路径[⑥]、数字乡村发展水平的测度[⑦]等方面。在数字乡村的政策研究上，相关研究较少，学者多以某一具体政策为例探究数字乡村发展的效用[⑧]，或探究政策之间的关联度[⑨]，较少对数字乡村政策本身的内容及演进进行研究。实践经验表明，数字乡村建设需加强顶层设计与经验总结，当前聚焦数字乡村政策变迁的研究较

① 王胜、余娜、付锐：《数字乡村建设：作用机理、现实挑战与实施策略》，《改革》2021 年第 4 期，第 45~59 页。

② 龚新蜀、李丹怡、刘越：《数字乡村建设影响共同富裕的实证检验》，《统计与决策》2023 年第 15 期，第 24~29 页。

③ 周兵、李艺、张弓：《数字乡村建设赋能乡村振兴的影响机制与空间效应》，《中国流通经济》2023 年第 7 期，第 3~16 页。

④ 张世贵、许玉久、秦国伟：《农业农村数字化畅通城乡经济循环：作用机理与政策建议》，《改革》2023 年第 7 期，第 116~125 页。

⑤ 冯朝睿、徐宏宇：《数字乡村建设评价指标体系构建及其实践效用》，《云南师范大学学报》（哲学社会科学版）2023 年第 4 期，第 109~120 页。

⑥ 谢小芹、任世辉：《TOE 框架下数字乡村试点建设路径的组态研究与区域比较——基于全国 76 个数字乡村试点的定性比较分析》，《电子政务》2023 年第 8 期，第 1~16 页。

⑦ 刘庆：《数字乡村发展水平测度及时空演变特征研究——以河南省为例》，《统计与决策》2023 年第 9 期，第 85~90 页。

⑧ 张荣博、钟昌标：《数字乡村建设与县域生态环境质量——来自电子商务进农村综合示范政策的经验证据》，《当代经济管理》2023 年第 2 期，第 54~65 页。

⑨ 金梦蕊、陈玲、段尧清：《政策信息视角下的数字乡村政策与数字政府政策关联度挖掘》，《图书情报工作》2023 年第 6 期，第 22~31 页。

少，仍需进一步思考十八大以来数字乡村政策的演变历程与优化方向，这对于当前数字乡村建设的全面推进至关重要。

通过对既有文献梳理可知，尽管数字乡村建设的相关研究成果较为丰富，但基于政策变迁角度对数字乡村建设的探讨仍存在不足。因此，本文引入公共政策变迁理论，对党的十八大以来我国数字乡村发展的政策进行分析，系统回顾与数字乡村建设相关的政策文本，从宏观层面对我国数字乡村政策的变迁阶段进行划分，梳理不同时期的发展特征，以期为未来数字乡村政策的颁布提供理论支撑和为实现数字乡村的建设提供方向引导，丰富相关领域的研究。

三 研究设计

（一）数据来源

为保证研究所采用数据的权威性、合理性与代表性，本文所采用的政策文本均来源于中国政府网，以“数字乡村”为关键词进行全检索，筛选出与数字乡村密切相关的政策文本，并按照以下原则对所得政策文本进行整理和筛选。在政策时间上，选取党的十八大至今的政策文本，党的十八大之前，乡村数字技术整体发展水平较低，且对于数字乡村的建设重视不足，党的十八大之前几乎没有中央层面的数字乡村发展政策出台。而党的十八大以来中国的数字乡村领域得到一定发展，并有针对性的中央政策文件出台，政策文件的发布更加符合现实需求，因而选择党的十八大作为研究的时间起点，更有利于我们系统性地观察中国数字乡村政策演变的逻辑。在政策层级上，为保证所选取政策文本的权威性、代表性，筛选发文单位为中共中央、国务院或国家其他部委局等机构的国家层级的政策文本，地方政策不予采用。在政策内容上，由于现有政策直接与数字乡村建设相关的较少，因此本文搜集的政策内容与数字乡村建设相关，但对其内容进行筛选，最终选取相关程度较高的政策文本。在政策形式上，政策类型为法律法规、正式行政公文、行业标准等文件，废止的行政法规、普查情况的通报、表彰决定、相关领导讲话等文件不计入其内。在政策延续上，现行有效。最终收集到数字乡村相关政策有效文本共计 163 份（部分政策见表 1）。

表 1　部分政策文本信息

序号	政策名称	发文单位	发文时间	发文字号
1	《关于进一步深化改革促进乡村医疗卫生体系健康发展的意见》	中共中央办公厅、国务院办公厅	2023 年 2 月 23 日	
2	《关于加强新时代高技能人才队伍建设的意见》	中共中央办公厅、国务院办公厅	2022 年 10 月 7 日	
3	《国务院关于加强数字政府建设的指导意见》	国务院	2022 年 6 月 6 日	国发〔2022〕14 号
4	《国务院关于印发“十四五”数字经济发展规划的通知》	国务院	2021 年 12 月 12 日	国发〔2021〕29 号
5	《国务院关于印发“十四五”推进农业农村现代化规划的通知》	国务院	2021 年 11 月 12 日	国发〔2021〕25 号
6	《国务院办公厅关于印发“十四五”文物保护和科技创新规划的通知》	国务院办公厅	2021 年 10 月 28 日	国办发〔2021〕43 号
7	《国务院关于印发全民科学素质行动规划纲要（2021～2035 年）的通知》	国务院	2021 年 6 月 3 日	国发〔2021〕9 号
8	《中共中央国务院关于加强基层治理体系和治理能力现代化建设的意见》	中共中央、国务院	2021 年 4 月 28 日	
9	《数字乡村发展战略纲要》	中共中央办公厅、国务院办公厅	2019 年 5 月 16 日	
10	《关于加快推进农业机械化和农机装备产业转型升级的指导意见》	国务院	2018 年 12 月 29 日	国发〔2018〕42 号
11	《关于促进移动互联网健康有序发展的意见》	中共中央办公厅、国务院办公厅	2017 年 1 月 15 日	
12	《国务院关于印发“十三五”国家信息化规划的通知》	国务院	2016 年 12 月 15 日	国发〔2016〕73 号
13	《国务院办公厅关于加快推进广播电视村村通向户户通升级工作的通知》	国务院办公厅	2016 年 4 月 21 日	国办发〔2016〕20 号
14	《国务院关于印发“宽带中国”战略及实施方案的通知》	国务院	2013 年 8 月 1 日	国发〔2013〕31 号

续表

序号	政策名称	发文单位	发文时间	发文字号
15	《中共中央国务院关于加快发展现代农业进一步增强农村发展活力的若干意见》	中共中央、国务院	2012 年 12 月 31 日	中发〔2013〕1 号
……	……	……	……	……

资料来源：笔者整理所得。

（二）研究方法

政策文本量化分析是公共政策的制定和管理过程中最重要的纽带，也是政策资源合理分配的基础。本文通过使用量化研究方法对政策文本进行综合性分析，科学地对政策本身进行评价；通过对党的十八大以来国家颁布的数字乡村发展的相关政策进行分析，剖析我国数字乡村建设的发展情况，对其发展阶段进行划分，并识别不同阶段的发展特征。

1. 公共政策变迁理论

政府在社会的演进中扮演着十分重要的角色。根据公共政策变迁理论，数字乡村政策初期由于缺乏完善的政策制定、实施和监管机制，或无法适应新的需求变化，处于“政策失效”阶段；随后，政府通过总结经验教训和加强科学有效的政策措施，推动数字乡村的发展，处于“政策创新”阶段；最终，政策逐渐达到均衡状态，注重协调各方利益，平衡数字乡村发展与社会公平的关系，促进数字乡村建设与城乡一体化发展的协调性，处于“政策均衡”阶段。① 本文首先从公共政策变迁理论的视角出发，分析党的十八大以来数字乡村政策内容，在不同阶段发展比较过程中探索数字乡村建设政策和顶层制度安排的变迁；其次，公共政策变迁理论不仅可以从旧事物中总结经验教训，也可以用于对新事物的展望和预测，为政策创新提供指导。② 当前我国数字乡村建设还处于起步阶段，通过系统分析和研究，能够更好地了解数字乡村建设中面临的问题和挑战，并针对性地制定政策措施。

---

① 陈潭：《公共政策变迁的过程理论及其阐释》，《理论探讨》2006 年第 6 期，第 128~131 页。

② 张会吉、薛桂霞：《我国农村人居环境治理的政策变迁：演变阶段与特征分析——基于政策文本视角》，《干旱区资源与环境》2022 年第 1 期，第 8~15 页。

2. ROSTContent Mining 6.0统计分析

借助 ROSTContent Mining 6.0 软件对党的十八大以来数字乡村建设相关的政策文本进行量化分析，以期为数字乡村政策发展的阶段划分提供依据。在进行分析前，对文本内容进行预处理，将政策文本导入分析软件进行分词处理和词频分析。在分析过程中，剔除与数字乡村关联度不高的词语，以保证分析结果的准确性。根据词频统计选取高频词，并利用这些高频词构建统计表，从而更好地理解各个阶段数字乡村发展的变化特征。其次，高频词分析反映了数字乡村政策所要表达的关键节点，但是每个词语之间的关系难以探索，即难以表达政策文本中所蕴含的真正意义。通过使用语义网络分析法，以词语为节点，以高频词之间的组合节点共线次数频次作为关系链，构建语义网络，分析高频词在文本中的语义。本文利用 ROST Content Mining 6.0 软件中的社会网络和语义网络分析插件，对预处理之后的文本进行分析，使得政策文本数据可视化，探索其内部彼此之间的联系，并根据数字乡村相关的政策文本中的高频词分析和语义网络分析结果，将我国数字乡村政策的变迁划分为不同阶段并对其各阶段政策特征及变迁动因进行分析。

四　结果与分析

（一）我国数字乡村政策的演进阶段划分

根据相关政策文本的数量与针对政策文本内容的量化分析结果，将数字乡村政策演变划分为政策萌芽阶段（2012~2014 年）、政策发展阶段（2015~2017 年）、政策提升阶段（2018~2020 年）和政策深化阶段（2021 年至今）四个阶段。

将 2012~2014 年划分为政策萌芽阶段，主要是因为该阶段颁布的相关政策文本数量较少，且缺乏与数字乡村密切相关的政策文本；将 2015~2017 年划分为政策发展阶段，主要是因为该阶段颁布的数字乡村相关的政策数量有所提升，国家大力推进农业农村现代化发展，加快宽带网络建设，完善农村的基础网络设施，为后续数字乡村的深入发展奠定基础；将 2018~2020 年划分为政策提升阶段，主要是因为该阶段与数字乡村发展相关的政策每年发文量较为平稳，且政策安排不断聚焦乡村，2019 年发布的《数字乡村发展战略纲要》纲领性地明确了未来数字乡村发展的具体内容及方向；将 2021 年至今划分为政策深化阶段，主要是因为该阶段国家层面的相关政策处于井喷时期，政策的数量多，且内容更加聚焦，数字乡村的相关政策也从“强基础”逐步发展到“重应用”（见图 1）。

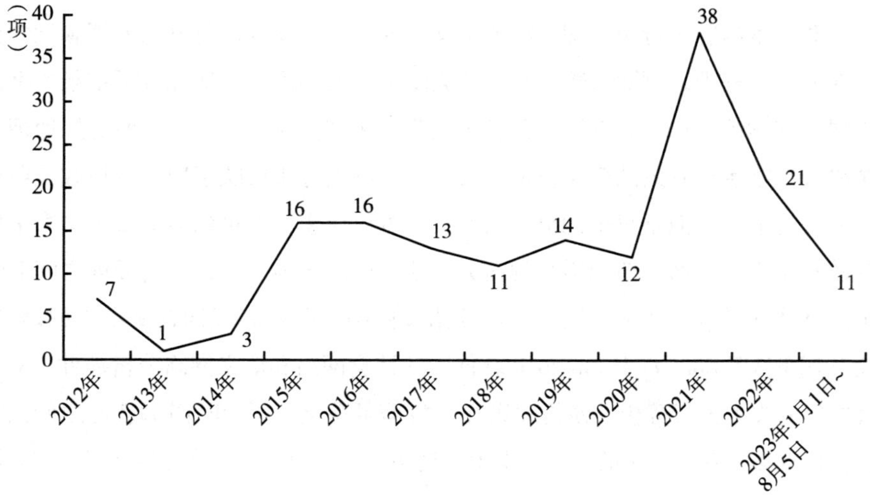

图 1　党的十八大以来数字乡村相关政策发文数量

（二）我国数字乡村建设的阶段特征分析

从党的十八大以来我国有关数字乡村的政策动向看，数字乡村的政策演变始终与信息技术变迁相适应，政策支持领域逐步从“数字基建”转向“数字应用”，技术支持也从“宽带支持”转向“大数据、智能应用”等前沿领域。政策的发展逻辑整体符合技术发展的整体趋势，同时也回应了国家经济社会发展的重大需求，这既体现了党和政府对于数字乡村的认识程度不断加深，也表现出国家支持数字乡村建设在政策上的连续性。

1. 政策萌芽阶段（2012~2014年）

从政策发布来看，该阶段与数字乡村密切相关的政策数量并不多，其中最主要的政策文件为 2013 年发布的《国务院关于印发“宽带中国”战略及实施方案的通知》。此阶段主要采集了 11 项相关的政策文本，在对这 11 项政策文本进行分词处理和词频分析、进一步精炼数据后，总共选出了 20 个高频词（见表 2）。进一步对处理文本进行语义网络分析，剔除与其他词无共词关联的高频词，得到语义网络图谱（见图 2）。从语义网络图谱看出，核心关键词

“服务”“建设”“资源”的节点度最大，节度中心性较强，凸显了该阶段数字乡村建设的主要特征。与“服务”“建设”“资源”联系紧密的“数据”“技术”“网络”“互联网”“宽带”等体现了该阶段数字乡村建设的要素保障。辐射关键词“公共”“保障”“创新”等体现了该阶段数字乡村建设的目标任务。从上述分析中可以发现该阶段数字乡村相关政策主要有以下特征。(1)该阶段虽有相关政策的发布，但政府尚未建立起相关的政策体系，对于数字乡村的建设缺乏重视。(2)该阶段农村数字基础设施建设不足、农业机械化水平不高。针对该阶段乡村数字技术普及率低的现实，结合数字技术的发展，我国数字乡村建设的相关政策主要侧重完善乡村数字基础设施，以指引数字乡村发展。同时明确农业农村的跨越发展最终要依靠科技创新。

表 2　政策萌芽阶段政策文本高频词与词频

单位：次

词条	频数	词条	频数
服务	350	互联网	113
数据	248	公共	113
宽带	239	共享	113
网络	237	创新	109
建设	212	基础	108
资源	181	农业	95
技术	155	政府	91
企业	139	设施	86
安全	127	覆盖	84
平台	117	保障	83

2. 政策发展阶段（2015~2017年）

2015 年，中共中央、国务院印发《关于打赢脱贫攻坚战的决定》，后续制定并实施了一系列针对农村发展的方针、政策，涉及范围较广，进一步推动了数字乡村的发展。该阶段主要采集了 45 项政策文本。从语义网络图谱（见表 3、图 3）看出，“服务”“建设”仍为核心关键词，中心性较强，突显了该阶段数字乡村建设的主要特征。与“服务”“建设”紧密联系的“互联网”“技术”“资源”“平台”“设施”等体现了该阶段数字乡村建设的要素保障。辐射关键词“信息化”“创新”“融合”“安全”等体现了该阶段数字乡村建设

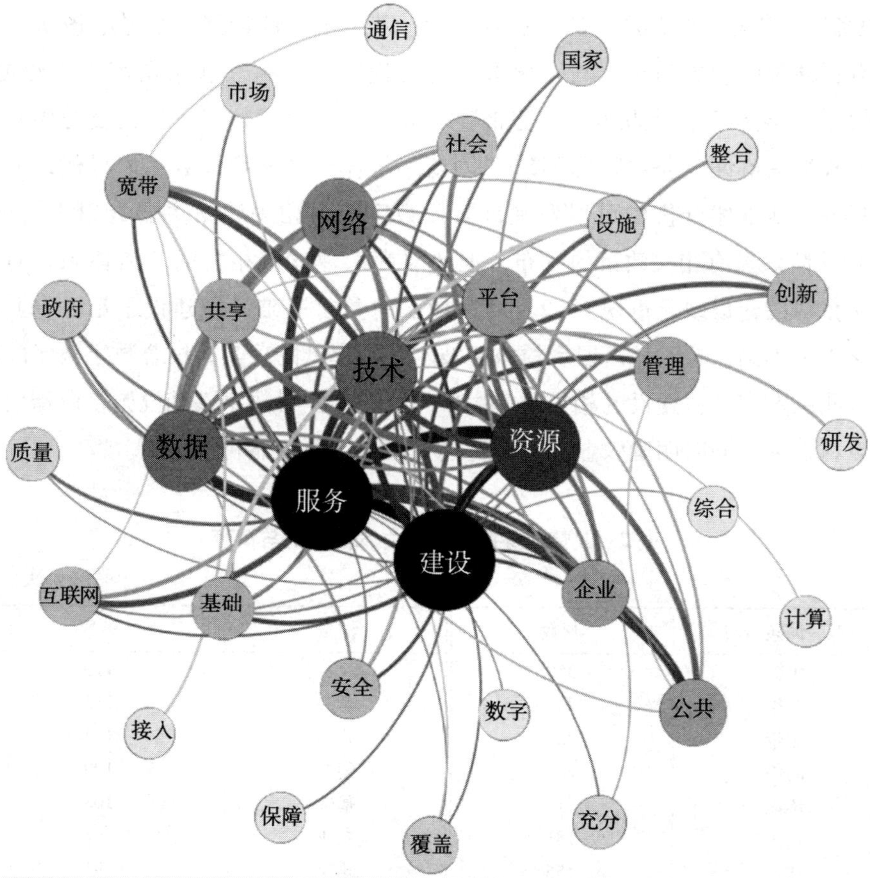

图 2　政策萌芽阶段语义网络图谱

的目标任务。从上述分析中可以发现该阶段数字乡村建设主要有以下特征。（1）该阶段数字乡村相关政策的发布呈增长趋势，国家对于数字乡村建设的重视程度加深。2015 年发布的《国务院关于积极推进“互联网+”行动的指导意见》，提出要发展“互联网+”现代农业，促进农业现代化水平提升，大力发展农村电商。同年发布的《关于打赢脱贫攻坚战的决定》提出加大“互联网+”扶贫力度，实施电商扶贫工程，加大科技扶贫力度。科技与乡村的发展联系更加紧密。（2）在前一期的建设基础上，农村的数字基础进一步夯实，对数字乡村发展的重视程度加深。同时基于农村电商的发展，数字技术的应用领域进一步扩大，数字技术与农村发展结合得更为紧密，但农业与数字技术的结合在这一阶段仍占据主要位置。

表 3　政策发展阶段政策文本高频词与词频

单位：次

词条	频数	词条	频数
服务	551	设施	185
建设	466	文化	181
技术	318	信息化	178
互联网	279	安全	169
创新	245	国家	167
企业	238	管理	166
平台	220	农村	165
资源	201	农机	163
基础	196	数据	155
农业	189	融合	136

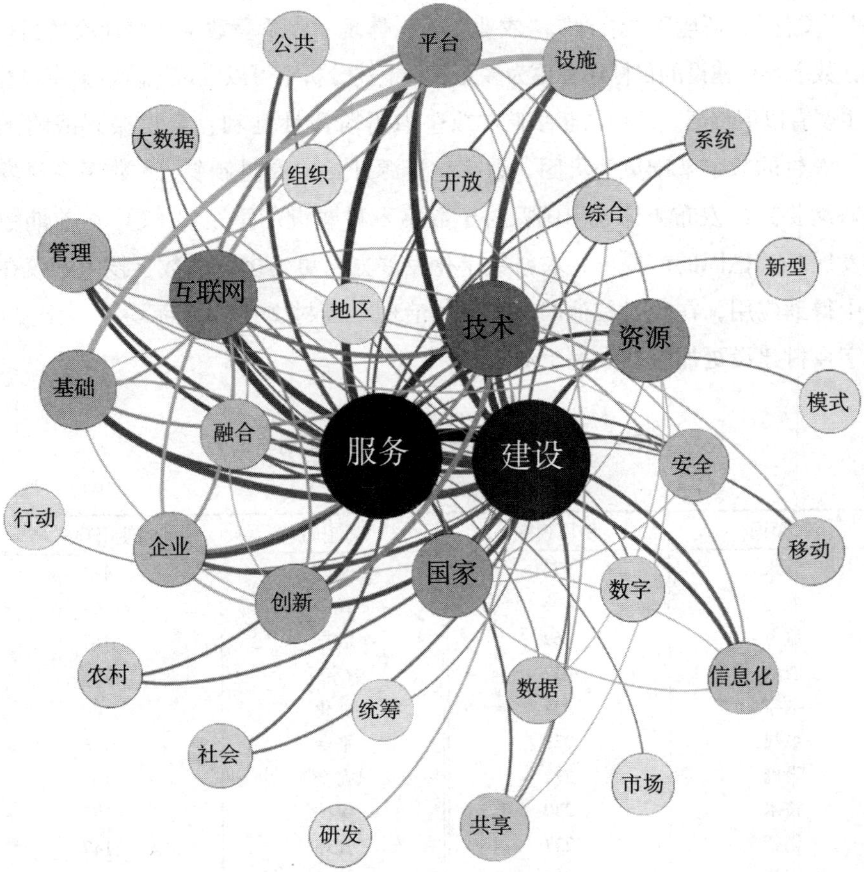

图 3　政策发展阶段语义网络图谱

3. 政策提升阶段（2018~2020年）

2018年中共中央、国务院印发《关于实施乡村振兴战略的意见》，标志着我国农村发展进入新阶段。2019年中共中央办公厅、国务院办公厅发布《数字乡村发展战略纲要》，这也是党的十八大以来，第一部专门性的数字乡村发展政策，表明该阶段我国更为重视数字乡村的建设，政策上的大力扶持，进一步解放和发展农村数字化生产力，为我国乡村发展注入新动力。该阶段主要采集了37项相关的政策文本，从语义网络图谱（见表4、图4）看出，“建设”为该阶段的核心关键词，表明该阶段数字乡村建设重点推进，不再侧重以往的基础保障，而是重视乡村发展的新活力。与“建设”紧密联系的“设施”“技术”“创新”“资源”等体现了该阶段数字乡村建设的要素保障，且该阶段要素分布较为分散，表明我国开始从多个角度全面推动数字乡村发展。该阶段辐射的关键词包含“经济”“文化”“环境”“治理”“农业”等，体现了该阶段数字乡村建设的目标任务，数字乡村建设的目标任务更为多元。从上述分析中可以发现该阶段数字乡村建设主要有以下特征。（1）随着脱贫攻坚取得阶段性胜利、乡村振兴战略的提出，农村的数字基础更为巩固，数字化资源开始向农村倾斜，《数字乡村发展战略纲要》的发布更体现出国家对于数字乡村建设的重视。（2）在前期数字化发展基础稳固的前提下，农村数字化发展方向更为多元，数字技术不仅在农业中得到应用，在乡村其他产业、乡村治理、乡村文化等方面均有一定发展，数字乡村建设更加惠及农民生活。

表4 政策提升阶段政策文本高频词与词频

单位：次

高频词	使用频率	高频词	使用频率
建设	673	基础	181
农村	468	经济	167
服务	462	数据	167
农业	457	数字化	165
数字	328	文化	160
乡村	323	平台	156
设施	272	安全	153
技术	230	保护	152
创新	227	管理	147
资源	195	公共	142

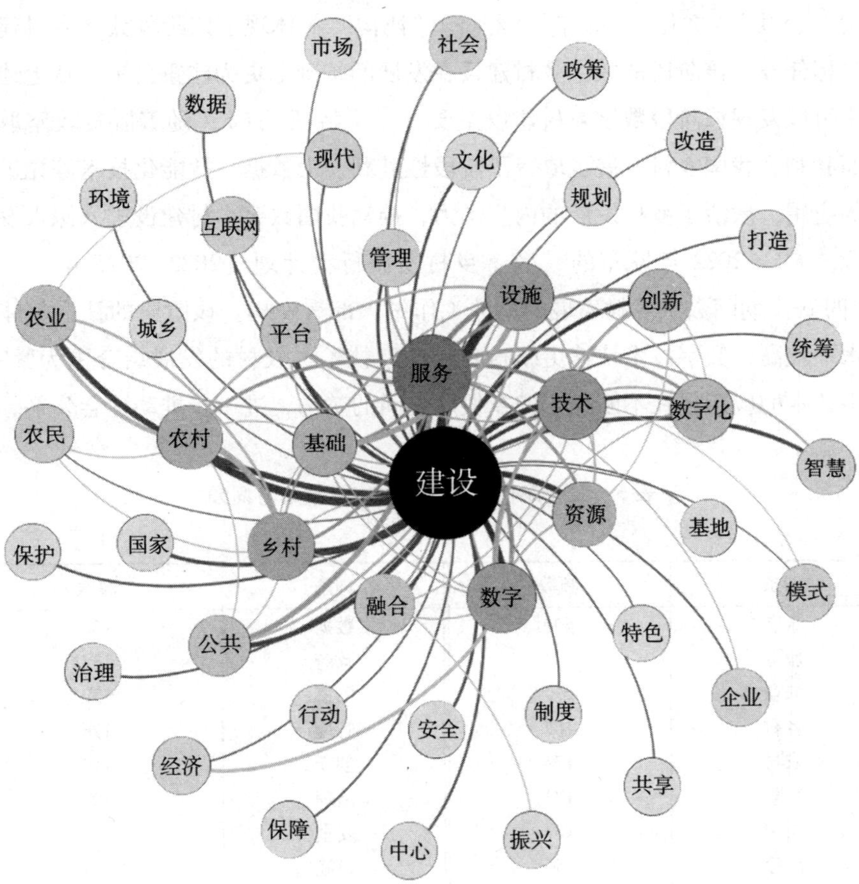

图 4　政策提升阶段语义网络图谱

4. 政策深化阶段（2021年至今）

2021 年，我国脱贫攻坚取得全面胜利，为进一步满足人民对于美好生活的需要，数字乡村建设频繁出现在《国务院关于印发“十四五”数字经济发展规划的通知》《国务院关于加强数字政府建设的指导意见》等专门性文件中，数字乡村政策比以往各阶段更成体系化，发展内容也更为清晰。该阶段主要采集了 70 项相关的政策文本，从语义网络图谱（见表 5、图 5）看出，“服务”“数字”为该阶段的核心关键词，表明该阶段数字乡村的建设将更为惠及农民生活。与“服务”“数字”紧密联系的“基础”“平台”“管理”“技术”等体现了该阶段数字乡村建设的要素保障，且该阶段要素较为体系化。辐射关键词“公共”“文化”“医疗”“经济”“鸿沟”等体现了该阶段数字乡村建设的目标任务，该阶段的数字乡村建设在发展的基础上更为注重公平。从上述分析中可以发现该阶段数字乡村建设主要有以下特征。（1）随着脱贫攻坚取得全面胜利，我国乡村发展也取得了阶段性胜利，大数据、智能化技术等先进技术的应用，激活了乡村发展的内生动力，推动我国数字乡村建设进入深入发展阶段。（2）2022 年发布的《数字乡村发展行动计划（2022-2025 年）》对“十四五”期间数字乡村发展的相关工作做出部署安排。该阶段的社会整体发展水平较高，数字技术快速更新迭代，数字技术与农村的发展结合更为紧密。数字技术的应用也在不断缩小城乡发展之间的鸿沟，进一步推动社会公平。

表 5　政策深化阶段政策文本高频词与词频

单位：次

词条	频数	词条	频数
数字	491	数据	133
服务	272	政府	132
农业	237	国家	129
乡村	187	管理	126
农村	174	创新	119
智慧	172	治理	107
文化	167	安全	106
医疗	150	设施	104
技术	149	平台	102
数字化	134	质量	98

五　我国数字乡村建设的提升路径

数字乡村政策能够统筹协调资源，整合各方力量，为数字乡村建设指明发展方向，提供发展框架。通过政策的制定，政府可以明确乡村发展的目标、重点和路径，为各相关部门提供明确的工作指引。通过分析数字乡村政策的演变及阶段特征明确我国数字乡村建设在不同发展阶段的侧重点及未来发展趋势，通过数字技术进一步推动乡村振兴，实现乡村社会经济的高质量发展。

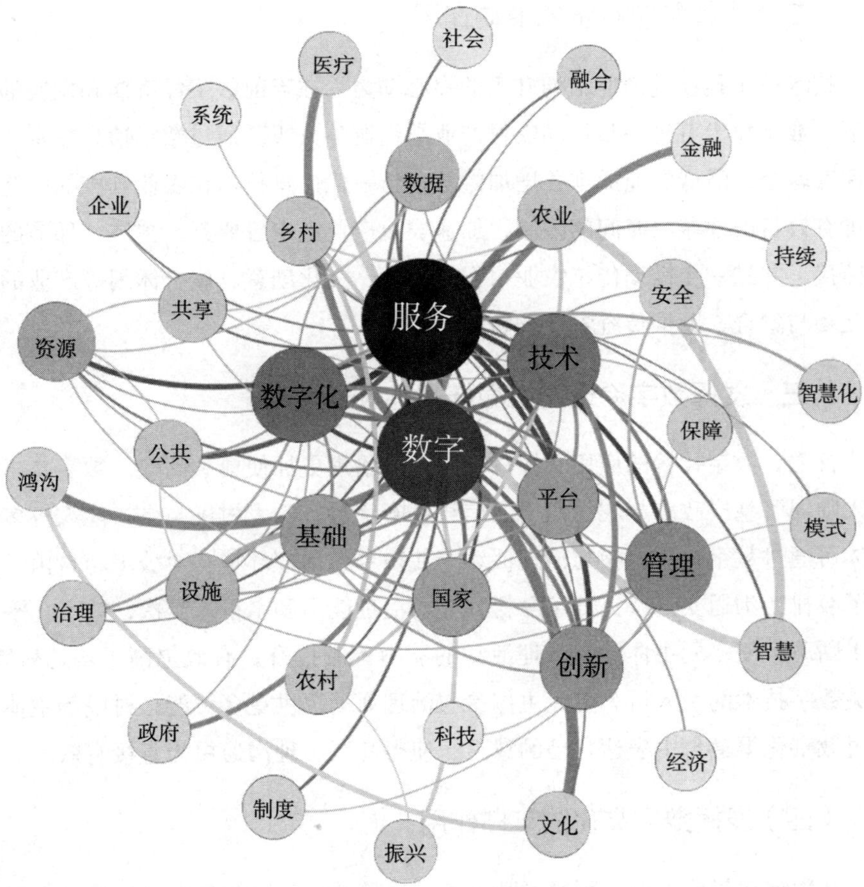

图5　政策深化阶段语义网络图谱

（一）发挥数字基建的基础性作用

数字基建以数字经济助力农业发展，通过升级改造传统产业，有效增强乡村居民的经济能力，激发内生动力，增加收入来源，提高生活质量。数字新基建也是优化民生资源配置、弥补民生短板的重要途径。例如，数字乡村教育可以建立高品质课程平台，实现教育资源共享；数字农村医疗的线上问诊平台能够促进优质医疗资源下沉，使村民享受到优质的医疗服务。通过数字新基建，农村的教育和医疗水平得到提升，乡村居民的生活质量也提高了。

（二）发挥数字经济的推动作用

技术进步是促进产业结构升级的核心动力。在当前数字经济蓬勃发展的背景下，数字技术可进一步推动农村产业结构调整升级。通过数字信息技术与农业深度融合，降低农业成本，增加效益。新一代信息技术在农业领域的广泛应用可有效打破地域与时间的限制，加速农业产业链中各要素、主体、环节的有效衔接，并进一步推动传统农业与农村电商、文化创意、旅游休闲等产业的跨界互动与融合，助推传统农业的转型升级。

（三）发挥数字治理的维稳作用

首先，数字技术的应用和推广可使乡村治理更加便捷和高效。数字技术的介入削弱了基层政府与农村两委的信息垄断优势，广大村民与乡村能人等多元主体可通过数字化平台参与治理活动，使得乡村治理环境相对公平与自由，改善了乡村的沟通交流，提升了乡村社会的治理能力和水平。其次，数字化平台的不断下沉使多元主体参与治理活动的能力不断提升，有效提高了沟通效率。相关数字技术的引入可为多元主体参与治理活动提供更多可能，村民等主体可通过数字化渠道自由表达自己的意见，使得基层治理沟通更为直接有效。

（四）发挥数字文化的支撑作用

在数字乡村建设中，可通过数字技术、移动互联网和信息网络连接乡村文化服务站、农家书屋、乡镇图书站和省市图书馆，形成了数字资源共享系统，提升乡村公共文化服务的数字文化资源保障能力。同时，通过在线的互动交流和乡村共享阅读空间，打造沉浸式阅读场景，多元化开展农村公共文化服务活动。这为农村公共文化服务机构优化数字文化资源结构、扩充数字文化资源储备提供了自由交互的空间，进一步提高了农村公共文化资源的使用效率。通过提供一站式数字文化服务，为农村居民提供信息技能培训、农业信息咨询和农技指导等服务，提高农村公共文化服务效率。

G.3
中国农业文化遗产旅游发展报告*

张祖群　卢成钢　李潘一**

摘　要：　基于前沿学术进展，本文从旅游价值分析、旅游资源类属、居民感知、旅游者行为、社区参与5个方面进行中国农业文化遗产旅游综述。应用案例分析法，选取福建武夷岩茶文化系统、河南宁陵黄河故道古梨园、贵州兴仁薏仁米栽培系统三个案例进行农业文化遗产旅游资源、旅游发展状况、乡村振兴探析。最后站在宏观层面，探讨农业文化遗产旅游的案例比较、政策回应、资源基础、融合样态、市场前景。

关键词：　中国农业文化遗产　遗产旅游　案例比较

在源远流长的历史长河中，与农业相关的传统知识、技术、实践、价值观念和文化习俗与地方农业传承，均承载着中国农业发展的历史和智慧，对于了

* 北京市社会科学基金规划项目“北京古都艺术空间因子挖掘与遗产保护”（21YTB020）、中国高等教育学会“2022年度高等教育科学研究规划课题”重点项目“基于文化遗产的通识教育‘双向’实施途径”（22SZJY0214）、北京理工大学研究生教研教改面上项目“艺术设计硕士新文科建设：误区、改进与保障”（2023YBJG024）、教育部首批新文科研究与改革实践项目“新文科背景下产品设计专业建设的探索与实践——以复合型国防装备设计人才培养为例”（2021160005）阶段性成果。

** 张祖群，中国科学院博士后（优秀出站），北京理工大学设计与艺术学院文化遗产系高工、硕士生导师，研究方向为文化遗产与艺术设计、遗产旅游等；卢成钢，北京理工大学设计与艺术学院文化遗产系2021级硕士研究生，研究方向为文化遗产与艺术设计等；李潘一，北京理工大学设计与艺术学院2023级硕士研究生，研究方向为文化遗产与艺术设计等。卢成钢与李潘一为并列第二作者。

解中国农业文化的演变发展以及传统地方习俗具有重要意义。① 通过深入挖掘农业文化遗产价值，合理规划和管理旅游活动，农业文化遗产与旅游的结合将为中国乡村旅游和文化产业发展注入新的活力。② 农业文化遗产与旅游结合，既促进了农业文化的传承和发展，又为乡村振兴带来经济、社会发展机遇。

但农业文化遗产与旅游结合也面临一些挑战与问题，包括如何平衡保护与开发的关系，如何确保旅游活动对农村环境和社会产生可持续的正向影响，如何提高农业文化遗产的知名度和吸引力等。③ 解决这些问题需要政府、社会各界和相关机构的共同努力，注重合理规划与管理，充分发挥农业文化遗产与旅游的双向互动效应。

一　中国农业文化遗产旅游研究进展

中国科学院地理科学与资源所李文华院士、闵庆文研究员率领团队，开展了农业文化遗产评定标准、案例研究、旅游发展、文旅融合、影响评估等多项工作。例如，孙业红、闵庆文、成升魁等以浙江青田稻鱼共生系统为案例④，苏莹莹、孙业红、闵庆文等以哈尼梯田为案例⑤，Yang L.，Liu M. C.，Min Q. W. 等以甘肃迭部扎尕那农林牧复合系统为案例⑥，探讨农业文化遗产旅游对地方经济的促进作用，旅游成为农业文化遗产地村民在农业收入之外拓展生计、增加收入的重要来源。随着农业文化遗产旅游的发展势头逐渐增强，近年

① 彭兆荣：《农业遗产：一个重要的乡村振兴视野》，《北华大学学报》（社会科学版）2023年第24期，第89~96页。

② 闵庆文：《农业文化遗产旅游：一个全新的领域》，《旅游学刊》2022年第37期，第1~3页。

③ 张艺：《当前农业文化遗产旅游开发面临的困境及对策》，《乡村科技》2022年第13期，第44~47页。

④ 孙业红、闵庆文、成升魁等：《农业文化遗产旅游资源开发与区域社会经济关系研究：以浙江青田"稻鱼共生"全球重要农业文化遗产为例》，《资源科学》2006年第28期，第138~144页。

⑤ 苏莹莹、孙业红、闵庆文等：《中国农业文化遗产地村落旅游经营模式探析》，《中国农业资源与区划》2019年第40期，第195~201页。

⑥ Yang L.，Liu M. C.，Min Q. W.，et al.，"Specialization or Diversification? The Situation and Transition of Households' Livelihood in Agricultural Heritage Systems，" *International Journal of Agricultural Sustainability*，2018.

来关于农业文化遗产旅游的研究越来越多。① 根据闫昕的研究，农业文化遗产旅游分析框架主要包括农业文化遗产旅游价值分析、农业文化遗产旅游资源类属、农业文化遗产旅游影响及居民感知研究、农业文化遗产旅游者行为研究、农业文化遗产旅游的社区参与五部分。②

（一）农业文化遗产旅游价值分析

农业文化遗产要想得到开发，必须有其不可替代的价值，而衡量这种特殊的遗产，必然要有相对应的价值研究。具体而言，农业文化遗产作为农民世代精耕细作的智慧结晶，除体现时间维度的传承价值、空间维度的社区与地方范围价值外，还造就了其独特的美学价值。③ 经济开发上，配合近年来的乡村振兴大战略，农业文化遗产的旅游可以有效增加农民收入，同时促进地区的生态环境恢复。④ 这主要是由于农业文化遗产旅游可推动乡村产业发展转型，既能带动第一产业升级发展，又能推动农产品加工、民宿与农家乐、休闲农业等发展，以农业为要素促进“三产”内部融合。⑤ 基于农业文化的自然背景、乡村资源、民俗风情等可以在大尺度上进行空间设计，将广大农村建设成生态博物馆，形成具有吸引力的农业文化品牌，也是促进地区经济与社会文化发展的有效手段。⑥

（二）农业文化遗产旅游资源类属

农业文化遗产地旅游资源特征属性的识别及对外部环境因素的考量，是农

① 焦雯珺、崔文超、闵庆文、张永勋：《农业文化遗产及其保护研究综述》，《资源科学》2021 年第 43 期，第 823~837 页。

② 闫昕：《中国农业文化遗产旅游研究进展与框架构建》，《四川旅游学院学报》2023 年第 1 期，第 74~79 页。

③ 陈加晋、卢勇、李立：《美学发现与价值重塑：农业文化遗产的审美转向》，《西北农林科技大学学报》（社会科学版）2021 年第 21 期，第 137~144 页。

④ 吴合显、罗康隆：《重要农业文化遗产对乡村产业发展的价值研究》，《中国生态农业学报》（中英文）2020 年第 28 期，第 1305~1313 页。

⑤ 傅志强、黄璜：《重要农业文化遗产在湖南乡村振兴中的作用与发展对策》，《作物研究》2021 年第 35 期，第 405~408 页。

⑥ 贺向红：《农业保护与文化传承发展探究》，《广东蚕业》2020 年第 54 期，第 142~143 页。

业文化遗产旅游资源评价之基。① 旅游资源可以分为物质资源和精神资源两种形式。② 在精神上，植根于中国传统文化的“三才”“三官”“用水五术”等农业伦理思想是中国传统农耕智慧的结晶。“天人合一”“顺天应时”传统农业观对现代农业发展仍然具有启示意义。③ 农业隐含着人类最基本的生存价值和对世界本体、家庭社会国家的深层探索，以农业文化遗产为代表的传统农业生产塑造了中国乡土社会的基本结构和乡土特征。④

（三）农业文化遗产旅游影响及居民感知研究

农业文化遗产是一个复杂的物质循环、能量转换的农业生产生态系统，以农产品研发、旅游产业、农业管理等，推动自然资源-经济价值-社会价值的转化。⑤ 旅游主客冲突因子可以初步归纳为环境冲突、社会风气冲突、文化冲突、个人经济冲突、游客正常行为冲突、态度冲突、社会经济冲突、游客不文明行为冲突 8 个因子。⑥ 在居民感知下，基于农业文化遗产的饮食旅游发展表现为生态环境方面的积极影响最大，社会和文化方面影响其次，经济影响效应最低。⑦

（四）农业文化遗产旅游者行为研究

近年来，因价值观、行为方式差异以及语言障碍等的影响，农业文化遗产地主客冲突的现象时有发生，因此游客的旅游地行为表现模式是农业文化遗产旅游领域重要的研究对象。乡村文化氛围营造是游客行为偏好的重要引导方

---

① 孙业红、闵庆文、刘某承：《农业文化遗产地旅游资源利用的多类型比较——以技术型、景观型和遗址型遗产为例》，《资源科学》2013 年第 35 期，第 1526~1534 页。

② 徐业鑫、王利伟、任玉洁：《农业文化遗产理论研究 20 年的中国探索与展望》，《山西农业大学学报》（社会科学版）2022 年第 21 期，第 85~93 页。

③ 王德刚：《旅游化生存与产业化发展——农业文化遗产保护与利用模式研究》，《山东大学学报》（哲学社会科学版）2013 年第 2 期，第 56~64 页。

④ 孙庆忠、关瑶：《中国农业文化遗产保护：实践路径与研究进展》，《中国农业大学学报》（社会科学版）2012 年第 29 期，第 34~43 页。

⑤ 张爱平、侯兵、马楠：《农业文化遗产地社区居民旅游影响感知与态度——哈尼梯田的生计影响探讨》，《人文地理》2017 年第 32 期，第 138~144 页。

⑥ 熊礼明、周丽洁：《居民对农业文化遗产地旅游主客冲突感知研究》，《中国农学通报》2015 年第 17 期，第 285~290 页。

⑦ 苏莹莹、孙业红、闵庆文、王英、焦雯珺：《基于居民感知的农业文化遗产地传统饮食旅游研究——以浙江省青田县龙现村为例》，《中国旅游评论》2019 年第 3 期，第 87~101 页。

式，农业文化遗产富含大量的文化遗产元素与符号，在农民住房、乡村民宿、村落公共空间、乡村景观设计等方面体现地域文化基因，充分调动游客的视、听、嗅、味、触等多重感官，吸引游客兴趣与注意力。①

（五）农业文化遗产旅游的社区参与

社区参与视角是农业文化遗产旅游研究的另一重点。学者认为遗产地社区居民兼具解说资源与解说主体双重角色，如果地方政府寻求社区居民在旅游解说系统中的有效参与途径，可以最大限度发挥农业文化遗产独特的教育与科普功能。② 从居民的视角来看，游客的到来导致当地居民生活成本上涨，扰乱了当地居民宁静的生活，导致当地淳朴民风的消失和生态环境的恶化，游客不尊重当地的民俗等现象时有发生，这些现象会导致居民对游客的不友好态度，会带来旅游主客关系的不和谐。③ 虽然当前国内外对于农业文化遗产保护研究热情高涨，但是对于当地居民的研究相对较少，现有成果也多为个案研究，研究结果无法得到广泛推广，最好的保护就是发展，只有保证农民利益的可持续发展才能从根本上促使农业文化遗产实现“活态化”保护。④

性别问题在农业文化遗产地的保护中也同样重要，在农业文化遗产地旅游发展中，女性往往成为社区旅游参与的主力军。女性在妇女健康、家庭生计、子女教育、文化传承等方面承担主力角色。⑤ 因此，应明确当地政府主导地位，进一步强化对居民的赋权和增权，在操作层面上重视社区参与，尤其重视女性参与，形成多方参与、多利益主体均衡、权责利明确的农业文化遗产管理机制。⑥

---

① 闵庆文、王博杰：《守正创新——农业文化遗产地的乡舍民宿及其发展路径》，《世界建筑》2021年第8期，第12~14页。

② 王英、孙业红、苏莹莹、焦雯珺：《基于社区参与的农业文化遗产旅游解说资源研究——以浙江青田稻鱼共生系统为例》，《旅游学刊》2020年第35期，第75~86页。

③ 熊礼明、周丽洁：《居民对农业文化遗产地旅游主客冲突感知研究》，《中国农学通报》2015年第31期，第285~290页。

④ 林晓贤、林炜铃、张政、吕伟波：《农业文化遗产保护研究热点与趋势分析》，《延边大学农学学报》2023年第45期，第94~101页。

⑤ 武文杰、孙业红、王英：《农业文化遗产地女性居民旅游参与的情感响应——以浙江青田稻鱼共生系统为例》，《旅游学刊》2022年第37期，第128~139页。

⑥ 苏明明、王梦晗、余景娟、靳敏：《遗产旅游对农业文化遗产地居民福祉的影响——以哈尼梯田为例》，《资源科学》2023年第45期，第375~387页。

二　中国农业文化遗产案例分析

（一）福建武夷岩茶文化系统

福建武夷岩茶文化系统具有丰富的文化资源和旅游发展潜力，通过茶叶观光旅游、茶文化体验、茶文化交流与展示、旅游休闲配套设施、生态旅游结合以及旅游商品开发等方式，吸引游客，促进旅游业发展，传承茶文化，提升地区的知名度和竞争力。

1. 遗产地概况

福建武夷岩茶文化系统是中国茶文化的重要组成部分。武夷岩茶是指在福建武夷山地区种植、制作的茶叶，它一般生长在陡峭的岩石上，因此得名。这种茶叶在茶叶品质、茶树栽培、制作工艺等方面具有独特性，其中岩骨茶以其鲜爽的口感、独特的香气和悠久的历史而成为武夷岩茶的核心品类，并由此形成了独特而丰富的茶文化体系。1999 年 12 月，武夷山被列入联合国教科文组织《世界遗产名录》。2022 年 12 月，我国 15 个省（自治区、直辖市）的 44 个茶叶类国家级非遗代表性项目联合以“中国传统制茶技艺及其相关习俗”申报并入选《人类非物质文化遗产代表作名录》，武夷岩茶制作技艺作为其中之一也晋升为人类非物质文化遗产。2023 年 9 月，福建武夷岩茶文化系统入选第七批中国重要农业文化遗产名录。

2. 遗产地旅游资源

其岩茶文化系统具有丰富的旅游资源，包括从自然风光和茶园参观，岩茶种植、制作和品鉴等多个方面，为游客提供了一个全面而深入的茶文化体验。

（1）武夷岩茶文化系统的核心是岩茶产业。武夷山地区的特殊地理环境和气候条件为岩茶的生长提供了得天独厚的条件。岩茶的种植区域广泛分布于山间的岩石缝隙中，这种独特的生长环境对茶叶的生长和品质产生了重要影响。以采摘、晒青、揉捻、烘焙等环节构成整体性岩茶制作技艺，注重传统技艺的传承和创新发展，具有典型的闽地山区地方性特征。岩茶的品质独特，以其独特的岩韵和浓厚的口感而闻名。

（2）茶园是遗产系统中重要的旅游资源。茶园分布于武夷山脉的陡峭山坡上，环境幽静、气候湿润，为游客提供了一个近距离感受岩茶种植和茶园景观的机会。游客可以参观茶园，了解岩茶的种植过程和农耕文化的传承。此外，一些茶园还设有茶艺表演和品茶体验项目，让游客亲身感受茶文化的魅力。

（3）武夷岩茶文化系统还拥有丰富的历史和文化遗产。这里保存了许多历史悠久的茶室、茶座和古老的茶道文化。游客可以参观茶文化博物馆，了解茶道的起源和演变，欣赏茶具的精美工艺和茶文化的艺术表达。

（4）武夷岩茶文化系统具有丰富的自然旅游资源。武夷山以其独特的地质景观、丰富的森林资源和良好生态环境而闻名。首先，这里的山体主要由花岗岩和砂岩组成，形成各种形态迥异的岩石峰林，视觉效果震撼。其次，武夷山拥有丰富的森林资源。这里的森林覆盖率高达70%，是中国南方地区最大的天然森林保护区之一。因此武夷山的森林生态系统多样而丰富，包括珍稀的植物物种、丰富的动物群落和独特的生态环境。

3. 遗产地旅游发展状况

近年来，武夷岩茶茶园在旅游发展方面已经取得显著的成果。先是在品牌宣传上发力，茶园与相关部门合作加大了旅游推广力度。通过举办茶文化节、茶叶展销会、旅游推介活动等形式，将武夷山的岩茶茶园推向国内外市场，吸引了相当多的游客前来参观和品鉴。

利用互联网和社交媒体平台，加强对武夷山岩茶茶园的网络推广。通过建立官方网站、社交媒体账号和旅游平台，发布茶园的介绍、景点图片、游客体验等内容，吸引更多的游客关注和参观。在品牌获取一定流量之后，茶园着手打造各种文化节庆活动。例如，2023年，茶园定下三大文化节：三月初三“开春祈福·祭茶喊山”、六月初六“茶神诞辰·祭祖庆寿”、九月初九“祖师得道·薪火传承茶”等品牌文化节，将该地的民俗和文化进行标准化打造。同时茶园召开展销会，茶叶展销会是一个专业的贸易平台，可以将武夷山的岩茶茶园推广给更广泛的客户群体。例如连续召开十六届的海峡两岸茶叶博览会，将茶仓新零售、电商服务等提高到战略层面进行品牌造势的同时，以更多优质的茶类旅游服务进一步为游客提供良好的体验。第一，扩大茶园规模。随着武夷岩茶的知名度和市场需求的增加，茶园的规模逐渐扩大。现如今，武夷山地区茶园的面积已经达到数千公顷，分布于山区的陡峭山坡上。茶园的规模扩大为更多游客提供了参观和品鉴岩茶的机会。第二，茶园景观优化。为了提升旅游体验，武夷山的岩茶茶园逐渐进行景观优化。通过植被修剪、景观设计和道路改善等手段，茶园的景观更加整洁美观，呈现独特的自然风光。茶园中的茶树种植布局也更加合理，使游客能够更好地欣赏到茶树的生长状态和茶园的整体美感。第三，旅游设施完善。为了满足不同游客的需求，茶园逐渐完善了相关的旅游设施。茶园内建设了接待中心、茶艺表演区、茶叶品鉴区等，为游客提供舒适的休息和品茶的场所。同时，还设立了茶叶销售点，方便游客购买正宗的武夷岩茶。

4. 遗产地文旅乡村振兴现状

2021 年 8 月以来，武夷岩茶产地着手绿色生态茶园的建成计划，将打造全域的生态茶园作为目标来助力茶产业的降本增效，提升资本转化效率。当地党支部以专门的合作社来适配这种新型的绿色管理模式，以此营造自由的技术、资源和金融资本流转，将当地的茶产业打造成一个重要的品牌，实现了村民收入的大幅增长。截至 2022 年底，南平市绿色生态茶园已建成 48.42 万亩，约 85%的乡镇、50%的行政村、45%的农户、至少 35 万人从事与茶叶有关的生产、经营、旅游、文创、销售等活动。2022 年，南平市重点培育的 11 家茶叶产业化联合体累计带动茶农 1.6 万余户，户均收入超过 10 万元，茶产业正成为当地乡村振兴的支柱产业。与其配套的产业包括茶叶主题的民宿、庄园、博物馆等，仅黄村一个村落每年接待游客数量已经超过 2 万人。①

（二）河南宁陵黄河故道古梨园

1. 遗产地概况

作为“中国酥梨之乡”，近年来，宁陵不断深挖酥梨特色产业。据《豫东史志》和《宁陵县志》等文献记载，宁陵酥梨栽培史至少可以追溯到 700 多年前，明孝宗弘治年间已被列为贡品。2023 年 9 月，河南宁陵黄河故道古梨园入选第七批中国重要农业文化遗产名录。

2. 遗产地旅游资源

河南宁陵黄河故道古梨园作为一个林果业为主的旅游地，旅游资源颇具特

① 光明日报调研组：《小茶叶成为乡村振兴“金叶子”》，光明网，https://baijiahao.baidu.com/s?id=1761195045889965965&wfr=spider&for=pc，2023 年 3 月 24 日。

色。凭借其丰富的历史文化底蕴、独特的梨园景观、农耕文化体验和美丽的自然风光吸引游客。

（1）作为一个历史悠久的地区，宁陵拥有深厚的历史文化积淀。黄河故道古梨园作为其重要组成部分，承载着悠久的历史记忆和人文遗产。宁陵县城内的宁陵古城遗址，有着2500多年的历史，保存着大量的文物和古建筑。宁陵还有许多庙宇，这些宗教建筑展示了传统宗教信仰和文化。古梨园作为当地的重要农业文化遗产与这些人文遗产密不可分。

（2）以梨树为主的林业是遗产的核心构成，其中梨花观赏资源不可忽视。宁陵黄河故道古梨园以其独特的梨园景观吸引着游客。园内的梨树树龄古老，树冠茂密，连成片状景象可观性强。在梨花盛开的季节，游客可以欣赏到成片的梨花景色。例如，每年春季，宁陵举办的梨花节吸引众多游客前来观赏梨花。节会期间安排有“文艺演出”“梨园花海徒步穿越游”“梨园和梨树认领”“花式酥梨宴品鉴”“富硒农产品展示”“非物质文化遗产产品展示”“书画摄影展”“短视频大赛”等20多项活动，为游客提供以梨花美景为核心的旅游体验事项。

（3）作为中国传统农耕文化的代表，古梨园可以提供丰富的农耕文化体验。游客可以参与农耕活动，体验种植、采摘梨果的过程。宁陵县堪称“金顶谢花酥梨”之故乡，是农业部设定的全国唯一优质酥梨生产基地县。全县梨树种植面积大约30万亩，年产量大约3亿公斤。2005年，金顶谢花酥梨被评定为中国国家地理标志保护产品。“酥梨采摘节”以果为媒，融经贸洽谈、旅游观光等活动为一体，具有较大的公众影响力。

3. 遗产地旅游发展状况

古梨园积极与周边的旅游景点和文化遗址进行联动，形成旅游线路和合作项目，提升了整体旅游的吸引力和竞争力。例如，与附近的宁陵古城遗址、黄河故道等景点进行合作，推出联票和优惠套餐，为游客提供更全面的旅游体验。古梨园还注重开展旅游宣传和市场营销，通过各种媒体渠道、旅游展会等方式，提升了其知名度和影响力，吸引了更多游客的到访。而就遗产本体而言，最主要的旅游活动还是梨花节与摘果节。

（1）梨花节

河南宁陵黄河故道古梨园的梨花节是其旅游发展中的一项重要活动，吸引了众多游客的关注和参与。梨花节的发展表现在多个方面。首先，活动规模不断扩大。随着梨花节的知名度提升，每年都有大量的游客前来观赏。参与梨花节的游客数量逐年增加，为古梨园带来了丰厚的经济收益。其次，活动内容丰富多样。梨花节期间，古梨园举办了一系列文化展览、演出和体验活动，如梨花摄影展、传统音乐演奏、手工艺制作等，为游客提供了全方位的体验和参与机会。这些丰富的活动不仅丰富了游客的旅游体验，也促进了梨园文化的传承和发展。

通过梨花节这一重要活动，宁陵黄河故道古梨园得到了广泛的宣传和推广，提升了知名度和影响力。梨花节吸引了来自各地的游客，为当地经济发展和旅游产业的繁荣做出了积极贡献。梨花节的成功举办不仅提升了宁陵黄河故道古梨园的知名度，也带动了当地旅游产业的发展。在梨花节期间，周边的酒店、餐饮、交通等服务业获得了大量的商机，创造了就业机会，促进了地方经济的增长。同时，古梨园注重游客的满意度，提供优质的旅游服务和体验，通过口碑传播带动了更多游客的到访。

（2）摘果节

河南宁陵黄河故道古梨园的摘果节是一项具有特色的旅游活动，吸引了众多游客和果农参与其中。摘果节通常在梨园丰收季节举办，为游客提供了亲手采摘梨子的机会，让他们体验农业文化并享受新鲜的水果。

摘果节的发展状况积极向好，吸引了越来越多的游客参与。举例来说，每年夏季，古梨园都会举办盛大的摘果节活动。游客们可以穿上当地农民服装，携带篮筐，亲自进入梨园采摘成熟的梨子。这不仅是一项参与性高的活动，也让游客更加亲近大自然和农业文化。在梨园内，还设置了摘果比赛、品尝新鲜梨子、制作果脯等互动环节，丰富了游客的参与体验。

摘果节同时也为当地农民带来可观的经济收益。随着摘果节知名度的提升，越来越多的游客选择前往宁陵参与活动，增加了当地旅游收入。同时，摘果节也成为宣传宁陵梨园品牌的重要平台。通过各类媒体报道和社交媒体传播，摘果节的声誉不断提升，吸引了更多游客的关注和到访。

4. 遗产地文旅乡村振兴现状

酥梨种植作为宁陵县的特色产业，成为该地乡村振兴的关键。当前，农业文化遗产与旅游的结合在三方面推动了地区经济振兴。第一，形成丰富的旅游业态，当地依托万亩梨园打造宁陵酥梨省级现代农业产业园，建设金顶阁、梨文化博物馆、梨园六亭等特色景观，先后举办了19届梨花节、15届酥梨采摘节和“梨王争霸赛”，年接待游客至少30万人次，创造直接经济收益至少2000万元。第二，发展了生态康养与旅游度假的新模式，结合了民宿康养、慢生活等新生活模式吸引游客。第三，品牌塑造，直播带货、文化研学等品牌塑造活动也拉动了地区的经济增长和文化振兴。①

（三）贵州兴仁薏仁米栽培系统

1. 遗产地概况

贵州兴仁薏仁米栽培系统是贵州省兴仁县特色农业旅游的重要组成部分，薏仁米种植习俗（兴仁市）以“民俗类”非遗类型入选黔西南州第六批州级非物质文化遗产代表性项目名录（黔西南府发〔2023〕6号文件，2023年4月20日）。2023年9月，贵州兴仁薏仁米栽培系统入选第七批中国重要农业文化遗产名录。该系统以薏仁米的种植、加工和文化传承为主题，展示了兴仁地区丰富的农业资源和独特的农业文化。具体而言，薏仁米是一种古老的粮食作物，在兴仁地区有着悠久的种植历史。兴仁县的地理条件和气候环境非常适合薏仁米的生长，加之当地农民秉承传统的种植方式和掌握精湛的农耕技术，使得兴仁薏仁米在市场上享有很高的声誉。

2. 遗产地旅游资源

（1）薏仁米栽培系统的自然景观资源。贵州兴仁薏仁米栽培系统作为旅游资源，拥有丰富的自然景观，其中包括放马坪和东湖风景区。放马坪是兴仁地区的一个自然草原景区，以其广袤的草原和壮丽的自然风光而闻名。其被薏仁米田围绕，形成了独特的农田与草原相融的景观。东湖风景区位于兴仁县东部，是一个以湖泊为主要景观的风景名胜区。湖畔的薏仁米田景观与湖泊视觉上互动，增添了自然的和谐氛围。这些景点不仅展示了自然环境的美丽和多样性，还提供了丰富的户外活动，如草原漫步、湖泊游船等。同时，这些景点也为薏仁米栽培系统的旅游发展提供了独特的背景和主题，增添了旅游的吸引力和丰富性。

（2）种植体验资源。薏仁米栽培系统体现了兴仁地区的农耕文化和农民

---

① 田延华：《河南省商丘市宁陵县：优化升级梨产业体系 迸发乡村振兴新动能》，河南党员教育服务网，https：//www.12371.cn/2022/04/09/ARTI1649492164217633.shtml，2022年4月9日。

智慧。薏仁米作为当地的传统农作物，栽培过程中蕴含着丰富的农耕知识和技术。游客可以亲自参与薏仁米的种植和收获，了解农民的劳动方式和智慧。此外，还可以学习薏仁米的加工和利用方法，体验传统的农产品加工工艺，如薏仁米糕点的制作等。

（3）民俗文化资源。在贵州兴仁薏仁米栽培系统的周边旅游资源中，野场村的民族文化能够为游客提供文化体验，为整个地区的文化传承和发展做出重要贡献。通过举办各类民族文化活动，如传统节日庆祝、文艺表演等，野场村展示了侗族和苗族的独特风情和传统习俗。这为周边地区的民族文化传承提供了榜样和借鉴，引领了周边地区的文化发展方向。

3. 遗产地旅游发展状况

贵州兴仁薏仁米栽培系统的旅游发展显示出了良好的势头和潜力。近年来，随着人们对健康生活方式和绿色农产品的需求增加，兴仁薏仁米栽培系统作为独特的农业文化景观吸引了越来越多的游客。

首先，旅游基础设施得到了不断改善。为了提升游客的体验和便利性，相关部门加大了对兴仁薏仁米栽培系统的基础设施建设投入。包括道路交通的改善和停车场、旅游服务中心等设施的建设，为游客提供了更加舒适和便捷的旅游环境。兴仁市累计投入农村基础设施建设资金 9222.80 万元，合计 11 个大项目、209 个子项目，涉及公路交通、农田水利、生态、教育、旅游、文化、医疗、公共服务等多个领域，覆盖全部 17 个乡镇。基础设施改善为农业遗产旅游发展等提供基础条件。

其次，旅游宣传和推广取得了显著成效。当地政府和旅游部门通过举办旅游节庆活动、开展广告宣传、参加旅游展会等方式，提升了兴仁薏仁米栽培系统的知名度和形象。同时，与媒体、旅行社、网络平台等合作，扩大了旅游产品的曝光度，吸引了更多游客的关注和参与。2016 年举办了首届“中国薏仁米节”，并且 2017~2019 年连续举办了三届中国（兴仁）薏仁米博览会，影响较大。

就遗产本体而言，薏仁米栽培系统的旅游发展得到了政策支持和产业合作。当地政府出台了一系列扶持政策，鼓励农民参与农业旅游，推动旅游与农业产业的融合发展。同时，与相关产业合作，如农产品加工、乡村民宿等，形成全域旅游发展格局，最有代表性的是薏仁田园康养小镇的打造，提供了丰富的康养体验项目。游客可以在这里亲身参与薏仁的种植、采摘和加工过程，感受农耕的乐趣，提升了兴仁薏仁米栽培系统的综合竞争力。

4. 遗产地文旅乡村振兴现状

兴仁主要依靠整合性的旅游策略，将当地的自然风光、特色风物和民俗遗产作为一体性的文化资源处理，依靠这些品牌的影响力，持续赋能地区旅游并取得长足进展。

2023 年，兴仁市抓住了后疫情时期旅游回暖的重要契机，整合资源投入文旅服务项目的业态扩张，主抓精准、专业和特色。仅 2023 年第一季度，兴仁市就接待游客 146.2 万人次，同比增长 12.9%。旅游综合收入 15.35 亿元，同比增长 16.3%。依托“中国长寿之乡”“中国薏仁米之乡”“中华诗词之乡”“中国牛肉粉之乡”“中国道地中药材之乡”五大品牌的综合影响力，兴仁市着力完善旅游基础设施，提升旅游服务能力，推进文旅产业升级，打造放马坪、鲤鱼坝、马金河等特色民族旅游景区，旅游发展态势良好。① 兴仁文旅发展核心资源主要指温泉、森林、中药、薏米等构成的生态环境。依托生态优势，积极探索“康养+”文旅产业发展格局，全力推进生态旅游化、康养产业化、旅游产业化，走生态旅游、康养文旅、三产富民的绿色高质量发展道路。

三 中国农业文化遗产旅游展望

（一）农业文化遗产旅游的案例比较

本文从农业文化遗产地概况、旅游资源、旅游发展情况、文旅乡村振兴现状四个方面，对入选第七批中国重要农业文化遗产名单的福建武夷岩茶文化系统、河南宁陵黄河故道古梨园、贵州兴仁薏仁米栽培系统三个遗产地发展农业文化遗产旅游的内在潜力进行分析比较。福建武夷岩茶文化系统作为农业物种类与农业技术类相结合的农业文化遗产，依托武夷岩茶的传统制茶技艺和良好的生态环境，在尊重自然规律、经济规律、茶产业发展规律，尊重群众意愿的基础上，在实现绿色发展中着眼未来，将全新的发展模式引入产业规划，打造

① 段源兴：《「康养胜地 人文兴义」丰富旅游业态 兴仁市旅游市场复苏回暖》，天眼新闻，https：//baijiahao.baidu.com/s？id=1763931798312963551&wfr=spider&for=pc，2023 年 4 月 23 日。

完整的农业文化遗产旅游链。河南宁陵黄河故道古梨园凭借其丰富的历史文化底蕴、独特的梨园景观、农耕文化体验和美丽的自然风光已成为“生态旅游+酥梨产业+休闲度假+养生养老”一体化的复合型特色生态旅游景区，同时建成了一批酥梨深加工龙头企业，打造全产业链条，实现一二三产业深度融合。作为农业物种类文化遗产的贵州兴仁薏仁米栽培系统，依托“中国长寿之乡”“全国森林康养试点基地”等品牌，融入黔西南州文化康养旅游业态，同时深入挖掘薏仁米文化内涵，建设以薏仁米文化为核心主题的康养小镇、生态旅游示范园、长寿康养园等项目，将薏仁米生产、精深加工、文创与旅游管理、民宿接待、康养服务等协同推进。

表 1　本文所涉及农业文化遗产案例比较分析

名称	类别	遗产旅游的重要吸引物	地形环境	气候条件
福建武夷岩茶文化系统	农业物种类、农业技术类	茶文化体验、茶艺表演、品茶、博物馆参观	山地森林	中亚热带,四季气温较均匀,四季分明、温和湿润
河南宁陵黄河故道古梨园	农业物种类	梨花观赏、文化演出、梨园农耕文化体验、古遗迹游览	地形平坦	暖温带半湿润季风气候,四季分明
贵州兴仁薏仁米栽培系统	农业物种类	草原与湖泊等自然景观欣赏、薏仁米种植与收获体验、丰富的民族文化活动表演	高原向丘陵过渡地带	高原型北亚热带温和湿润季风气候,冬无严寒,夏无酷暑,无霜期长,雨热同季

资料来源：笔者自制。

（二）农业文化遗产旅游的政策回应

根据我国 2021~2023 年连续三年出台的国家“一号文件”，农业文化遗产逐渐成为乡村振兴顶层设计的一部分。2021 年要求乡村危房改造符合自身风貌，对传统的古村古镇不得破坏，改造应该因地制宜，农村地区的各类遗产应该得到更大力度的保护。[①] 2022 年进一步强调乡村治理，提倡乡村文化的振兴

① 农业农村部：《中共中央 国务院关于全面推进乡村振兴加快农业农村现代化的意见》，国家粮食和物资储备局，http://www.lswz.gov.cn/html/xinwen/2021-02/21/content_264527.shtml，2021 年 2 月 21 日。

和文化产业发展，乡村固有的非物质文化遗产和农耕文化作为重点资源都应该得到保护。[①] 2023 年直接明确提出对重要农业文化遗产的保护，农耕文化要合理传承，强化农业文化遗产的保护与利用。[②] 党的二十大报告指出，要全面推进乡村振兴，推动乡村产业、人才、文化、生态、组织五种要素的综合振兴，大力发展乡村特色产业；要繁荣发展文化事业和文化产业，尤其要加大对于各类文物和文化遗产保护力度，加强城乡建设中各类历史文化的传承与保护。[③] 2023 年，农业和农村部年度工作报告指出：将继续狠抓乡村文明建设，深入实施农耕文化传承保护工程，开展第七批中国重要农业文化遗产挖掘与认定工作。随着党的二十大胜利召开，农耕文化“活”起来得到大力提倡，农耕文化作为一种传统精神价值的传承，既是我国农耕文明的遗产符号，也是实现历史自信到走向农业强国的重要保障。不断提高农业开放水平，深化与全球重要农业文化遗产合作平台的搭建，使我国农业文化遗产在乡村振兴中发挥独特优势，同时为全球农业发展、人口资源环境等领域做出中国标杆示范。

（三）农业文化遗产旅游的资源基础

中国农业文化遗产的特点之一是多样性。中国地域广阔，各地的农业文化因地理环境、气候条件、土壤特点、民族风俗等因素而有所不同。不同地区的农业文化遗产体现了各地农民的智慧和创造力，展现了多样的农业技术、农作物种植方式、养殖技巧、水利工程等。[④] 中国农业文化遗产的另一个特点是历史悠久。中国农业文化起源于远古时期，经过几千年的演变和发展，积累了丰富的农业经验和智慧。从古代的农业礼仪、农事节庆到农业生产技术和工具，

---

① 农业农村部：《中共中央 国务院关于做好 2022 年全面推进乡村振兴重点工作的意见》，国家粮食和物资储备局，http：//www.lswz.gov.cn/html/xinwen/2022-02/22/content_ 269430.shtml，2022 年 1 月 4 日。

② 农业农村部：《中共中央 国务院关于做好 2023 年全面推进乡村振兴重点工作的意见》，国家粮食和物资储备局，http：//yjt.xizang.gov.cn/sitesources/xzajj/page_ pc/sylm/zhbd/articleb03f416ce6954ef4b44eb1a2a289042d.html，2023 年 1 月 2 日。

③ 习近平：《高举中国特色社会主义伟大旗帜 为全面建设社会主义现代化国家而团结奋斗——在中国共产党第二十次全国代表大会上的报告（2022 年 10 月 16 日）》，《光明日报》2022 年 10 月 26 日，第 1 版。

④ 张灿强、吴良：《中国重要农业文化遗产：内涵再识、保护进展与难点突破》，《华中农业大学学报》（社会科学版）2021 年第 1 期，第 148~155 页。

都反映了中国农民的勤劳智慧和与自然和谐相处的理念。中国农业文化遗产还体现了农耕社会的价值观念和传统习俗。例如，尊重自然、勤劳致富、孝敬父母、敬畏神灵等观念贯穿于农民的日常生活和劳作中。农业节庆活动如春节、农历二月二龙抬头、农耕祭祀等也是中国农业文化遗产的重要组成部分。[①] 2023 年 9 月 15 日，农业农村部印发《第七批中国重要农业文化遗产名单》，表明我国农业重要文化遗产数量将在 138 项基础上继续增加。在全球重要农业文化遗产名录中，我国占有 22 项之多，位列世界第一。这充分表明我国作为一个农业大国，对农业文化遗产十分重视，因此其具有十分深厚的发展潜力。

（四）农业文化遗产旅游的融合样态

农业文化遗产与旅游呈现多样态的结合。在回归传统、国潮流行的社会背景下，农业文化遗产旅游成为当前文旅消费的新增长点。随着人们对传统文化和乡村生活兴趣日益增加，农业文化遗产作为一种特殊的旅游资源日益受到关注。越来越多的游客希望通过旅游体验来了解农耕文化、感受农村生活和体验农事活动。这种趋势推动了农业文化遗产与旅游业的紧密结合，并催生了一系列与农业相关的旅游产品和旅游体验活动。中国农业文化遗产通过农业体验、农家乐、农产品电商、农耕文化节庆活动以及农业文化遗产保护区建设，实现与旅游的良好互动融合。[②] 农业文化遗产与旅游结合方式既包括实地参观与体验、农产品采摘、农业食品消费、农家乐住宿，也包括农业展览、乡村演艺和农业文化活动等形式，呈现出“实体+虚体”的“农业+”多样态文化谱系。这种结合不仅满足了游客对传统文化和乡村生活的向往，也推动了农业文化的传承和创新。不仅促进了城乡之间各种要素的交流与文化融合，也增进了城市居民对农村的理解和认同。

（五）农业文化遗产旅游的市场前景

随着我国人均收入水平和消费水平的不断提高，城乡差距逐渐缩小，初级

---

① 刘红婴：《农业遗产的传统性与当代性》，《遗产与保护研究》2016 年第 1 期，第 75~80 页。

② 孙业红、武文杰、宋雨新：《农业文化遗产旅游与乡村振兴耦合关系研究》，《西北民族研究》2022 年第 2 期，第 133~142 页。

的旅游市场产品已经不能满足市场上大多数消费者的需求，因此高端化、定制化的旅游产品具有较大增长空间，可以说，中国的“大乡村旅游时代”已经到来。目前乡村旅游的规模在现在以及未来持续走高，将会成为一种新的生活方式，根据大数据模型的运算和预测，中国未来旅游热将持续 10 年以上。

随着人们对自然、文化和可持续旅游的关注增加，农业遗产旅游作为一种独特的体验型旅游方式，受到越来越多游客的青睐，农业旅游市场占有率也逐年增长。根据农业农村部数据，截至 2019 年底，以农业和农村旅游为主的经营单位超过 290 万户，休闲农庄、农场、农园为主营业务的企业主体达到 30 家以上，超过 7300 家的农民合作社正跨步进军乡村旅游、文旅产业等领域。《全国乡村产业发展规划（2020—2025 年）》指出，按照目前发展速度，到 2025 年，全国旅游业年接待游客人数将超过 40 亿人次，经营收入预计超过 1.2 万亿元，年均复合增速将达到 3.8%。中国乡村休闲旅游业迎来万亿元级的市场，展现巨大潜力。[①] 2023 年大部分乡村旅游、农业遗产旅游指标都恢复到 2019 年之前水平。2021 年 4 月农业农村部办公厅、国家乡村振兴局综合司印发《社会资本投资农业农村指引（2021 年）》通知：鼓励社会资本投资乡村新型服务业、休闲农业、乡村旅游等多个重点产业和领域。根据办产业发〔2023〕174 号（2023 年 10 月）文件，农业农村部等 4 部委联合公布首批 61 个区（县）文化产业赋能乡村振兴试点名单。这一批次区（县）起到统筹利用乡村文化和旅游资源、积极探索文旅用地模式、培育乡村发展新动能的示范作用。文化和旅游部印发《国内旅游提升计划（2023—2025 年）》（文旅市场发〔2023〕118 号，2023 年 11 月）专门提到推进“旅游+”和“+旅游”两种形式，促进旅游与农业等多种产业深度融合。乡村旅游一味追求投资额与投资回报的简单思路不可行，要回到替代性发展、包容性发展的新思路上。要识别全国 60 多万个行政村，260 多万个自然村中真正有能力有条件发展乡村旅游、农业遗产旅游的，让旅游真正促进乡村振兴，切忌出现大规模爆发式运动式伤害。[②] 农业文化遗产旅游要在可以预期前景中科学合理平稳有限发展，不断充实文旅内涵，提高内在质量。

---

① 吴亚楠：《2023 年农业旅游市场发展规划 农业旅游发展前景及投资潜力分析》，中研网，https：//www.chinairn.com/scfx/20230216/115418709.shtml，2023 年 2 月 16 日。

② 保继刚：《2024 年中国旅游发展趋势预判》，《旅游学刊》2024 年第 1 期，卷首语。

G.4

中国传统村落文旅产业融合发展报告*

韦欣仪　朱梅梅　李天琪　李红仪**

摘　要： 传统村落文化与旅游产业融合发展，是活态化保护和传承传统村落文化的一种方式，亦是乡村旅游的重要组成部分。通过梳理中国传统村落文旅产业融合发展概况和形式，以及分析国内外传统村落文旅产业融合发展的案例，提出当前我国传统村落文旅产业融合发展存在保护传承意识低、基础设施不完善、专项资金投入少、空心化严重、利益冲突加剧等问题，并有针对性地提出对策建议，供相关部门作决策参考。

关键词： 传统村落　文化和旅游产业　融合发展

传统村落，是指保留了较大的历史沿革（民国以前建村），建筑环境、建筑风貌、村落选址未有大的变动，具有独特民俗、民风，虽经历了久远的年代，但至今仍为人们服务的村落。① 传统村落拥有物质文化遗产和非物质文化遗产，具有较高的历史、文化、科学、艺术、经济价值②，是体现不同国家、不同民族特色文化的瑰宝。传统村落文化与旅游产业融合发展，是活态化保护

---

* 贵州师范学院国家科技部和国家自然科学基金项目奖励补助资金项目：民族地区旅游产业与文化产业融合的动力机制研究——以贵州三个民族自治州为例（项目编号：纵20210113）。

** 韦欣仪，博士，贵州师范学院旅游文化学院副院长，教授、硕士生导师，研究方向为文化遗产保护与旅游开发；朱梅梅，贵州师范学院旅游文化学院旅游管理教研室主任，副教授，研究方向为乡村旅游；李天琪，贵州师范学院旅游文化学院讲师，研究方向为乡村旅游；李红仪，贵州师范学院旅游文化学院助教，研究方向为乡村旅游。

① 中国文化遗产研究院：《国家考古遗址公园实用手册》，文物出版社，2015。

② 冯骥才：《传统村落的困境与出路——兼谈传统村落是另一类文化遗产》，《民间文化论坛》2013 年第 1 期。

和传承传统村落文化的一种方式，亦是乡村旅游的重要组成部分。2014 年，《关于切实加强中国传统村落保护的指导意见》指出，加大传统村落保护力度，通过发展传统特色产业和旅游，挖掘村落的经济价值和历史科学艺术价值。随着全球化和城镇化的快速扩张，中国传统村落正面临边缘化甚至消亡的严峻形势，严重影响了传统村落文旅产业融合发展。如何处理好传统村落的文化保护与利用，以及文旅产业融合发展的关系，让传统村落文化与现代城市文明相伴相生，已成为中国式现代化和城镇化建设进程中面临的一个亟须解决的重大课题。

一　中国传统村落文旅产业融合发展概况

（一）中国传统村落发展概况

我国依托不同资源与环境条件，拥有独特历史与文化的传统村落，具有重要的代表性和鲜明的示范性。在快速城镇化背景下，依旧保持与自然相融合的村落规划、经典建筑、民俗和“非遗”的传统村落正在加速消亡，引起了政府的高度重视。特别是党的十八大以来，各地为加强传统村落保护、改善人居环境等做了大量有益探索。如今，先后有六批共 8155 个村落被列入中国传统村落名录，如表 1 所示。

表 1　中国传统村落数量统计

单位：个

批次	时间	数量
第一批	2012 年 12 月	646
第二批	2013 年 8 月	915
第三批	2014 年 11 月	994
第四批	2016 年 12 月	1598
第五批	2019 年 6 月	2666
第六批	2023 年 3 月	1336

数据来源：中华人民共和国住建部官网。

从各省（区、市）来看，云南被列入名录的传统村落数量排名全国第一，有777个，占全国总数的9.53%；贵州排名第二，拥有757个，占全国总数的9.28%；排名第三至第十位的分别是浙江、山西、广东、福建、江西、安徽、河南、湖南。政府对被列入名录的传统村落实施挂牌保护制度，保护了60余万栋历史建筑和传统民居，传承发展了5000余项省级以上非物质文化遗产，形成了世界上规模最大、内容最丰富、保护最完整的活态化传承的农耕文明遗产保护群。当前，我国持续加大对传统村落的保护力度，正在开展传统村落集中连片保护利用示范建设①，为传统村落旅游开发奠定了坚实的基础，为传统村落文旅产业融合发展提供了空间载体。

（二）中国传统村落的文旅产业发展形式

1. 旅游景区

旅游景区是中国传统村落文旅开发的主要形式。安徽西递-宏村景区、福建土楼（永定·南靖）景区、江西江湾景区、山西皇城相府景区等是依托传统村落开发的5A级旅游景区，代表了传统村落旅游景区开发的最高水平。依托歙县棠樾村开发的棠樾牌坊村景区、依托咸阳市袁家村开发的关中印象旅游区等4A级旅游景区，成为区域旅游的重要组成部分。

2. 度假村（区）

度假村（区）是传统村落文旅产业开发的一种新形式，其开发主体是由外来的文化型企业或高级知识分子构成的“新村民”。例如，中坤集团是中国传统村落文旅开发的先行者，经过20多年对安徽黄山市黟县进行整体旅游开发，2000年成功帮助西递-宏村申报成为安徽省第二项世界遗产，2011年宏村与西递一起成功晋级国家5A级旅游景区，成为安徽省第二批第四家5A级旅游景区，2021年入选首批联合国世界旅游组织“最佳旅游乡村”名单。中坤集团在发展乡村旅游方面的突出价值和卓越成效得到了充分肯定。

3. 农家乐

农家乐型传统村落通过为游客提供餐饮和住宿获益，这与英国乡村的

① 新华社：《全国已有8155个传统村落列入国家级保护名录》，中国政府网（www.gov.cn），2023年3月21日。

B&B（Bed & Breakfast）旅舍类似。最典型的有陕西咸阳市袁家村、北京门头沟区琉璃渠村、浙江杭州市荻浦村等。咸阳市袁家村以前是当地出了名的贫困村。2007 年，全村有 40 户农家乐，主要为游客提供住宿和餐饮服务。近年来，袁家村相继开发了马术俱乐部、生态农场等休闲项目，旅游业态丰富，游客接待量与日俱增，成为陕西乡村旅游的龙头，被游客誉为“陕西的丽江”。

4. 特色民宿

越来越多传统村落利用当地民居建筑的艺术性，将传统村落文化与民宿深度融合，大力发展民宿旅游。例如，四川省甘孜藏族自治州乡城县的白藏房融合了纳西族、汉族等民族建筑艺术特点，建筑风格别具一格，当地打造民宿旅游精品项目，实现了“白藏房文化”等传统特色文化有机融合，使民宿旅游成为当地的长效主导产业。① 贵州省兴义市万峰林景区内以“小民宿”撬动当地旅游“大市场”。当前，黔西南州民宿已发展至 1100 余家，其中兴义市 90%以上的民宿在万峰林景区（有 218 家），将各旅游景点有机串联，形成了“望得见山、看得见水、记得住乡愁、留得住人”的民宿产业，极大地推动了当地文旅产业融合发展。

二　国内外传统村落文旅融合发展案例

（一）韩国甘川村：彩绘村的别样容颜

韩国釜山市甘川村，因朝鲜战争中难民避难而形成的临海贫困山村，曾有过半村庄原住民逃离此地，遗留下 200 座废弃房屋，20%的居民是 65 岁以上的老人。为改变村庄消亡的命运，甘川村把发展彩绘作为振兴手段，2009 年以来先后实施了“梦想中的马丘比丘”“美路迷路”“幸福翻番”等计划，以别样容颜形成对乡村发展的持续推动力，游客数量与日俱增。主要做法如下。

一是依山就势，利用房屋，打造童话世界。甘川村将地形特征与色彩创意相融合，合理的空间设计和色彩搭配，成功打响了彩绘村品牌，成为韩国热门

① 《巡礼康巴大地探秘田园白藏房——保护传统村落的现代意义》，中国西藏网（tibet. cn），2023 年 6 月 25 日。

的旅游地，被 CNN 报道为“亚洲最艺术的村落”。

二是街巷为网，色彩引领，打造村庄趣游线路。利用新的艺术装置打造形成一条游客必打卡的色彩艺术主街，将村庄小街与主要道路相连接，在沿街房屋中随处可见色彩创意作品及印章的小册子，增加了游客体验的趣味性。

三是艺术介入，社区融合，形成共生的持续动力。借助艺术家入驻的外部力量，不仅激活了乡风乡习，还使很多曾经以捡垃圾为生的当地居民有机会学习简单的手工技能，并通过出售自制的手工艺品增加经济收入。当地居民的融入也激发了艺术家的创作灵感，形成共生的持续动力。

如今，甘川村已成为当地政府和社会引以为豪的振兴样板，被联合国人居委员会授予“亚洲城市景观奖”。其成功经验表明：艺术入村不是盲目的“拿来主义”，而是应充分尊重乡村独有的自然和人文特征，系统地谋划发展战略与步骤，大胆创新，最重要的是充分调动当地社区和居民的积极性和参与热情，形成新的动力与推力。

（二）浙江丽水松阳县：农村老屋变“山区样板”

浙江丽水市松阳县如今保留着 100 多个格局完整的传统村落，其中有 75 个被列入中国传统村落名录，是长三角地区传统村落数量最多、保存最完好的县域之一，被誉为“最后的江南秘境”。近年来，松阳县秉承文化引领、品质发展的理念，紧紧抓住传统村落集中连片保护利用示范县建设契机，通过项目撬动，采取点位激活、盘活存量和上山创业等方式，在对传统村落采取整体或连片保护的同时，活化善用，增强了传统村落生机活力①，为现代人提供了一个寄托乡愁的桃源秘境，也打造出了一个共同富裕的“山区样板”②。

一方面，盘活利用闲置低效资产实现“建设增量”。创新“征用+挂牌”“征购+转移”“收储+挂牌”“收回+租赁”“审批+修改”五种特色旅游用地模式，打破了要素资源制约瓶颈。譬如，吴弄村将全村收回的农民原有房屋（土地使用权 31 宗）进行修缮后出租，再以投资入股的方式开发旅游项目。该县 2021 年以来着力打造国家传统村落公园，陆续实施拯救老屋、环境整治

① 松阳县住房和城乡建设局：《松阳县做好传统村落保护发展工作显成效》，lishui. gov. cn，2023 年 5 月 22 日。

② 《丽水松阳：连片保护、活化利用传统古村落》，腾讯新闻（qq. com），2023 年 6 月 25 日。

提升等项目32个，覆盖两乡13个行政村，不仅保护和传承了传统村落文化，还激活了当地文旅经济。

另一方面，采取“上山创业”激活乡村业态。松阳县80%以上的古建筑是农村老屋，自2016年该县被确定为“拯救老屋行动”项目整县推进试点县以来，全县大力支持工商资本、优秀青年上山创业。为避免老屋修好后长时间无人居住再次衰败和坍塌，开办民宿仍是最主流的利用方式，60%以上的乡村都植入了民宿业态。例如，四都乡引进社会资本3.2亿元，打造了平民书局、云夕MO+等网红精品书店和民宿，从整乡列入搬迁脱贫的乡镇变成了浙江省首批民宿助推乡村振兴改革试点，年接待游客超46万人次，旅游收入突破2亿元，实现了生态价值的有效转换。该乡陈家铺村外来工商资本到村投资金额达1.3亿元，发展了9家民宿和200多种文创产品，2022年吸引游客30余万人次，旅游收入达1900万元；平田村入选全国乡村旅游发展典型案例，成为中国乡村旅游创客示范基地，平田村成功入选第四批全国乡村旅游重点村。[①] 三都乡打造了古村旅游精品线路，2022年接待游客20余万人次，获得旅游收入4000余万元。该县2022年还推出了“旅居松阳”计划，促进了传统村落文旅产业融合发展。

（三）贵州省：传统村落文旅发展模式

贵州的传统村落主要分布在黔东南、铜仁、黔南、安顺等地区，包含苗、侗、布依族文化和红色文化等，文化底蕴深厚，民族特色鲜明。贵州深入挖掘特色文化内涵，在有条件、有潜力的传统村落积极推进文旅产业融合发展，开发了精品民宿、非遗传承、特色餐饮等文旅业态，不仅有效地保护了传统村落，还为文旅发展提供了更优质的环境和更高质量的服务，形成了独特的发展模式。

一是非遗文化深度体验模式。贵州省非遗文化众多，包括银饰刺绣、芦笙及木雕等工艺品，通过对工艺品的制作过程进行活态化、动态化展示，有效保护和传承了非物质文化遗产，促进了传统村落文旅产业发展。譬如，在黔东南州排卡芦笙制作村、郎德和新桥刺绣村、永乐鱼酱村和控拜、麻料、乌高三个

---

① 《松阳县旅游专班（全域旅游、全域康养胜地）工作简报》，松阳县人民政府网，http：//www.songyang.gov.cn/art/2023/4/24/art_1229361262_58990243.html，2023年4月24日。

银匠村，游客可以全程参与芦笙、刺绣、鱼酱酸和银饰等的制作过程，增强了旅游体验。

二是饮食文化发展模式。贵州将传统村落的特色饮食文化与旅游业相融合，打造特色旅游餐饮产品，如酸汤鱼、牛瘪、五色糯米饭等。通过种植生态蔬菜、茶叶及养殖生态猪、稻田鱼等形成生态景观以供游览，游客可以就地加工品尝这些特色农产品，也可以购买带走，形成了独特的饮食文化旅游发展模式。

三是民宿发展模式。发展民宿是贵州大部分传统村落的最佳选择。例如，安顺市石头寨通过引企入村，以精品民宿等优势产业为着力点，成功打造匠庐·村晓、云端·石头寨等高端民宿，以及当地村民自营的中端民宿或客栈，吸引了来自川、渝、粤及周边地区的游客，带动近200人就业。① 这样不仅保护和传承了传统村落文化，还留住了当地村民，提振了村民的信心。

四是红色文旅发展模式。贵州省红色资源丰富，红色文化村落较多，为传统村落红色文旅融合发展奠定了坚实的基础。例如，遵义枫香镇苟坝村充分利用苟坝会议遗址、苟坝会议陈列馆等红色历史文化资源，丰富文旅产品的时空体验，形成特色旅游线路，发展红色旅游。

三　中国传统村落文旅产业融合发展存在的主要问题

（一）文化内涵和品质待挖掘与提升

当前，对传统村落的文化价值、文旅融合价值等挖掘得不够充分，相关学术研究也不够深入。相关研究在研究对象上大多停留在某一具体个案上，在内容上也多囿于建筑学范畴，缺乏对传统村落及其文化进行多学科、多视角、多维度的系统研究。对传统村落蕴藏的文化价值、艺术价值、社会价值、科学价值还没有完整的认识，对如何“在保护中开发，在开发中保护”传统村落更缺乏统一的认识，难以提升传统村落文化产品的品质。如何在保护和传承传统村落文化与旅游发展中实现有机融合，在秉承传统和推进创新中保持平衡，在

① 安顺市黄果树旅游区石头寨村：《村美民富产业兴 山清水秀引客来》，新华网（news.cn），2022年7月15日。

推动传统村落经济发展和保护传统文化中寻求持续性等问题亟须解决。然而，现有研究数量不多、研究内容不深入、研究方法较单一，系统性、针对性的研究更是严重缺失，特别是有关传统村落面临的一些共性且严重阻碍文旅产业融合发展的根本性问题的研究成果鲜见，导致了传统村落文旅产业融合发展存在理论指导不足的现象，尚待进一步深入研究探讨。

（二）文旅融合发展规划布局待完善

目前，中国传统村落在文旅产业融合发展的过程中，规划布局待完善，主要体现在三个方面。一是无规划。多数传统村落根本没有编制规划，农民自建房较杂乱无序；农村公共事业投入不足。二是规划执行力度小。不少传统村落虽然编制了规划，但执行力很弱。三是建设乱。由于政府对传统村落保护的政策要求，大部分传统村落原住居民在无法有效改造传统建筑的基础上选择另建房，但建房缺乏规划引导，靠路边建房、沿河边建房、在责任田里建房等现象屡见不鲜。总体上，绝大多数传统村落文旅融合发展规划布局不合理、不协调，风格不统一、分散零乱。

（三）基础设施和公共服务亟须加强

大部分传统村落的基础设施和公共服务水平总体呈现参差不齐的现象，特别是旅游通达性较差、交通服务较薄弱、在途时间成本高，阻碍了传统村落旅游开发，导致游客在途的舒适性体验差，多数游客因此望而却步。大部分传统村落的文旅产业开发迟、开发程度低、配套服务和专用设施不完善，而一些开发较成熟的传统村落的设施设备也存在重数量轻质量、重建设轻维护等问题，员工综合素质不高、服务滞后、数字化应用少、住宿品牌化和特色化不足等问题，导致公共服务水平低，难以满足文旅产业融合发展的需求。

（四）发展资金和要素保障需要加大

一是财政资金投入不足。据调查，中国传统村落文旅项目的资金来源主要是旅游企业、商业银行、个人、村集体、政府、互联网金融平台等。对于被列入国家级和省级传统村落名录的重点村而言，除了有中央和省级政府安排的各类专项资金给予大量支持外，还有民间资本和银行信贷资金支持，而民间资本的注入主要是以成立旅游公司为载体。非重点旅游村的旅游开发所需资金主要源于旅游经营者的积累和借款，借款主要依赖商业银行和民间借贷，政府财政支持较少。二是金融支持力度需加大。各类主体提供的金融服务主要包括贷款服务、支付结算服务和保险服务，种类较少。金融服务对于传统村落文旅发展项目建设尚未发挥出引导功能。三是市场主体投入存在瓶颈。传统村落文旅产业市场主体不强，要素不健全。已发展文旅产业的传统村落市场发育不健全，以个体经营居多，综合性经营场所少，经营管理水平较低，缺少有实力的企业进行开发利用，未能形成景区和企业强强联合、共同发展的格局。四是投融资渠道过于单一。从融资机制来看，传统村落文旅项目融资以间接融资为主，直接融资较少，而间接融资又以民间借贷和银行贷款为主要方式。这种单一的投融资结构，难以动员更多社会资金为传统村落文旅产业融合发展服务。

（五）文旅产业从业人员的缺口较大

传统村落文旅产业发展专业人才严重匮乏，从业人员素质不高。传统村落普遍存在空心化现象，常住人口大量减少，特别是青壮年劳动力不断外流，当地居民对传统民俗文化、手工技艺失去了传承和发展的动力，使传统村落活态化传承难以为继，缺乏维持自身发展的动力。仅有的为数不多的文旅从业人员综合素质较低，专业管理人员短缺，人才引进意识薄弱，且引进力度有限、引进难度大，造成文旅产业开发的进度非常缓慢、开发的水平总体低下，难以满足文旅产业融合发展的需求。

四　中国传统村落文旅产业融合发展的对策建议

（一）充分挖掘文化价值，提升文旅融合内涵

一是树立文化保护意识。通过举办讲座、培训等形式，对各类非遗技能、口述传说、民风民俗等传统村落文化资源实施抢救和数字化保护，向当地居民和游客宣传传统村落的历史价值、文化特色及保护重要性，增强全民保护意识，提高文旅产业融合发展理念。二是挖掘传统村落的文化价值。充分挖掘传统村落的文化价值和潜力，正确处理文化与资本的关系，保留传统村落的原真

性。三是注重调查研究。从国家层面设置不同主题、不同重点、不同层级的研究课题项目，系统整合、交叉融合利用社会学、民族学、地理学、人类学等相关学科资源，开辟我国传统村落文化遗产保护与旅游开发研究新领域，省及市州层面也要积极推动传统村落文化遗产保护与旅游开发领域的研究，尽快推出一批优秀成果，为传统村落优秀文化研究和文旅产业融合发展提供借鉴。四是提升文旅融合内涵。有效利用传统村落文物古迹、传统建筑、非物质文化遗产等，结合现代创意，打造一批富有现代艺术气息和娱乐体验功能的文化娱乐活动。实施好乡村旅游艺术提升计划，丰富传统村落节庆、民俗活动等特色内容，创新打造一批“小而精”“小而美”“小而特”的优秀文旅演出节目，提升观赏性、互动性、沉浸性，增强游客体验，延长游客停留时间，拉长文旅消费链。依托银饰、蜡染、刺绣、纺织、制陶、造纸、农民画、漆器等为代表的传统民族民间工艺，打造一批内涵丰富、现代时尚并兼具实用性、深受市场和游客欢迎的文旅商品，拓展文旅消费市场。

（二）优化文旅规划布局，找准融合发展定位

一是注重顶层设计，做好规划布局。充分发挥传统村落文化旅游资源优势，紧贴旅游消费市场，找准发展定位，把旅游业与传统村落文化融合发展纳入各级“十四五”文化和旅游发展规划或乡村旅游发展规划，与土地利用规划、村镇规划等有效衔接，有序推进“多规合一”实用性传统村落文旅产业融合发展规划编制，科学优化文旅产业融合发展布局，彰显传统村落文化特色，积极探索各地文旅产业差异化融合发展新路径，推动传统村落文旅产业融合健康协调持续发展。二是建立相关机制，加强规划管理。尊重文化与旅游的本质、发展规律和客观差异，找准传统村落文旅融合发展的切入点，建立完善的法律法规体系和监督机制，明确责任主体与权力范围，并加大对违法行为的惩罚力度。鼓励社会组织、专业机构参与传统村落的保护工作。建立综合评估标准体系，建立健全传统村落文旅产业的管理机制、管理机构和监管体系，加强对文旅项目开发和运营的规范、审批和监管。三是丰富文旅业态，提升游客体验。传统村落文旅产业发展应与乡村振兴战略相结合，通过恢复古建筑、搭建民俗展示区域、开设手工艺品制作坊等方式，着力发展一批休闲度假型、健康养生型、民宿体验型、文化艺术型、非遗技艺型、景区依托型等特色文旅村

落，引导和鼓励当地居民参与，丰富特色农家乐餐饮、酒店、休闲农庄等旅游业态，促进传统村落文旅产业融合发展。四是引入创新元素，发展特色产业。结合传统村落的地理环境和资源优势，发展特色产业，整合现代技术，创造新的文化产品，提供多样化的旅游服务，采用可持续的做法，促进传统村落文旅产业融合发展创新和现代化。例如，种植特色农产品、创办特色民宿、推广乡村研学游等，增加农民收入并促进村落经济发展，注重培养当地居民的文化自信心和服务意识。五是采取宣传手段，强化营销推介。采取有效的推广渠道和手段，向外界宣传传统村落旅游地图、旅游攻略，以及多样化的深度融合精品旅游线路。鼓励村民和游客利用抖音、快手等短视频平台，直播乡村生活和文化娱乐活动，扩大传统村落旅游的知名度和美誉度。充分利用网络、电视、节庆活动等方式，有组织、有计划地开展宣传推介。

（三）完善旅游基础设施，提高公共服务水平

一是完善基础设施，提升旅游体验。推动传统村落基础设施建设升级改造，不断完善现代化的基础设施和生活配套设施，重点优化传统村落的交通、供水、排污等基础设施，提高游客的便利度和舒适度。支持传统村落与本地人文、自然景观保持和谐，完善提升游客服务点（中心）、生态停车场、旅游厕所、特色游览步道、标识标牌等公共服务设施，鼓励配套建设风景道、骑行道等道路，全面提升公共交通系统水平。二是健全公共服务体系，提升旅游服务水平。加快推动公共服务下乡，改善传统村落电力和电信设施，实现手机信号、免费 Wi-Fi 信号全覆盖，建设乡村公共文化网络和景区文化设施及数字传播服务网点，逐步建立健全全民覆盖、普惠共享、城乡一体的基本公共服务体系。完善公共文化服务体系，加强传统村落公共数字文化服务基础设施建设，提高公共数字文化服务的普及性和便利性。利用现有传统建筑、闲置房屋等，建设一批集学教、礼仪、展示、娱乐、休闲、咨询等功能于一体的村史馆、博物馆、非遗馆、乡贤馆、名人馆等文化设施，进一步提升传统村落的文化厚重感。

（四）加大专项资金投入，吸引社会资本参与

一是争取资金支持，加大专项资金投入。积极争取国家和省级关于传统村落保护专项资金投入，特别是争取上级专项资金支持传统村落保护利用和文旅

产业融合发展，如设立专项基金用于修缮老旧建筑、改善旅游基础设施、培训从业人员等。按照文化和旅游部办公厅、中国农业银行办公室印发的《关于进一步加强金融支持全国乡村旅游重点村建设的通知》要求，加强与中国农业银行各省区分行的沟通对接，把中国传统村落纳入金融资金支持乡村旅游重点村范围。各地要加强与省级相关产业类政府投资基金主管部门的对接，争取同等条件下优先获得传统村落保护发展项目基金，引导社会资本投入。二是强化资金监管，提高资金使用效益。强化资金监管和绩效管理，提高财政资源配置和使用效益。加大政策性金融资金对文旅产业融合发展的支持力度，深入调查研究，科学规划，采取税收优惠政策支持等方式引导好、服务好、保护好社会力量和社会资本下乡的积极性，吸纳更多社会资本投资开发传统村落文旅产业，提升政务服务水平，优化营商环境，鼓励开发符合传统村落特色的文化创意产业，提高村落的经济收益，让旅游企业实现盈利预期，同时保障村民利益。

（五）引进培育专业人才，促进内生发展动力

一是制定人才引培机制，引进培育专业人才。制定传统村落人才培养、引进机制，不断优化乡村文化人才工作，分类别、分层次对管理和服务人员开展行政指导、经营管理、市场营销等培训，培育一批懂经营、会管理的人才。重点发掘一批熟悉传统建筑修缮的“工匠人才”和熟悉非物质文化遗产的“非遗人才”；引进一批文化程度高、业务能力强的高层次管理人才；培养一批热爱传统文化、热爱古村落保护的本土青年人才。通过举办乡村旅游重点村村干部培训班、民宿主人（管家）培训班等方式，加强对行政人员和民宿、客栈、农家乐管理及服务人员的培训，提高管理能力、提升服务质量。通过举办乡村旅游创客大赛等活动，鼓励引导大学生、文化艺术人才、专业技术人员、青年创业团队等各类“创客”投身传统村落文旅产业融合发展。二是完善人才保障机制，促进内生发展动力。建立完善人才发展保障机制，出台优惠政策，支持农村文化人才在当地投资创业、安定下来。鼓励企业家、文化工作者、科普工作者、艺术家、文化志愿者等深入传统村落、贴近村民，投身传统村落文化建设，培育挖掘乡土文化人才，推出具有浓郁传统村落特色的文艺作品和文旅创意产品。充分发挥村集体、村民的主体作用，坚持共建共治共享，增强文化自信，建立集体身份认同凝聚人心，促进内生发展动力。

G.5
中国红色文化与乡村旅游高质量融合发展报告*

杨 丽　禹玉环　李 妹　余 昊**

摘　要： 红色文化是乡村旅游特色发展的资源基础，乡村旅游为红色文化提供了更广阔的传播平台，二者具有价值趋同、资源共生、市场共享的紧密联系。近年来，“红色文化+乡村旅游”的发展模式已取得了初步成效，形成了“红色文化+农业观光”“红色文化+民宿体验”“红色文化+生态休闲”“红色文化+民俗风情”四种红色文化与乡村旅游融合发展类型，但是在融合发展过程中仍存在一些问题。因此，要以五大新发展理念为指导，通过科技创新赋能文化内涵挖掘、多方协调提升融合发展程度、开放合作加大宣传推广力度、文旅人才共享融合发展成果、绿色理念引领生态环境保护等措施促进红色文化与乡村旅游高质量融合发展。

关键词： 红色文化　乡村旅游　高质量融合发展

乡村旅游是以农村自然风光、人文景观和农业生产等资源为基础，以满足

---

* 本文系教育部人文社会科学重点研究基地遵义师范学院中国共产党革命精神与文化资源研究中心2021年基地项目（项目编号：21KRIZYYB03），贵州省红色旅游协同创新中心（黔教合KY字〔2020016〕）、遵义师范学院2023年国家（省部）级社会科学基金培育项目（项目编号：2023KYYB12）研究成果。

** 杨丽，遵义师范学院历史文化与旅游学院副教授，研究方向为红色旅游、乡村旅游；禹玉环，遵义师范学院历史文化与旅游学院教授，研究方向为红色文化、红色旅游；李妹，博士，遵义师范学院历史文化与旅游学院讲师，研究方向为乡村民宿；余昊，遵义师范学院历史文化与旅游学院副教授，研究方向为乡村旅游。

人们休闲、度假、文化体验等需求为目的的旅游活动。2019 年全国乡村旅游接待人次为 30.9 亿，占国内旅游人次的一半①，乡村旅游发展潜力巨大，市场前景广阔。红色文化是中国共产党领导全国各族人民进行革命、建设和改革的精神旗帜，包括革命历史、革命精神、革命文化等方面的内容，具有极高的历史价值和文化内涵。由于中国革命道路的曲折性，很多红色文化遗址和景点位于农村地区，红色文化和乡村旅游之间存在着紧密联系。红色文化的内涵和特点是乡村旅游开发和提升的重要依托。在乡村旅游中，红色文化可以为其注入更多的历史内涵和文化元素，使游客在旅游中能够更加深刻地了解中国革命历史和民族精神，陶冶爱国情操。而乡村旅游则可以为红色文化提供更好的传播平台，让更多人了解和认识红色文化，扩大红色文化的影响力。因此，将红色文化融入乡村旅游发展中，不仅可以创新旅游产品和模式，推动乡村红色旅游发展，还能够更好地满足游客对于旅游文化的需求，传承红色基因，讲好中国故事。

一　红色文化与乡村旅游的契合点

（一）价值趋同

红色文化弘扬革命历史，讴歌革命先烈，乡村旅游则传承着当地的乡土文化和传统生活方式，使人们了解历史、感受文化，红色文化与乡村旅游在价值观念和历史感知上具有趋同性。首先，红色文化和乡村旅游都强调爱国主义、集体主义等价值观念。红色文化通过英雄事迹和红色经典传达了这些价值观念，而乡村旅游则提供了实地体验的机会，让人们更加深入地感受到这些价值观念的力量。其次，红色文化和乡村旅游都有着深厚的历史感知。红色文化是中国革命、建设和改革时期的历史和文化遗产，通过红色文化的传承和乡村旅游的体验，人们能够更加深入地了解和认同这段历史。因此，红色文化和乡村旅游都具有重要的历史文化传承价值，将红色文化融入乡村旅游发展中能够有效保护和利用散落在红色乡村中的历史文化遗产。

① 王金伟、吴志才主编《中国乡村旅游发展报告（2022）》，社会科学文献出版社，2022。

（二）资源共生

资源在旅游业发展中起着重要作用，也是乡村发展的核心要素。在资源分布上，红色文化资源与乡村旅游资源具有明显的共生性，乡村红色文化资源和绿色生态资源往往共存于同一区域中。资源共生关系为红色文化与乡村旅游融合发展创造了条件，使得乡村旅游更具有广度和深度。红色文化资源为乡村旅游提供了丰富的历史背景和文化内涵，乡村旅游的发展为红色文化的传播提供了载体和平台。红色文化资源，如革命遗址、纪念馆和红色教育基地等，承载着革命历史的记忆和英雄事迹，为游客提供了一个了解和感受红色精神的机会。这些资源的存在使得乡村旅游不再是简单的观光活动，而是一次深入了解历史和文化的体验。同时，发展旅游产业，可以吸引更多的游客和投资，进一步促进红色文化资源的保护和传承。

（三）市场共享

红色文化作为一种独特的文化资源，为乡村旅游提供了丰富的内容和故事，吸引了大量游客前来参观和体验。因此，红色文化与乡村旅游发展之间存在着市场共享的机会和潜力。新时代的人们对旅游产品的需求越来越多样化、个性化，游客不仅追求自然风光，也希望了解当地的历史文化。红色文化和乡村旅游的融合发展可以满足游客对于历史文化体验的需求，打造更具特色、多元化的旅游产品，增加游客的体验价值和满意度，创造更多吸引力，从而进一步拓展旅游客源。

二　红色文化与乡村旅游融合发展的现状

国家《“十四五”旅游业发展规划》明确提出，紧密结合革命老区振兴发展，依托当地红色文化等重要资源，促进红色旅游与乡村旅游、生态旅游等业态融合，推出一批红色旅游融合发展示范区。① 2020 年 10 月，中央组织部、

① 国家文化和旅游部网站，https：//zwgk. mct. gov. cn/zfxxgkml/ghjh/202201/t20220121_ 930613. html。

财政部部署开展建设红色美丽村庄试点工作，计划用3年时间，在全国1000多个红色村开展试点，着力建设红色美丽村庄；并印发实施了《中共中央组织部 财政部关于开展推动红色村组织振兴建设红色美丽村庄试点工作的通知》（组通字〔2020〕16号）。目前，“红色文化+乡村旅游”的发展模式已取得初步成效（见表1），多地深入挖掘当地特色的红色文化，形成了“红色文化+农业观光”“红色文化+民宿体验”“红色文化+生态休闲”“红色文化+民俗风情”四种红色文化与乡村旅游融合发展类型。

表1 全国红色旅游融合发展试点单位名单

序号	试点单位名称	序号	试点单位名称
1	山西省长治市武乡县	6	河南省信阳市新县
2	江苏省淮安市淮安区	7	湖北省黄冈市红安县
3	福建省龙岩市上杭县古田镇	8	湖南省湘潭市韶山市
4	江西省吉安市井冈山市	9	广西壮族自治区桂林市全州县
5	山东省临沂市	10	陕西省延安市宝塔区

资料来源：国家文化和旅游部资料。

（一）“红色文化+农业观光”型

将红色文化元素融入农业观光中有助于打造具有深度和独特性的旅游体验。通过参观红色革命历史遗址、了解革命故事、体验农耕文化和乡村生活，游客可以更好地了解红色文化的背景和历史，并与大自然、农业生产相互融合，感受农村魅力和红色情怀。例如，云南省玉溪市易门县小街乡将红色文化与生态、自然、景观等有机融合，积极发展金丝皇菊种植等集观光、药用于一体的特色种植业，实现“红+绿”特色旅游有机融合，紧扣红色文旅融合发展核心区、山区特色产业种植区、核桃箐彝族村落风貌区、歪头山苗族村落风貌区“一核三片”发展规划，积极探索红色文化与传统农业、观光农业、民族文化融合发展路径，围绕“吃住行游购娱”，突出“红+绿+彩”的空间叠加战略。①

① 杨璐、杨亚辉、李仁梅：《云南易门小街乡：擦亮红色印记 做活红色旅游》，学习强国-玉溪学习平台，2021年10月22日。

（二）“红色文化+民宿体验”型

红色文化融入民宿体验中，是指将红色文化的主题和内涵融入乡村民宿的设计、服务和体验中，通过提供具有红色文化特色的乡村民宿，为游客提供独特而丰富的旅游体验。通过挖掘和传承红色文化资源，结合乡村民宿的特点，打造富有历史意义和文化内涵的住宿环境，让游客在享受宁静自然的乡村田园风光的同时，深度感受红色文化的精髓和情感。例如，贵州省遵义市余庆县红渡村从北京引入“旅居农家”发展有限公司进行投资，以“公司+农户+合作社+村支部”的经营模式发展乡村旅游和红色旅游，依托红色美丽村庄项目建设和“四在农家”创建活动，有效利用农户闲置房，推动“余庆坊·旅居农家”项目建设，促进红渡村民宿产业发展，形成“红色记忆+精品民宿”乡村旅游新模式。

（三）“红色文化+生态休闲”型

红色文化融入生态休闲，是指在红色文化资源保护和传承的基础上，结合生态环境保护和休闲旅游需求，通过创新和整合，实现两者的有机融合，充分利用红色文化资源和自然生态资源，打造具有独特魅力和生态可持续性的旅游目的地。例如，贵州省遵义市汇川区娄山关社区依托独特的红色文化资源和良好的生态环境资源，充分发挥资源优势，践行绿色发展理念，吸引各地的旅游者，助推当地乡村旅游蓬勃发展。山东沂南县以其丰富的乡村资源和红色资源为基础，特别是西部山区的天然生态和农业特色，依据差异化定位和特色凸显的原则，积极寻找创新的突破点，执着于“一村一品”的发展思路，积极培育乡村度假、休闲农业、温泉养生、汽车露营等多元化的文化旅游业态。

（四）“红色文化+民俗风情”型

红色文化与民俗风情融合发展，是指在红色文化价值观念和历史故事的基础上，结合地方特色的习俗、传统艺术和民间文化，形成一种整体而有机的文化表达方式。这种融合旨在将红色文化与当地的民俗风情相结合，使两者相互交融，互相彰显，进而丰富文化内涵，增强吸引力和独特性。例如，河南省新县田铺大塆，一方面将红色文化与本地特色古村落建筑相融合，坚持不进行大规模拆迁和重建，保持居民居住不搬迁，最大限度地保护村庄的原始文化生态。同时，鼓励村民对自家房屋进行改造升级，发展具备民宿功能的建筑。另一方面将红色文化与本地文化活动相结合，开展以“非遗爱在乡村，创客引领时尚”为主题的活动，积极推广本地特色文化资源，包括豫南皮影戏、民间舞狮、地灯戏、竹编以及传统纺织手工艺等，向游客展示丰富多元的豫南风情文化。①

三　红色文化与乡村旅游融合发展中存在的问题

尽管红色文化与乡村旅游融合发展已取得了初步成效，乡村旅游业态不断丰富；但是，在融合发展实践中仍存在一些问题，制约着乡村旅游高质量发展，主要体现在文化内涵挖掘、资源整合、产品设计、营销推广、人才培养和生态环境等方面。

（一）文化内涵挖掘不足

在文旅融合理念的指导下，近年来政府重视挖掘旅游资源所蕴含的丰富文化内涵。然而，边远的乡村地区仍然存在文化遗产保护不到位、文化内涵挖掘不足的问题。一方面，当地政府对红色文化资源的利用形式单一，只是简单地将红色文化元素添加到乡村旅游景点中，缺乏对红色文化内涵的深入挖掘和创新应用。调查发现，目前乡村地区对红色资源的利用方式以红色遗迹保护和新建陈列馆、纪念园等为主，如贵州省遵义市余庆县红渡村回龙场渡口和突破乌江纪念园、苟坝会议会址和苟坝陈列馆等，而红军长征留下的红色歌曲、红色故事没有得到良好的保护和利用。另一方面，一些有着丰富红色文化资源的乡村地区，由于长期的经济发展压力和管理不善，文化遗产的保护和传承工作没有受到充分的重视，甚至面临着被破坏和消失的风险。对乡村本土红色文化资源没有系统整理、挖掘和利用，特别是非物质文化未得到良好的传承。

（二）融合发展程度不深

通过调查发现，目前红色文化与乡村旅游融合发展中仍存在“两张皮”

① 杜峰兰：《文旅融合视域下整合乡村红色旅游资源助力乡村振兴》，《农业经济》2023 年第 5 期，第 137~139 页。

现象，融合发展程度不深，资源整合不系统，旅游产品参与性、互动性和体验性不足。融合发展形式以红色文化为核心，以乡村地区为载体，以参观游览红色遗迹和陈列馆、品尝乡土美食、感受乡村风光等活动为主。然而在一些乡村地区，受到经济条件的限制，缺乏有效的规划和开发，红色文化资源得不到充分利用。一些红色革命遗址、纪念馆等未能得到充分整修和展示，旅游设施和服务也相对不完善。通过文字、图片、雕塑、影像放映等方式向游客展现红色文化和乡村传统文化，这种过于传统单一的游览方式无法使游客获得良好的游览体验。通过导游讲解向游客述说当地的红色故事和乡村故事，游客听、导游讲的形式也无法给游客带来更深刻的体验。除此之外，由于资源整合的复杂性和各方利益的不一致，融合发展进程也受到限制。

（三）宣传推广力度不够

红色文化作为一种历史文化遗产，其宣传和推广往往需要更加专业和深入的研究，同时也需要投入更多的资源。然而乡村地区的红色文化资源知晓范围往往局限在当地，缺乏全面的宣传和推广。一些优秀的红色文化项目和旅游线路没有得到有效的宣传，游客对其了解和关注度不高。同时，缺乏专业的营销和推广机构，无法将红色文化与乡村旅游的特色和优势有效传达给更广大的游客群体。一方面政府部门大多在政府门户网站、微信公众号等平台以文字和图片的方式对产品进行宣传，缺乏能够引导游客互动和感悟的题材；另一方面，民间自发的“打卡”现象常常存在偏离事实的情况，游客到达一些网红打卡地后实际感受均比期望值低。

（四）文旅专业人才缺乏

人才缺乏是旅游业发展的严重阻碍，在红色文化与乡村旅游融合发展的过程中，专业人才缺乏问题十分明显。专业人才不足主要有两方面原因：第一，旅游发展人才投入不足。在乡村地区发展红色文化旅游，需要文化遗产保护、旅游规划、营销推广等方面的专业人才进行管理和运营，由于乡村地区的经济相对滞后，吸引力不如城市，很多具备相关专业背景的人才更倾向于到城市就业。第二，专业旅游从业人员流失严重。乡村地区的职业发展机会相对有限，缺乏吸引人才留下的条件，也限制了专业人才在乡村地区的流动。从薪酬待遇来看，乡村地区的薪酬水平整体较低，尤其是基层旅游服务人员，薪资不高，待遇较差，工作内容繁杂，导致专业旅游从业人员流失率较高。调查发现，乡村旅游相关的从业人员大多是当地村民，乡村旅游目的地中民宿、农家乐的经营者大多没有系统学习过管理知识，没有接受过专业技能培训，旅游服务素养参差不齐。

（五）生态环境遭到破坏

乡村旅游的快速发展对当地生态环境造成冲击。由于乡村旅游吸引了大量游客涌入，人流密集和旅游设施建设规模扩大，导致生态系统的压力增加。调查发现，乡村旅游过程中存在的不规范经营和管理对生态环境产生负面影响。部分乡村旅游项目在规划、建设和运营过程中缺乏科学的环境评估和监管措施，导致对生态环境的伤害；部分景区未能有效控制游客流量，产生了过度拥挤和土地破坏现象；一些旅游经营者没有严格遵守环境法规和保护措施，未能合理利用资源、节约能源、减少污染等。

四　红色文化与乡村旅游高质量融合发展对策

红色文化与乡村旅游的高质量融合发展，是在保护和传承红色文化的基础上，以乡村旅游为平台，以五大新发展理念为指导，将红色文化资源融入旅游服务和旅游体验中，通过有效整合资源、提升服务质量，促进乡村旅游的繁荣发展，最终实现乡村振兴的目标。

（一）科技创新赋能文化内涵挖掘

红色文化与乡村旅游的创新融合是实现高质量发展的关键。乡村地区承载着红色文化和特色地域文化，因此必须重视文化的保护和传承，利用科技手段赋能红色文化资源、乡村文化资源的保护与利用。一方面，鼓励创新思维和创新方式。组织开展以红色文化和乡村文化为核心的资源普查工作，深挖英雄人物背后的故事，深挖乡村历史文化，对乡村区域的红色资源和乡村资源进行整合分类，利用数字化技术、“互联网+”等新兴技术手段建立乡村文化资源库，全面挖掘红色资源和乡村资源的文化价值、教育价值和经济价值。利用虚拟现实、增强现实技术来重现历史场景，让游客身临其境地感受红色文化的魅力。例如，当游客在突破乌江纪念园参观时，园方利用科学技术手段将红军长征突破乌江时的激烈战斗场面生动形象地展现出来，让游客感受沉浸式体验，实现更加深入的红色文化教育。

另一方面，加强技术应用。通过人工智能、大数据分析等技术手段，精准定位游客需求，为其提供个性化推荐和定制化服务。推动乡村地区智慧旅游建设，打造智慧景区，优化升级当地特色农家书屋。引导游客和村民走进书屋、带动全民阅读，并将阅读与旅游相结合。例如，在特色书屋中，丰富以当地文化资源为主的数字阅读资源，打造红色文化专题电子信息区域，丰富儿童红色读物，为老年人提供有声阅读资源，满足人们的多种需要，让大家“多读书、读好书、好读书”，实现红色文化育人功能。

（二）多方协调提升融合发展程度

红色文化与乡村旅游的高质量融合发展需要多方协同合作和资源整合。一方面，政府部门应制定相关政策和规划，明确发展目标和路径。优化景区基础建设，注重景区环境保护，营造景区文化氛围。例如，注重对乡村交通道路、旅游厕所、景点指示牌、景点休息区等旅游设施的建设和改造。建立跨部门的协调机制，加强各相关部门之间的沟通和合作。同时，要与乡村旅游企业、文化机构、社会组织等各方建立良好的合作关系，形成合力。

另一方面，加强资源整合。红色文化与乡村旅游的协调发展需要充分利用各方的资源优势。政府可以提供相应的补贴和优惠政策，吸引更多的投资者和企业参与。同时，要鼓励当地居民参与旅游开发和经营，发挥他们的主动性和创造力。此外，还可以充分利用当地的自然景观、人文景观、历史文化遗产等资源，打造情景再现、特色演绎、沉浸式体验等独特的旅游产品。例如，针对年轻人多样化的旅游需求，开发乡村红色剧本杀游戏。鼓励景区相关人员以不同红色革命故事为背景，进行红色剧本创作，青年游客根据剧本进行沉浸式角色扮演，变成历史的体验者，从而深刻认识红色文化，培养家国情怀。

（三）开放合作加大宣传推广力度

为扩大红色文化与乡村旅游融合发展的影响力，需要加强宣传推广和国际交流。通过提高知名度、拓展受众群体、加强合作等方式，推动红色文化与乡村旅游高质量融合发展，为游客带来更丰富多样的旅游体验和文化交流，也为乡村振兴和文化传承注入新的活力。

首先，通过多种渠道和媒体进行宣传，如在电视、微信、微博、快手、抖音、小红书等平台推广，通过定向推送信息、互联网直播、“云旅游”等方式增加曝光度，以多样化互动体验等方式来吸引不同背景的人群参与其中，向公众传递红色文化和乡村旅游的价值和魅力。同时，要注重口碑营销，通过游客的积极评价和分享，扩大影响力。

其次，要开展国内外的交流合作，加强红色文化和乡村旅游融合发展的国际推广。与其他地区和国家的相关机构和组织进行交流和合作，共同推进红色文化与乡村旅游的融合发展。通过参加国际旅游交流会议、举办文化交流活动等方式，向国际社会展示红色乡村旅游的独特魅力，吸引更多的国际游客关注和参与。

最后，要注重品牌建设和形象塑造。打造具有辨识度和影响力的“红色文化+乡村旅游”品牌，以品牌的力量推动红色文化与乡村旅游融合发展。通过设计和传播符合品牌特色的标志、口号和形象，提升品牌的知名度和美誉度。同时，要加强与相关产业的联动合作，共同打造具有区域性、国内乃至国际影响力的“红色文化+乡村旅游”品牌。

（四）文旅人才共享融合发展成果

红色文化与乡村旅游高质量融合发展必须树立“人才是第一资源”的观念，突出用人需求，制定旅游人才发展规划，建立健全人才管理机制。人才管理不仅需要注重培养，还需要建立一套完善的人才管理体系。通过科学公正的选拔机制，将具备专业能力和经验的人才引入红色文化与乡村旅游领域；通过制定合理的薪酬体系和激励政策，激发人才的积极性和创造力；通过定期评估和培训，提高人才的绩效和能力；同时，为优秀人才提供晋升通道和发展机会，使他们能够在乡村旅游行业中有所作为，能够共享文旅融合发展成果。

首先，加强与高校、科研机构的合作。高校和科研机构在红色文化与乡村旅游人才培养和研究方面具有重要作用。与其建立紧密的合作关系，可以通过开展人才培训项目、科研合作项目等形式，共同培养和储备红色文化与乡村旅游领域的专业人才。同时，高校和科研机构也能够为红色文化和乡村旅游提供理论指导和技术支持，推动行业的创新发展。

其次，鼓励创新创业。通过政府支持、创业孵化器等途径，吸引更多有创意和创新能力的人才加入红色文化与乡村旅游的开发和运营。提供创业培训、融资支持等支持措施，激发他们的创新热情和创业潜力。同时，要加强知识产权保护，为创新者提供良好的创作环境。

最后，引导村民积极参与旅游服务技能培训。红色文化与乡村旅游融合发展的相关从业人员大多数为当地村民，因此需要发挥政府主导作用，引导村民积极参与旅游服务技能培训，提高旅游服务专业化程度，提升旅游服务质量，促进旅游经济发展，激发群众参与旅游发展的积极性和主动性。

（五）绿色理念引领生态环境保护

良好的生态环境是乡村地区的优势资源，红色文化与乡村旅游高质量融合发展必须坚持绿色发展道路，打造宜居宜业和美乡村。将可持续发展理念贯穿于整个旅游产业链条。在规划和建设旅游项目时，注重生态环境的保护，保持和恢复生态系统的稳定；在旅游运营中，倡导游客节约资源、减少垃圾产生等绿色行为；在产品开发和营销中，强调绿色、环保、低碳的理念，推动游客选择环保友好的旅游项目。除了制定政策和措施外，加强对游客和从业人员的教育与宣传也非常关键。开展环境教育活动，提升游客和从业人员对生态环境保护的认识，让他们深刻理解生态环境对于红色文化传承与乡村旅游的重要性。同时，倡导游客尊重当地的社会文化和自然环境，引导他们遵守游客行为规范，文明旅游，从而实现生态环境的保护与可持续发展的目标。

专题篇

Monographic Section

G.6

生态文明建设视域下乡村旅游高质量发展报告

刘建平　焦菁华　陈金丹　罗楚怡　范晓倩*

摘　要： 生态文明建设是关系中华民族永续发展的根本大计，是实现人与自然和谐发展的必备条件。乡村旅游发展因资源投入、人才匮乏等因素受到制约。随着人民生活水平的逐步提升，乡村旅游以其特有的自然风貌、各异的风土人情形成了区别于城市旅游、为游客提供返璞归真体验的一种旅游方式。乡村旅游的生命力在于特有的自然风光，生态文明建设是乡村旅游高质量发展的坚实基础，乡村旅游高质量发展是生态文明建设的具体实践。本报告总结了生态文明建设下乡村旅游的发展背景、乡村旅游发展现状与问题，通过对浙江省安吉县生态文明建设下的乡村旅游进行分析，提出了生态文明建设视域下的乡村旅游高质量发展建议。

* 刘建平，湘潭大学博士，湘潭大学商学院教授，博士生导师，研究方向为乡村旅游；焦菁华，湘潭大学商学院硕士研究生，研究方向为乡村旅游；陈金丹，湘潭大学商学院硕士研究生，研究方向为乡村旅游；罗楚怡，湘潭大学商学院硕士研究生，研究方向为乡村旅游；范晓倩，湘潭大学商学院硕士研究生，研究方向为乡村旅游。

关键词： 生态文明　乡村旅游　高质量发展

一　生态文明建设与乡村旅游高质量发展背景

（一）深入学习贯彻习近平生态文明思想

党的二十大报告指出，必须牢固树立和践行“绿水青山就是金山银山”的理念，站在人与自然和谐共生的高度谋划发展。自然环境是人类可持续发展和生存的必要基础条件。党的十八大以来，生态文明建设被全党全国放在了重要位置，美丽中国建设、美丽乡村建设以前所未有的态势大力发展，可持续的绿色发展观念，尊重自然、顺应自然、保护自然的生态文明理念深入人心，生态文明建设在实践上发生了历史性转折，生态环境的保护也因生态文明建设的提出发生了全局性变化。

生态文明建设是指通过实现经济、社会、文化和生态协同发展，促进文化、生态、经济、社会等各方面协调发展，是实现人与自然和谐共生的、可持续的、现代化建设的重要举措。它是习近平总书记提出的重要理念之一，是在建设现代化社会的同时保护环境、实现可持续发展的必要措施。生态文明建设的关键是要改变传统的经济发展模式，推动“绿色发展”，尊重自然规律，推行循环经济，倡导节约资源、保护生态、减少污染，实现人与自然和谐发展。同时也要加强生态修复和保护工作，保持生态系统的完整性和稳定性，确保生态环境的可持续性。生态文明建设是一个长期的过程，需要广泛的社会参与和支持。政府、企业和公众都要积极行动，在实际工作中贯彻落实生态文明建设思想，推动发展绿色、清洁、环保、可持续的生产生活方式，共同建设美丽和谐的中国。

《2022中国生态环境状况公报》指出，全国生态环境质量维持向好发展形势，全国环境空气质量在平稳中向好发展，重度及以上污染天数比例比上年下降0.4个百分点；全国地表水环境质量持续向好，Ⅰ～Ⅲ类水质断面比例比上年上升3.0个百分点；全国海域海水水质总体保持改善趋势。[①]

① 《2022中国生态环境状况公报》，中华人民共和国生态环境部（mee.gov.cn）。

生态兴则文明兴，生态环境与人类文明发展之间存在着密切关系。为了实现人类文明的可持续发展，必须重视生态环境保护。只有确保生态环境的稳定和健康，才能为人类社会提供可持续的资源和环境基础，确保人类的生存和发展。同时，通过推动绿色技术创新、提倡可持续生活方式、加强环境治理和执法等举措，使人类文明与生态环境实现协同发展，共同创造一个更加美好、繁荣和健康的未来。

（二）扎实推进乡村旅游赋能乡村振兴

2023 年是全面贯彻落实党的二十大精神的开局之年，习近平新时代中国特色社会主义思想指导下的乡村振兴要以乡村旅游为依托，持续深化乡村各类产业发展、基础设施建设等任务。生态文明建设下的乡村旅游发展为全面落实乡村振兴、建设宜居宜业和美乡村按下了“加速键”，为巩固脱贫攻坚成果提供了坚实保障。乡村生态旅游作为乡村振兴的重要一环彰显了重要作用，特色乡村文化的挖掘为乡村旅游可持续发展和文旅融合发展发挥了巨大作用。

乡村旅游是指游客前往农村地区，体验农村生活、欣赏自然景观、探索乡土文化的一种旅游形式。它与传统的城市旅游相比，更加注重体验自然、放松心情，感受田园风光和乡村文化的魅力。美丽乡村建设计划的提出大大促进了乡村旅游的发展，通过建设美丽宜居的乡村环境，不断吸引外来游客，为外来游客提供居住和参观的优良条件。通过美丽乡村建设，不断挖掘乡村深层次文化和产业，促进乡村旅游的可持续健康发展。优美的生态环境是保障乡村旅游发展的基础，深厚的文化底蕴成为促进乡村旅游和文化产业高质量融合发展的基石。

我国的乡村旅游较国外起步较晚，20 世纪末开始兴起，21 世纪初进入了一个蓬勃发展时期。各地加大投入力度，乡村旅游各具特色，古文化小镇遍地开花，旅游基础设施建设迅速跟进，村镇不断完善“食住行游购娱”设施以满足游客需求。乡村旅游稳步发展改变了乡村原有以农业为主的产业结构，第三产业的发展改善了乡村的经济结构，拓宽了乡村功能赋能乡村振兴。2019 年文化和旅游部公布了首批全国乡村旅游重点村，选出了 320 个村庄聚焦产业兴旺、乡风文明、生活富裕，促进乡村旅游提质增效，服务乡村振兴战略。2020 年进行了第二次评选，按照文化和旅游资源富集、开发合理、旅游产品体系成熟、经济社会发展效益明显等标准评选出 680 个全国乡村旅游重点村。2021 年第三批全国乡村旅游重点村名单公布，共有 199 个乡村入选，同年第一批全国乡村旅游重点镇（乡）名单中有 100 个镇（乡）入选，入选村镇（乡）充分发挥其示范带头作用全面助力乡村振兴战略。2022 年第四批全国乡村旅游重点村共有 200 个乡村入围且第二批全国乡村旅游重点镇（乡）名单中有 98 个镇（乡）入选。

二　我国乡村旅游发展现状与问题

（一）我国乡村旅游发展现状

“乡村旅游”的概念最早萌芽于 20 世纪 50 年代，但直至 1986 年“中国农家乐第一家”——成都市“徐家大院”创立，我国的现代乡村旅游才真正开始发展，并先后经历了萌芽期、发展期、规范期和优化期。作为承载经济、社会、文化、生态等多方面功能的旅游形态，进入新阶段后，我国乡村旅游得到了更为全面与深入的发展。党的十八大以来，中央一号文件也多次就乡村旅游发展做出明确部署，乡村旅游的独特作用受到了各级政府与文化旅游部门的加倍重视。党的十九大报告提出，要全面实施乡村振兴战略；党的二十大报告指出，中国式现代化是全体人民共同富裕的现代化，是人与自然和谐共生的现代化。乡村旅游具有市场需求大、产业联动能力强、创业就业带动能力高和强村富民效应显著等特点，是引导乡村振兴、促进共同富裕、实现中国式现代化发展的重要路径。截至 2022 年底，全国共遴选了四批 1399 个全国乡村旅游重点村、两批 198 个全国乡村旅游重点镇（乡）[①]，累计推出乡村旅游精品线路上千条，实现了“点”“线”“面”有机融合，有效利用了乡村地区的资源优势，对于建设高质量乡村旅游业态发挥了重要作用。综合来看，现阶段我国乡村旅游的发展特征主要表现在以下几个方面。

1. 乡村旅游发展势头强劲，市场规模持续扩大

近年来，在国家多项战略、政策的支持引导下，乡村旅游向好发展，表现

① 《新一批全国乡村旅游重点村镇名单公布》，中华人民共和国旅游部，https：//zwgk.mct.gov.cn/zfxxgkml/zcfg/zcjd/202212/t20221209_ 938003.html，2022 年 12 月 9 日。

出了强劲势头。中国旅游研究院数据显示，2019 年全国乡村旅游接待人次达到了 30.9 亿人次①，占当年国内旅游接待总人次一半以上。受疫情影响，2020 年起我国旅游市场遭遇了前所未有的巨大冲击。但随着国内疫情得到逐步控制，疫情管控有序放开，旅游市场逐渐复苏回暖。持续 3 年的疫情也使得游客心理与旅游需求发生了较大变化。相关调查显示，过去 3 年我国游客的出游距离和目的地活动范围较以前有较大收缩，相比于从前的“跨省游”，疫后“本地游”“就近游”更受游客青睐，接近自然、亲近乡野的踏青、骑游、露营、旅居愈加红火，乡村旅游显示出相对特别的优势，市场规模呈现持续扩大趋势。

2. 乡村旅游引导乡村振兴，共同富裕成果显著

党的十九大报告指出，“农业农村农民问题是关系国计民生的根本性问题”“要加快实施乡村振兴战略”。当前针对乡村发展提出的众多路径中，各界普遍认同旅游业在乡村振兴事业中具有不可替代的关键作用。2021 年 4 月通过的《中华人民共和国乡村振兴促进法》明确指出，应当发挥农村资源和生态优势，支持乡村旅游业和乡村旅游重点村镇等建设。乡村旅游的开发盘活了大批老少边远地区的乡村资源，为其提供了大量就业岗位和发展机会，打造了农业强、农民富、农村美的新局面。例如，湖南省花垣县双龙镇十八洞村大力发展乡村旅游，通过苗绣、苗舞、竹器编织等非物质文化遗产以及红色旅游资源优势，实现从深度贫困到乡村振兴的有效衔接，由一个深度贫困村变成全国乡村旅游重点村。相关统计数据显示，在减贫总任务中，依托旅游发展实现减贫目标的比例达到了 20%，带动了将近 50 万人就业，在巩固脱贫攻坚成果的基础上，大力推动了共同富裕目标的实现。

3. 乡村旅游培育新动能，产业链条不断延展

乡村旅游作为新时代乡村经济发展新的增长点，从全产业链的视角为乡村振兴培育了新动能，新产业新业态不断涌现。2021 年 11 月印发的《“十四五”推进农业农村现代化规划》提出，推动农业与旅游、教育等产业融合，发展田园养生、研学科普等休闲农业新业态。近年来，各地通过推进乡村旅游与多

① 《国新办发布会：让旅游成为小康社会标配、美好生活必备》，中华人民共和国旅游部，https：//www. mct. gov. cn/whzx/whyw/202108/t20210830_ 927411. htm，2021 年 8 月 30 日。

元化产业的深度融合，推出了“农业+乡村旅游”“研学+乡村旅游”“文化+乡村旅游”“康养+乡村旅游”“生态+乡村旅游”“节庆+乡村旅游”等高质量发展模式，将乡村旅游的强村富民效应更大化凸显。例如，山东潍坊青州市深挖乡村特色资源，着力打造“乡村旅游+”产业融合，延伸旅游产业链条，培育了农事体验、休闲采摘、红色旅游、研学旅游、康养旅游等多种业态，促进了乡村旅游产品的多元化、特色化发展，以旅助农、以旅兴村的发展模式为越来越多的乡村地区实现乡村振兴提供了借鉴思路。

4. 乡村旅游促进乡村建设，美丽乡村建设成效凸显

美丽乡村建设是美丽中国建设不可或缺的重要组成部分，其与乡村旅游具有内在的一致性。环境优美、生态良好是发展乡村旅游的重要条件，乡村旅游也是促进美丽乡村建设的重要动力。2022 年农业农村部围绕产业创新、生态宜居、乡土风貌、人文和谐、业新民富等特色遴选了 255 个乡村为“中国美丽休闲乡村”，乡村旅游是其中不可或缺的重要一环。总体来看，我国乡村旅游的发展在极大程度上促进了乡村建设，打造美丽乡村工作正在扎实稳步推进。2023 年初发布的中央一号文件进一步指出，“要扎实推进宜居宜业和美乡村建设”。从“美丽乡村”到“宜居宜业和美乡村”的概念转变，不仅是对当前“美丽乡村”建设获得的丰硕成果的肯定，更是对我国乡村建设内涵和目标的进一步丰富和拓展，也是对乡村旅游开发提出的更高标准与要求。

（二）我国乡村旅游发展存在的问题

1. 资源开发差距较大，协同发展能力不足

目前，我国乡村地区的旅游资源呈现出单极化、离散化的特点，片区联动式发展格局有待建立。从截至 2022 年底公布的 1000 多个全国乡村旅游重点村的分布来看，中国乡村旅游发展呈现东（南）热、西（北）冷集聚分布特征。[①] 旅游收入和旅游发展能力是衡量我国东西部之间乡村旅游发展水平差距的两个重要方面。在西部地区的乡村旅游开发上尤为明显，尽管拥有较高的资源禀赋优势，但较低水平的旅游资源开发能力与发展能力严重阻碍了其资源优

---

① 王秀伟、李晓军：《中国乡村旅游重点村的空间特征与影响因素》，《地理学报》2022 年第 4 期。

势的发挥，乡村旅游资源开发跨地域的资源优势互补、客源市场共享、发展经验共享的效应不够深化。在区域内部，交通、网络等基础设施发展不均衡、互联互通程度较低造成了该地区资源协同开发水平不高，许多乡村旅游地仍处于“新旧共存”“高低参差”的不均衡、不充分发展状态。同时，依托资源优势、区位优势、资金优势、政策优势、经营优势等条件发展起来的示范地区，其在产品开发、业态拓展、服务升级、口碑宣传等方面的经验也难以在短时间内普及推广给其他地区，造成了一定时间内资源开发能力的差距。

2. 同质化商业化严重，游客旅游体验不佳

乡村旅游开发应当根植于自身的特色与优势，没有一概而论的、可完整复制的规划或“范本”。然而，当前在乡村旅游的资源开发与项目规划过程中，旅游产品的同质化与过度商业化现象十分严重，“千村一面”，缺乏新意。造成这种现象的主要原因有以下几方面：第一，资源开发定位不明确，没有充分挖掘本地区的乡村特色文化与特色资源，或走传统景区、农家乐等乡村旅游开发的老路，或是盲目跟风、照搬照抄一些已经成功的网红景区案例；第二，旅游产品中出现了过多的现代化、商业化元素符号，丧失了乡村应有的原真性与本土性，在降低了乡村旅游产品整体质量的同时，也使得一大批以探寻乡村特色文化为目的的游客难以产生好的体验；第三，有一些乡村在旅游产品与项目的开发中，只追求形式上的发展而忽略了内涵的传承与发扬，这不仅严重违背了可持续发展的原则，更不符合高质量发展的要求。总体来看，大部分的乡村旅游产品仍然仅仅停留在依托山水等自然资源的观光旅游，产品业态单一，缺乏竞争力与吸引力。

3. 利益主体协调不均，政策体系仍需完善

一方面，乡村旅游开发要求社区人人都是建设者和开发者，然而在成果共享的实质上却不加强调。当前乡村旅游发展的有效利益均衡分配机制仍未建立，农村农民公平共享发展物质成果和精神成果的要求得不到满足与保障。在乡村旅游促进经济振兴解决了村民的绝对贫困难题后，农民收入差距较之以前究竟是扩大了还是缩小了，成为当前村民、学者等群体的又一热议话题。通常而言，通过发展旅游获得的大部分收益集中在具有区位优势、资金优势或规模优势的少数村镇或村民手中，而其余的利益主体则难以从旅游可持续发展中得到更有效的补偿和公平发展机遇。另一方面，乡村旅游开发的“示范性”经

验和模式未能得到正确认识，反映资源配置不均等的分配正义问题。示范村、示范试点的资源开发享有区位和资源等优势，乡村旅游中现代与传统、本土与外来的多重诉求难以协调，乡村旅游开发模式的同质化、创新难的问题层出不穷，开发秩序和开发方向不再可控，为了开发而开发的案例比比皆是。

4. 旅游专业人才匮乏，经营管理水平较低

人才是乡村旅游发展的核心要素。党的十九大报告指出，“人才是第一战略资源”。截至目前，我国乡村旅游专业人才的培养力度正在不断加强，但总体的发展水平仍然不高。从乡村旅游发展的实践来看，由于技能化、专业化、知识化、创新化人才的严重匮乏，其当前的目的地景区的经营和管理仍处于较低水平。一方面，秉承就地就业原则，当前乡村旅游活动的经营与管理主体大部分是当地农村居民，相较于专业化的旅游从业人员，村民的文化学历水平普遍不高，对于乡村旅游经营的深层知识掌握不够，紧随时代发展的创新意识不强，难以灵活应用经营管理经验对新背景下的乡村旅游发展提出可行的、有效的管理建议。另一方面，由于绝大多数乡村地区相较于城镇而言，发展水平落后，难以对高学历、高素质的专业化人才形成吸引力，人才的引进与保留都是制约乡村旅游高质量发展的瓶颈难题。

三　生态文明建设推进我国乡村旅游高质量发展的典型案例

生态文明建设能够有效推进乡村旅游高质量发展，它越来越受到各大乡村旅游发展地区的重视。本报告将以浙江安吉生态文明建设下的乡村旅游发展例证生态文明建设对我国乡村旅游高质量发展的推进作用。

安吉县是浙江省北部湖州市一个极具特色的生态县。安吉县山区分布广，天目山脉在境内环绕，主要水系是西苕溪。安吉县境内山峦错落，水秀波清，空气清新，境内“七山一水二分田”，风景秀美，生态环境良好。翠竹连山，白茶遍岭，安吉的特色产业也极具生态特征。安吉是联合国人居奖中国唯一获得县、中国首个生态县。安吉县的生态文明建设负有盛名，也充分推动了当地乡村旅游的发展，使其成为乡村振兴的重要内生动力。

安吉县的乡村旅游极具生态特色，具体表现如下。

（一）实行生态保护，“三净之地”共筑乡村旅游优质环境

安吉被誉为气净、水净、土净的“三净之地”。安吉县空气质量优良，大气负氧离子平均浓度达8000个/立方厘米，达到世卫组织“特别清新”标准。[①] 安吉县不断培养深化当地居民的环境生态保护意识，设立全县的生态日，组织进行一系列清洁活动，打造整洁村容与宜居环境。安吉县也在持续推进“山水林田湖草”的修复与保护工作，治理与美化以西苕溪、浒溪等为主体的一系列水系，以地质灾害重点防治区、自然保护区等生物多样性保护重点区域为网点，保护生态，共同建设绿色的家园。[②] 安吉县人民政府还长期公开安吉县环境质量月报，为安吉县环境监督与控制筑牢基础。这些都为安吉县乡村旅游高质量发展营造了良好的生态环境，提供了丰富的生态资源条件。

安吉县从“水”上下功夫，利用当地丰富的水资源，开发玩水乐园和漂流等项目，打造了新丰村“美丽乡村玩水游”等玩水系列产品，建成的乡村威尼斯·新丰景区，成为安吉玩水节开幕仪式的主会场，这为其带来了更高的人气和收入。安吉县以“水”为带，沿岸串联铺展开各色农家乐、农事体验、探险漂流、研学旅游等乡村旅游产品，为游客提供从观光游览到休闲体验的多层次乡村旅游产品。

安吉县在“林”上做文章，出台全国首个森林康养产业规划，努力建设乡村振兴森林综合体，打造森林休闲养生城市。目前，安吉创建了报福镇等省级森林康养名镇，老石坎村等省级森林人家。安吉县不断完善森林园区、康养基地等设施建设，充分利用优良生态环境的产业价值，发挥乡村旅游线路整合、串联资源的作用，推动森林休闲旅游、森林康养旅游等行业的发展，打造乡村旅游新业态。如安吉县上墅乡拥有丰富的森林资源，在林业资源与乡村建设的支撑之下，上墅乡发展林笋、竹编等林下经济产品，同时打造完善的竹林休闲旅游精品景区，并结合民俗文化、特色餐饮、绿色农产品等，创新乡村旅游形式与产品结构，以生态文明建设推进创造森林休闲康养旅游这一新的经济增长点。

---

① 《气象气候》，安吉县人民政府，http：//www.anji.gov.cn/col/col1229211448/index.html。

② 《一批“山水林田湖草”生态保护修复将实施 安吉：擦亮生态名片 共建绿色家园》，搜狐网，https：//www.sohu.com/a/329367716_822829，2019年7月25日。

（二）发展生态产业，“白茶竹海”打造乡村旅游产业特色

竹业、茶业和椅业构成安吉的三大特色产业。20 世纪 80 年代，安吉县走的是“工业强县”的路子，余村等村落利用石灰岩等矿产资源，发展采石采矿等工业，导致山体破坏，污染严重。安吉县痛定思痛，关闭矿山，治理矿点，重新整理自身产业优势，决定打造安吉白茶、安吉毛竹、转椅等产业名片，延长产业链条，发展生态产业。安吉鲁家村更是利用生态产业打造了田园综合体特色，建成了全国首个家庭农场聚集区，其 18 家农场分别以水果、花海、中药、竹林等产业为特色，并用小火车道将其串联起来，吸引了众多游客前来参观体验。

（三）擦亮生态名片，“绿水青山”装点乡村旅游生态底色

安吉是习近平总书记“绿水青山就是金山银山”科学论断提出的地方，安吉县不负使命与期望，积极践行“两山”理念，保护好、建设好、宣传好安吉县的绿色生态名片，坚持“生态立县”“生态强县”，建设“中国美丽乡村”，利用好生态文明建设，打造好、宣传好安吉乡村旅游品牌。

四　生态文明建设视域下乡村旅游高质量发展的建议

（一）加强生态意识教育，提高参与者保护意识

乡村旅游在发展的过程中要以“两山”理念为背景，时刻体现生态文明的观念，注重公民的生态责任、伦理教育，使所有参与者认识到生态文明的重要性与紧迫性。首先，规范旅游者的行为，旅游者对于旅游地有着重要的影响，旅游者的不文明、不环保行为将直接破坏旅游地的生态环境。加强对旅游者的监督管理，对其不良行为进行劝说、警告乃至处罚，记录档案。旅游地有权拒绝有多次不文明不改正记录的游客进入，促使旅游者约束自身的不良行为，将环保意识落到实处，生态旅游成为其自觉的旅游方式。其次，引导社区居民主动参与乡村旅游的生态保护，对于乡村旅游的规划发展提出自己的意见和看法，充分认识到自己与所在环境是息息相关的，当地的旅游资源是宝贵

的、不可再生的，应主动参与保护。思想上行动，行动上有力。最后，政府充当好监督者和协调者，监督破坏生态环境的行为并制定相关的管理条例。乡村旅游在快速发展过程中导致生态环境与经济效益相冲突，政府应协调多方利益相关者诉求，推动乡村旅游可持续发展。

（二）统筹规划乡村格局，构建生态旅游产业链

增强共谋“一盘棋”意识是乡村旅游高质量发展的前提条件，乡村旅游是一个涉及多主体的经济、文化活动，乡村旅游的可持续发展是建设生态文明的重要途径。首先，从乡村旅游建成项目入手，对已建好的旅游项目进行协同调整，渐进性关闭资源消耗大的设施，使其适应乡村的自然生态。其次，合理布局乡村陆路水路交通、停车点、就餐点、商店、娱乐设施等，增设电瓶车、环保车等环境友好型公共交通，同时就餐点的合理布局应有效缓解废水、垃圾随意倾倒丢弃问题，联动交通、住宿、餐饮、娱乐提供单位打造绿色的“食住行游购娱”乡村旅游业态。最后，完善旅游产业链，不断巩固上下游企业以及社区居民和游客之间的关系，更加聚焦乡村特有的自然风光、人文风光，凝心聚力以核心自然资源生态优势推动乡村旅游的全面高质量发展，激发乡村旅游潜能，整合乡村旅游资源，互联互通，以乡村旅游带动生态文明的持续深化。

（三）培育专业人才队伍，注入生态化服务理念

游客满意度很大程度上取决于接待能力和服务水平，因此培育专业的人才队伍有助于提升乡村旅游的游客满意度，持续增强乡村旅游的市场竞争力。建立多层次的人才服务队伍，提高生态化服务水准是乡村旅游保持强劲活力的重要源泉。首先，由于部分村镇经济发展水平相对落后，资金短缺影响服务质量，因此加大投入力度，提升乡村旅游服务人员素质，以老带新接好“接力棒”、走好“生态路”。开展导游员、讲解员大赛等一系列活动。制定行之有效的激励措施，在人才引进中明确后续发展、住房保障、家属安置等福利，为服务人员筑起保障防线。其次，持续推进和旅游院校、专业机构的对接，建立人才培养机制，为乡村旅游注入源源不断的人才动力。学校教育与实地实践相结合，专业的人干专业的事，有利于营造生态文明至上的

乡村旅游方式。最后，创新开展家门口培训，对有意愿参与乡村旅游发展的当地人开展服务、管理等技能的培训。当地人参与旅游服务不仅解决了少数人就业问题，而且提升了文化认同感、生态自豪感，使其更好地服务和贡献乡村旅游的生态文明建设。

（四）突出乡村生态特色，打造民俗化生态品牌

乡土风貌、质朴、本真是乡村旅游的发展基础，对乡村旅游发展起着关键作用。发展乡村旅游应有序推进民俗文化优势，开发以民俗为主题的特色生态旅游，打造"俗绿""古绿"品牌。"俗绿"是以民俗结合生态带动乡村旅游高质量发展，充分挖掘乡村特有的习俗民风，因地制宜深化融合，满足游客的精神需求，将绿色理念贯穿到底。除了采摘、农家乐等传统旅游方式，可结合当地生态农业，引导游客参与当地特色农产品生产包装等环节，不仅为游客提供了亲近自然感受生态的体验，还提高了农产品的附加价值以及知名度。"古绿"以古文化小镇、民族特色村寨为依托进行乡村生态旅游发展。保留"靠山吃山、靠水吃水"的村镇传统生活方式，延伸文化内涵、凸显秀丽生态。突出乡村生态特色，让游客感悟人与自然和谐共生、休戚与共，打造乡村旅游特色生态品牌。

（五）深化和美乡村建设，开展双多边国际合作

和美乡村建设丰富和扩展了乡村建设的内涵和目标，为乡村旅游高质量发展奠定了坚实的基础。中国应积极践行生态文明观念，尤其在乡村旅游发展方面，主动推进与各国之间在资源节约和环境友好领域的务实合作，以开放包容的态度共创国际多赢局面。首先，运用多种渠道开展乡村生态旅游的对外宣传，在多样性的社交媒体上发出"中国声音"、贡献"中国智慧"，强化中国履行生态保护的负责任大国形象，让中国乡村旅游拥有国际知名度。其次，建立国家间旅游发展协调机构，利用边境乡村自然生态提炼国际化相关主题，促进乡村旅游国际化产品的开发。最后，政府主导积极协调解决各行政区之间的壁垒，牵头地方美丽乡村的国际化发展，不仅欢迎国外游客参与乡村生态文明旅游，而且邀请其他各国开展乡村生态旅游合作，以乡村生态旅游小支点撬动全球可持续发展大智慧。

G.7

全国乡村旅游重点村人才回流吸引力评估报告

王耀斌　王美珍　潘应刚　姚　蓉　赵瑞涛　李　颖*

摘　要： 党的十九大提出要实施乡村振兴战略，乡村发展问题关乎我国国家安全与经济发展。乡村的发展离不开人才这一核心主体力量，乡村人才回流是值得重点关注的科学问题。本报告运用层次分析法，从经济环境、制度环境、社会生活环境、文化环境、生态环境5个维度出发，创新地构建了全国乡村旅游重点村人才回流吸引力评估模型；并以山西省汾阳市贾家庄村为例，通过加权平均法对该村的人才回流吸引力进行评价。结果显示，贾家庄村乡村旅游人才回流吸引力综合得分为97.77，人才回流吸引力绩效处于优等级。其中，经济环境维度得分最高，表明乡村旅游在改善该村经济环境中的作用最为明显；其次是生态环境、文化环境、社会生活环境；制度环境维度得分最低，表明贾家庄村乡村旅游发展对于改善吸引人才的制度环境的作用效果较为有限。

关键词： 乡村旅游　人才回流　全国乡村旅游重点村

一　研究背景

（一）乡村振兴对人才的大量需求

党的十九大提出要实施乡村振兴战略，乡村发展问题关乎我国国家安全与

* 王耀斌，中国科学院西北生态资源环境研究院博士，西北师范大学旅游学院教授、博士生导师，研究方向为乡村旅游、乡村振兴；王美珍、潘应刚、姚蓉、赵瑞涛、李颖，西北师范大学旅游学院硕士研究生，研究方向为乡村旅游、生态旅游。

经济发展，要想实现民族复兴，必须先实现乡村振兴。实施乡村振兴战略是基于我国现实发展情况做出的科学选择。目前，我国乡村正面临着人才流失、空心化问题等发展困境，随着城乡差距不断拉大，乡村发展成为国家整体发展过程中不容忽视的短板，国家要发展，必须先补齐乡村这块短板。

乡村振兴需要大量人力和物力的支撑，其中人才是乡村发展的关键和核心力量。乡村振兴的方方面面都需要人才来实现，乡村产业的发展、传统文化的传承、生态环境的保护、基层治理水平的提高，都必须依靠人才来实现。人才强，则乡村兴。只有增强乡村对全社会人才的吸引力，不断吸引人才，不断培育乡村本土优秀人才，才能为乡村发展谋得新出路，为乡村发展提供原动力。

（二）乡村人才外流的现象严峻

改革开放以来，我国人口流动环境相对宽松自由，加之城市化进程中对劳动力的大量需求，在更高工资、更好教育及更优越医疗条件等因素的驱动下，大量乡村人口从农村流向城镇，农村常住人口不断减少，乡村空心化问题日益严峻。乡村人口的大量流失，对乡村文化、农村现代化进程、农村基层民主自治、农村社区发展以及农村环境治理等都产生了较大影响。随着大量适龄工作人口的流失，乡村正面临着越来越严重的发展困境，如何吸引乡村人才回流，促进乡村人才可持续发展是学者们一直关注的问题。

（三）乡村旅游是吸引人才回流、促进乡村振兴的重要抓手

随着城市化进程的不断推进，现代化较快的生活节奏带给人们较大压力，返璞归真的乡村旅游受到欢迎。乡村旅游已成为越来越重要的旅游形式之一。乡村旅游作为乡村振兴的重要途径，在促进农民增收、改善农户生计方式、促进农村产业结构升级、吸纳农村剩余劳动力①、促进农民就业②、吸引乡村人

① 柯珍堂：《发展大别山乡村旅游 促进农村剩余劳动力转移的价值研究——以湖北黄冈市为例》，《湖北农业科学》2011 年第 20 期，第 4314~4317 页。

② 张亚军：《秦皇岛市乡村旅游开发对当地农民就业的影响研究》，《农业经济》2013 年第 3 期，第 79~80 页。

才回流[①]、减缓乡村空心化问题以及促进农村可持续发展等方面发挥重要作用。作为乡村新兴复合型产业，乡村旅游凭借其对乡村经济的推动作用和对乡村劳动力的强大吸纳能力，在吸引乡村人才回流、推动乡村发展中扮演着越来越重要的角色。一方面，乡村旅游发展过程中新建的大量民宿、餐馆提供了诸多就业岗位，是吸收农村剩余劳动力的直接渠道；另一方面，乡村旅游产业与其他产业关联性强，对相关产业发展具有较大带动效应，可以促进农村产业结构调整，间接提供就业岗位。

因此，基于乡村人才大量流失和乡村空心化问题不断加剧的严峻现实，结合乡村旅游发展如火如荼的新情势，以全国乡村旅游重点村为例，构建乡村旅游引导乡村人才回流吸引力评估模型，不仅是对乡村人才科学问题研究内容的补充，更是吸引乡村人才回流、推动乡村人才振兴和促进乡村可持续发展的现实需要。

二　模型构建

（一）指标体系设计

乡村人才回流吸引力评价指标可以从两个角度进行理解：一是将关注点放在人才吸引力上，乡村是人才吸引力的前缀空间；二是将焦点置于乡村之上，人才吸引力是乡村研究问题的具体补充。基于第一个角度进行理解，现有关于人才吸引力的研究多从宏观的国际、区域、省市及微观的企业、组织层面出发，研究某地区对人才的吸引力、竞争力问题，乡村人才回流吸引力研究应是在人才吸引力这一较大的科学研究问题下乡村层面问题的研究，在进行乡村人才吸引力评价指标体系设计时，应保留大部分人才吸引力评价指标。基于第二个角度进行理解，乡村人才回流吸引力评价指标设计的目的是评价乡村的各方面情况，乡村人才回流吸引力评价是乡村评价科学问题的子研究内容，在进行乡村人才回流吸引力评价时应尽量参考乡村评价的一些指

① 刘光荣：《旅游民宿业对农村剩余劳动力就地转移的影响机制——一项多案例研究》，《中国人力资源开发》2018 年第 9 期，第 97~105 页。

标体系，如乡村振兴绩效评价指标体系、新农村建设评价指标、乡村旅游绩效评估指标等。

本研究最终确定全国乡村旅游重点村人才回流吸引力评价指标的一级指标，即经济环境、制度环境、社会生活环境、文化环境、生态环境5个维度。具体评价指标体系设计将分为两个阶段，第一阶段为通过参考国际、区域、省市、企业、组织等维度的人才吸引力指标，初步构建乡村人才回流吸引力指标的评价框架。第二阶段为评价指标体系的修改、调整与补充，又包括两方面的内容。一是通过参考乡村振兴、乡村建设等相关评价指标将不适合评价乡村的指标删除，用适宜的乡村评价指标替换第一阶段中部分不适宜的评价指标；二是通过开展预调研的方式，对当地已回流村民进行访谈，询问回流村民影响其做出回流决策的主要因素，尤其关注与旅游相关的指标，将这些因素指标补充进前两阶段已构建的指标体系中。参考人才吸引力评价指标的现有研究，构建全国乡村旅游重点村人才回流吸引力评价指标体系（见表1）。

表1　全国乡村旅游重点村人才回流吸引力评价指标体系

一级指标	二级指标	三级指标
经济环境	村集体经济发展水平	村集体固定资产
		村集体旅游年收入
		旅游从业人员比重
	村民个人经济发展水平	人均可支配收入
		旅游从业人员月平均工资
制度环境	政策环境	旅游创业资助金额
		人才奖励、补贴政策数量
	基层民主	村民代表大会召开次数
		对村务公开满意度
		对村干部工作满意度
		对旅游分红（门票分红）满意度

续表

一级指标	二级指标	三级指标
社会生活环境	治安环境	盗窃案件发生率
		打架斗殴事件发生率
		村民纠纷发生率
	交通环境	交通可达性满意度
		乡村路面硬化率
	医疗环境	每千人卫生技术人员数
		医疗卫生所数量
	社会保障	农村养老保险参与率
		农村医疗保险参与率
	居住环境	人均住房面积
		村民住房满意度
文化环境	文化娱乐环境	图书室/农家书屋数量
		村民文化广场/活动中心数量
	村民文化水平	普通话使用率
		村民平均受教育年限
	教育环境	家庭文教支出占总支出比重
		平均每个教师负责小学生数
	乡风建设	文明家庭达标率
		开展村民道德建设活动次数
生态环境	自然生态环境	乡村绿化覆盖率
		空气质量达到和好于二级的天数
	社会生态环境	生活污水处理农户覆盖率
		乡村生活垃圾回收利用率

（二）评估模型构建

1. 指标权重确定

运用 Satty 的 1~9 标度，根据专家评分方式构建判断矩阵，将一层中的因素 A 作为评价准则，则 a_1，a_2，a_3，a_4，...，a_n 分别是一级指标，设 n 阶矩阵 $A=(a_{ij})\ n\times n$，a_{ij}相对于准则层 A，判断因素 a_i与 a_j的重要程度。

通过方根法进行指标权重计算。

第一步，计算判断矩阵原始数据每行的乘积：

$$M_i = \prod_{j=1}^{n} a_{ij}(i = 1,2,3,...,n) \tag{2-1}$$

第二步，计算 M_i 的 n 次方根：

$$\overline{W_i} = \sqrt[n]{M_i}(i = 1,2,3,...,n) \tag{2-2}$$

第三步，对向量 $\overline{W_i}$ 进行归一化处理：

$$W_i = \frac{\overline{W_i}}{\sum_{i=1}^{n} W_i}(i = 1,2,3,...,n) \tag{2-3}$$

第四步，计算判断矩阵中最大特征根：

$$\lambda_{max} = \sum_{i=1}^{n} \frac{Aw_j}{nw_i} \tag{2-4}$$

第五步，进行一致性检验。

一致性检验是通过 CR 进行，计算公式为：

$$CR = \frac{CI}{RI} \tag{2-5}$$

当 CI 值等于 0 时，表明判断矩阵完全一致；如果 CI 值较大，表明判断矩阵一致性较差：

$$CI = \frac{\lambda_{max} - n}{n - 1} \tag{2-6}$$

若随机一致性比率 $CR < 0.1$，则表示层次排序结果符合一致性要求，否则需重新调整，直至符合一致性要求为止。七位专家问卷的 CR 值均小于 0.1，通过一致性检验，一致性检验结果如表 2 所示。

表 2　专家一致性检验结果

	专家 1	专家 2	专家 3	专家 4	专家 5	专家 6	专家 7
一致性比率 CR	0.0341	0.0995	0.0776	0.0776	0.0900	0.0617	0.0209

资料来源：课题组调研数据。

2. 标准值确定

通过参考《美丽乡村建设指南》（GB/T 32000—2015）、《乡村振兴战略规划（2018—2022 年）》、山西省统计年鉴、汾阳市统计年鉴、《村卫生室管理办法（试行）》、《国家通用语言文字普及提升工程和推普助力乡村振兴计划实施方案》等官方文件材料，同时借鉴马瑛、胡炜霞、韦家华等学者研究成果①，本研究确定了乡村人才回流吸引力评价指标的标准值（目标值），并最终确定了全国乡村旅游重点村人才回流吸引力评价指标权重和标准值（见表3），完成全国乡村旅游重点村人才回流吸引力评估模型的构建。

表 3　全国乡村旅游重点村人才回流吸引力评价指标权重和标准值

一级指标及权重	二级指标及权重	三级指标	指标属性	指标权重	指标标准值
经济环境(0.3043)	村集体经济发展水平(0.1023)	村集体固定资产	正	0.0167	≥12 亿元
		村集体旅游年收入	正	0.0382	≥9000 万元
		旅游从业人员比重	正	0.0474	≥20%
	村民个人经济发展水平(0.2020)	人均可支配收入	正	0.1120	≥16500 元
		旅游从业人员月平均工资	正	0.0900	≥3812 元
制度环境(0.0810)	政策环境(0.0512)	旅游创业资助金额	正	0.0254	≥3000 元
		人才奖励、补贴政策数量	正	0.0258	≥1 项
	基层民主(0.0298)	村民代表大会召开次数	正	0.0068	≥2 次/年
		对村务公开满意度	正	0.0052	≥85%
		对村干部工作满意度	正	0.0065	≥80%
		对旅游分红(门票分红)满意度	正	0.0113	≥75%
社会生活环境(0.1758)	治安环境(0.0176)	盗窃案件发生率	负	0.0041	≤0.5%
		打架斗殴事件发生率	负	0.0041	≤0.5%
		村民纠纷发生率	负	0.0094	≤1%
	交通环境(0.0261)	交通可达性满意度	正	0.0108	≥75%
		乡村路面硬化率	正	0.0153	≥100%

① 马瑛、吴冰、贾榕榕：《乡村旅游引导乡村振兴绩效评价研究——以太原市王吴村为例》，《中国农业资源与区划》2021 年第 12 期，第 124~131 页；胡炜霞、梁晓涛：《旅游引导的乡村振兴绩效评价与优化发展研究——以山西省云丘山村为例》，《干旱区资源与环境》2022 年第 8 期，第 183~191 页；韦家华、连漪：《乡村振兴评价指标体系研究》，《价格理论与实践》2018 年第 9 期，第 82~85 页。

续表

一级指标及权重	二级指标及权重	三级指标	指标属性	指标权重	指标标准值
社会生活环境（0.1758）	医疗环境（0.0405）	每千人卫生技术人员数	正	0.0171	≥7 名
		医疗卫生所数量	正	0.0234	≥1 所
	社会保障（0.0499）	农村养老保险参与率	正	0.0141	≥95%
		农村医疗保险参与率	正	0.0358	≥90%
	居住环境（0.0417）	人均住房面积	正	0.0229	≥42m^2
		村民住房满意度	正	0.0188	≥88.50%
文化环境（0.2209）	文化娱乐环境（0.0660）	图书室/农家书屋数量	正	0.0310	≥1 个
		村民文化广场/活动中心数量	正	0.0350	≥1 个
	村民文化水平（0.0232）	普通话使用率	正	0.0118	≥85%
		村民平均受教育年限	正	0.0114	≥9 年
	教育环境（0.0605）	家庭文教支出占总支出比重	正	0.0393	≥15%
		平均每个教师负责小学生数	负	0.0212	≤21 人
	乡风建设（0.0712）	文明家庭达标率	正	0.0300	≥36%
		开展村民道德建设活动次数	正	0.0412	≥1 次
生态环境（0.2180）	自然生态环境（0.1471）	乡村绿化覆盖率	正	0.0505	≥35%
		空气质量达到和好于二级的天数	正	0.0966	≥273 天
	社会生态环境（0.0709）	生活污水处理农户覆盖率	正	0.0329	≥70%
		乡村生活垃圾回收利用率	正	0.0380	≥30%

资料来源：《美丽乡村建设指南》（GB/T 32000-2015）、《乡村振兴战略规划（2018-2022 年）》等。

由表 3 可知，在 5 个一级指标中，经济环境维度权重最大，为 0.3043，表明专家们认为经济环境方面的因素对吸引乡村人才回流的影响最大；其后依次是文化环境、生态环境及社会生活环境，且三者所占比重相近，说明专家们认为这三者在吸引乡村人才回流方面的重要程度接近；制度环境维度所占比重最小，为 8.1%，表明专家们认为全国乡村旅游重点村在吸引人才回流进程中，制度环境所发挥的作用较为有限。

三　实证评估

（一）研究区概况与数据来源

1. 研究区概况

贾家庄村隶属于山西省吕梁汾阳市（县级市）贾家庄镇。该村海拔 700

多米，位于东经 111.83°、北纬 37.29°，左临吕梁山、右接汾河水，北与汾阳市杏花村接壤。该村地理位置优越，距离汾阳市区仅 5 公里，距山西省省会城市太原 100 公里左右，约一个小时车程，位于“太原 1 小时经济圈”内。该村地势平坦、交通便利，紧靠太汾高速公路、307 国道和太中银铁路。

贾家庄村全村总面积是 4.2 平方公里，村中有 965 户人家，约 3000 人。村集体下设旅游产业、酿酒产业、建材产业、绿色农业四大支柱产业。2019 年底，贾家庄村集体固定资产突破 6.5 亿元，年人均纯收入突破 2.5 万元；2021 年底，贾家庄村集体固定资产达到 10.2 亿元，人均纯收入突破 2.83 万元，家家户户亦旅亦农。2014~2020 年，贾家庄村在自身乡村旅游发展过程中，获得了诸多荣誉称号，主要包括：国家 4A 级旅游景区、中国最美村镇（生态旅游）、中国美丽休闲乡村、全国生态文化村等。2019 年 7 月，文化和旅游部公布了第一批全国乡村旅游重点村名单，山西省共有 8 个村子上榜，贾家庄村也榜上有名。截至目前，该村乡村旅游已经发展了较长时间，进入成熟稳定的发展阶段，发展前景良好。

2. 数据来源

根据数据获取方式和渠道的不同，本研究已构建的乡村旅游人才回流吸引力评价指标体系中的 34 个三级测评指标数据来源可以分为三类。第一类是国家统计年鉴、山西省统计年鉴、汾阳市统计年鉴以及相关政策公告、新闻报道、公众号推文、村委会会议记录等文件资料。第二类是通过对村委会干部等人的深度访谈获取的数据。第三类则是通过对回流人才与其他村民的问卷调查获取的数据。此外，还有部分数据是需要通过同时对村干部和村民的访谈对比得出的，如人才奖励、补贴政策数量，图书室/农家书屋数量，村民文化广场/活动中心数量，平均每个教师负责小学生数；通过对村民和村干部两类群体的同一问题的访谈，可以达到验证彼此的结果，保证数据的真实可靠性。调研共发放村民问卷 150 份，回流人才问卷 160 份。最终，村民问卷回收数为 136 份，回收率为 90.67%；回流人才问卷 147 份，回收率为 91.88%。

（二）数据处理

本研究以《乡村振兴战略规划（2018—2022 年）》《美丽乡村建设指

南》、国家及行业标准、国家统计年鉴、山西省统计数据和相关文件等作为文中（标准值）的参考标准，并采用加权评分法计算各指标得分值及综合得分值。

首先，计算评定系数：当 C_i 为正作用指标时，$A_i = C_i / C_0$；当 C_i 为负作用指标时，$A_i = C_0 / C_i$。其次，计算得分值：$F_i = W_i \times A_i \times 100$，$FF_i = \Sigma F_i$。式中：$A_i$为指标经无量纲化后的评定系数，$C_i$、$C_0$分别表示第 i 个指标的实际值和标准值；F_i为指标得分值，W_i为第 i 个指标的权重值，FF_i为综合得分值。综合得分值为 0~100 分，综合得分值越高，说明乡村人才回流吸引力越大。参照前人对绩效分级标准，分为 5 档：95~100 分为优；85~95 分（不含 95 分）为良；75~85 分（不含 85 分）为中等；60~75 分（不含 75 分）为较差；60 分（不含 60 分）以下为差。

（三）评估结果分析

1. 总体结果分析

截至 2021 年，贾家庄村乡村旅游人才回流吸引力评价得分为 97.77 分（见表 4），人才回流吸引力绩效处于优等级。贾家庄村发展乡村旅游较早，乡村旅游发展迅速。2017 年，贾家庄村接待游客 150.2 万人次，景区营业收入 6568 万元；2018 年，接待游客 178.1 万人次，景区营业收入 7812 万元；2021 年，接待游客 199.4 万人次，景区营业收入 8571 万元。乡村旅游的发展为该村 1500 多人提供了工作岗位，乡村旅游已经成为促进该村经济发展、吸引人才回流的重要力量。

从一级指标分值来看，贾家庄村在“经济环境”与“生态环境”维度得分最高，分别为 32.10 分与 21.88 分，表明乡村旅游在改善该村经济环境中的作用最为明显，也说明最能吸引人才回流的因素为经济因素。其次，贾家庄村乡村旅游发展后自然生态环境与社会生态环境的改善也在吸引人才回流方面做出了较大贡献。贾家庄村在“社会生活环境”与“文化环境”维度的得分相近，分别为 16.82 分与 17.90 分，表明贾家庄村乡村旅游发展带来的社会生活环境与文化环境的改善也是提高该村人才回流吸引力的重要因素（见表 4）。

表 4　2021 年贾家庄村乡村旅游人才回流吸引力评价情况

一级指标	二级指标	三级指标	指标权重	目标值	实际值	评定系数	指标得分
经济环境 32. 10 分	村集体经济发展水平 12. 04	村集体固定资产(亿元)	0. 0167	15	10. 2	0. 68	1. 1356
		村集体旅游年收入(万元)	0. 0382	10000	8571	0. 8571	3. 2741
		旅游从业人员比重(%)	0. 0474	30	48. 30	1. 6100	7. 6314
	村民个人经济发展水平 20. 06	人均可支配收入(元)	0. 1120	16500	20129. 7	1. 2200	13. 6638
		旅游从业人员月平均工资(元)	0. 0900	3812	2708. 3	0. 7105	6. 3942
制度环境 9. 07 分	政策环境 6. 18	旅游创业资助金额(元)	0. 0254	5000	2000	0. 4000	1. 016
		人才奖励、补贴政策数量(项)	0. 0258	1	2	2. 0000	5. 16
	基层民主 2. 89	村民代表大会召开次数(次/年)	0. 0068	2	2	1. 0000	0. 68
		对村务公开满意度(%)	0. 0052	85	73. 60	0. 8659	0. 4503
		对村干部工作满意度(%)	0. 0065	80	82. 10	1. 0263	0. 6671
		对旅游分红(门票分红)满意度(%)	0. 0113	75	72. 80	0. 9707	1. 0969
社会生活环境 16. 82 分	治安环境 1. 61	盗窃案件发生率(%)	0. 0041	0. 50	0. 38	1. 3158	0. 5395
		打架斗殴事件发生率(%)	0. 0041	0. 50	0. 67	0. 7463	0. 3060
		村民纠纷发生率(%)	0. 0094	1	1. 23	0. 8130	0. 7642
	交通环境 2. 56	交通可达性满意度(%)	0. 0108	85	81. 20	0. 9553	1. 0317
		乡村路面硬化率(%)	0. 0153	100	100	1. 0000	1. 53
	医疗环境 3. 37	每千人卫生技术人员数(名)	0. 0171	7	9	1. 2857	2. 1986
		医疗卫生所数量(所)	0. 0234	2	1	0. 5000	1. 17
	社会保障 5. 46	农村养老保险参与率(%)	0. 0141	95	100	1. 0526	1. 4842
		农村医疗保险参与率(%)	0. 0358	90	100	1. 1111	3. 9778
	居住环境 3. 82	人均住房面积(m^2)	0. 0229	90	78. 7	0. 8744	2. 0025
		村民住房满意度(%)	0. 0188	85	82	0. 9682	1. 8203

续表

一级指标	二级指标	三级指标	指标权重	目标值	实际值	评定系数	指标得分
文化环境 17.90 分	文化娱乐环境 6.60	图书室/农家书屋数量(个)	0.0310	1	1	1.0000	3.1
		村民文化广场/活动中心数量(个)	0.0350	1	1	1.0000	3.5
	村民文化水平 1.81	普通话使用率(%)	0.0118	85	67.10	0.7894	0.9315
		村民平均受教育年限(年)	0.0114	9	6.93	0.7700	0.8778
	教育环境 4.93	家庭文教支出占总支出比重(%)	0.0393	15	12.29	0.8193	3.22
		平均每个教师负责小学生数(人)	0.0212	21	26	0.8077	1.712
	乡风建设 4.56	文明家庭达标率(%)	0.0300	36	29.98	0.8328	2.498
		开展村民道德建设活动次数(次)	0.0412	2	1	0.5000	2.06
生态环境 21.88 分	自然生态环境 15.55	乡村绿化覆盖率(%)	0.0505	40	41.60	1.0400	5.252
		空气质量达到和好于二级的天数(天)	0.0966	273	291	1.0659	10.297
	社会生态环境 6.33	生活污水处理农户覆盖率(%)	0.0329	80	78.23	0.9779	3.217
		乡村生活垃圾回收利用率(%)	0.0380	35	28.71	0.8203	3.117

资料来源：课题组调研数据。

2. 维度评估结果分析

根据研究计算结果，将贾家庄村 2021 年乡村人才回流吸引力的 5 个维度上的绩效水平从高到低进行排序，结果为：经济环境>生态环境>文化环境>社会生活环境>制度环境。

（1）经济环境维度得分为 32.10 分。一方面，根据专家问卷与村民问卷评价结果得出：经济环境维度占比最高，改善经济环境是乡村旅游提高乡村人才回流吸引力的最直接有效的方式，经济环境也是回流人才最关注的重点之一。比较经济环境维度下的村集体经济发展水平与村民个人经济发展水平，村民个人经济发展水平是吸引人才回流的高绩效指标，其分值为 20.06 分，这也验证了学者研究中指出的收入差异是引起人才流动的主要因素，研究结果与实际情况较为符合。另一方面，贾家庄村经济环境维度分值占比较高，也表明贾家庄村在乡村旅游发展进程中，经济发展态势良好，旅游从业人员比重评定系数与人均可支配收入评定系数为 1.6100 与 1.2200，表明贾家庄村的旅游从业人员比重与人均可支配收入实际值均高于已设定的标准值。但该村旅游从业人员月平均工资水平较低，这可能是受到旅游服务业整体工资水平较低影响，也可能是由于贾家庄村大部分旅游从业人员以售卖简单手工制品及薄利的小吃为生，同时受到乡村旅游季节性与疫情因素的影响。

（2）生态环境维度得分为 21.88 分。这表明贾家庄村乡村旅游发展带来了生态环境较为明显的改善，并且在吸引乡村人才回流中发挥了较为突出的作用。从三级指标来看，贾家庄村乡村绿化覆盖率高达 41.60%，根据《美丽乡村建设指南》与《乡村振兴战略规划（2018-2022 年）》，乡村绿化覆盖率应该达到 25%，若以此为标准值，贾家庄村已远远超过目标值。但参考专家学者及山西省规划类文件，本研究将标准值设定为 40%，可以更加科学合理地评价全国乡村旅游重点村的生态环境。贾家庄村的空气质量达到和好于二级的天数的评定系数为 1.0659，表明贾家庄村空气质量优良，自然生态环境佳。此外，贾家庄村的社会生态环境维度下的乡村生活垃圾回收利用率与生活污水处理农户覆盖率两项指标的评定系数均小于 1，即均低于标准值，表明该村的生活垃圾回收利用效果与生活污水处理效果不是很理想，相关工作有待加强。相较于该村自然生态环境，社会生态环境，尤其是生活垃圾的处理问题应该引起更加广泛的关注。

（3）文化环境维度得分为 17. 90 分，社会生活环境维度得分为 16. 82 分。有学者已经指出除经济环境外，医疗水平、文化教育环境等同样是吸引人才流动的重要影响因素。从得分结果来看，文化环境维度下的 8 个三级指标中，贾家庄村有 6 个指标的评定系数值小于 1，表明贾家庄村的文化教育环境有待改善，其在吸引人才方面发挥的作用较小。在文化环境维度下，一方面，贾家庄村的图书室/农家书屋数量及村民文化广场/活动中心数量均达到标准值，说明贾家庄村的文化基础设施建设良好，可以满足村民基本的精神文化需求；另一方面，贾家庄村村民文化水平、教育环境及乡风建设有待提高，该村旅游从业人员文化素质较低，问卷调查结果显示，该村村民平均受教育年限为 6. 93 年，可能是因为该村旅游参与人员以中老年人员为主，较多年纪较大的村民未完成九年义务教育。此外，社会生活环境维度下的具体指标的评定系数大多数小于 1，但指标的实际值与标准值相差并不大，表明基本达到设定的标准值。分值较低的指标包括：打架斗殴事件发生率、村民纠纷发生率及医疗卫生所数量，贾家庄村乡村旅游发展吸引了较多的村民开始返乡工作，在村民竞争工作岗位或者积极参与旅游业的过程中由于利益出发点的不同，村民间偶有摩擦发生。该村应在建立健全基层自治制度的基础上，通过自发组织社区调解团体，通过乡里乡亲的社交网络，将矛盾消化在萌芽状态，该村村委会也需要不断加强乡村治安管理水平，维护乡村良好治安环境，这样才能为该村旅游的发展保驾护航，不断吸引人才持续回流。

（4）制度环境维度得分为 9. 07 分。在通过层次分析法确定权重的过程中，根据专家评委意见及部分村委会工作人员、景区工作人员的调查问卷，相较于经济环境，专家们认为乡村的制度环境在吸引乡村人才回流方面的作用不显著。在制度环境维度下设的 2 个二级指标中，贾家庄村的政策环境对提高人才吸引力的贡献较为显著，其得分为 6. 18 分，基本达到了制度环境维度分值的 2/3；该村人才奖励、补贴政策数量指标上评定系数大于 1，而旅游创业资助金额指标上评定系数小于 1，表明该村为吸引人才回流所提供的人才政策数量较多，但资助金额较少，不能达到村民的心理预期。此外，基层民主对该村人才回流的吸引力较小，结合贾家庄村实际情况分析，该村村民对村务公开、村干部工作及旅游分红（门票分红）的满意度都比较高，说明村民对村干部的工作与村集体生活较为满意。

G.8

乡村居民参与文化遗产旅游的价值共创机制研究报告*

李晨阳　陈金林　李燕琴**

摘　要： 当地居民是旅游发展过程中的重要利益相关者，他们参与价值共创有助于平衡人地关系，实现主客共赢。本报告以青海省文化遗产旅游地塔尔寺为例，探求周边乡村居民旅游价值共创行为的形成机理，构建居民收益感知、地方依恋与价值共创行为的影响机制模型，并进一步探索心理增权的调节作用。实证结果显示：乡村居民收益感知对地方认同、地方依赖和价值共创行为有显著正向作用；乡村居民成本感知对地方依赖有显著负向作用；乡村居民地方依赖与地方认同对价值共创行为有显著正向作用，在收益感知和价值共创行为之间发挥部分正向中介作用；乡村居民心理增权有显著调节地方认同的中介作用。本研究丰富了乡村居民参与文化遗产旅游价值共创的案例体系，以期为乡村高质量发展提供切实建议。

关键词： 乡村旅游　居民　文化遗产　价值共创

党的二十大报告指出，“加大文物和文化遗产保护力度，坚持以文塑旅、

* 基金项目：中央民族大学研究生科研实践项目（SZKY2023089）资助。

** 李晨阳，中央民族大学管理学院硕士研究生，研究方向为乡村旅游；陈金林，中国地质大学博士，青海大学财经学院副教授，硕士生导师，研究方向为区域旅游开发、遗产旅游、乡村旅游，为本文通讯作者；李燕琴，北京大学博士，中央民族大学管理学院教授，博士生导师，研究方向为社区管理、乡村旅游、可持续旅游。

以旅彰文，推进文化与旅游深度融合发展"①，强调文化与旅游产业要在深度融合中实现高质量发展，助推共同富裕。文化遗产旅游是依托于文化遗产地、博物馆和非物质文化遗产等各类文化遗产进行的旅游活动②，作为文旅产业融合的重要试验田，在推动文化遗产活化的同时也满足了游客的体验需求。乡村居民作为文化遗产地旅游发展的重要利益相关者，大量游客进入文化遗产地所引发的一系列负外部性会激发居民的抵触情绪与行为，进而割裂其在地方的社会关系与情感认同③，不利于文化遗产旅游地的可持续发展。价值共创的关键在于让主客双方在旅游发展中感知彼此价值、共创美好，最终实现共赢。因而，厘清乡村居民参与文化遗产旅游价值共创的机理，对促进文化遗产旅游地内生性保护与可持续发展尤为关键。

乡村居民参与旅游价值共创主要表现在旅游过程中的互动交换与资源整合，以实现各利益相关者的共赢。④ 近年来，学界多从游客视角对旅游价值共创展开探索，针对居民价值共创的相关研究则起步稍晚，且各类案例地的实证分析相对较少。理论视角倾向于应用计划行为理论、社会交换理论及地方依恋理论等解释其价值共创行为，整体框架较为单薄。Lin 等率先从主客互动视角探讨了居民参与旅游价值共创的情况⑤，旅游地居民参与价值共创的问题自此受到广泛关注，基于各类旅游情境的居民参与价值共创影响要素的相关研究也相继展开。

本报告以青海省塔尔寺景区周边乡村（团结村、清泉一村等）作为乡村居民参与文化遗产旅游价值共创的典型案例，梳理乡村居民参与文化遗产旅游价值共创的作用机制，解析其价值共创行为形成的路径。此外，纳入心理增权

---

① 李颖：《让非遗"出圈"，促文旅相融》，央广网，https：//www. cnr. cn/yczg/gszx/20230403/t20230403_ 526204214. shtml，2023 年 4 月 3 日。

② 苏俊杰：《文化遗产旅游中的真实性概念：从分离到互动》，《西南民族大学学报》（人文社会科学版）2021 年第 11 期，第 44~51 页。

③ 孙九霞、周一：《遗产旅游地居民的地方认同——"碉乡"符号、记忆与空间》，《地理研究》2015 年第 12 期，第 2381~2394 页。

④ Lan T. ,Zheng Z. ,Tian D. ,et al. ,"Resident-Tourist Value Co-Creation in the Intangible Cultural Heritage Tourism Context：The Role of Residents' Perception of Tourism Development and Emotional Solidarity,"*Sustainability*,No. 3,2021,pp. 1369-1389.

⑤ Zhibin Lin,Ye Chen,Raffaele Filieri,"The Role of Residents' Perceived Tourism Impacts and Life Satisfaction,"*Tourism Management*,No. 61,2017,pp. 436-442.

变量并重点关注其对于乡村居民参与价值共创的重要影响，以期丰富乡村居民参与文化遗产旅游价值共创研究的案例体系，为乡村高质量发展提供建议。

一 乡村居民价值共创及影响要素研究

（一）旅游价值共创

基于服务主导逻辑衍生出的价值共创理论（value co-creation）最初被应用于市场营销领域，其核心思想是多方参与者（包括受益方）共同创造价值。旅游研究中的旅游价值共创则被定义为参与旅游活动的各主体之间围绕旅游体验进行互动及创造的过程。[①] 学界先后就不同主体协同进行价值共创的现象展开了探索，包括游客与游客之间、目的地与游客之间、游客与居民之间。

价值共创的相关研究最初关注的是游客参与价值共创，直至 Lin 等明确提出居民参与价值共创能让游客拥有难忘的旅游体验[②]，居民在价值共创中的重要作用被强调，随后居民参与旅游价值共创的研究被广泛关注。Wei 等更是指出居民应被视为旅游规划和发展的战略合作者。[③] 此后众多学者基于不同视角，探索了乡村旅游、生态旅游等不同情境下居民的价值共创，居民参与价值共创的重要性也被反复验证。

由于居民参与旅游价值共创研究起步较晚，其内在机理与影响因素仍需深入探索，对不同类型旅游情境下的案例分析也亟待进一步丰富。当前对于居民参与文化遗产旅游价值共创的研究体系较单薄，实证分析亟待丰富，故选取青海省著名文化遗产旅游地塔尔寺景区的周边乡村，探索乡村居民参与文化遗产旅游价值共创的机制。

---

① Ursula S. Grissemann, Nicola E. Stokburger-Sauer, "Customer Co-creation of Travel Services: The Role of Company Support and Customer Satisfaction with the Co-creation Performance," *Tourism Management*, No. 33, 2012, pp. 1483 ~ 1492; O'dell T., "Tourist Experiences and Academic Junctures," *Scandinavian Journal of Hospitality and Tourism*, No. 1, 2007, pp. 34-45.

② Zhibin Lin, Ye Chen, Raffaele Filieri, "The Role of Residents' Perceived Tourism Impacts and Life Satisfaction," *Tourism Management*, No. 61, 2017, pp. 436-442.

③ Yuqian Wei, Hengyu Liu, Keun-Soo Park, "Examining the Structural Relationships among Heritage Proximity, Perceived Impacts, Attitude and Residents' Support in Intangible Cultural Heritage Tourism," *Sustainability*, No. 13, 2021, pp. 8358-8372.

（二）旅游收益感知与乡村居民价值共创

旅游能为乡村带来经济增长、引入就业机会、提升基础设施水平等一系列积极经济收益，但游客大量涌入也造成物价上涨、环境污染、犯罪率上升、传统文化被破坏等不良影响。正面与负面的经济收益会引发当地居民不同的主观感知。Gursoy 等将居民对正向经济收益的感知称为收益感知，对负向经济收益的感知称为成本感知。① 如社会交换理论所强调，个体行为始终受收益支配，若收益达到个体预期的满意水平，个体会表现出积极的态度和行为，反之则会表现出消极的态度和行为。② 基于此，通过乡村居民对旅游积极或消极影响的感知能够预测其行为。③ 乡村居民的价值共创行为作为一种支持旅游发展的积极行为，与正向经济收益的感知正相关。反之，负向经济收益的感知则与其价值共创行为负相关。故提出假设 H1、H2。

H1：乡村居民的收益感知对价值共创行为有正向作用。

H2：乡村居民的成本感知对价值共创行为有负向作用。

（三）地方依恋

地方依恋指人与地方之间的一种基于感情、认知和实践的联系，常被用于解释人与环境间的相互关系④，在旅游研究中得以广泛应用。地方依赖与地方认同是该理论的经典二维分类，地方依赖指个体对地方为其提供的资源、设施等需要上的功能性依赖，地方认同指个体对地方精神层面的认同感与归属感，是将自己视为其中一员的情感依附。⑤ 虽然游客通过短暂的停留也可能对目的

---

① Gursoy D. ,Jurowski C. ,Uysal M. ,"Resident Attitudes: A Structural Modeling Approach," *Annals of Tourism Research*, No. 1, 2002, pp. 79-105.

② C. H. G. ,"Social Behavior as Exchange," *American Journal of Sociology*, No. 6, 1958, pp. 597-606.

③ Ap John, "Residents' Perceptions of the Impacts", *Annals of Tourism Research* No. 19, 1992, pp. 665-690.

④ Farhad S. , Tilaki M. J. M. , Marzbali M. H. , "Resident Attitudes: A Structural Modeling Approach," *Annals of Tourism Research*, No. 2, 2021, pp. 148-162.

⑤ 唐文跃：《皖南古村落居民地方依恋特征分析——以西递、宏村、南屏为例》，《人文地理》2011 年第 3 期，第 51~55 页；陶伟、陈慧灵、蔡水清：《岭南传统民俗节庆重构对居民地方依恋的影响——以广州珠村乞巧节为例》，《地理学报》2014 年第 4 期，第 553~565 页。

地产生地方依恋，但居民对当地的依恋情感更为强烈。① 文化遗产旅游地存在丰富的、具有神圣性的景观地方与空间（如庙宇、祠堂等），因而居民对其背后文化内涵的依赖性与认同感更强，居民在与地方长期的交互过程中会逐渐将这种依赖、认同关系内化于心，与地方建立更强的依恋关系。

地方依恋具有一定的动态性，会在受到外部环境刺激后发生一系列改变。② 而旅游发展带来的经济、社会和文化影响是影响居民地方依恋情感的重要因素。③ 当乡村居民感知到发展旅游带来的积极效益，地方依赖和地方认同随之提升；当感知到物价上涨、环境污染等消极影响时，地方依赖和地方认同随之降低。故提出假设 H3a、H3b、H4a 和 H4b。

H3a：乡村居民的收益感知对地方依赖有正向作用。

H3b：乡村居民的收益感知对地方认同有正向作用。

H4a：乡村居民的成本感知对地方依赖有负向作用。

H4b：乡村居民的成本感知对地方认同有负向作用。

积极情感会引发个体产生一系列积极的行为，如创造力、努力以及亲社会等利他主义行为。④ 地方依恋情感作为一种积极情绪，能引导居民产生诸多有助于旅游地发展的亲社会行为。Suntikul 等指出居民的地方依恋感与他们参与当地旅游的程度呈正相关⑤，如主动为游客提供帮助、分享信息等，即个体的地方依恋程度越高，投入参与旅游价值共创的时间与行为就越多⑥。故提出假设 H5、H6。

---

① Gu Huimin, Ryan Chris, Place Attachment, "Identity and Community Impacts of Tourism—the Case of a Beijing Hutong," *Tourism Management*, No. 4, 2008, pp. 637-647.

② 徐彤、陈晔、龙潜颖：《旅游感知与地方依恋对主-客价值共创的影响》，《商业研究》2020年第7期，第1~7页。

③ 保继刚、杨昀：《旅游商业化背景下本地居民地方依恋的变迁研究——基于阳朔西街的案例分析》，《广西民族大学学报》（哲学社会科学版）2012年第4期，第49~54页。

④ Lyubomirsky S., "Why are Some People Happier than Others? The Role of Cognitive and Motivational Processes in Well-being," *American Psychologist*, No. 3, 2001, pp. 239-249.

⑤ Suntikul W., Jachna T., "The Co-creation/Place Attachment Nexus," *Tourism Management*, No. 52, 2016, pp. 276-286.

⑥ Chen N. (Chris), Dwyer L., "Residents' Place Satisfaction and Place Attachment on Destination Brand-Building Behaviors: Conceptual and Empirical Differentiation," *Journal of Travel Research*, No. 8, 2018, pp. 1026-1041.

H5：乡村居民的地方依赖对价值共创行为有正向作用。

H6：乡村居民的地方认同对价值共创行为有正向作用。

感知到不同的旅游效益后，乡村居民的依恋情感会发生变化，并作用于其价值共创行为。当乡村居民受到旅游发展带来的收入增加、生活水平提高等收益感知的刺激，地方依恋情感将得到强化，促进其参与旅游价值共创。反之，当乡村居民受到旅游发展造成的生活成本增加、环境污染、传统文化被破坏等成本感知的刺激，其地方依恋情感将被削弱，抑制价值共创行为的产生。此外，地方依恋情感的不同子维度在外部刺激与反应行为之间发挥的中介作用也不同，因此分别从地方认同与地方依赖两个维度展开中介作用的验证，提出假设 H7a、H7b、H8a 和 H8b。

H7a：乡村居民的地方依赖在收益感知与价值共创行为之间起中介作用。

H7b：乡村居民的地方认同在收益感知与价值共创行为之间起中介作用。

H8a：乡村居民的地方依赖在成本感知与价值共创行为之间起中介作用。

H8b：乡村居民的地方认同在成本感知与价值共创行为之间起中介作用。

（四）心理增权

心理增权是居民对自身拥有的、能够决定社区事务的权力的心理感知，以及居民对本地文化的骄傲与认同之感。相比于政治、经济、社会增权，心理增权能对旅游地居民发挥更强的作用。心理增权不仅能提升乡村居民对政治、经济、社会等权力的要求①，还能激发乡村居民对旅游业的支持态度。② Boley 等指出，对乡村居民进行心理增权是平衡旅游开发与保护，实现可持续发展的关键环节。③ 而在发展文化遗产旅游的乡村地区，居民的心理增权感知更加显著。乡村居民大多受教育水平较低、年龄偏大，由此产生的心理失权感较重，

① 翁时秀、彭华：《旅游发展初级阶段弱权利意识型古村落社区增权研究——以浙江省楠溪江芙蓉村为例》，《旅游学刊》2011 年第 7 期，第 53~59 页。

② Strzelecka Marianna, Boley Bynum B., Woosnam Kyle M., "Place Attachment and Empowerment: Do Residents Need to Be Attached to Be Empowered?" *Annals of Tourism Research*, No. 66, 2017, pp. 61–73.

③ Boley B. B., Mcgehee N. G., Hammett A. L. T., "Importance-performance Analysis (IPA) of Sustainable Tourism Initiatives: The Resident Perspective," *Tourism Management*, No. 58, 2017, pp. 66–77.

其心理增权问题较城镇居民更应被关注。基于已有研究，笔者认为增强乡村居民的心理权力将提升其对所在地的文化认同感与权力获得感，加深地方依恋，催发价值共创行为。故提出假设 H9、H10。

H9：居民的心理增权正向调节地方依赖在收益感知与价值共创行为间的中介作用，即居民的心理权力越强，地方依赖的中介作用越大。

H10：居民的心理增权正向调节地方认同在成本感知与价值共创行为间的中介作用，即居民的心理权力越强，地方认同的中介作用越大。

（五）研究模型

根据上述研究假设，构建由乡村居民的价值共创行为、收益感知、成本感知、地方依赖、地方认同与心理增权 6 个结构变量构成的研究模型（见图 1）。

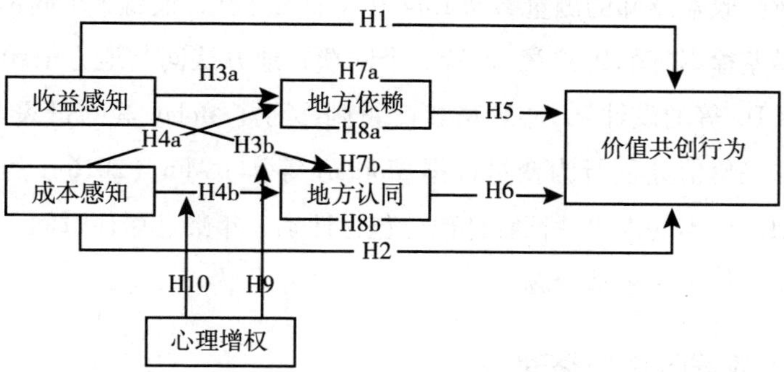

图 1　研究模型

二　研究设计

（一）案例地选择

选取青海省塔尔寺周边村落（以团结村、清泉一村为主要代表）为案例地，塔尔寺景区坐落在距青海省西宁市西南方向 25 千米的湟中县鲁沙尔镇。塔尔寺作为藏传佛教格鲁派的重要圣地和六大寺之一，有着 9000 多间造型独特、气势恢宏的藏族特色庙宇建筑和遍布高堂殿宇的精美壁画，是青海省文化遗产旅游景区的典范和全国重点文物保护单位。

近年来，游客们对旅游的体验感和真实性的追求日益加强，促使塔尔寺景区的周边村落居民陆续开设了民宿，服装、手作店铺和各种摊点，更多地参与到旅游活动中。周边乡村居民对旅游活动的参与度较高，能较好反映出参与价值共创的过程与内在机理。

（二）变量测量

参考国内外相关研究并结合实际，初步完成问卷设计。预发放问卷 30 份以检验模型的合理性，剔除不合理题项并结合专家意见对个别题项进行修正后，确定最终包含两大部分、27 个题项的调查问卷。在变量测量部分，所有测量采用 Likert 5 点计分，1~5 分别代表非常不同意、不同意、没感觉、同意和非常同意。收益感知的测量参照 Ribeiro 等的量表①，设置 3 个问项；成本感知的测量借鉴徐彤等的研究②，设置 3 个问项；地方认同与地方依赖两维度参考 Williams D. 等的设计③，心理增权变量则参考了 Boley 等的量表④，设置 3 个问项。居民价值共创行为变量依据 Morhart 等⑤与 Ahn（2016）的量表，设置 6 个问项。样本的人口特征统计部分包含性别、年龄、居住时间、旅游收入情况等信息，均为单项选择题。

（三）数据收集与整理

调研团队在塔尔寺景点周边多个社区（团结村、清泉一村等）进行了为

---

① Ribeiro Manuel Alector, Pinto Patricia, Silva João Albino, "Residents' Attitudes and the Adoption of Pro-tourism Behaviours: The Case of Developing Island Countries," *Tourism Management*, No. 61, 2017, pp. 523-537.

② 徐彤、陈晔、龙潜颖：《旅游感知与地方依恋对主-客价值共创的影响》，《商业研究》2020 年第 7 期，第 1~7 页。

③ Williams D. R., Vaske J. J., "The Measurement of Place Attachment: Validity and Generalizability of a Psychometric Approach," *Forest Science*, No. 6, 2003, pp. 830-840.

④ Boley B. Bynum, McGehee Nancy G., Perdue Richard R., et al., "Empowerment and Resident Attitudes toward Tourism: Strengthening the Theoretical Foundation Through a Weberian Lens," *Annals of Tourism Research*, No. 49, 2014, pp. 33-50.

⑤ Morhart F. M., Herzog W., & Tomczak T., Brand-Specific Leadership: Turning Employees into Brand Champions, *Journal of Marketing Management*, No. 73, 2009, pp. 122-142.

期 3 天的问卷调查，通过实地入户发放和转发问卷星链接两种方式，共发放 130 份问卷，剔除数据缺失严重和重复选项过多的问卷，获得有效问卷 122 份，问卷有效率为 93.85%，线下有效问卷 20 份，线上有效问卷 102 份。

样本人口统计特征中（见表 1），男女比例基本均衡，分别占比 47.54%和 52.46%。年轻人和老人较少，36~50 岁的居民占比最多，为 48.36%，可见社区居民年龄结构较为合理。居民以当地居住 30 年以上的原居民为主，学历普遍较低，样本中小学学历占比最多，为 34.43%，研究生及以上占比最少。大多数居民在从事与旅游相关工作，占比 82.79%，其旅游收入占家庭总收入大部分的样本占比较大，为 41.81%，可知参与旅游为居民带来的收入较为可观。

表 1　样本人口统计学特征

单位：人，%

项目	类型	频数	占比
性别	男	58	47.54
	女	64	52.46
年龄	20 岁以下	10	8.20
	21~35 岁	41	33.61
	36~50 岁	59	48.36
	50 岁以上	12	9.84
在塔尔寺景区附近的居住时间	5 年以下	9	7.38
	6~10 年	7	5.74
	10~30 年	22	18.03
	30 年以上	84	68.85
学历	小学	42	34.43
	初中	24	19.67
	高中	36	29.51
	专科、本科	16	13.11
	研究生及以上	4	3.28
是否从事与旅游相关的工作	是	101	82.79
	否	21	17.21
家庭旅游收入占家庭总收入的比重	≤10%	11	9.02
	11%~50%	60	49.18
	51%~80%	42	34.43
	≥81%	9	7.38
合计		122	100

三　数据分析及研究结果

（一）同源偏差检验

采用 Harman 同源偏差检验法，在 Mplus8. 8 中分析样本数据单因子模型的拟合情况。结果显示（见表 2），各个拟合指标均未满足判断标准，拟合程度较低，判定样本数据不存在严重的共同方差偏差。

表 2　单因子模型拟合指数

指标名	χ^2/df	RMSEA	CFI	TLI
标准值	<2	<0. 05	>0. 9	>0. 9
模型值	9. 576	0. 187	0. 577	0. 530

（二）验证性因子分析

偏最小二乘结构方程分析（PLS-SEM）适用于 30~200 份的小样本量，且不要求数据符合正态分布的标准，故使用此法进行结构方程模型分析。在 Smartpls3. 0 中进行验证性因子分析（见表 3），所有题项的因子载荷值大于 0. 7，各因子之间的关联性较强；各观测变量的组合信度均大于 0. 8，模型内部一致性良好；平均方差萃取值（AVE）介于 0. 589~0. 816，符合大于 0. 5 的标准，模型收敛效度良好；Cronbach's α 值均大于 0. 6，模型内部一致性较强，判定模型具有较好的信效度。表 4 中，所有观测变量的相关系数均小于平均方差萃取值的平方根，故该模型的区别效度良好。问卷预发放阶段的样本数据显示，大多数拟合指标未达到结构方程标准值，对模型进行修正后再次进行拟合优度指标检验，各项指标值均达到标准值①（见表 5），模型与数据建立了良好适配度，可进行下一步分析。

---

① 吴明隆：《结构方程模型：AMOS 的操作与应用》，重庆大学出版社，2010，第 6~49 页。

表3 信效度检验

潜变量	测量题项	因子载荷	组合信度	AVE	Cronbach's α值
收益感知	我能从塔尔寺的旅游发展中获得经济利益	0.947	0.93	0.816	0.887
	我的一部分收入依赖于塔尔寺旅游业发展	0.894			
	我未来的经济收入与塔尔寺旅游业的发展息息相关	0.867			
成本感知	塔尔寺旅游业的发展提高了我的生活成本	0.888	0.903	0.756	0.839
	塔尔寺旅游业的发展破坏了我的生活环境	0.867			
	塔尔寺旅游业的发展拉大了当地居民的贫富差距	0.852			
心理增权	随着塔尔寺旅游发展，我常常因自己是当地居民而自豪	0.878	0.899	0.749	0.832
	塔尔寺旅游的发展提醒我，我们有优秀而独特的文化	0.840			
	塔尔寺旅游的发展使我想努力保护、传承和发扬我们的文化特色	0.877			
地方认同	我对塔尔寺及周边地区有着很强的归属感	0.856	0.889	0.728	0.814
	塔尔寺对我来说意义非凡	0.865			
	在塔尔寺的生活是我生命中重要的组成部分	0.839			
地方依赖	我觉得这是我生活最理想的地方	0.804	0.84	0.637	0.737
	在塔尔寺附近生活比其他任何地方都让我满意	0.750			
	塔尔寺给我提供了其他地方无法提供的生活条件	0.838			
价值共创行为	我会以友好的态度对待来塔尔寺旅游的游客	0.769	0.851	0.589	0.791
	我总是主动了解塔尔寺旅游发展的理念和问题	0.768			
	我经常会向我的熟人或朋友推荐塔尔寺这个旅游地	0.751			
	当我正在做的事对提升塔尔寺的旅游形象有积极影响时，我会努力做好	0.781			
	我总是将对塔尔寺文化遗产的保护铭记于心	0.755			
	如果来塔尔寺旅游的游客做了某些破坏文化遗产的行为，我会主动提醒	0.761			

表 4　区别效度

	收益感知	成本感知	心理增权	地方认同	地方依赖	价值共创行为
收益感知	**0. 903**					
成本感知	0. 834	**0. 869**				
心理增权	0. 737	0. 738	**0. 865**			
地方认同	0. 461	0. 409	0. 294	**0. 853**		
地方依赖	0. 559	0. 564	0. 444	0. 681	**0. 798**	
价值共创行为	0. 576	0. 56	0. 467	0. 51	0. 684	**0. 699**

注：斜对角线加粗数据为 AVE 平方根值。

表 5　修正后模型拟合指数

指标名	χ^2/df	RMR	CFI	NFI	NNFI
标准值	<3	<0. 05	>0. 9	>0. 9	>0. 9
模型值	2. 152	0. 046	0. 955	0. 964	0. 924

（三）假设检验结果

运用 PLS 与 Bootstrapping 算法检验模型假设，得到假设检验结果（见表 6）。收益感知对居民价值共创行为（H1：β = 0. 265，P < 0. 05）、地方依赖（H3a：β=0. 291，P<0. 05）和地方认同（H3b：β = 0. 393，P<0. 01）均产生显著正向影响，假设 1、3a、3b 被支持。成本感知对价值共创行为（H2：β = −0. 085，P>0. 05）和地方认同（H4b：β=−0. 081，P>0. 05）均未产生显著负向影响，假设 2 与假设 4b 被拒绝。成本感知对地方依赖（H4a：β = −0. 321，P<0. 01）则产生了较为显著负向影响，假设 H4a 被支持。地方依赖对价值共创行为（H5：β = 0. 482，P < 0. 001）、地方认同对价值共创行为（H6：β = 0. 175，P<0. 01）均产生显著正向影响，假设 5、6 被支持。

表 6　假设检验结果

假设路径	路径系数	标准误差 SE	T 值	假设结论
主效应				
H1:收益感知→价值共创行为	0. 265 *	0. 116	2. 426	支持
H2:成本感知→价值共创行为	−0. 085	0. 128	0. 664	支持

续表

假设路径	路径系数	标准误差 SE	T 值	假设结论
H3a:收益感知→地方依赖	0.291*	0.133	2.187	支持
H3b:收益感知→地方认同	0.393**	0.141	2.786	支持
H4a:成本感知→地方依赖	-0.321**	0.133	2.414	支持
H4b:成本感知→地方认同	-0.081	0.139	0.583	拒绝
H5:地方依赖→价值共创行为	0.482***	0.124	3.891	支持
H6:地方认同→价值共创行为	0.175**	0.119	2.429	支持
中介效应				
H7a:收益感知→地方依赖→价值共创行为	0.242**	0.074	2.899	支持
H7b:收益感知→地方认同→价值共创行为	0.020	0.050	0.053	拒绝
H8a:成本感知→地方依赖→价值共创行为	-0.255*	0.080	2.133	支持
H8b:成本感知→地方认同→价值共创行为	-0.004	0.021	0.199	拒绝
调节效应				
H9:地方依赖*心理增权→价值共创行为	0.034	0.062	0.560	拒绝
H10:地方认同*心理增权→价值共创行为	0.103*	0.063	2.655	支持

注：*** $p<0.001$、** $p<0.01$、* $p<0.05$。

使用 Bootstrapping 法对地方认同和地方依赖的中介效应进行检验，设置 Bootstrapping 样本抽取量为 5000，置信区间为 95%，结果显示（见表 7）：收益感知在地方依赖与价值共创行为二者之间的中介效应显著（95%的置信区间不含 0，$|T|>1.96$），在被支持的假设 1 中，收益感知能够直接显著影响价值共创行为，因此地方依赖在收益感知与价值共创行为间起部分中介作用。地方依赖在成本感知与价值共创行为之间的中介效应显著（95%的置信区间不含 0，$|T|>1.96$），即居民感知到生活成本上涨后会降低地方依赖，削弱价值共创行为的产生，地方依赖在其中起完全中介作用。而以地方认同为中介的两条路径被拒绝，地方认同在收益感知与价值共创行为二者之间的中介效应不显著（95%的置信区间含 0，$|T|<1.96$），地方认同在成本感知与价值共创行为间的中介效应不显著（95%的置信区间含 0，$|T|<1.96$）。因此，地方依赖能够发挥较强的中介作用，地方认同的中介作用不明显。故假设 7a、8a 被支持，假设 7b、8b 被拒绝。

表 7　中介作用检验结果

中介路径	系数	标准误差	T 值	Bootstrapping 检验(95%CI)	检验结论
H7a:收益感知→地方依赖→价值共创行为	0.242**	0.074	2.899	0.016~0.311	中介作用显著
H7b:收益感知→地方认同→价值共创行为	0.020	0.050	0.053	-0.081~0.125	没有中介作用
H8a:成本感知→地方依赖→价值共创行为	-0.255*	0.080	2.133	0.022~0.328	中介作用显著
H8b:成本感知→地方认同→价值共创行为	-0.004	0.021	0.199	-0.035~0.052	没有中介作用

注：** $p<0.01$、* $p<0.05$。

通过差异分析法在 SPSS26.0 软件中进行 PROCESS 检验，结果展示（见表 8）：检验收益感知和价值共创行为之间地方依赖的中介效应的输出结果中，置信区间含 0，因此收益感知→地方依赖→价值共创行为路径中不存在被心理增权调节的中介效应。检验成本感知和价值共创行为之间地方认同的中介效应的输出结果中，置信区间不含 0，因此成本感知→地方认同→价值共创行为路径中存在被心理增权调节的中介效应。前文的中介效应检验部分已验证了地方认同在成本感知和价值共创行为间的中介作用，因此乡村居民心理增权能显著调节地方认同在成本感知与价值共创行为间的中介作用。

表 8　被调节的中介检验

假设路径	系数	标准误差	Bootstrapping 检验(95%CI)	检验结论
H9:心理增权调节:收益感知→地方依赖→价值共创行为	0.016	0.016	-0.016~0.462	不存在
H10:心理增权调节:成本感知→地方认同→价值共创行为	0.043	0.019	0.007~0.079	存在

注：** $p<0.01$、* $p<0.05$。

四　结论与讨论

（一）结论

相比发展成熟的游客价值共创研究，居民参与旅游价值共创的研究相对单薄，对于居民参与价值共创影响因素的讨论较为单一。本研究构建了乡村旅游地居民参与文化遗产旅游价值共创的影响机制，旨在厘清居民价值共创行为形成的路径。同时考虑到乡村居民参与文化遗产旅游时心理权力对参与价值共创的重要影响，验证了心理增权对乡村居民参与旅游价值共创的促进作用，丰富了乡村居民参与旅游价值共创研究的案例体系，支撑了前人研究的合理性，并得出以下结论。

（1）乡村居民的收益感知对地方认同、地方依赖和价值共创行为有显著正向作用。

（2）乡村居民的成本感知对地方依赖有显著负向作用。

（3）乡村居民地方依赖与地方认同对旅游价值共创行为有显著正向作用，在收益感知和旅游价值共创行为之间发挥部分正向中介作用。

（4）乡村居民的心理增权显著调节地方认同在成本感知与价值共创行为间的中介作用。

（二）讨论

1. 扩大居民收益红利共享，削弱消极成本感知

乡村居民的收益感知对强化地方认同、地方依赖和价值共创行为都有着显著正向作用，因此文化遗产旅游地发展旅游应重点关注当地村民的收益感知。政府要着力改善乡村环境卫生条件，加强治安管理，适当进行合理的旅游容量限制，提升居民生活幸福感。鼓励企业优先吸纳乡村居民作为员工，实行技术、劳动力、土地等新型入股制度，让居民感受到旅游发展的巨大红利，增强其收益感知。乡村居民对文化遗产旅游发展的成本感知中，除生活成本增加、环境污染、社会不稳定和贫富差距加大外，还会将对文化遗产造成的破坏视为一种成本损耗，因此发展文化遗产旅游要始终将保护放在首位，秉承可持续发

展原则，加大对文物的传承与保护力度，同时充分调控物价水平，削弱旅游发展给乡村居民造成的生活成本影响。

2. 强化居民心理权力，加深地方情感联结

地方依赖与地方认同都对价值共创行为产生正向影响，且地方依赖在居民收益感知与价值共创行为之间发挥着重要的中介作用。此外，乡村居民的心理权力越强，地方认同对价值共创行为的正向作用越大。因此文化遗产旅游地应努力发扬当地遗产文化内涵，鼓励乡村居民传承优秀文化，帮助其建立强烈、稳固的文化自豪感。当地政府要在政策制度上给予更多的关照和帮扶，强调乡村居民在当地旅游发展中的主体地位，明确居民发表意见的途径以及确保对旅游发展决策过程的参与。此外，对不同文化水平、年龄区间、社会角色的乡村居民定时开展针对性的教育和培训，提升其文化素质和技能水平，保证乡村居民有足够的参与旅游活动的能力，实现乡村居民对自身政治权利参与感和认识度的强化。还可以通过不断完善社会保障和居民生活福利，紧密乡村居民之间的社会联系，提升地方认同情感，强化居民对当地功能性、不可替代性的依赖，从而进一步提高乡村居民参与文化遗产旅游价值共创的主动意愿。

3. 建立乡村居民互利共赢的大局观

与直观的个人经济利益不同，价值共创行为表面的利他色彩较为凸显，其利益难以被直接感知，它作为价值共创机制中的最终指向，不仅能由其他因素催生，也会随着乡村居民对价值共创理解的加深不断优化。调研发现，文化遗产旅游地的乡村居民大多重点关注旅游发展的经济效益与遗产传承问题，往往忽视了旅游价值共创行为对实现各方利益相关者共赢的推动作用，无法最大限度地激发其参与旅游价值共创的主动性、发挥居民参与旅游价值共创的协同效应。因此应向其普及和展现价值共创行为更多隐性的、非经济性的利益，如有利于遗产资源保护和文化传承、建立良好的地域口碑、提升当地社会福利等，建立起乡村居民的互利发展的大局观，激发乡村居民参与旅游价值共创的主观能动性，正向强化居民参与价值共创的各个环节以建立良性循环，助力乡村地区旅游产业高质量发展。

G.9

可持续生计视角下茶旅融合发展报告*

苏明明　王梦晗　靳禹池　孙业红**

摘　要： 作为一种具有深厚社会和文化内涵的农产品，茶叶的生产和消费与旅游业相结合有很大的潜力，可提高社区生计的可持续性。本研究以广东省潮州市凤凰镇凤凰单丛茶为案例，依托可持续生计框架，采用半结构化访谈法，对茶旅融合发展的基本模式与制约因素进行实证研究。研究结果表明：凤凰镇茶旅融合受到了季节因素的影响，采茶季节和旅游季节相重叠，对茶产业发展和旅游参与带来资源约束；同时，茶旅融合也受到了农户生计资本约束的影响，采茶制茶对于人力资本、物质资本等投入要求很高，大部分茶农受到自身人力资本的限制而选择不参与旅游；茶旅融合受到了组织机构及机制政策约束的影响，由于现阶段茶农旅游参与水平较低，旅游方面的联动机制和行业组织尚未形成。

关键词： 凤凰单丛茶　茶旅融合　社区生计　潮州凤凰镇

一　茶旅融合发展背景

中国有悠久的茶种植及消费历史，茶种类丰富多样。作为一种具有丰富社

---

* 本报告为国家自然科学基金面上项目“中国农业文化遗产地社区福祉的时空演化和动力机制研究（42171232）、潮州凤凰单丛茶文化系统申报全球重要农业文化遗产项目成果。

** 苏明明，加拿大滑铁卢大学博士，中国人民大学环境学院副教授、博士生导师，研究方向为乡村旅游、遗产旅游；王梦晗，中国人民大学环境学院博士研究生，研究方向为旅游可持续发展；靳禹池，天津财经大学统计学院硕士研究生，研究方向为宏观经济和统计分析；孙业红，中国科学院地理科学与资源研究所博士，北京联合大学旅游学院教授，研究方向为农业文化遗产旅游。

会文化内涵和健康隐喻的农产品，茶已经成为很多地区人们生活方式的一部分，是展示当地文化的重要载体。因此，茶的生产和消费与旅游业之间具备高度的融合发展潜力。茶旅融合不仅能促进直接参与茶种植、生产、销售和旅游运营者的发展，还能惠及当地农业、文化、艺术和手工艺品生产者，满足旅游者在茶产地的多元需求，构建多样的生计机会和生计组合，从而提高农村社区的可持续性。

广东潮州凤凰镇的凤凰单丛茶是中国重要农业文化遗产，其种植历史悠久，文化底蕴深厚，产区生态环境优异。近年来，凤凰单丛茶产业发展迅速，而茶带动下的旅游发展也逐渐起步。为进一步促进凤凰镇茶旅融合发展，促进其经济、社会文化及生态环境的可持续发展，本文依托可持续生计框架，从社区生计入手，识别并分析现阶段凤凰镇茶旅融合发展的约束因素及约束机制，并提出促进茶旅融合发展的管理及政策建议。

二　可持续生计视角下茶旅融合发展理论框架

旅游活动通常会影响目的地社区的生计系统。① 可持续生计框架是最具代表性并被广泛认可的研究框架，它能从微观角度较为系统全面展示和分析多元因素影响下的生计系统不断演变的动态过程，比较不同发展策略对社区的影响②，进行生计可持续性评价，并识别提高生计可持续性的潜在策略③。

可持续生计框架由五个要素组成：脆弱性背景，生计资本，机构与政策，生计策略和可持续生计结果。在一定的宏观背景和条件下，在相关机构与政策的影响下，生计资本通过不同的生计策略转化为生计结果。而生计结果也对脆弱性背景、机构与政策进行反馈，从而对生计资本的配置利用再次产生影响。随着社会环境不断变化，生计策略需要不断被调整以实现可持续的生计结果，这是一个动态的过程。可见，可持续生计框架强调不同要素之间多

① 曹晓慧：《中国茶文化的历史溯源及传播》，《福建茶叶》2018 年第 2 期。

② 韩竹：《非物质文化遗产的茶旅游开发与保护研究——以黑龙江为例》，《福建茶叶》2018 年第 4 期。

③ 苏芳等：《生计资本与生计策略关系研究——以张掖市甘州区为例》，《中国人口·资源与环境》2009 年第 6 期。

重互动关系，反映了人们如何利用资本、权利和潜在策略去实现某种生计目标。

茶具有丰富的历史文化内涵，茶产业和旅游业不仅具备全产业链链接的潜力，也有能力将影响拓展到其他农产品、文化和手工艺等其他行业，形成复合多元的新型生计组合。作为茶农增收和生计多样化的一种手段，茶旅游的发展也对生计资产的调配有了新的要求。① 如图 1 所示，茶旅融合发展与社区生计系统相互作用，并对生计可持续性产生影响。多方利益相关者合作和公私伙伴关系对于促进社区向复杂多元的生计组合过渡，以及从生计、自然资源和社会文化角度实现可持续成果至关重要。因此，基于可持续生计框架的重要性和相关性，本研究选取社区可持续生计视角，聚焦中国重要农业文化遗产凤凰单丛茶的产地——潮州凤凰镇，探讨茶产业与旅游业融合发展的约束因素和机制研究。

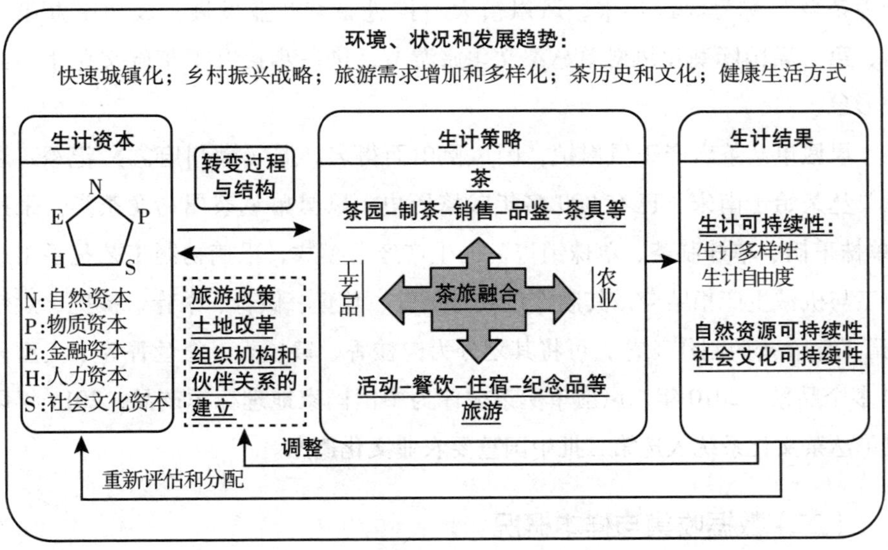

图 1 可持续生计视角下茶旅融合分析框架

① 魏妮茜等：《长三角地区茶产业与旅游产业融合发展的效果测度研究》，《茶叶科学》2021 年第 5 期。

三　研究设计

（一）案例地：广东省潮州市凤凰镇

潮安区凤凰镇地处广东省潮州市北部片区，背靠南岭，地形以山地为主，约占土地总面积的82%，海拔在300~1498米之间，属亚热带季风气候，年平均气温20℃左右，平均降水量在2100mm左右，全年气候干湿分明。得益于优越的自然生态条件，凤凰镇产业发展以茶产业和旅游服务业为主。据2020年数据统计，全镇工农业总产值为8.15亿元，农业产值6.95亿元，工业产值1.2亿元。其中，茶叶生产是凤凰镇的支柱产业，全镇茶产业种植面积超过7万亩，年产茶叶1000多万斤，曾获“中国乌龙茶之乡”“全国十大魅力茶乡”称号。近年来，凤凰镇大力推进旅游产业发展，成功举办第一届、第二届国际潮州凤凰单丛茶文化旅游节，进一步提升了茶旅文化小镇品牌形象。

凤凰单丛茶出产于凤凰镇，因凤凰山而得名。据《潮州府志》记载，凤凰单丛茶始于南宋，已有900多年栽培历史。凤凰单丛茶属乌龙茶类，采用“单株采摘、单株制茶、单株销售”的生产经营模式，采摘初制工艺是手工或手工与机械生产相结合，其制作过程是晒青、晾青、做青、杀青、揉捻、烘焙6道工序。按照制作工艺，可将其划分为肉桂香、黄枝香、蜜兰香等十大型号80多个品系。2010年，凤凰单丛茶被评为中国国家地理标志产品；2014年凤凰单丛茶文化系统入选第二批中国重要农业文化遗产。

（二）数据收集与样本概况

本研究团队于2022年7月26~31日对潮州市凤凰镇的凤凰单丛茶核心产区进行了系统的实地调研，通过多种形式与主要利益主体进行深度访谈，包括相关政府部门，村级管理机构，当地茶业协会，参与旅游及未参与旅游农户，酒店及民宿等，全面收集茶旅融合发展相关信息（见表1）。

表 1　访谈人及访谈内容

<table>
<tr><th colspan="2">访谈人类型</th><th>访谈方式</th><th>访谈内容</th></tr>
<tr><td colspan="2">潮州市农业农村局</td><td>多人座谈</td><td>潮州市单丛茶产业发展整体情况、主要问题、相关政策和规划、机遇与挑战</td></tr>
<tr><td colspan="2">潮安区凤凰镇农业农村局</td><td>多人座谈</td><td>凤凰镇单丛茶产业发展基本情况、产业规模、主要问题、机遇与挑战</td></tr>
<tr><td colspan="2">潮州茶业协会会长</td><td>半结构访谈</td><td>凤凰镇单丛茶产业发展基本情况、产业规模、主要问题、机遇与挑战；
产业协会的成立、功能和效果</td></tr>
<tr><td colspan="2">凤凰镇凤西村书记</td><td>半结构访谈</td><td>凤西村茶产业发展基本情况、产业规模、主要问题、机遇与挑战；
凤西村旅游发展总体情况；农户参与旅游情况、态度和意愿；茶旅融合发展的优势与困难</td></tr>
<tr><td rowspan="2">凤凰镇凤西村村民</td><td>1 位，参与旅游</td><td>半结构访谈</td><td>茶种植和销售情况、收入水平，满意度，未来规划；
旅游参与模式、接待和收入水平、满意度及未来规划；
茶旅融合发展的优势与困难，展望和建议</td></tr>
<tr><td>4 位，未参与旅游</td><td>半结构访谈</td><td>茶种植和销售情况、收入水平、满意度、未来规划；
旅游发展态度、未参与原因及未来参与意愿，展望和建议</td></tr>
<tr><td colspan="2">凤凰镇民宿（恺德苑民宿）</td><td>半结构访谈</td><td>旅游接待情况；客户群体等</td></tr>
<tr><td colspan="2">凤凰镇酒店（维也纳酒店）</td><td>半结构访谈</td><td>旅游接待情况；客户群体等</td></tr>
</table>

四　可持续生计视角下凤凰镇茶旅融合分析

（一）凤凰镇茶产业发展概况

潮州市茶叶种植面积稳步增长，茶园分布在 35 个镇（场），万亩以上茶叶主产区有 2 个镇（凤凰镇、浮滨镇），5000 亩以上茶叶产区有 2 个镇（新塘镇、建饶镇）。其中，投产茶园面积约占茶园总面积的 85%；山地茶园面积占茶园总面积的 72%，旱地茶园占茶园总面积的 9.6%，水田改茶园占茶园总面积的 18.4%。全市茶树良种率达 96.0%，以本市优质茶树品种“凤凰单丛”和“岭头单丛”为主体，这两个品种的种植面积占茶园总面积的 93.9%，其他优质品种凤凰水仙和石古坪乌龙的种植面积，占茶园总种植面积的 6.1%。如图 2 所示，至 2021 年，全市茶叶种植面积 22.5 万亩，同比增长 24.6%；毛茶产量 2.67 万吨，同比增长 18.7%。茶叶产值大幅提升，初制茶产值超过 63.95 亿元，同比增长 19%。茶农人均涉茶收入达 2.8 万元。

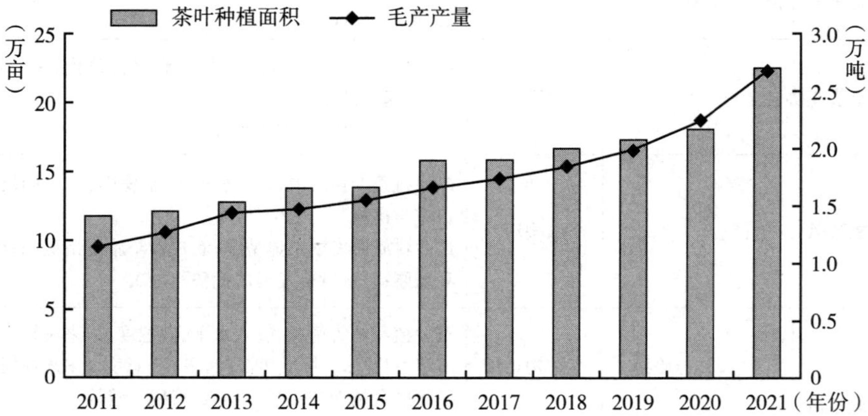

图 2　2011~2021 年潮州市茶叶种植面积与毛茶产量

资料来源：潮州市统计年鉴。

凤凰镇茶产业蓬勃发展。全镇茶园种植面积约 7 万亩，年产茶叶 1000 多万斤，年产值 10 亿元以上，年出口额 7700 万元。其中国家无公害茶叶生产基地 8000 亩，十大香型品牌畅销世界 30 多个国家和地区。全镇现有茶叶企业 80 多家，较大规模的茶企有 2 家，茶叶专业合作社 50 多个，QS 认证企业 8 家，注册商标 35 个，6000 多家茶叶销售门市遍布全国各地。由南馥茶业、天下茶业、千庭茶业等 9 家龙头企业为实施主体，推进凤凰镇单丛茶升级现代农业产业园建设，企业租用农户林地规范种植茶树，开展茶树培植、茶叶制作等培训 16 场次，提高茶农年收入，形成产供销一体化的集群优势。据 2020 年统计数据，凤凰镇 95%的人口从事茶产业，茶农人均可支配收入达 2 万元。

（二）凤凰镇旅游产业发展概况

潮州市旅游业起步于 20 世纪 90 年代，先后经历了“自发成长、规范管理、改革升级、全域旅游”四大阶段。2017 年，潮州市入选第二批“广东省全域旅游示范区”创建单位名单。根据对潮州市2008~2020年旅游接待人次的统计，2019年游客接待总人次高达2629.47万，旅游总收入高达398.25亿元；受新冠肺炎疫情影响，潮州市旅游业发展受阻，2020年的游客接待总人次降低为1607.34万，旅游总收入为199.93亿元（见图3）。潮州市旅游业客源市场主要集中在广东省内，占61.08%；其次为福建、江西、四川、贵州、浙江等邻近的省份，潮州市旅游在全国范围内的知名度和影响力尚有待提高。

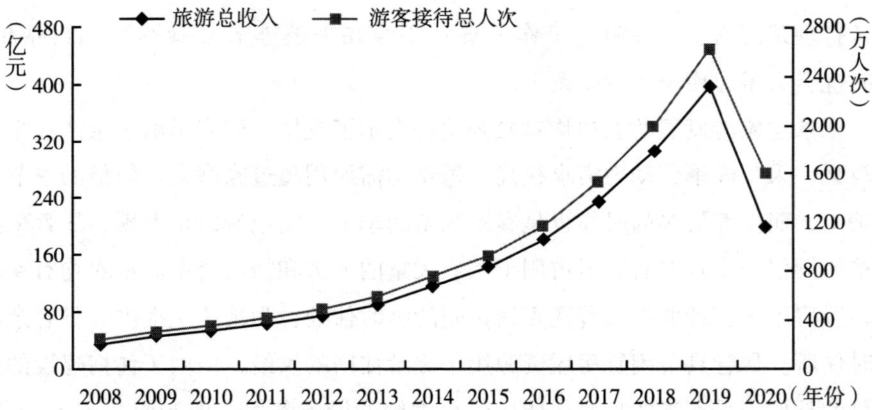

图3　2008~2020年潮州市旅游总收入与旅游总人次

资料来源：潮州市统计年鉴。

作为凤凰单丛茶的核心产区，凤凰镇还拥有峻峭的凤凰山和多彩的畲族文化，先后获得“广东省茶旅特色小镇”“广东省旅游风情小镇”等殊荣。其中，东兴村被评为“广东省文化和旅游特色村”，叫水坑村被评为“全国乡村旅游重点村”，棋盘村被评为“潮州市文化和旅游特色村”，凤西村大庵古茶树茶园被评为“中国美丽茶园（2019）”。

凤凰镇依托3A级景区乃兴石湖休闲避暑山庄、天池景区和凤翔峡原生态旅游区，带动周边村落文旅路线打造，全镇年均接待游客约185万人次，民宿、酒店年均入住约9万人次。2021年，凤凰镇完成了凤凰单丛茶博物馆、恺德苑民宿、棋盘樱花茶园观光栈道等新型旅游资源及基础设施的建设，持续带动全镇旅游产业发展。

（三）凤凰镇社区旅游参与水平、意愿及态度

凤西村位于凤凰山中高段，海拔 1000 米左右，是凤凰单丛茶高山茶的核心产区，含七星案、大庵、丹湖、赤高桥、中坪、乌崇脚、大坪、深垭、垭后等 11 个自然村，共 209 户 988 人。基于凤西村村委会和农户访谈及实地调研结果，研究团队发现，现阶段凤凰镇茶农参与旅游的水平整体较低。大部分农户目前仍以茶业种植和生产为主，整体户均茶业收入水平较高。村里以老年人日常打理茶园为主，在镇上工作的青壮年会在采茶季节（春季）回村帮忙，同时也会大量雇用季节性采茶工。

未参与旅游发展的农户均对旅游发展表示了支持，但表示由于茶产业季节性较强，采茶旺季劳动力需求很高，每年均需雇用超过家庭人口数倍的季节性采茶工，而游客最多的时候也是春季采茶的季节。实地调研也发现，尽管采茶旺季持续仅一个月左右，但占用了茶农大量的人力和物质资本。茶农均有 4~6 间闲置房屋被打理成类似普通宾馆标间的临时住处，为采茶工提供一月有余的临时住所。尽管具备闲置房屋资源用于旅游住宿的供给，但由于住宿建设的最初目的是作为采茶工的临时住所，住宿供给的设施条件一般和服务尚不专业，因此，这些住宿资源在茶业淡季也未能用于旅游接待。因此，现阶段，大部分茶农并没有参与旅游发展。如凤西村一中年男性村民提出："每年采茶季节，这条路都排满了车，都是来看采茶的游客……我们的空余房间是给采茶工用的，一般采茶季节住满了，都忙不过来……想参与（旅游）啊，但是没有人手也没有精力。平时，像现在这个时候（7~8 月，农闲季节），游客也很少。"

尽管茶收入整体处于较高的水平，且伴随凤凰单丛茶的需求增加，逐年上涨，但囿于茶园总面积，茶产业的增长空间有限。个别农户参与旅游主要依据个人意愿自主行动，现阶段还没有相应的政策支持。农户旅游参与以扩建装修个人住房、提供专业的旅游住宿和餐饮服务为主。参与旅游的农户认为这是新的发展契机和收入增长点。如凤西茶舍经营户提出："我就这么多茶园，每年的收入也就那么多。经营这个民宿能带来额外的收入，2020 年开始经营以来收入还不错，未来旅游发展一定会更好。"

由此可见，和以往乡村旅游的住宿资源共享的案例不同，农户的物质资本（住房）由于需要服务于茶产业，由于服务目标和标准差距较大，一定程度阻

碍了这部分住宿资源作为旅游住宿的再利用。而旅游季节和采茶季节的重合，对于人力资源和物质资源有限的当地农户而言，兼顾茶业和旅游业的难度很大，一方面农户未能有效参与旅游发展，提升收益；另一方面游客的旅游需求也未能得到有效的响应。

（四）依托可持续生计框架的茶旅融合制约因素分析

基于实地调查和访谈数据，研究者认为凤凰镇茶旅融合尚处于初级阶段。如图 4 所示，目前小部分农户利用自身的生计资本优势，从餐饮住宿入手，自主参与旅游发展，并获得了较好的效果。然而，茶旅季节重合给生计资本调配带来压力，由于农户物质资本和人力资本的约束，及旅游相关的组织和协调机构与政策等的缺乏，大部分农户尽管有旅游参与意愿，也不具备参与条件。

基于上述研究结果，凤凰镇茶旅融合发展的主要约束因素包括季节约束，农户生计资本（物质资本及人力资本）约束，组织机构及机制政策约束三个方面。

第一，季节约束。采茶季节（春季）和旅游季节相重叠，为凤凰镇协调镇级资源支持旅游和茶产业发展，及各农户调配生计资本以应对茶产业发展和旅游参与带来约束。茶旅季节重合也带来道路、餐饮住宿等资源的过度利用，不利于茶产业和旅游产业的发展。

第二，农户生计资本约束。凤凰镇茶产业蓬勃发展为茶农带来较高的家庭收入，使得大部分茶农具备较高的金融、物质和自然资本，且凤凰单丛茶具有悠久的种植历史及附加的文化价值，为茶业社区赋予了较高的社会文化资本。但由于采茶制茶具有高度季节性，且对于人力资本投入要求很高，茶农在采茶季节需要雇用大量采茶工参与农业生产。因此，在采茶季节和旅游季节重合的情况下，大部分茶农受到自身人力资本的限制而选择不参与旅游。

除了人力资本数量方面的约束，人力资本的质量方面也存在约束，访谈显示出茶农对于旅游参与的知识和技能缺乏，对参与旅游应提供哪些服务和有关服务水平的要求尚缺乏较清晰的认知，制约旅游服务质量提升。小部分农户通过自己的旅游经营实践摸索获得能力提升，如受访的民宿经营户提到：“我是找人专门设计了民宿的装修和布置。山上的其他民宿都是自己搞的，（但）没有我这个符合游客的要求。……我们这两年也在摸索着给游客提供更好的餐饮，尝试养土鸡。”

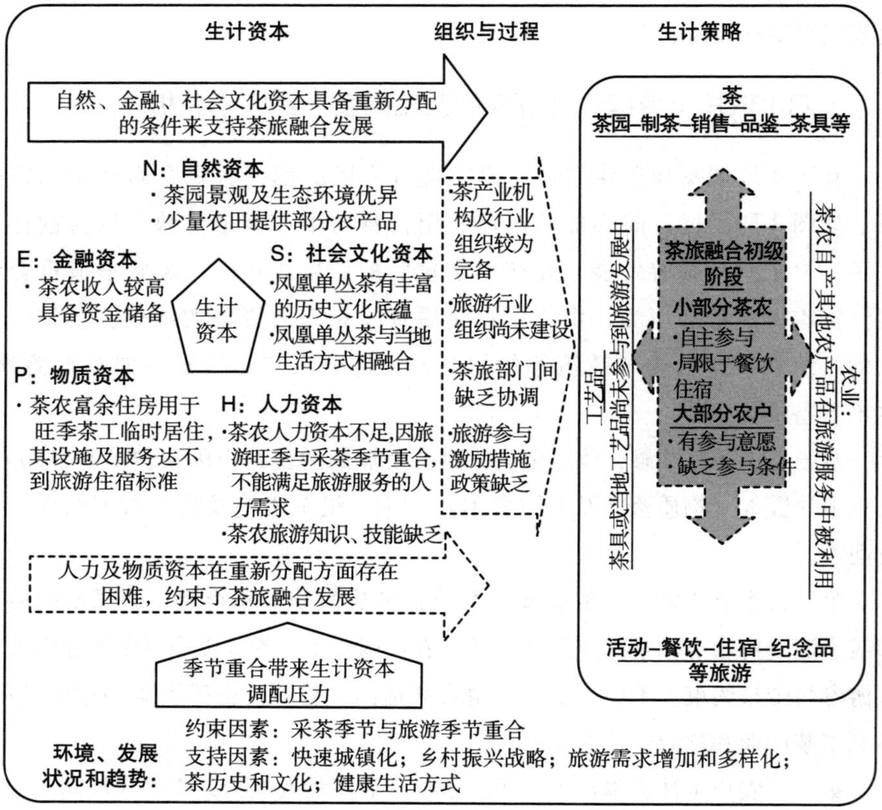

图4　凤凰镇茶旅融合发展现状分析

除了人力资本约束，在物质资本方面，尤其是茶农需要在采茶季节为采茶工提供临时住宿，茶农住房基本依据采茶工的基本生活需求进行了简单改造。住宿的质量和旅游需求差距较大，且没有相应的服务提供。因此，茶农在利用闲置住房参与旅游住宿供给时受到较大的约束。

第三，组织机构及机制政策约束。凤凰镇茶产业发展历史悠久且规模较大，茶产业的组织机构和支持政策较为完备，不仅有茶业协会和茶农协会两个行业组织为茶农提供技术培训和产销联动，潮州市和凤凰镇也出台了相应政策促进茶产业可持续发展。现阶段凤凰镇旅游发展还刚刚起步，2018 年编制了

《潮州凤凰镇茶旅小镇发展建设规划》，推进了旅游的进一步发展。然而，由于现阶段茶农旅游参与水平较低，旅游方面的联动机制和行业组织都没有形成，能够提升农户能力、协助农户突破约束因素的相关机制及政策较为缺乏，存在机构和制度约束。

五　凤凰镇茶旅可持续融合的提升策略

基于上述研究结果，为促进凤凰镇茶旅融合发展，优化产业结构，提升茶农生计可持续性，本报告提出以下发展建议。

（一）旅游季节拓展、旅游供给多样化

针对季节性重叠带来的茶旅融合发展的约束，建议通过旅游季节拓展和延伸，将旅游季节和采茶季节进行时间分割，发挥凤凰镇生态环境和历史文化的优势，发展夏季避暑旅游、秋冬季节的登高赏茶园线路和项目。推进淡季的凤凰单丛茶文化节事活动或科学教育活动，带动全年度的旅游发展。

（二）茶旅运营主体分割、协同合作的发展模式

基于茶产业发展对于农户生计资本的要求和约束，建议构建茶旅多运营主体协同合作的发展模式，由旅游专业机构介入和农户形成合作，农户以茶园景观和茶业资源参与旅游发展，旅游专业机构提供旅游项目运营和旅游服务，协同农户住宿资源的改造和调配，实现各司其职、优势互补、协同发展的格局。

（三）茶旅融合机构和制度建设

针对现阶段的机构和制度约束，建议政府进一步推进农业部门和文旅部门在茶旅融合发展上的协同和互动，出台相应的茶旅融合发展的支持政策，包括基础设施改善、茶旅融合发展的制度及规划编制、农户技术和技能提升、促进乡镇和村一级的茶旅联动机制建设等。

（四）整合资源、区域联动

潮州具有丰富的旅游资源，潮州古城历史悠久，潮州饮食独具特色，潮州

陶瓷和茶产业也关联紧密，潮州还拥有其他独特的物产资源，有必要把凤凰单丛茶和潮州多样的旅游资源进行通盘考量，实现旅游资源的综合布局，实现区域联动的发展模式，将凤凰镇茶旅游融入潮州和潮汕整体旅游发展和线路设计当中。

六 结语

本文以广东省潮州市凤凰镇凤凰单丛茶为典型案例，依托可持续生计框架，对茶旅融合发展模式与制约因素进行分析，得出如下结论。（1）基于实地调查和访谈数据，凤凰镇茶旅融合尚处于初级阶段，茶农参与旅游的水平整体较低，大部分农户目前仍以茶业种植和生产为主，茶旅融合发展潜力有待激发。（2）凤凰镇茶旅融合受到了季节约束，由于采茶季节和旅游季节相重叠，茶旅融合发展受到资源约束。（3）凤凰镇茶旅融合受到了农户生计资本约束，由于采茶制茶具有高度季节性，且对于人力资本、物质资本等投入要求很高，大部分茶农受到自身人力资本的限制而选择不参与旅游。（4）凤凰镇茶旅融合受到了组织机构及机制政策约束，由于现阶段茶农旅游参与水平较低，旅游方面的联动机制和行业组织尚未形成。

G.10
"社会企业"引领乡村产业集聚及乡村旅游可持续发展报告

程 励 刘昇滢 彭嘉玲 王美玉 徐 耘 柴 阳 邓淙源*

摘 要： 随着国家乡村振兴战略的全面实施，乡村旅游在改善农村面貌、调整产业结构、带动农民共同富裕方面发挥着重要作用。村庄作为乡村基层微观单元，探索与之相应的乡村旅游可持续发展、建设与运营模式具有重大的现实价值与实践意义。本文以新兴的成都"3+2"乡创联盟这一兼具公益性质与经济性质的社会企业为案例，在回顾乡村旅游可持续发展以及社会企业参与乡村旅游发展相关研究的基础上，对其发展思路、价值体系、组织架构等进行深入分析，探讨乡村产业集聚发展下乡村旅游可持续发展新模式，并在此基础上提出相应的对策建议，以全面推动乡村旅游高质量发展。

关键词： 乡村旅游 可持续发展 社会企业 成都"3+2"乡创联盟

自党的十九大报告提出实施乡村振兴战略以来，乡村旅游因在调整产业结构、解决农民就业、统筹城乡发展、繁荣农村经济、促进农民增收等方面的重

* 程励，博士，四川大学旅游学院教授，博士生导师，研究方向为乡村旅游、旅游可持续发展、文化遗产开发与管理；刘昇滢，四川大学旅游学院硕士研究生，研究方向为旅游可持续发展；彭嘉玲，四川大学旅游学院硕士研究生，研究方向为旅游可持续发展；王美玉，四川大学旅游学院博士研究生，研究方向为旅游可持续发展；徐耘，中国乡村发展基金会乡村研究院专家委员；柴阳，成都文旅集团原常务副总、四川省文旅专家库专家；邓淙源，成都三加二乡创文化传播有限公司常务副总、社工师和社区营造师。

要作用得以蓬勃发展①，并逐渐成为乡村经济发展新引擎②。作为乡村最平凡的微观单元，村庄的发展、建设、治理及运营与乡村振兴紧密相连，与此同时，兼具公益与经济性质的社会企业在乡村旅游可持续发展中的作用也逐渐突显。相较于一般商业公司所带有的资本化符号，社会企业并不追求自身利益的最大化，而是旨在用商业手段解决社会问题、增进公众福利，其强调利润不参与分红，而是再投资于企业或社区发展以实现一定的社会目标。③ 成都“3+2”乡创联盟作为一个典型的社会企业，多年来一直坚持“公益+乡创”的道路服务乡村、陪伴乡村、温暖乡村，以优秀的专业能力与坚定的初心使命竭力推动乡村旅游可持续发展，全面促进地区乡村振兴，并取得了显著成果。因此，本文以成都“3+2”乡创联盟为例，在针对乡村旅游可持续发展以及社会企业参与乡村旅游发展相关研究的文献梳理与理论分析基础上，对其发展现状、制约因素、面临的问题等进行探讨与分析，以期更好地理解社会企业参与下乡村旅游可持续发展新模式，并在此基础上为相关主体提供对策建议，助力乡村旅游的高质量发展。

一 乡村旅游可持续发展模式研究背景

（一）乡村旅游可持续发展典型模式

可持续发展概念最早由世界环境与发展委员会（WCED）明确提出，即“能满足当代人的需要，又不对后代人满足其需要的能力构成危害的发展”，其强调发展过程中经济、社会、资源、政治、环境等各方面的协调统一。随着人们对于发展问题认识的愈加深刻，这一概念也逐渐应用于能源、环保、教育、卫生、城规等各个行业与领域。就乡村旅游而言，自 1999 年国家旅游局提出“生态旅游年”，同时鼓励城镇居民去往乡村开展旅游活动后，“可持续

① 李倩：《发展乡村旅游经济，促进新农村建设》，《中国商贸》2011 年第 27 期，第 171~172 页。

② 邓霄莺：《乡村振兴战略下的乡村旅游经济发展研究——评〈乡村旅游促进乡村振兴研究〉》，《中国农业资源与区划》2020 年第 8 期，第 120、134 页。

③ Neely A. , *Measuring business performance*, London: Economist Books, 1998, pp. 146-148.

发展”也逐渐成为领域内的高频词。[①] 随后有学者提出乡村旅游可持续发展首先要满足生态可持续要求，即在不破坏乡村生态系统连续性、生态环境完整性、生态物种多样性等的基础上合理进行旅游开发；其次要满足社会和文化的可持续要求，即乡村旅游发展过程中要保护与尊重地方文化、重视和强调社区参与；最后要满足经济的可持续要求，即通过有效的资源管理、高质的产业打造等促进地区经济增长、社区居民增收。[②]

因此，如何创建完整高效、富有创新活力的乡村旅游发展模式，实现乡村旅游在生态、经济、社会与文化方面的可持续发展，成为学者们关注的重点问题。通过对相关资料与文献的梳理分析可以发现，我国乡村旅游发展通常采取以外部投资企业为主导、以村集体组织为主导、以政府推动为主导以及各方联合的混合发展模式，针对不同的发展模式学界内也基于不同的案例展开了深入探讨（见表1）。

表1　我国乡村旅游典型发展模式及相关案例

发展模式		研究案例	内涵释义
企业主导型		无锡阳山田园东方；庾村1932文创园	由外来的旅游企业统一负责乡村旅游地的投资建设、运营管理等
政府主导型		台州市椒江横河陈村；广安市飞龙乡村	政府作为主导角色，通过政策、资金、技术等方面的引导与扶持，促进乡村旅游地的持续发展
村集体主导型		云南元阳县阿者科村；云南丽江玉湖村	乡村旅游地社区通过村委会、专业合作社等进行集体投资开展旅游经营活动，村民直接参与开发决策、服务管理、利益分配等各个环节
混合发展型	企业+农户	山西吉县太度村	由企业、政府、村集体等多个主体进行联合或分工协作，共同对乡村旅游地进行开发与运营
	政府+农户	成都郫都区农科村	
	政府+企业+农户	福建山重村	
	政府+合作社+农户	成都青杠树村	
	政府+公司+旅行社+农民旅游协会	贵州天龙村屯堡	
	企业+协会+村两委+农户	阆中“凤舞天宫”乡村旅游度假区	

① 安传艳、李同昇、翟洲燕等：《1992—2016年中国乡村旅游研究特征与趋势——基于CiteSpace知识图谱分析》，《地理科学进展》2018年第9期，第1186~1200页。

② 杜江、向萍：《关于乡村旅游可持续发展的思考》，《旅游学刊》1999年第1期，第15~18页。

乡村旅游发展实践会涉及企业、村集体、政府、村民、旅行社、旅游协会等各方主体[①]，不同主体的参与构成了地区间不同特色与成效的发展模式，学者们针对企业这一乡村旅游开发经营核心主体的分析多是基于整体性的概念默认其为以营利为目的的商业公司，且其同时也是与农户、村委会等接触的直接利益相关者。但通过实践可以发现，目前已有越来越多的具有公益性质的社会组织在乡村旅游与乡村振兴中发挥着重要作用[②]，与此同时兼具公益与经济属性的第三方“社会企业”也逐渐昭示着其推动地区乡村旅游发展的巨大潜力。

（二）“社会企业”参与下的乡村旅游

社会企业的概念最早由法国经济学家 Thai 于 1998 年提出，随后学者们从不同角度出发对其内涵释义进行了丰富探讨，如经济合作与发展组织提倡社会企业以实现公共利益为首要目标，致力于解决失业和社会排斥问题[③]，而不仅仅追求利润最大化。罗宾斯等认为社会企业以实现社会目标为最高追求，其盈余主要用来再投资企业本身或社区、社会发展，而不是强调股东分红。[④] 尽管定义有所区别，但实际上都反映了社会企业“运用商业手段，实现社会目的”的本质特点。随着社会企业的概念逐渐引发国内各学界的关注，有学者将其延展至旅游领域，认为旅游社会企业以促进旅游业长续发展为核心使命，通过旅游产品与服务经营活动获取利润以实现自身运营，兼具社会和经济属性的创新型旅游企业。[⑤] 而在乡村旅游情境中，已有研究也进一步证实了社会企业能够显著影响社区参与、居民福祉等，并进一步促进乡村旅游可持续发展。但综观国内与国外学界研究成果，相关研究所针对的“社会企业”本质上仍然可以称为具有工商注册资本的商业公司，而成都“3+2”乡创联盟作为中国实践背景下试行的兼具公益与经济性质的第三方实操型和研究型服务平台机构，长期以来坚持公益先行的价值目标，成功推动了如成都明月村、资阳晏家坝村等多

① 文小洪：《郫都区乡村旅游发展模式》，四川农业大学硕士学位论文，2022。

② 杨莹、孙九霞：《乡村旅游发展中社会组织的公益实践与行为逻辑研究》，《贵州民族研究》2021 年第 1 期，第 158～164 页。

③ Neely A.，*Measuring business performance*，London：Economist Books，1998，pp. 146－148.

④ 斯蒂芬·罗宾斯：《管理学原理》（第五版），东北财经大学出版社，2005。

⑤ 吴倩：《旅游社会企业动态能力社会评价指标体系构建与应用研究》，湖南大学硕士学位论文，2014。

地乡村旅游及乡村振兴的发展，其本质上已脱离了商业公司的内隐追求，成为一种具有中国特色与乡村实践目标的新型“社会企业”，因此本文以成都“3+2”乡创联盟为案例，通过对其深入分析与探讨为乡村旅游可持续发展提供一定的理论与实践参考。

二　成都“3+2”乡创联盟发展现状与成效

成都“3+2”乡创联盟以“公益+乡创”为路径，以“案例、系统、操盘人”为核心竞争力，以“社会企业+社会组织+乡创公司+乡创会员”模式，专注于乡创研究性策划、乡创操盘人培训、“113+3”操盘服务、乡创设计、新社区营造、陪伴式孵化乡村运营管理等核心职能。十余年的时间内“3+2”乡创联盟从最初的公益社会组织——大邑县“3+2”读书荟，发展成为当前的创新型社会企业，先后参与了天府旅游名村——资阳晏家坝村、中国传统村落——大理古城村、成都特色小镇——大邑斜源共享小镇、四川省乡村振兴示范村——邛崃市川王村、红色美丽村庄——天台山高兴靖口片区等众多案例项目并取得了显著成果，如斜源共享小镇获全省两项改革“后半篇”文章专项工作表彰，晏家坝村被省委点评为“诗意田园乡村”，古城村发挥在地村民力量参与创业，社区总体营造优秀，在全国已经形成品牌效应。在服务对象持续扩大、服务产品不断丰富、服务主体更加多元的同时，“3+2”乡创联盟也在实践中不断总结经验、凝练方法，进一步聚焦乡村，为乡村可持续发展赋能。

其组织架构可以分为两个方面。首先从主体结构来说，联盟主要由社会组织、社会企业、专业公司三方合力构成，其中社会组织包括大邑县“3+2”读书荟、成都“3+2”公益阅读推广中心、四川省旅游学会乡创产业分会；社会企业即成都“3+2”乡创文化传播有限公司；专业公司则包括成都今是乡村文化传播有限公司、成都今是乡村管理服务有限公司以及资阳晏家坝十方田园乡创学校（见图1）。其次，联盟实行多元化的合伙人制度，通过引进与培养事业合作人、项目合伙人以及创客合伙人，为企业发展与乡村赋能提供智力支持与制度保障。

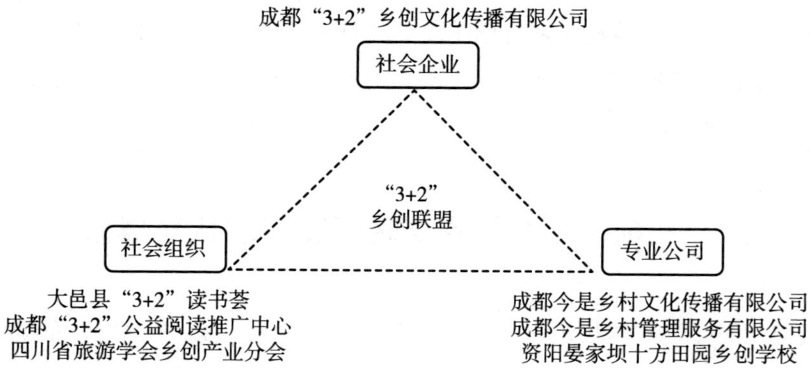

图 1 “3+2”乡创联盟的主体结构

（一）发展历程

“3+2”乡创联盟的发展历程如表 2 所示。

表 2 “3+2”乡创联盟发展历程

年份	联盟大事件
2012	“3+2”读书荟作为民间公益阅读推广机构，开始以“互助式公益”和“读书荟+公益书馆+志愿者”的模式服务乡村
2015	通过落地实践发现单纯的公益服务解决不了乡村的系统问题，于是开始采用“新社区营造+公益项目+创客服务站”的模式陪伴乡村
2017	联盟以“公益+乡创”为主题创建成立并开展了一系列行动计划，包括温暖乡村、陪伴乡村和创意乡村，成功实现了第一次跨越
2021	成都“3+2”乡创文化传播有限公司正式由大邑县“3+2”读书荟、成都“3+2”文化创意有限公司以及成都今是乡村管理服务有限公司联合成立，以“社会企业+社会组织+乡创公司+乡创会员”的联合体形式赋能乡村
2022	与四川大学徐新建教授团队合作，推出《乡创操盘手实用教程》，由四川科技出版社出版，并列入乡村振兴农村书屋配书目录；与中国乡村发展基金会和友成企业家基金会合作，共同开展全国性乡创培训课程以及参与乡村示范项目指导工作；成建制正式加入四川省旅游学会，并在学会创建了乡创产业分会。在学会的指导下，联盟整合农旅资源，采用产业+、产业融合的方式助力乡村振兴，成功实现了第二次跨越
2023	由成都“3+2”乡创文化传播有限公司担任执行单位的四川省旅游学会乡创产业分会被评为 2022 年度先进分会

资料来源：根据官方材料整理。

（二）创新性体现

1. 源于公益，反哺社会

“3+2”乡创联盟最初以“互助式公益”和“读书荟+公益书馆+志愿者”的模式撬动乡村系统，随着时间的推进，其在不断优化服务乡村模式的同时，始终坚持公益先行的追求与使命。目前“3+2”乡创联盟的资金来源主要为政府或企业投资，政府将乡村建设权力下放到组织，“3+2”乡创联盟利用社会企业、专业公司、社会组织以及合伙人储备等资源赋能乡村落地建设，政府起到统领和监督作用。取之于民，用之于民。联盟运用市场化逻辑将项目落地，同时也坚持将一定比例的收入回馈公益活动，在经济运行逻辑上形成闭环。

2. 联动企业，集思广益

目前服务联盟的企业具有专业化、多样化、精细化的特点，每个服务乡村的项目联合了不同的乡创企业、乡创会员、乡创合伙人、社会组织，综合组成智库团队投入建设。各个组成板块发挥其优势，形成联动效应，最终完成乡村建设项目的交付。并且多组织参与让项目的抗风险能力提高，更能发挥出乡创联盟整体的主观能动性，真正实现带着团队去乡创。

3. 因地制宜，遵循规律

目前“3+2”乡创联盟先后参与的案例如资阳晏家坝村、大理古城村、成都明月村等，均率先以契合乡村的发展能力与需要为前提进行乡创。操盘手在乡创操盘体系中处于核心地位，指挥和负责现场项目的建设，同时对新社区营造、乡创培训以及乡村运营负有衔接、参与、推动和协调等责任。操盘手首先进行 ABC 判断，判断村落的核心吸引物、基础设施、区位以及要素与政策。紧接着必不可少的是田野调查实践，通过村民走访了解民意，通过与区市县主要领导、镇乡主要领导及村支部书记等乡村振兴关键人座谈明确他们的认识、态度和支持。对以上要素进行排序整理，有利于实现对项目的有效价值评估，并进一步找到准确定位。最后则是任人唯贤，选贤与能，完成系统构建。这种“多元共创”的模式是因地制宜的，是遵循发展模式的，是可持续发展的，同时契合了国家乡村振兴的政治要求。

（三）总体发展思路

作为第三方实操型与研究型的乡村振兴创新服务机构，“3+2”乡创联盟发展遵循四大主体思路，切实把乡村事情做成乡村事业。一是基于我国社会主义现代化建设及乡村振兴战略实施的现实国情，坚持“党建引领、政府主导、农民主体”。“3+2”乡创联盟与大邑县“3+2”读书荟始终坚持联建党支部，坚持党建引领促发展，同时在项目策划、发展等过程中积极发挥政府主导作用，保障农民主体地位。二是以优秀的专业能力为基础，坚持“公益先行、培训赋能、专业操盘”，在实务工作中发挥“3+2”乡创特色。“3+2”乡创联盟不以利益为主要追求，自创立以来坚守社会企业初心，旗下的执行机构始终以5%的乡创收益反哺公益，目前已捐赠支持公益机构30余万元。同时，其以乡创培训为核心业务，例如组织师资团队对实现乡村振兴骨干人员以及项目所在地的村镇县相关领导干部开展集中培训，并由专业操盘人对新社区营造、乡创培训以及乡村运营等承担衔接、参与、推动和协调等责任，保障项目的顺利落地与实施。三是秉承全面布局、重点突出的原则，坚持“产业第一、文化注魂、生态宜居”方针。“3+2”乡创联盟强调在着力促进乡村产业发展的同时，坚持乡村精神文明与物质文明的统筹发展，保障乡村经济、文化、政治与生态空间的整合兼顾。四是以“市民下乡、在地创业”为重要抓手，实现创建“宜居宜业和美乡村”的根本目标。乡村建设中，市民下乡是激活力量，是通过城市力量的加入着力促进城乡融合，在地创业则是原生力量，是通过乡村原动力的挖掘促进可持续发展。

以总体思路为基础，“3+2”乡创联盟重视完善研发—销售—服务执行—后台支撑闭环工作，旨在创建更健康的乡创生态链，更强大的发展系统，将乡创培训与乡村运营作为新动能和新增长点，带着品牌、带着团队、带着研究、带着项目、带着使命去乡创。

（四）核心价值体系

“3+2”乡创联盟构建并坚持着包括一个初心、两条路径、三大实践、四大抓手、五大场景在内的“12345”价值体系。第一，其始终秉承“为乡村赋能”的使命，坚持“把乡村事情做成乡村事业”的初心。第二，其以“公益+乡创”为核心路径，不断探索乡村文创撬动、公益助推的乡村服务与发展机制。第三，其坚持以“你不敢做，我做”的示范、“你想做，一起做”的陪伴、“你学会了，想自己做，我退出”的孵化为三大实践方式，赋能在地村投公司或合作社等开展乡村新产业、新业态运营管理，培育以农村新型集体经济组织为主的乡村运营主体独立经营能力，创造乡村运营新的增长点；第四，其以“新社区营造+示范项目+市民下乡+在地创业”为重要抓手，致力于用公益的力量温暖乡村和陪伴乡村，让农民看得见、社会看得见、政府看得见。最后，“3+2”乡创联盟以“研究性策划、实用人才培训、113+3 乡创操盘、新社区营造、陪伴式乡村运营孵化”五大核心业务为基础，整合了田园、产业、文化、社区、乡村经济联合体五大场景。

三　存在的问题和限制因素

（一）产业融入不充分

推进乡村产业振兴，实现“产业兴旺”，成为乡村振兴战略的实施要点。但在乡村项目的执行过程中，经常遇到产业融合难、融合不充分等问题。当前，乡村产业发展的问题首先表现为农业内部结构不平衡以及一、二、三产业融合不充分，从而导致二、三产业发展滞后。其次是乡村产业发展还存在农户增收能力受限的情况。具体表现为农业产业链短，产品转化能力不足；非农产业与农业过于割裂，“农业+”模式没有得到广泛应用。与此同时，乡村产业融合过程中经济层面的效能显得更为突出，而在社会文化、生态环境等方面的作用没有得到更有效的拓展。“3+2”乡创联盟在 2022 年就意识到了这个问题，实现了联盟实践方式的第二次跨越，以独特的乡村文创方式撬动服务与发展机制，一定程度上缓解了这个矛盾。尽管如此，乡村产业的高质量融合发展从整体来看仍然存在着功能开发不足、农民经济收益有待提高、产业系统发展失衡等制约因素。

而对于融入新的产业，乡创项目也需要重点解决新产业在地化的问题。乡村地区并非缺乏产业，传统的农业种植业就是一种产业形式。然而，我们明显需要适应城乡经济社会发展需求的新兴产业。这是一个复杂的系统性乡村产业选择和策划项目，单一企业无法完成。因此，需要与各个涉农企业和新型农业产业进行联系，联盟内建立丰富多彩的项目。提供多样化的新兴产业和产品，实现从规划到生产再到销售的完整产业链服务。更重要的是，需要找到与各个地域条件相适应的涉农企业、农业产业和产品，并建立系统化的农业生产和服务体系，推动每个地区的乡村振兴事业。

并且需要意识到乡村振兴是一个循序渐进的缓慢过程，必须是党建引领下的全社会的共同行动。不能单一依靠产业力量来实现乡村振兴，依靠产业虽是必经之路，但是它更应该是全社会多元力量的共同行动，而且必须坚持党建引领这个前提。

（二）吸纳投融资困难

无论是旧产业的融合还是新产业的引入，都需要解决投资来源的问题。目前“3+2”乡创联盟资金一部分来自政府投资，另一部分来自服务企业。“3+2”乡创联盟需要聚拢各类产业以及社会资本抱团发展，因此如何合理引导使用政府及市场化资金，以广泛整合各种资源为手段，有效地引导财政资金、金融资本和产业资本等投入，是值得“3+2”乡创联盟重点思考的问题。

另外，除了吸纳投资，融资贷款亦是解决资金来源的重要途径之一。因“3+2”乡创联盟服务的主体为乡村，宅基地、集体建设用地形成的资产资源没有金融属性，一方面不能作为融资的贷款抵质押，另一方面乡村内土地累积的众多问题亟待解决。

（三）人才培养难度大

培养农业农村人才需要各方共同推动，形成合力。目前“3+2”乡创联盟按照“党建引领、政府主导、农民主体、专业操盘”的路径实施乡村振兴，形成以操盘手为核心和主要负责人，乡创操盘手、乡村设计师、乡村社工师、乡村运营师等为辅助的专业化人才建设队伍，对项目进行落地规划。但目前农业农村人才总量不足、农村对人才返乡缺乏吸引力、乡创操盘手新职业体系标准建立滞后等问题亟待解决。尤其是乡创操盘手、乡村设计师、乡村社工师、乡村运营师等是乡村急需的实用性人才，属于乡村的新兴职业，目前未被《国家职业资格目录》录入体系，没有规范和标准，专业人才非常缺乏。

（四）发展理念差异大

政府部门的视角是自上而下的，而投标后交付资金给联盟进行建设后，联盟是自下而上进行乡村改革与建设的，二者之间在平衡时会存在视角差异的问题。社会组织和社会企业在乡村振兴中可以发挥重要作用，地方政府和乡创联盟之中的社会组织、社会企业之间存在共同的目标——建设宜居宜业和美乡村，但是地方政府在某些层面对社会组织和社会企业的认识不够，政府与社会组织很难直接签约开展乡村振兴项目。同时，社区营造在乡村治理、在地农民动员、村民赋能等领域有很强的针对性，通过加强社区营造和集合本土居民的热情与智慧，能够实现更好的资源配置。但很多政府重视硬件建设，关注规划、设计，对社区营造等软件建设不够重视。相反，社区营造应该紧密结合硬件建设，二者相辅相成。硬件建设和社区软件建设并重时，乡村治理才能发挥出效力。

四　发展建议

（一）树立新的发展理念

乡村创业常常引发两种极端情况：一方面，来自城市的人希望乡村保留传统风貌的同时提供现代设施；另一方面，乡村居民有时无法按照自己内心的追求改善生活，这导致他们无法进行自主选择。而乡村旅游的进入推动了乡村文化持续发展，推动城乡之间的相互交流和理解，并让我们意识到乡村创业和乡村旅游是城乡居民平等对话的平台。在发展乡村创业时，首先必须从乡村人的角度出发，努力改善他们的生活条件。同时，要保持乡村的活力，确保乡村居民对于当地传统文化的充分认知，增进乡民的文化认同、文化自信感，促进乡土文化的接续传承与发展。基于这种包容的心态，我们可以欢迎来自城市的旅游者，并为他们提供一个宁静与舒适的环境，以满足他们内心的需求。乡创联盟发展会围绕不断变化、不断成长的乡村生活而展开，与此同时在发展乡村旅游时，我们应该将乡村旅游定位为乡村传统和农耕文化的体验方式，而非仅仅满足城市人对乡村生活的想象，不应过度打造仅为娱乐目的的道具。乡村应当是一个真实的生活环境，一个充满活力的居住地，也应成为乡村人和城市人平等对话的平台。

（二）深入挖掘乡村文化

中国文化之根脉在乡村，文化是乡村社会的根基。毫无疑问，乡村旅游的核心是乡村文化，乡村旅游创业的发展具有重要目标和任务，不仅需要开发乡村的文化资源，还需持续推动地方文化的传承。然而，若处理不当，原生性问题可能导致乡村文化保持在历史状态中，从而使其发展陷入停滞。

随着我国经济的持续发展，乡村社会也在一系列变革中不断成长与演进，但我国独特社会历史背景下，相较于快速增长的城市经济，乡村地区发展无论是在路径、速度、模式抑或导向等方面都显得落后。正确回应并满足城乡居民对于美好生活的共同追求需要我们正视这一差异，并在此基础上走进乡村，依托乡村独特的根脉，以“变”的开发模式应“不变”的共同追求。不要卷入同质化的乡村开发竞争，要想脱颖而出，打造独具特色的 IP 标杆非常必要，深挖在地文化，为游客带来特殊记忆和独特的体验感受，如目前“3+2”乡创联盟参与蒲江县明月村项目，以乡村文创撬动、公益助推的发展机制服务乡村，取得较好效果。

在推动乡村旅游创业的大背景下，重视保护和传承传统村落的文化十分重要。在发展乡村旅游过程中，我们不能忽视自身的文化共识，同时也要适应时代变革所带来的文化传统和民族价值观的变化。因此，我们不应过于局限于追求原真性而束缚乡村的发展，相反，我们应在遵循内在发展规律的基础上，推动乡村的进一步发展，而且不改变传统文化的内涵和价值。为了实现这一目标，在树立当地人的文化自信和自豪感的同时，我们需要充分顺应时代的步伐，以适应乡村旅游业的发展趋势。

（三）科技赋能乡村振兴

作为“十四五”规划的两个重大战略，大数据与乡村振兴的有效融合发展对于推进农业生产智能化、管理高效化、信息便捷化等发挥着重要作用。因此为着力发挥大数据在乡村振兴中的助推作用，国家出台了多项政策以全力支持数字技术与乡村的融合发展，这也为大数据赋能乡村振兴提供了重要契机。在数字化赋能平台建设方面，“3+2”乡创联盟可以联合乡村基建力量，探索多板块、多产业集合的智慧乡村建设模式，通过数字化技术的普及将综合治理、村容村貌整治、产业集约化管理等要务延伸到家家户户，推动一体化平台的建设，提升乡村治理水平。在数字化赋能乡村文化方面，“3+2”乡创联盟可以在盘活村落的要素资源后，借助数字乡村的手段，积极主动地推动乡村文化发展。需要注意的是，乡村数字化建设必须因地制宜，如在少数民族聚居的乡村社区，数字技术可以聚焦当地特色民族文化、乡土风情的挖掘，通过民族精神内核激发活力；而在围绕城市生态圈的乡村社区，则可通过数字化技术完善乡村基础设施，以小见大，以沉浸感、微旅行、慢节奏的旅游模式来满足游客需求。

（四）强化支撑项目建设

乡村振兴是一项长期持续、有价值、伟大的事业，在推进过程中随着产业的多元化发展，需要吸纳更多新鲜力量加入。第一，联盟可以主动寻找与促进农村发展和农村建设密切相关的产业，并争取与其展开合作。第二，在项目建设的过程中重点发展和孵化与乡村振兴和乡村建设相契合且更加适配的产业和企业。第三，对于引进合适的产业到乡村，需要考虑与当地资源和环境相协调的情况。要充分利用乡村地区的特定条件和优势，选择那些能够有效利用当地资源并提供就业机会的产业。比如，可以发展农产品加工、乡村电商和农村金融等行业，带动农村经济发展，提高当地居民的收入水平。

（五）多元综合协调发展

党政主导依然是实施乡村振兴战略的基础。乡村发展前期，基层政府的权力干预有利于集聚市场要素，整合当地资源、培育资金、行政资源和社会资源。整合资源、集中发力能够为乡创联盟提供强劲且持续的有生力量，推动乡村建设项目稳步推进。并且基层政府是调动全局的重要抓手，起到模范统领的示范带动作用，如党员带动群众、发展较为成熟的景区带动周边、带动贫困户脱贫致富等。在发展过程中，如何把握政府的“有限责任”与“无限责任”，关键要做好综合协调。综合协调是至关重要的，这意味着在基层政府的引导下，市场资源能够集聚到乡村地区。通过基层政府在分配公共资源时向乡村地区倾斜，促使市场资源流向乡村地区。基层政府有责任和义务继续推动资源要素的合理流动与转化，而社会组织与社会企业在组织开发行为、经营行为与利益分配等核心问题上是关键角色。基层政府应该加深对社会组织与企业的认识，敢于“放权”予企业，发挥监督的职能，最终保障乡村建设的发展成果，可持续推进乡村振兴战略。

（六）培养乡村专业人才

在乡村建设的关键人才培养上，目前仍缺乏规范化的制度管理标准，存在管理、使用、培养与发展机制不健全等问题。目前新型职业如乡村操盘手、乡村运营师等，未被《国家职业资格目录》录入体系，在发展和培养上难以规范化和标准化。一是健全符合乡村人才队伍建设规律和发展特点的培养体制机制，解决新型职业制度标准与规范化的问题。在形成标准的前期，建议基层政府发挥引领的作用，通过访谈、问卷调查等田野调查收集一线操盘手的真实乡村运营感受，组建专家智囊团汇聚众人智慧来完善相关标准。二是创新各类型人才引进政策。政府部门通过给予就业创业扶持、优化农村创业环境、做好规划引领与顶层设计等政策支持引导人才返乡入乡兴乡。

另外，“3+2”乡创联盟在从外部引进人才的同时，也要聚焦精准性，选好基层人才。许多乡创会员、新农人、在本地耕耘多年的企业家、基层政府工作者等都是乡村振兴的“领头雁”，他们熟悉乡村发展机理，熟悉乡村文化，有较强的文化自信与文化认同，对提升乡村产业人才队伍整体素质起到带动作用。另外，“3+2”乡创联盟从一开始的公益性组织做起，逐步发展壮大，可以借助先进实践经验继续探索 NGO 的辅助作用。NGO 融合社会各界的热心人士，其中不乏特别了解乡村和农民所需所求的人，他们积累了大量的实践经验，可以辅助联盟做出更好的判断，从而以较低的成本将各方的资源整合在一起。

G.11
全国乡村旅游重点村生态宜居水平评估报告
——以陕甘宁革命老区甘肃片区为例

王耀斌　王美珍　潘应刚　吴若雪　李汶霖　闫腾　田伟*

摘　要： 建设一个生态宜居、可持续发展的现代化农村，不仅关系国家"十四五"规划中新农村建设，而且关系着国家推进农业高质量发展，更关系着国家未来的发展。因此，开展全国乡村旅游重点村生态宜居水平评估的研究尤为重要。本文构建了由3个一级指标、10个二级指标以及33个三级指标组成的全国乡村旅游重点村生态宜居水平评价指标体系，以陕甘宁革命老区甘肃片区的全国乡村旅游重点村为研究案例地，通过问卷访谈及菲什拜因-罗森伯格模型进行实证评价，提出意见建议。乡村发展必须以"绿水青山就是金山银山"为指导思想，大力推进生态文明建设，大力发展乡村旅游，持续提高农民生活质量，早日完成美丽乡村家园的建设。

关键词： 乡村旅游　生态宜居　全国乡村旅游重点村

一　研究背景

党的十九大报告明确提出，实施乡村振兴战略，是新时期全面建成小康社

* 王耀斌，西北师范大学旅游学院教授、中国科学院西北生态资源环境研究院博士，研究方向为乡村旅游；王美珍、潘应刚、吴若雪、李汶霖、闫腾、田伟，西北师范大学旅游学院硕士研究生，研究方向为乡村旅游。

会、加快生态文明建设、促进人与自然和谐共生、实现农业农村现代化的总抓手，在新的时代背景下，如何更好地推进“三农”工作，已成为我国经济社会发展的一个重要的历史课题。① 在实施乡村振兴战略中，建设一个生态宜居的现代化乡村是一项重要的工作。《国务院关于印发“十四五”旅游业发展规划的通知》② 指出，打造生态宜居乡村是推进乡村振兴的重点任务，旅游成为践行“绿水青山就是金山银山”理念的重要领域，发展旅游已成为我国脱贫攻坚和乡村振兴的一项重要内容。《中共中央国务院关于做好 2022 年全面推进乡村振兴重点工作的意见》③ 指出，要扎实有序开展农村发展建设，应实施农村休闲旅游支持计划，支持农民、农家乐、农村寄宿家庭等经营或参与经营，促进农业农村绿色发展。改善农村生态环境与居住环境，建设可持续发展的美丽农村，是乡村振兴进程中的一大课题。

在乡村旅游快速发展时期，只有立足于乡村振兴战略，深入开展农村生产生活和生态环境的改善工作，创建生态宜居的乡村发展新格局，才能推动乡村振兴。本研究选取陕甘宁革命老区甘肃片区 5 个全国乡村旅游重点村作为典型案例，开展实地考察与数据收集，通过构建乡村生态宜居评价指标体系，对案例地的乡村生态宜居水平进行评估。

二　指标体系构建

（一）指标体系构建的依据

全国乡村旅游重点村的生态宜居水平评价指标构建主要参考依据为：乡村振兴与乡村旅游发展相关文件、国家生态文明建设相关文件、其他相关国家标准及报告等。

乡村振兴与乡村旅游发展相关文件。自 2012 年起，国家对于乡村的发展、

---

① 《乡村振兴战略规划（2018—2022 年）》，人民出版社，2018。

② 《国务院关于印发“十四五”旅游业发展规划的通知》，（2021-12-22）［2023-12-15］，https：//www. gov. cn/zhengce/content/2022-01/20/content_ 5669468. htm。

③ 《中共中央 国务院关于做好 2022 年全面推进乡村振兴重点工作的意见》，《人民日报》2022 年 2 月 23 日，第 1 版。

乡村旅游的发展，陆续出台了相关文件，如 2014 年《国务院办公厅关于改善农村人居环境的指导意见》①、2017 年《中共中央、国务院关于深入推进农业供给侧结构性改革加快培育农业农村发展新动能的若干意见》②、2021 年《国家发展改革委等部门关于印发〈"十四五"支持革命老区巩固拓展脱贫攻坚成果衔接推进乡村振兴实施方案〉的通知》③ 等，通过对文件的阅读整理，凝练出相关的指标。

国家生态文明建设相关文件。主要参考了 2014 年环境保护部印发的《国家生态文明建设示范村镇指标（试行）》④ 和"两山指数"评估指标体系；2016 年生态文明建设评价的依据文件《绿色发展指标体系》和《生态文明建设考核目标体系》⑤ 以及 2019 年生态环境部印发的《"绿水青山就是金山银山"实践创新基地建设管理规程（试行）的通知》⑥ 等相关文件。

其他相关国家标准及相关报告。参考的其他国家标准还有《环境空气质量标准》（GB3095）、《声环境质量标准》（GB3096）。此外，还主要参考了蓝皮书和绿皮书，如《社会蓝皮书》⑦《生态发展蓝皮书》⑧《西北蓝皮书》⑨、

① 《国务院办公厅关于改善农村人居环境的指导意见》，《吉林农业》2014 年第 11 期，第 12~13 页。

② 《中共中央、国务院关于深入推进农业供给侧结构性改革加快培育农业农村发展新动能的若干意见》，《人民日报》2017 年 2 月 6 日，第 1 版。

③ 《国家发展改革委等部门关于印发〈"十四五"支持革命老区巩固拓展脱贫攻坚成果衔接推进乡村振兴实施方案〉的通知》，（2021-11-22）［2023-12-15］，https：//www.gov.cn/zhengce/zhengceku/2021-12/01/content_5655189.htm。

④ 《关于印发〈国家生态文明建设示范村镇指标（试行）〉的通知》，（2014-1-20）［2023-12-15］，https：//www.mee.gov.cn/gkml/hbb/bwj/201401/t20140126_266962.htm。

⑤ 《发展改革委印发〈绿色发展指标体系〉〈生态文明建设考核目标体系〉》，（2016-12-12）［2023-12-15］，https：//www.gov.cn/xinwen/2016-12/22/content_5151575.htm。

⑥ 生态环境部：《关于印发〈国家生态文明建设示范市县建设指标〉〈国家生态文明建设示范市县管理规程〉和〈"绿水青山就是金山银山"实践创新基地建设管理规程（试行）〉的通知》，（2019-9-11）［2023-12-15］，https：//www.gov.cn/zhengce/zhengceku/2019-11/26/content_5455660.htm。

⑦ 李培林、陈光金、王春光主编《社会蓝皮书：2023 年中国社会形势分析与预测》，社会科学文献出版社，2022。

⑧ 沙涛、李群主编《生态发展蓝皮书：中国生态旅游发展报告（2022~2023）》，社会科学文献出版社，2022。

⑨ 司晓宏主编《西北蓝皮书：中国西北发展报告（2022）》，社会科学文献出版社，2022。

《农村人居环境绿皮书》①、《生态城市绿皮书》② 等，并且参考了《中国农村统计年鉴》《中国社会统计年鉴》《中国环境统计年鉴》等统计年鉴及国家统计局网站。

（二）指标体系设计与权重确定

1. 指标体系框架设计

基于指标构建的原则与思路，结合国家出台的各类政策文件以及相关参考文献，全国乡村旅游重点村生态宜居水平评价指标体系设置“生态文明”“绿色发展”“宜居宜旅”3 个一级指标，10 个二级指标、33 个三级指标，共计 46 个指标。

2. 指标权重确定

运用 Satty 的 1~9 标度，根据专家评分方式构建判断矩阵，将一层中的因素 A 作为评价准则，则 a_1，a_2，a_3，a_4，…，a_n 分别是一级指标因素，设 n 阶矩阵 $A=(a_{ij})\ n\times n$；α_{ij} 为相对于准则层 A，判断因素 a_i 与 a_j 的重要程度。

通过方根法进行指标权重计算。

第一步，计算判断矩阵原始数据每行的乘积：

$$M_i = \prod_{j=1}^{n} \alpha_{ij} (i = 1,2,3,\ldots,n) \tag{2-1}$$

第二步，计算 M_i 的 n 次方根：

$$\overline{W_i} = \sqrt[n]{M_i} (i = 1,2,3,\ldots,n) \tag{2-2}$$

第三步，对向量 $\overline{W_i}$ 进行归一化处理：

$$W_i = \frac{\overline{W_i}}{\sum_{i=1}^{n} W_i} (i = 1,2,3,\ldots,n) \tag{2-3}$$

---

① 朱娅、刘晨、孔朝阳：《农村人居环境发展满意度调查》，载王登山主编《农村人居环境绿皮书：中国农村人居环境发展报告（2022）》，社会科学文献出版社，2023，第 195~210 页。

② 刘举科、孙伟平、胡文臻主编《生态城市绿皮书：中国生态城市建设发展报告（2020~2021）》，社会科学文献出版社，2022。

第四步，计算判断矩阵中最大特征根：

$$\lambda_{\max} = \sum_{i=1}^{n} \frac{AW_j}{nW_i} \quad (2-4)$$

第五步，进行一致性检验。

一致性检验是通过 *CR* 进行的，计算公式为：

$$CR = \frac{CI}{RI} \quad (2-5)$$

当 *CI* 值等于 0 时，表明判断矩阵完全一致；如果 *CI* 值较大，表明判断矩阵一致性较差：

$$CI = \frac{\lambda_{\max} - n}{n - 1} \quad (2-6)$$

若随机一致性比率 $CR < 0.1$，则表示层次排序结果符合一致性要求，否则需重新调整，平均随机一致性指标 *RI* 的系数见表 1。

表 1　平均随机一致性指标 *RI* 的系数

阶数	1	2	3	4	5	6	7	8	9
RI	0.00	0.00	0.58	0.90	1.12	1.24	1.32	1.41	1.45

构建一个层次分析模型，根据评估指标体系，对各要素进行相互比较。采取发放调查问卷的方式，由乡村旅游、乡村振兴、乡村生态等研究领域的相关专家学者进行综合打分，本研究发放了 15 份专家问卷，回收有效问卷 12 份。最后利用 Yaahp 软件群决策面板对各个专家给出的指标评分进行加权计算，得出综合权重值。

专家调查问卷共构造 14 个矩阵，问卷对第 2、第 3、第 4 层要素进行评价，导入专家判断矩阵数据，进行一致性检验，通过一致性检验的专家共有 10 人。*A* 层对 $A_1 \sim A_3$ 进行两两比较的判断矩阵如表 2 所示。

表 2　A_1 ~ A_3 集结后的判断矩阵（对总目标的权重：1.0000）

A	A_1	A_2	A_3	W_i
A_1	1.0000	0.5774	0.4273	0.1987
A_2	1.7321	1.0000	1.0000	0.3806
A_3	2.3403	1.0000	1.0000	0.4207

注：$CR=0.0097<0.1$，能通过一致性检验。

对 46 个指标数据经过 Yaahp 软件群决策面板计算处理后，得到所有指标中权重最小值 0.0068，最大值为 0.4368，平均值为 0.0650。最终整理数据得出全国乡村旅游重点村生态宜居水平评价各指标层的因子权重值，如表 3 所示。

表 3　全国乡村旅游重点村生态宜居水平评价指标权重

一级指标	权重	二级指标	权重	三级指标	权重
生态文明（A_1）	0.2007	教育宣传（B_{11}）	0.0273	居民环保宣传教育（C_{101}）	0.0068
				村民对生态文明建设重视度（C_{102}）	0.0205
		生态建设（B_{12}）	0.1304	生活垃圾无害化处理率（C_{103}）	0.0291
				村镇建设用地绿地占比（C_{104}）	0.0210
				道路基础设施（C_{105}）	0.0803
		民俗之风（B_{13}）	0.0430	乡土特色传承性（C_{106}）	0.0344
				获县级以上文明称号家庭户数（C_{107}）	0.0086
绿色发展（A_2）	0.3625	绿色生产（B_{21}）	0.1346	农膜回收利用率（C_{201}）	0.0453
				秸秆循环利用率（C_{202}）	0.0445
				禽畜粪污综合利用率（C_{203}）	0.0448
		绿色生态（B_{22}）	0.1248	山区林草覆盖率（C_{204}）	0.0466
				自然景观保护（C_{205}）	0.0542
				村庄绿化覆盖率（C_{206}）	0.0240
		绿色生活（B_{23}）	0.1031	乡村家庭卫生厕所普及率（C_{207}）	0.0212
				农村自来水供给普及率（C_{208}）	0.0358
				村内危旧房屋改造率（C_{209}）	0.0323
				乡村亮化覆盖率（C_{210}）	0.0138

续表

一级指标	权重	二级指标	权重	三级指标	权重
宜居宜旅（A_3）	0.4368	旅游参与度（B_{31}）	0.0838	乡村旅游人均收入占人均GDP比重（C_{301}）	0.0447
				乡村旅游从业人员中村民所占比重（C_{302}）	0.0149
				村民参与乡村旅游管理的积极性（C_{303}）	0.0097
				旅游从业人员生态环保知识普及率（C_{304}）	0.0145
		制度与保障（B_{32}）	0.0836	乡村旅游质量监管（C_{305}）	0.0136
				乡村旅游发展奖励补助政策（C_{306}）	0.0318
				旅游配套设施完善度（C_{307}）	0.0229
				乡村政务公开制度执行率（C_{308}）	0.0153
		生活水平提升（B_{33}）	0.1533	村民基层治理参与度（C_{309}）	0.0437
				农村居民入网率（C_{310}）	0.0211
				家用汽车保有占比（C_{311}）	0.0611
				村庄发展规划制度完善（C_{312}）	0.0274
		满意度（B_{34}）	0.1161	本村村容村貌满意度（C_{313}）	0.0242
				村民对居住水平满意度（C_{314}）	0.0277
				村民对当地旅游发展满意度（C_{315}）	0.0319
				村民对社会治安满意度（C_{316}）	0.0323

在3个一级指标中，按权重从大到小排序，依次为：宜居宜旅、绿色发展、生态文明。其中，宜居宜旅的指标权重最大，其数值为0.4368，说明全国乡村旅游重点村生态宜居水平评价中乡村旅游发挥着极其重要的作用。在该指标层下的二级指标中，生活水平提升权重值最高，数值为0.1533，表明乡村旅游的发展对村民自身生活水平的提升起到了至关重要的作用。

绿色发展权重排名第二，其数值为0.3625，说明在乡村生态宜居水平评价过程中绿色发展也起到重要作用。其中二级指标中权重最高的是绿色生产，数值为0.1346，应当重视生产中的一些农作物材料的废弃处理，避免污染环境，促进绿色生活发展，增加生态宜居舒适度。

生态文明的权重最小，其数值为0.2007。良好的乡村生态宜居发展务必重视当地生态文明的发展，其二级指标中权重最高的是生态建设，数值为0.1304。在乡村旅游的助力下，乡村需要切实保护当地生态环境，也更加需要重视关注当地人居环境、村民生态文明建设。

三　实证评估

（一）研究区概况与数据来源

1.研究区概况

研究区域选择陕甘宁革命老区甘肃片区，甘肃片区在陕甘宁革命老区中占据着重要的地理位置，以庆阳市、平凉市、白银市三市为主，它们中被评选为全国乡村旅游重点村的市区有庆阳市和平凉市，2019~2021 年评选的 3 批全国乡村旅游重点村有 5 个：庆阳市的荔园堡村、毛寺村、永吉村、药王洞村和平凉市的郑家沟村。

荔园堡村位于甘肃省庆阳市华池县南梁镇，地处子午岭深处，20 世纪刘志丹、谢子长等无产阶级革命家创建了陕甘宁革命根据地，是当时中央红军长征的落脚点，也是八路军开赴前线的出发点，铸就了伟大的“南梁精神”，2019 年入选第一批全国乡村旅游重点村。

毛寺村位于蒲河川区，地处甘肃省庆阳市西峰区显胜乡西南部，经过逐步探索形成了集生态观光、乡村旅游、文化传承、研学体验于一体的实践活动基地。2020 年入选第二批全国乡村旅游重点村。

永吉村位于宁县瓦斜乡西北部，2013 年后，确立了“四园、一宫、一场、一营、一庄”的旅游发展思路，按照“331+”扶贫模式，力争市场向农户家庭庭院延伸，向田间地头延伸，2018 年建成“一渠百花园”旅游项目，2020 年入选第二批全国乡村旅游重点村。

郑家沟村位于泾川县西南端，距县城仅 12 公里，属于高原沟壑地貌。郑家沟村先后获评国家 3A 级旅游景区、省级优秀旅游示范村等，2020 年泾川县汭丰镇郑家沟村入选第二批全国乡村旅游重点村，也是平凉市唯一入选的全国乡村旅游重点村。

药王洞村位于庆阳市庆城县庆城镇，药王洞村是一个山、川、塬兼有的村，全村辖 8 个自然村，面积 4.2 平方公里，2021 年入选第三批全国乡村旅游重点村。综合陕甘宁革命老区地理位置及全国乡村旅游重点村，本研究的区域就是上述 5 个村子。

2. 数据来源

为保证问卷与访谈结果的科学性与质量，本课题组先后三次进行了问卷调查及半结构化访谈，第一次预调研通过网络开展，主要针对 5 个案例地的村委会进行情况了解；第二次调研对案例地所在 5 个村庄进行随机抽样调查；第三次调研以半结构化访谈为主，访谈对象包括村民、旅游从业者、村委会工作人员。

调研共发放问卷 355 份，回收 337 份，回收率 95%，通过整理剔除无效问卷 18 份，有效问卷 319 份，问卷有效率 90%，问卷调查人员中女性占比多，年龄段占比最大的是 35~49 岁，受教育程度中小学层次占比较大，从事职业主要为农牧民，家庭人数以 3~5 人为主，收入来源以种植养殖和从事乡村旅游为主。

（二）评价方法与数据处理

1. 评价方法

本文采用菲什拜因-罗森伯格模型（Fishbein-Rosenberger Model）对全国乡村旅游重点村生态宜居水平进行综合评价。在已构建的全国乡村旅游重点村生态宜居水平评价指标体系中，定性指标有 9 个，定量指标有 24 个。本研究在确定评分标准的基础上，通过实地调研与问卷调查收集数据，之后再运用菲什拜因-罗森伯格模型进行综合评价。菲什拜因-罗森伯格模型是一种通过权重和分值计算评价值的数学模型，其公式为：

$$E = \sum_{i=1}^{n} Q_i p_i \qquad (3-1)$$

式中，E 为综合评价值，Q_i 为第 i 个因子的权重值，p_i 为第 i 个因子的评分值，n 为评价因子的个数。

2. 评价过程

确定评分标准：按照每隔 20 分设置一个评分等级，把全国乡村旅游重点村生态宜居水平评价指标的评分划分为五级。评分等级区间如表 4 所示。

表 4　全国乡村旅游重点村生态宜居水平评价指标的评分标准

序号	评价指标	评分等级				
		80~100 分	60~79 分	40~59 分	20~39 分	0~19 分
1	C_{101}	方式多样,效果非常好	方式多样,效果比较好	方式多样,效果一般	方式比较少,效果较差	方式单一,效果非常差
2	C_{102}	重视度 100%	95%≤重视度<100%	90%≤重视度<95%	85%≤重视度<90%	重视度<85%
3	C_{103}	处理率≥80%	75%≤处理率<80%	70%≤处理率<75%	65%≤处理率<70%	处理率<65%
4	C_{104}	占比≥85%	80%≤占比<85%	75%≤占比<80%	70%≤占比<75%	占比<70%
5	C_{105}	道路基础设施非常完善	道路基础设施比较完善	道路基础设施一般	道路基础设施不完善	道路基础设施非常不完善
6	C_{106}	非常好	比较好	一般	差	非常差
7	C_{107}	10 户以上(自然村)	7~9 户(自然村)	4~6 户(自然村)	1~3 户(自然村)	0 户(自然村)
8	C_{201}	回收利用率≥80%	70%≤回收利用率<80%	65%≤回收利用率<70%	60%≤回收利用率<65%	回收利用率<60%
9	C_{202}	循环利用率≥85%	80%≤循环利用率<85%	75%≤循环利用率<80%	70%≤循环利用率<75%	循环利用率<70%
10	C_{203}	综合利用率≥75%	70%≤综合利用率<75%	65%≤综合利用率<70%	60%≤综合利用率<65%	综合利用率<60%
11	C_{204}	覆盖率≥60%	55%≤覆盖率<60%	50%≤覆盖率<55%	45%≤覆盖率<50%	覆盖率<45%
12	C_{205}	非常好	比较好	一般	差	非常差
13	C_{206}	覆盖率≥80%	75%≤覆盖率<80%	70%≤覆盖率<75%	65%≤覆盖率<70%	覆盖率<65%
14	C_{207}	普及率≥85%	80%≤普及率<85%	75%≤普及率<80%	70%≤普及率<75%	普及率<70%
15	C_{208}	普及率 100%	95%≤普及率<100%	90%≤普及率<95%	85%≤普及率<90%	普及率<85%
16	C_{209}	改造率 100%	95%≤改造率<100%	90%≤改造率<95%	85%≤改造率<90%	改造率<85%
17	C_{210}	覆盖率≥80%	75%≤覆盖率<80%	70%≤覆盖率<75%	65%≤覆盖率<70%	覆盖率<65%

续表

序号	评价指标	评分等级				
		80~100 分	60~79 分	40~59 分	20~39 分	0~19 分
18	C_{301}	环比增加 10%	环比增加 5%	与上年保持一致	环比下降 5%	环比下降 10%
19	C_{302}	从业人员占比≥80%	75%≤从业人员占比<80%	70%≤从业人员占比<75%	65%≤从业人员占比<70%	从业人员占比<65%
20	C_{303}	很高	较高	一般	较低	很低
21	C_{304}	普及率≥80%	75%≤普及率<80%	70%≤普及率<75%	65%≤普及率<70%	普及率<65%
22	C_{305}	非常好	比较好	一般	差	无
23	C_{306}	有政策每年实施且评价最高	有政策且每年实施,反响好	有政策每年实施,反响较好	有政策未开展	无
24	C_{307}	非常完善	比较完善	一般	不完善	无
25	C_{308}	执行率 100%	95%≤执行率<100%	90%≤执行率<95%	85%≤执行率<90%	执行率<85%
26	C_{309}	参与度 100%	95%≤参与度<100%	90%≤参与度<95%	85%≤参与度<90%	参与度<85%
27	C_{310}	入网率 100%	95%≤入网率<100%	90%≤入网率<95%	85%≤入网率<90%	入网率<85%
28	C_{311}	保有占比≥80%	75%≤保有占比<80%	70%≤保有占比<75%	65%≤保有占比<70%	保有占比<65%
29	C_{312}	有规划且实施效果科学良好	有规划且有效实施	有规划;实施效果一般	有规划但未实施	无
30	C_{313}	满意度≥90%	85%≤满意度<90%	80%≤满意度<85%	75%≤满意度<80%	满意度<75%
31	C_{314}	满意度 100%	95%≤满意度<100%	90%≤满意度<95%	85%≤满意度<90%	满意度<85%
32	C_{315}	满意度≥95%	90%≤满意度<95%	85%≤满意度<90%	80%≤满意度<85%	满意度<80%
33	C_{316}	满意度 100%	95%≤满意度<100%	90%≤满意度<95%	85%≤满意度<90%	满意度<85%

其中定性指标主要通过不同程度的语言描述划分为不同的等级，定量指标主要参考《绿色发展指标体系》《生态文明建设考核目标体系》等，根据不同的等级划分确定区间分值。

划分等级：根据指标设置相对应的调查问卷，研究对案例地的每一个指标进行评分。运用优化后的菲什拜因-罗森伯格模型计算该乡村生态宜居水平评价的综合值。以优、良、中、差对全国乡村旅游重点村生态宜居水平进行等级划分，评价的不同等级具有不同的意义，相应的分值区间范围如表5所示。

表5　全国乡村旅游重点村生态宜居水平评价等级标准

评价等级	分值段(分)	等级说明
优	90≤分值≤100	非常好,继续保持
良	80≤分值<90	较好,有上升的空间
中	60≤分值<80	一般,需积极改善
差	分值<60	差,亟待解决

3. 评价结果

根据问卷评分和指标权重，运用菲什拜因-罗森伯格模型，引入公式（3-1）进行计算，得出5个案例村各指标总体评价得分，如表6所示。

表6　案例村评估综合值及单项指标得分情况

序号	评分指标	Q_i 指标权重	单项指标得分(分)				
			荔园堡村	毛寺村	永吉村	郑家沟村	药王洞村
1	C_{101}	0.0068	0.38	0.35	0.28	0.25	0.40
2	C_{102}	0.0205	1.20	1.10	0.87	1.14	1.41
3	C_{103}	0.0291	2.60	2.52	2.55	2.40	2.60
4	C_{104}	0.0210	1.71	1.67	1.78	1.60	1.79
5	C_{105}	0.0803	7.24	7.09	6.86	6.13	7.23
6	C_{106}	0.0344	3.07	3.18	3.10	2.72	3.23
7	C_{107}	0.0086	0.37	0.49	0.53	0.47	0.51
8	C_{201}	0.0453	3.15	3.28	3.20	3.36	3.11
9	C_{202}	0.0445	2.92	3.08	3.05	3.37	2.81

续表

序号	评分指标	Q_i 指标权重	单项指标得分(分)				
			荔园堡村	毛寺村	永吉村	郑家沟村	药王洞村
10	C_{203}	0.0448	3.52	3.37	3.65	3.74	3.58
11	C_{204}	0.0466	3.83	4.12	3.98	4.29	4.09
12	C_{205}	0.0542	4.79	4.89	4.90	5.16	5.03
13	C_{206}	0.0240	1.80	1.84	1.93	1.86	1.92
14	C_{207}	0.0212	1.87	1.84	1.81	1.83	1.88
15	C_{208}	0.0358	3.41	3.39	3.49	3.54	3.52
16	C_{209}	0.0323	2.75	2.70	2.85	3.08	2.96
17	C_{210}	0.0138	1.25	1.22	1.15	1.21	1.26
18	C_{301}	0.0447	2.69	2.61	2.22	1.60	2.73
19	C_{302}	0.0149	0.93	0.85	0.87	0.69	0.90
20	C_{303}	0.0097	0.84	0.80	0.78	0.83	0.86
21	C_{304}	0.0145	0.87	0.77	0.80	0.68	0.95
22	C_{305}	0.0136	1.02	0.99	0.97	0.93	1.08
23	C_{306}	0.0318	2.30	1.98	1.92	1.85	2.30
24	C_{307}	0.0229	2.02	1.98	1.82	1.75	1.96
25	C_{308}	0.0153	1.34	1.26	1.23	1.20	1.35
26	C_{309}	0.0437	3.37	3.14	2.81	2.55	3.33
27	C_{310}	0.0211	2.01	2.00	2.06	1.95	2.09
28	C_{311}	0.0611	4.17	3.75	3.68	3.20	4.48
29	C_{312}	0.0274	2.39	2.31	2.26	1.99	2.41
30	C_{313}	0.0242	2.38	2.25	2.18	2.10	2.37
31	C_{314}	0.0277	2.70	2.66	2.65	2.53	2.69
32	C_{315}	0.0319	3.00	2.93	2.85	2.78	3.03
33	C_{316}	0.0323	3.11	2.98	2.95	3.11	3.17
综合得分			81.00	79.39	78.03	75.89	83.03

根据菲什拜因-罗森伯格模型计算得出甘肃片区全国乡村旅游重点村生态宜居总体评价分值，荔园堡村、毛寺村、永吉村、郑家沟村、药王洞村分别为81.00分、79.39分、78.03分、75.89分、83.03分，参照等级标准，判断荔园堡村和药王洞村全国乡村旅游重点村生态宜居评价等级为“良”，说明生态宜居建设比较好，有上升的空间。毛寺村、永吉村和郑家沟村的评价等级为

“中”，需要积极改善，并加大甘肃片区全国乡村旅游重点村生态宜居的引导，详情见表 7。

表 7　甘肃片区全国乡村旅游重点村生态宜居总体评价得分

评价等级	分值段(分)	等级说明	总得分(分)				
			荔园堡村	毛寺村	永吉村	郑家沟村	药王洞村
优	90≤分值≤100	非常好,继续保持	—	—	—	—	—
良	80≤分值<90	较好,有上升的空间	81.00		—	—	83.03
中	60≤分值<80	一般,需积极改善	—	79.39	78.03	75.89	—
差	分值<60	差,亟待解决	—	—	—	—	—

根据以上评价结果，可以清晰看出甘肃片区全国乡村旅游重点村之间在生态宜居总体分值比较上差别不是很大，但是按照评价等级要求，部分村子的生态宜居水平还较低，需要通过乡村旅游的积极引导，改善现状，提高其生态宜居水平，尤其是郑家沟村。

从案例地调研整体评分来看，其中教育宣传指标中，5 个案例村得分值均在 60 分以下，说明在生态文明建设过程中，乡村的生态环保宣传教育和村民对生态的重视程度还有待加强；在乡村旅游发展过程中，村庄应更加重视生态文明知识的普及，加大村民对生态文明建设的参与力度。在绿色生活指标中，案例村的得分值均在 85 分以上，说明村民对于乡村旅游的发展带来的乡村家庭卫生厕所、农村自来水供给、村内危旧房屋改造及乡村绿化覆盖情况非常满意，这也是乡村旅游发展的基础保障，对于村民的生态宜居发挥着至关重要的作用。在对满意度评价指标中，案例村得分均值基本在 80 分以上，反映出乡村旅游发展得到乡村居民的认同及支持，促进着乡村生产、生活、生态的发展。

四　发展建议

通过考察甘肃片区全国乡村旅游重点村生态宜居的评估及案例地调研情况，陕甘宁革命老区甘肃片区全国乡村旅游重点村生态宜居的长效发展可以从以下几个方面开展。

（一）促进乡村旅游生态文明建设，提高乡村居民生态环保意识

乡村生态文明与乡村旅游密切关联，影响着乡村社会、经济等多个方面。首先，一方面，在发展乡村旅游时，需要始终保护乡村优美的自然生态环境和生活环境；另一方面，在建设乡村旅游生态文明时，必须考虑生态空间和旅游基础设施的改善，并将绿色生产和生活方式与乡村旅游资源有效结合。同时，在旅游业发展过程中，也必须充分利用废弃资源，减少浪费，减少污染排放，恢复生态系统。其次，推进生态文明教育讲堂，将生态文明教育与旅游环保教育进行定期分享，村民通过参与集体学习、发表见解，提高生态环保意识，将乡村旅游生态文明建设落到实处。最后，在景区基础建设中，打造生态旅游产品品牌，并将生态文明环保宣传标语进行改造，让游客在游览中也能感受到生态保护的重要性。只有同步推进乡村旅游发展与乡村生态文明建设，积极促进乡村居民生态环保意识提高，才能实现生态宜居美丽乡村建设。

（二）持续优化乡村人居环境，完善乡村基础设施建设

乡村人居环境建设是生态宜居的最基本要求，政府部门要建立起与乡村旅游环境治理有关的法规，不断地推动乡村环境治理，健全乡村人居环境设施的管理机制，不断地推动乡村绿化和清洁，对乡村旅游基础设施和乡村公共服务进行改进，强化乡村文化服务，开展美丽庭院示范创建活动，完善乡村旅游基础设施、乡村公共服务建设，加强乡村文化服务。乡村居民作为农村人居环境整治的重要主体，要发挥主人翁意识，积极参与到农村治理建设中来，自觉养成保护农村居住环境的习惯，主动作为，积极参与到农村环境整治中来，使农村人居环境得到有效的改善。建立乡村环境监督管理三级体制，由村委会、村民及旅游企业组成，共同保障乡村人居环境，促进乡村旅游发展，推动乡村生态宜居建设。

（三）发挥乡村居民主体意识，提高乡村整体生活水平

加强基层党组织建设，发挥村委会主体工作能力，把基层群众组织与乡村旅游发展有效结合，通过政策宣讲、就业帮扶、心理咨询等一系列惠农服务的开展，让村民在乡村旅游的发展中得到更大的红利。发挥村民的主体意识，始

终以村民为中心，充分发挥村民的热情、主动性和创造力，加快乡村的机械化进程。在发展村集体经济中，注重村民意见反馈，定期开展调研、召开座谈会，充分了解村民对农村发展的意见建议，对村民生产生活中存在的难点问题，切实做到心中有数，及时有效地加以解决。提升村民的幸福感，提高乡村居民整体生活水平。

“绿水青山就是金山银山”，以乡村旅游为引领，以实现美丽乡村建设为重点，以提高乡村居民生活质量为目标，重视生态环境保护，推进生态文明建设，全面建设生态宜居美丽乡村。

G.12

电商促进乡村旅游发展报告*

张祖群　卢成钢　王　滢**

摘　要：　本报告对电商促进乡村旅游发展的研究背景进行梳理，探析电商在乡村旅游发展中的优劣势及其对乡村旅游的重构。应用对比分析法对农业文化遗产的电商转向进行优劣势分析，农业文化遗产电商转向的优势主要体现在推动农产品的商品化发展进程、健全农业文化遗产的产业结构、建立农业文化遗产的市场机制等方面；劣势主要体现在农产品的生命周期限制、电商市场的整体不成熟、农产品的产业承接配套不完善等方面。电商对乡村旅游的重构主要在于电商作为技术手段为农业文化遗产旅游带来人气与流量、刺激节庆赛事活动的开展、促进旅游产品销售实现“文化转向”、促进研学旅游发展等，产生经济重构、空间重构、社会重构效应。最后讨论乡村旅游的电商重构、电商融合与资源整合、农业旅游与乡村振兴等问题。

关键词：　电商　乡村旅游　农业文化遗产　重构

---

* 北京市社会科学基金规划项目“北京古都艺术空间因子挖掘与遗产保护”（21YTB020）、中国高等教育学会“2022年度高等教育科学研究规划课题”重点项目“基于文化遗产的通识教育‘双向’实施途径”（22SZJY0214）、北京理工大学研究生教研教改面上项目“艺术设计硕士新文科建设：误区、改进与保障”（2023YBJG024）、教育部首批新文科研究与改革实践项目“新文科背景下产品设计专业建设的探索与实践——以复合型国防装备设计人才培养为例”（2021160005）。

** 张祖群，中国科学院博士后（优秀出站），北京理工大学设计与艺术学院文化遗产系高工、硕士生导师，研究方向为文化遗产与艺术设计、遗产旅游等；卢成钢，北京理工大学设计与艺术学院文化遗产系2021级硕士研究生，研究方向为文化遗产与艺术设计等；王滢，北京理工大学设计与艺术学院2023级硕士研究生，研究方向为文化遗产与艺术设计等。卢成钢、王滢为并列第二作者。

一 研究背景

（一）政策支持与机遇

近年来，我国政府非常重视电子商务的发展。在2015年十二届全国人大三次会议上，时任总理李克强首次提出“互联网+”行动计划，“互联网+”行动计划上升为国家战略之一。2016年国务院办公厅印发《关于深入实施“互联网+流通”行动计划的意见》，2017年中央一号文件《中共中央、国务院关于深入推进农业供给侧结构性改革加快培育农业农村发展新动能的若干意见》第一次将农村电商单独列出，2019年七部委联合发布《关于促进“互联网+社会服务”发展的意见》。北京还专门出台了《2022年“互联网+流通”创新示范项目申报指南》，引导本市的“互联网+流通”创新融合发展。互联网作为平台主动与其他行业交互、跨界、渗透与融合，促进相关产业转型与升级，极大地推动了国家经济与社会转型发展。“互联网+”渗透农业的生产、加工、经营、交通运输、文旅服务、产业管理等多个环节，促进乡村旅游、农业发展的跨界融合。[①] 农业电子商务是传统农业在“互联网+农业”跨界融合与产业升级转型过程中的一个重要部分。农业文化遗产地作为具有地区农业文化特色的产品资源，在电子商务的加持下更是得到了深入发展的机会。

传统的农产品销售方式与辐射圈层，使地方农业产品无法融入大规模市场与进行更大范围的流通，跨越行政区划界限的消费引导生产的功能难以实现，因此难以在消费者心中建立起安全的信誉。针对农民增收困难、农业结构调整滞后等问题，要以互联网等技术手段，搭建产业平台，加快推进农产品产业化与农业现代化。

（二）农业电商发展趋势

关于农业电子商务的发展现状，我国农产品电子商务发展速度快，已建成

---

① 王秀徽：《“互联网+农业”背景下的农业电子商务》，《农民科技培训》2016年第8期，第44~46页。

的农业网站覆盖面广，农业电子商务模式逐步成型。阿里研究院从2012年开始不断推出农产品电子商务白皮书。2010年，基于阿里巴巴平台的农产品零售额为37亿元，2011年增加到117亿元，2012年增加到198亿元，2013年增加到400亿元，2014年在1000亿元左右，到2022年在1万亿元左右。2013年底，基于阿里巴巴平台的农产品商家是39万家，淘宝网每20个商家里就有一个专门做农产品销售[①]，现今阿里巴巴平台的商家中约1/5和农业农村产业有关。根据2018年10月《中国农村电子商务发展报告（2017—2018）》，2017年，农产品电子商务规模增长速度较之以前显著提升。从2018年开始，农产品电商增速加快，到2019年达到历史最高值。以2019年的农产品线上交易情况为例，线上交易额已经占到农产品销售总额的35%左右，即4800亿元。[②] 到2020年中国农村电商市场规模超过31533亿元，同比增长37.7%。[③] 商务部数据显示，2021年中国农村网络零售额达到2.05万亿元，同比增长11.3%；2022年全国农产品网络零售额超过5313.8亿元，同比增长9.2%。[④] 在疫情三年期间，物流运输、实体产业与供应链受到严重冲击，电商成为农产品销售、农业产业链循环的有力支撑，以董宇辉为代表的农业电商与直播带货，见证电商平台的奇迹。

二　农业文化遗产电商转向的优劣势分析

电子商务作为一种新兴产业，既有其优势也有其劣势。在保护、传承中国重要农业文化遗产，并在新的时代为其注入新的发展动力的同时，要正确使用电子商务这把“双刃剑”，让其促进中国重要农业文化遗产的良好传承，积极克服电子商务可能带来的消极影响。

---

① 阿里研究院：《阿里农产品电子商务白皮书（2014）》，全国农产品电子商务信息公共服务平台，http：//nc. mofcom. gov. cn，2015年6月。

② 武峰、吴应良：《从“双11”看农村电商发展》，《商业时代》2018年第1期，第131~134页。

③ 农业农村部：《2021全国县域数字农业农村电子商务发展报告》，全国农产品电子商务信息公共服务平台，http：//www. moa. gov. cn/xw/zwdt/202109/t20210910 6376200. htm，2021年9月10日。

④ 新华社：《2022年我国农产品网络零售增势较好》，中国政府网，https：//www. gov. cn/xinwen/2023-01/30/content_ 5739182. htm，2023年1月30日。

（一）农业文化遗产电商转向的优势

1. 加快农产品商品化发展进程

随着农产品电子交易平台的发展，市场变得更加多元化，同时市场这只“看不见的手”不仅不断直接提升经销农产品的档次、质量，还“倒逼”农业生产企业和农户以精细化管理保证质量安全，提升农产品品质。[①] 1995 年《人民日报》社论《论农业产业化》将农业产业化理解为“以国内外市场为导向”的经营体制。张玉明则认为农业产业化是支撑现代农业发展的重要力量。[②] 郁静娴则进一步阐述了发展农业产业化联合体可以有效构建农产品价值链、显著提升农产品附加值。对于农业农事相关产业链来说，需以大农业向后延伸，夯实基础，以农副产品加工业为重点，适当往前、往后两端延伸，以信息服务业全面融入农业全产业链，推动农业产业链前后端延伸、上下游拓展，最大限度地提升农产品附加值与推进农业产业升级转型。充分发挥优势互补、资源共享，在全要素、全链条中构建紧密利益链，带动原子状小农户转轨现代农业，促进农业现代化。[③] 以浙江庆元林-菇共育系统为例，庆元是世界最早进行香菇人工栽培的地方之一，香菇种植产业一直是庆元的传统产业和支柱产业。在入选第二批中国重要农业文化遗产（2014）和全球重要农业遗产（2022）后，浙江庆元香菇产业更是打开了广阔的国内外市场，当地政府积极引导其集约化栽培种植、异地化资源开发、机械化栽培生产、产业化精深加工、集群化企业协同，让庆元香菇走出庆元，走向世界，走向农业现代化。

2. 健全农业文化遗产的产业结构

农业是由种植业、林业、畜牧业、渔业、副业五种产业形式组合成的一个区域型大产业，这决定了它在某一区域的占地面积大，在一个县的范围内基本是以同种类型的农业产业为主。农业文化遗产所在地基本以行政区划的县、村为单位，整个行政区域内民众根植于小流域生境依靠自有农业文化系统为生，

---

① 阿里研究院：《阿里农产品电子商务白皮书（2014）》，全国农产品电子商务信息公共服务平台，http：//nc. mofcom. gov. cn，2015 年 6 月。

② 张玉明：《农业产业化是现代农业的重要支撑》，《人民日报》2011 年 7 月 6 日，第 7 版。

③ 郁静娴：《乡村产业加快全链条升级》，《人民日报》2023 年 7 月 14 日，第 18 版。

其他产业比重小，模式固化，农民收入难以提高。由于电子商务的推动，能够通过优化农业供应链再造农产品产业链，塑造农产品新型流通模式，推动乡村旅游、农业文创产业与民宿等发展，助力县域特色经济跨越发展。随着近年来国际农业竞争的加剧，众多走在前面的农企开始意识到，农业高附加值的产生，还得依靠于农业品牌的打造。一旦在农产品上加上商品概念，如打造成品牌、装进精美的包装之后，以往价格低廉的农产品，就能以翻番的价格，出现在消费者面前，并且获得市场认可。

3. 建立农业文化遗产的市场机制

电商促进农业文化遗产地的各种资源高效有机地与农业生产的前期、中期、后期诸环节结合，形成闭环的市场化流程，助力农业文化遗产地建立起长效的经济循环。传统农业运作流程为：购买种子（或自己留种）—整地—耕种—收割—留种—留粮—销售—维护管理。农用物资的购买与农副产品的销售渠道单一，体现内在的区域市场与小规模循环。农业文化遗产所在地区以较为古朴、传统的农村村落为主，形成村镇里的商铺或者农资超市—中介下乡收购（或到集镇售卖）的模式，农民缺乏主动权，所获利益微薄。同时，还存在信息链不对称、产销环节不透明等弊端。随着电商平台的发展，不少农民利用互联网查寻农产品信息，从实体经济贸易走向线上贸易。虚拟社区农盟通、乡村银行助理、农村支付角、农贸通、乡村供应链管理系统等新涌现的即时通信、网上支付系统、网上交易途径逐渐进入农民的生产生活中，解决农业产供销管理中生产与销售、农民与市场信息不对称问题，拓展农产品销售渠道，高效地将农业的产前、产中、产后诸环节有机地结合①，极大地健全了农产品市场机制和功能。

（二）农业文化遗产电商转向的劣势

1. 农产品的生命周期限制

农产品电子商务由于产品的生命周期特点难以形成标准化。农产品分两种类型：一类是大米、玉米、土豆、大豆等，相对容易实现标准化；另一类是鱼

① 王秀徽：《“互联网+农业”背景下的农业电子商务》，《农民科技培训》2016 年第 8 期，第 44~46 页。

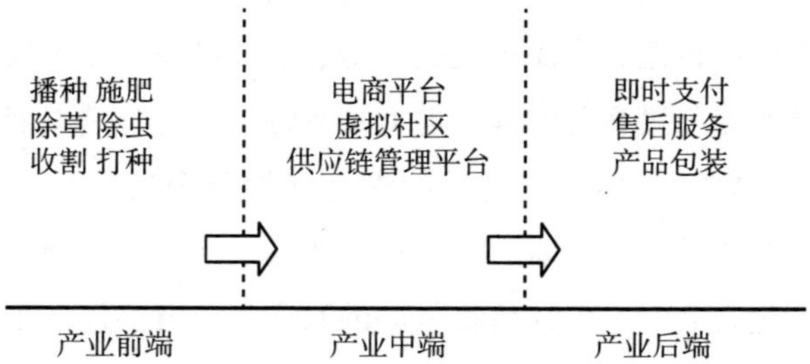

图 1　农产品市场化机制

肉类、水果等，由于其生命周期等特点，非常难以实现标准化。以浙江省遂昌县当地的知名产品红提为例：团购初兴之时，行业内并没有标准，红提团购负责人首次自建标准，对每个红提果穗的重量、单粒果重、果粒尺寸、着色度、糖度等进行指标界定。尤其将糖度作为核心指标界定在 14 度的阈值门槛。第一批团购满意度达 99%。第二批团购下单的时候距离红提成熟还有 3~4 天时间，根据订单要求需要提前发货，但此时甜度只有 13 度，因此最终收到大量差评，原因是果品甜度不足。从中不难看出农产品因其自身的特性难以在电子商务模式下实现标准化，需要灵活应变。

农产品与工业产品属性不同，农产品上行比起工业品下行具有更大难度。这种不同于工业品的特性是农产品市场化的一个巨大阻碍。涉农电商投诉、产业链不健全，都离不开“农产品上行”这一焦点问题。其中的原因主要是农村电商产业链还不完善。例如，农产品大多价值低，储存时间短，这导致运输成本高昂，超过农业商品成本一半以上。缺乏集约化、品牌化运营基础，前后不同时间点价格波动大。

2. 电商市场的整体不成熟

中国的农业品牌尚不成熟，品牌多、杂、乱、小，外观雷同。一方面没有形成区域内部统一品牌，宣传不到位，各自为政，恶性竞争，产品“叫好不叫座”。另一方面，由于巨大利润市场的出现，许多黑心电商卖家为了逐利，在农产品中掺假，欺骗消费者。入选第二批中国重要农业文化遗产名录的浙江杭州西湖龙井茶文化系统，以其龙井茶享誉于世，但网络上销售的龙井茶真假难辨，如何鉴别龙井茶的真假成为广大消费者的困惑。

笔者检索发现，不同平台的明前龙井茶价格差异巨大，但是都以“5A”“特级”等字样标榜其珍贵。而像这样的农产品信息混乱的现象也不在少数，利益驱使下出现各种“挂羊头卖狗肉”的现象，这些还亟待法律及相关部门的制约。

3. 农产品的产业配套不完善

电子商务的发展在有效结合农业生产诸多环节的同时，也对我国农业物流系统提出了新的挑战。目前我国物流业基础设施建设不足，行业仍有较大发展空间。中国农业文化遗产地大多处于农村地区，道路、通信条件等基础设施差，加剧了物流的不畅通，而构建农业物流的运行体系和现代农业物流系统所需要的高素质人才队伍仍然在建设之中。因此，形成完善的农业物流运行支撑环境，才能改善农产品供应链，提高农产品交易频率与数额。就目前阶段来讲，这还是需要长期发展才能实现的。

三　电商对乡村旅游的重构

（一）电商带来农业文化遗产旅游人气与流量

中国存在特殊的互联网经济形式，无论官媒还是自媒体都无法通过高额的粉丝流量直接获得经济收益，而大流量账户变现通过电商的盈利模式则是可行的。以山西大同阳高县守口堡村为例，该村位于大同市阳高县龙泉镇，其地处山西与内蒙古交界处，自古以来便是交通要塞。守口堡村以塞外长城的知名关隘闻名，黑水河围绕村庄流过。守口堡村依山傍水，具有较好的自然风光，且此处以杏为主要物产，历经百年，形成了杏林、长城、黑水为核心景观的旅游特色。

近年来，大同市全面贯彻落实省委、省政府“加快发展文旅康养产业，建设国际知名文化旅游目的地”的战略部署，守口堡村也围绕该战略做出自己的决断。由于阳高县自古就有“三晋杏乡”的称号，因此围绕该种资源打造“杏文化”，自2017年起连续多年举办杏花节，其中守口堡村则是重要的“杏文化”区域，而通过电商将“杏韵花”的文化价值转变为经济价值也成为守口堡的重要发展方向。

2023 年 4 月 18 日上午，“阳高杏花节暨长城文化旅游季”活动在龙泉镇守口堡村开幕并全程直播，2013 年 7 月 26 日《2023 长城寻堡品牌活动》在守口堡村全网直播，2013 年 9 月 11 日山西晚报融媒体大型直播节目《寻找山西文化新名片——美丽大泉山》全网直播。《我的家乡在阳高》《守口堡之韵》等 MTV 音乐作品，吸引了众多抖音粉丝。

直播形式具有背景舞台性、实时性和互动性，以晋北山脉、长城、守口堡、杏花村等自然-人文景观为背景，现场演绎阳高新事物、龙泉镇历史过往、杏花村新故事，吸引了更多观众的参与。通过社交媒体平台、在线直播平台等进行直播，能够迅速传播信息，引起广泛关注。在杏花节活动中，通过直播展示当地杏花盛景、长城文化等特色，吸引了大量观众的围观和关注。传统的杏花节活动可能受制于时间和地域，只有现场观众能够亲自体验。而通过直播，可以突破地域限制，让更多人参与其中，无论身在何处都能共同体验活动。因此，直播为当地带来了更多的受众，进而带来大额流量。此外，直播的互动也对增加流量具有重要作用。观众在直播中可以实时与主持人、参与者进行互动，提出问题、留言、点赞等，增加了观赏的参与感和娱乐性。这种互动性促进了信息的传播，让更多的人知道和了解当地的杏花节和长城文化旅游季活动，进而吸引更多的人前来参观和体验。

（二）电商刺激农业文化遗产旅游节庆赛事活动开展

电商平台为农业文化遗产旅游节庆赛事活动提供了更丰富的宣传渠道和互动机制。一方面，通过在线商城、社交媒体、短视频平台等，将节庆赛事的信息快速传播给更多的潜在游客。这种快速、便捷的传播方式能够吸引更多人的注意，提高当地传统遗产的知名度和曝光率。另一方面，通过线上活动报名、电商平台内的互动投票、评论留言等功能，游客可以更便捷地参与到节庆赛事活动中来。这种互动性能够增加游客的参与感和体验感，提高他们对农业遗产相关产品购买的兴趣和参与积极性。

如 2023 年 5 月 13 日开赛的“村超”。“村超”即贵州榕江县（三宝侗寨）和美乡村足球超级联赛，是当地村民自发组织的民间足球赛事。20 支以村为单位的球队参与比赛，赛事持续 3 个月。尤其是 6 月 17 日“超级星期六”的四场赛事，总计吸引观众超过 10 万人次，人民日报客户端、新华社客户端、央视频客户端等 20 多家媒体进行了现场直播，引起了巨大反响。其中电商的融入不仅为当地的农业文化遗产旅游提供了经济变现的渠道，也为旅游赛事的开展提供了服务。首先，电商平台为“村超”提供了更广阔的宣传和推广渠道。通过网络直播、社交媒体等平台，“村超”的活动和特色得以迅速传播，吸引了更多游客前来参与。其次，电商平台为“村超”提供了便捷的销售和交易方式。游客可以通过电商平台购买“村超”特产和纪念品，从而进一步推动当地农业经济的发展。此外，电商还提供了更加精准的数据分析和用户反馈，帮助“村超”更好地了解游客需求，优化产品和服务，提升游客体验。

（三）电商促进农业文化遗产旅游销售实现“文化转向”

随着电商的兴起，农业文化遗产地能够通过网络平台将自身的农副产品推广到全国。然而，现代消费者的需求逐渐从简单的购买商品，转向了对于背后文化故事的探求。在这一背景下，农业文化遗产地开始将售卖焦点由农副产品转向地方文化。各地不仅在电商平台上售卖产品，还通过图文、视频等形式，讲述产品背后的故事、传统工艺和历史渊源，从而激发消费者对地方文化的兴趣。

山西省长治市西岭村是一个有着 300 多年历史的古村落，目前保存完好的明清古民居、庙宇有 40 余处。2012 年，该村被列入首批中国传统村落名录。2021 年西岭村入围山西省级旅游示范村，2022 年被评为山西省“太行人家”。近年来，为了适应电商平台的选品以及宣传需要，该地紧抓建筑文化与非遗文化两个核心文化卖点，一方面打造特色民宿品牌，将古镇古村作为营销卖点来销售古法制作的各类产品，如酒、粮食等。另一方面以非遗为支点对本地的非物质文化遗产进行挖掘，形成了非遗传艺的“根据地”——贴布绣非遗小院，将剪纸和贴布绣等手工制品作为教育、文化的传播窗口，形成非物质文化遗产的售卖（见图 2）。这种以当地特色文化为主题的产品是对地方特殊性的挖掘，是具有可持续性的有机发展模式。其通过精心制作的文化解说、小视频等，讲述产品背后的文化内涵、传承故事，使消费者在购买的同时，更加了解和认同当地的文化价值。

这种变化不仅丰富了电商平台上的商品种类，更在全国范围内传播了农

图 2　长治市乡村旅游的贴布绣非遗小院示范

村地区的地方文化。消费者不仅仅是购买者，更成为地方文化的传播者和守护者。这种售卖地方文化的方式，不仅为农业文化遗产地带来了更多的收益，也促进了地方文化的传承和弘扬，实现了经济效益和文化价值的融合。总而言之，在电商时代，农业文化遗产地不再局限于售卖农副产品，而是更加注重将地方文化融入销售过程中。这种变化不仅适应了新时代背景下消费者的需求，也为农村地区带来了新的发展机遇，进一步推动了农村文化的传承和发展。

（四）电商促进农业文化遗产研学旅游发展

电商与研学活动之间存在着互补作用，二者相互促进和增强，共同为教育、文化传承和旅游等领域带来丰富的发展机会。其主要体现在优质的研学活动可以为电商平台提供有价值的教育资源，增强平台的吸引力和综合性，这种内容的提供有助于电商平台在教育领域建立声誉。反过来，电商也能为研学活动提供销售平台和推广渠道。

山西长治的振兴村是当地乡村致富脱贫的样板村，其在乡村研学方面具有相当成熟的经验，以“农业+科技+文旅+研学”为理念打造了农业科技体验园。振兴村在搬迁之前是散布在 140 余条贫困山沟中的多个村落，2017 年开始搬迁。该村是典型的农耕到城乡文明、改革创新与升级转型的重要历史见证者。在此基础上，该村建设 4 个温室大棚主要供给青少年的研学活动，包括自然探秘、瓜样世界、耕读学堂、鱼菜共生。振兴村作为一个样板，将农业与研学进行有机结合，提供了一种新的文化遗产推广思路。

表 1　长治振兴村研学内容

场馆名称	主题	主要内容
自然探秘	自然知识学习	悬浮雨林、昆虫世界、水中精灵、多彩雨林、萌宠探秘
瓜样世界	瓜果蔬菜与世界文化	瓜类蔬菜、华夏文化元素、世界文化元素
耕读学堂	农耕与非遗文化	场景打造、科普展示、趣味体验
鱼菜共生	农家休闲	鱼菜共生复合系统、家庭立体园艺、科技栽培

首先，研学活动为农业提供了新的发展契机。农业作为一个传统的产业，通过研学活动可以向学生、家长和参观者展示其多样性和文化内涵。其次，通过电商平台以及研学活动的宣传和推广，农产品和农业文化也得到了推广，实现了农产品的变现。总的来说，研学、电商和农业之间形成了一个相互促进的循环。研学活动为农业提供了宣传和发展的机会，电商为研学活动和农业提供了更广阔的平台，而农业为研学活动和电商提供了丰富的内容。通过这种相互关系，三者共同推动了教育、经济和文化等领域的发展。

四　乡村旅游的电商重构

中国农业文化遗产旅游有着广阔的发展前景。以农业文化遗产的电商发展、周边旅游资源与遗产地旅游资源的整合、生态旅游和乡村振兴等方面为主。

（一）电商对乡村旅游的重构效应

经济重构。在数字经济时代，第一时间获取信息对于农业遗产地社区来说就是激发经济潜在能量。以“互联网+”为代表的信息技术降低了经济地理空间的摩擦成本，突破了地域限制，使得地理位置偏远、交通成本高的地区以电子商务实现农业产品流通、乡村旅游的弯道超车。农村电子商务提升了区域经济水平与农村消费能力，缩小了城乡收入差距。

空间重构。农业文化遗产地以旅游、民宿、文创、电子商务等替换传统的种植（养殖）空间，也影响了乡村聚落、村落公共空间、乡村河流景观等实体空间。吸引有识青年回乡创业，吸引社会精英、退休人员回乡定居养老，创办第二居住空间，引导乡村对本社区文化、地域文化产生认同，增加乡土自信。

社会重构。随着乡土社会传统熟人社会的解体，信息通信技术使得乡村民众在社区内重新凝聚成新型熟人（利益）共同体。在网络社会，网民可以处理电商投诉、粉丝打赏，充分进行社会互动和民主意见表达。社区内民众与外界以产业链条、虚拟经济、电子商务等重新形成网络社会共同体，一种影响个人、组织和社会的社会秩序正在形成。

（二）电商融合与资源整合

随着互联网和电子商务的迅猛发展，农业文化遗产的电商发展将成为重要的推动力。通过电商平台，农业文化遗产产品可以更广泛地推广和销售，让更多的游客和消费者了解和体验农业文化。电商还可以提供便捷的线上预订服务，让游客更便捷地参观农业文化遗产地，购买农产品和纪念品。

将周边旅游资源与农业文化遗产地旅游资源进行有机整合，可以实现资源共享和互补。周边景区、自然风光和历史遗迹等旅游资源可以与农田、农耕文化等农业文化遗产相结合，形成丰富多样的旅游线路和产品。这种整合可以提升游客的旅游体验，同时也促进农业文化的传承和保护。

（三）农业旅游与乡村振兴

农业旅游、生态旅游与农业文化遗产具有天然联系。农业文化遗产地通常位于乡村和自然环境中，具有独特的生态景观和生态系统。通过开展生态旅游，游客可以深入了解农业生态系统的运作，参与农耕活动，体验纯净的自然环境。生态旅游不仅能够吸引游客，也有助于保护和恢复农业生态环境，实现可持续发展。

农业文化遗产旅游与乡村振兴相辅相成。通过发展农业文化遗产旅游，可以促进乡村经济的发展，提升农民收入。同时，农业文化遗产旅游也有助于传承和保护乡村的传统文化和农业技艺，激发乡村的活力和创造力。乡村振兴战略提供了政策支持和资金保障，为农业文化遗产旅游的发展提供了必要的前提保障。

区域篇

Regional Section

G.13
贵州省乡村旅游发展报告

刘孝蓉　梁　昊*

摘　要： 近年来，贵州将乡村旅游作为建设旅游强省的重要抓手，立足丰富人文资源，坚持以文塑旅、以旅彰文，文旅融合有力助推乡村振兴，在机制创新、产品丰富、业态拓展、“三产”融合、营销开拓等方面持续发力，推动乡村旅游高质量发展。与此同时，贵州文旅融合也面临诸如产品同质化严重、配套服务不足、专业人才匮乏等困难和问题，影响全省乡村旅游转型升级和高质量发展。未来，贵州要立足乡村旅游走出文旅赋能发展的新道路，从完善公共服务设施、优化营商环境、加强人才培养、提升运营管理等方面持续发力，不断开创乡村旅游发展新格局。

关键词： 贵州　乡村旅游　乡村振兴　文旅融合

---

* 刘孝蓉，文化和旅游部旅游质量监督所研究员，贵州财经大学副教授，研究方向为乡村旅游、文化旅游；梁昊，黔西南民族职业技术学院讲师，研究方向为乡村旅游。

贵州集峰林、瀑布、溶洞、峡谷、湖泊、温泉等景观为一体，是“千瀑之省”“山地王国”“洞的博物馆”“花的海洋”。世居于此的17个少数民族创造了各美其美、美美与共的民族文化。秀美自然风景、浓郁民族风情与众多历史遗迹，为贵州文旅高质量发展奠定了基础。党的十九大提出乡村振兴战略，党的二十大提出乡村“五大振兴”，乡村发展正大步迈进高质高速的全面振兴阶段。截至2023年底，贵州有52个乡村列入文化和旅游部分批公布的全国乡村旅游重点村名单，涌现了483个省级乡村旅游重点村，文旅产业已成为促进乡村产业兴旺、生态宜居、乡风文明、治理有效、生活富裕的重要抓手和可行路径。作为地处内陆的“山地王国”，贵州已迎来乡村旅游大展宏图的黄金期。

贵州拥有全国最多的“中国传统村落”，共757个，国家级和省级少数民族特色村寨1640个。得天独厚的资源禀赋、各级政府的高度重视以及市场主体的聚智聚力，有力有效推动了乡村旅游发展。贵州乡村旅游发展始于20世纪80年代末期和90年代初期。从“百县旅游、百镇特色、千村景区”发展战略起步，通过扶持推动自然资源观光开发、人文资源挖掘呈现，选择并打造一批具有示范效应的乡村景点，引导鼓励市场主体参与配套设施建设。在省内实施“乡村旅游富民工程”，吸引当地居民参与，加大培训和帮扶力度，不断促进农村经济结构转型升级。“十三五”期间，贵州依托自然风光、民族村寨、乡村文化和“四在农家·美丽乡村”建设，不断探索发展高质量乡村旅游，累计助推乡村112万贫困人口增收。经过多年蓄力发力，贵州在摸着石头过河的丰富实践中，逐步探索出促进乡村经济发展与文化传承相得益彰、独具贵州山地特色的乡村旅游发展模式。

一　贵州省乡村旅游发展现状

近年来，贵州把发展乡村旅游作为本省特色发展之路。立足乡村振兴重要使命，认真贯彻落实习近平总书记视察贵州重要讲话精神和对贵州工作重要指示批示精神，着力在体制机制、业态创新、事件营销等方面突破，探索打造乡村旅游高质量发展的“贵州样本”。

（一）创新体制机制，高屋建瓴发力

全国文化和旅游机构融合改革后，贵州在省厅层面单独设立乡村文化旅游处，统筹推进全省乡村文化旅游发展，是全国省级文旅行政管理部门中最早设立乡村旅游发展专职机构的省份。为做大做强做精乡村旅游，省文旅厅联合多部门整合资金推动乡村旅游基础设施建设，优化证照办理程序，印发《贵州省乡村旅游“十四五”发展规划》《贵州省“十四五”民族特色村寨保护与发展规划》《贵州省传统村落高质量发展五年行动计划（2021—2025 年）》等文件，以提升业态产品、引导产业集群集聚、打造“10 条乡村旅游产业带”、大力发展民宿经济、创新宣传运营方式、加强优秀文化传承、创建示范工程为抓手，着力构建“一圈聚集、八区支撑、十带联动、门户宣导”的乡村旅游发展新格局。

（二）强化金融支持，培育内生动力

针对乡村旅游发展融资困境，贵州在全国率先利用财政资金支持乡村旅游发展，构建金融助力体系，2018~2022 年已补助资金近 1.5 亿元，乡村旅游基础设施建设和产业发展得到快速提升。联合中国农业银行贵州省分行出台“乡村旅游 e 贷”金融产品，累计为乡村旅游经营户发放贷款 96.42 亿元，惠及乡村旅游经营户 7.83 万户。针对返乡创业青年推出“农银青年旅游创客 e 贷”金融产品，发放贷款 1.08 亿元。出台奖励政策，对获得全国乡村旅游重点村、省级乡村旅游重点村称号的分别给予 30 万元、20 万元的奖金，对于被评选为乡村旅游甲级村寨、精品级客栈和五星级经营户的分别按 5 万元、3 万元和 1 万元进行奖补，充分调动乡村旅游发展积极性，培育内生动力。

（三）产业提档升级，民宿持续发力

随着“微度假”旅游新潮流的发展，依托丰富的景区资源和美丽乡村建设成果，贵州乡村民宿乘势而上，民宿客栈总量 1 万余家，形成了万峰林、梵净山、黄果树等民宿集群，涌现出水东乡舍、花都里、群山之心等一批本土民宿品牌，已成为旅游产业化进程中极具发展潜力的业态之一。贵州不断强化顶层设计，围绕民宿产业与乡村振兴互动关系，抓好用好《国务院关于支持贵州在新时代西部大开发上闯新路的意见》（国发〔2022〕2号）机遇，在省级层面率先发布《省人民政府办公厅关于促进贵州民宿产业高质量发展的指导意见》，明确责任部门，提出“到2025年新增民宿市场主体5000家”目标任务，实现民宿产业规范化、市场化、特色化、融合化、品牌化、集群化发展；印发《贵州省民宿产业发展三年行动计划（2023—2025年）》，细化发展目标、产业布局等，分年度、分市州进行落实；印发《支持全省民宿产业高质量发展首批政策措施清单》，形成全省上下的推进合力；出台《民宿质量等级划分与评定》《乡村度假酒店等级划分与评定》《贵州省乡村旅游客栈服务质量等级划分与评定》等地方标准；财政每年安排不少于2000万元的省级专项资金支持民宿发展，配套金融产品“黔旅快贷”，截至目前已累计投放7.2亿元，累计支持酒店、民宿1635户。2023年贵州省民宿产业招商推介活动，推出民宿招商项目227个（项目总投资97.17亿元），现场签约民宿项目17个，签约总金额为4.695亿元。民宿产业高质量发展促进乡村旅游转型升级的“贵州模式”正快步奋进。

（四）“三产”融合发展，业态不断丰富

贵州紧紧围绕“农文旅”融合发展理念，以供给侧结构性改革为主线、“三产”融合为抓手，探索乡村旅游新业态。印发了《贵州省文化和旅游助推乡村振兴巩固拓展脱贫攻坚成果行动方案（2021—2025）》《贵州省促进居民增收三年行动方案（2022—2024年）》《关于推动农文旅融合促进休闲农业与乡村旅游高质量发展的指导意见》。当前贵州已逐步形成“农业园区+农产品产业基地+农业品牌加工集群+现代物流+电子商务+休闲农业+乡村旅游”的“接二连三”农文旅商一体化模式，其中以湄潭翠芽为代表的茶文旅发展模式尤其突出。2022年在休闲农业和乡村旅游精品工程带动下，全省休闲农业和乡村旅游经营主体14237个，从业人员30.18万人，其中农民从业人数15.55万人，带动农户数33.02万户；接待游客17727.77万人次，营业收入223.46亿元，其中农副产品销售收入70.23亿元。2023年上半年在“赏花”经济、农特产品展、文体户外跑等一系列活动共同协力下，全省油菜花海累计接待游客超360万人次，旅游综合收入2.22亿元。

（五）“村超”火爆出圈，“村味”席卷全国

为持续提升乡村旅游热度，扩大知名度和影响力，贵州省连续开展乡村系列活动，如万人徒步、越野跑、骑行等体育赛事和户外趣味活动。依托红色资源打造一批特色鲜明、参与性强、内容丰富的文旅项目，如持续评选“长征路上好民宿”，催生红色文化与乡村旅游融合示范点。地方层面也结合实际探索“村超”“村 BA”等“村味”系列活动，用新形式新宣传奏响乡村旅游发展新乐章。以黔东南为代表的“村”字招牌成功出圈，凭借两球赛事走出了别具一格的乡村致富路，点燃了文体旅发展新格局。2023 年三天两夜的“村 BA”总决赛，台江县共接待游客 18.19 万人次，实现旅游综合收入 5516 万元。继“村 BA”出圈后，“村超”中场休息设计穿插非遗表演、侗族大歌等极具当地特色的节目，创新宣传方式，乡村活动火爆全国，游客纷至沓来。6 月3 日中央电视台原体育播音员韩乔生亲临现场直播，创造了 5 万人现场观看、5000 万人在线观看的壮举。以“村超”为引领，榕江县全力打造“超好吃”“超好玩”“超好住”等“体育+乡村+经济”的“超品牌”，全面带动当地餐饮、零售、住宿、旅游、交通等行业发展。旅游产业实现新升级，构建贵州文体旅融合发展新格局。

（六）提升配套设施，优化公共服务

近年来，贵州省旅游产业化专项组成员单位以完善交通网络、景区连接路、自驾服务、旅游风景道为抓手，推进全省景点、资源、市场之间的串联与共享，为乡村旅游快速发展奠定了坚实基础。2017 年贵州率先在西部实现建制村通硬化路、通客运。“十三五”时期，“四好农村路”建设完成投资 1292 亿元。“十四五”以来，贵州打造了交旅融合示范路，创新规划和升级美丽农村路经济示范走廊 4000 公里，建设美丽农村路 1000 公里。美丽农村路串联起一个个乡村旅游点，形成 3.2 万公里的交通经济走廊，走出了贵州乡村发展独具特色的旅游路、产业路。如湄潭县茶园周边公共服务全面提升，茶园面积增加到 62 万亩，综合带动茶旅融合产业产值从 35 亿元增加到 139 亿元。黔西南州积极推广精品水果种植 2000 余亩，通过景区销售和开展“消费扶贫”行动，让农户搭乘旅游发展快车，增收致富路越走越宽。

（七）区域差异化发展，全域成效显著

贵州从省级层面统筹乡村旅游发展规划，形成了共性与个性统一的发展格局。贵阳市以高坡乡、水头寨等为代表；安顺以黄果树瀑布、龙宫洞周边乡村等为代表；黔东南以西江苗寨、肇兴侗寨等为代表，成为贵州乡村旅游最知名的品牌；黔南以大小七孔、天眼、福泉古镇周边乡村等为代表；黔西南以万峰林、马岭河景区等为代表；铜仁以梵净山为代表，六盘水以妥乐古银杏风景区、乌蒙大草原等为代表，成为贵州乡村旅游的热门区域。经过谋划发展，贵州乡村旅游游客平均停留时间得到较大提升，从 2018 年的 1.5 天增加到 2.5 天，游客满意度明显提高。2023 年“五一”期间，旅游业一夜回暖。省文旅厅网站显示，前三天全省接待游客 2038.26 万人次，实现旅游收入 120.95 亿元。全省 60 家重点监测旅游景区共接待游客 329.01 万人次，旅游综合收入 16.92 亿元。2023 年 1~8 月，全省旅游市场接待游客 4.64 亿人次，旅游收入 5344.66 亿元，游客人均消费达 1152.25 元，主要景区周边乡村旅游成为贡献最大的板块。

二　贵州乡村旅游发展存在的问题

（一）同质化竞争激烈，资源转化率低

贵州拥有丰富历史、民族文化、红色精神等文化资源。以非遗为例，现有世界级项目 2 项，国家级项目 85 项，省级项目 628 项，市、州级项目 1455 项，县级项目 4151 项，但在乡村旅游中实现创造性转化和创新性发展的极少。优质文化体验项目的短缺严重制约了乡村旅游发展的质量和速度。以黔东南为例，作为贵州乡村旅游典型代表，苗侗文化品牌影响力较大，但体验项目类型单一，拦门酒、长桌宴和歌舞表演等产品服务同质化严重，各村寨特色彰显不足，游客易产生审美疲劳，重游率和忠诚度不高。乡村旅游开发初期，由于发展理念滞后，多地追求短平快发展道路，扎根地方实际不够，挖掘资源特色不足，个性定位不准，较大程度上存在盲目跟风、相互模仿等现象。贵州构建“一村一品”乡村旅游发展格局任重道远。

（二）配套设施参差不齐，服务有待提升

贵州省乡村旅游开发点多面广，多地公共服务设施配套参差不齐。起步发展较早、临近城市、已申报A级及以上景区等乡村旅游点配套的基础设施较齐全，基本满足游客需求。但与此同时，省内多数乡村旅游点尚处于初级发展阶段，不同程度上存在高峰期用水用电不足、垃圾清运不及时、公共交通不便捷等情况，难以满足长期性乡旅游客的多样需求，如多功能超市、理发、足浴、银行、药品、健身等公共服务设施建设滞后。当前大部分乡村旅游景点主要提供住宿、餐饮服务，且相关服务的多数供应者未经过系统培训，专业技术技能和服务意识理念薄弱，难以较好满足新时代高品质旅游需求。

（三）市场主体量多质低，消费带动不强

贵州乡村旅游已初步建立起“六要素”产业链，但市场主体多以村集体企业、民营企业、个体工商户为主，规模小、知名度低、融资难度大、运营管理能力弱，整体上呈小、散、杂、弱等特征，缺乏强劲有力、引领市场发展的龙头企业，规模以上企业较少。简而言之，市场主体数量多实力偏弱。大部分地区乡村旅游仍停留在农业观光、采摘等初级阶段，餐饮多以农家饭、农家烧烤、当地火锅等为主，娱乐多以自娱自乐型、拍照打卡型为主，商品售卖多以农户自产自销时令果蔬为主，旅游业态价值链窄、种类单一且多为小额消费，因此游客停留时间短、消费产出低、经济推动力不强。“十三五”期间，贵州乡村旅游接待人次占旅游总接待人次的45%，但乡村旅游收入仅占旅游总收入的23%。综上所述，贵州乡村旅游发展主要问题是如何引进、培育优质市场主体，加快建设高质量业态，丰富产品供给。

（四）专精人才匮乏，发展潜力受限

贵州乡村旅游多点开花，发展势头强劲，政策红利不断释放，产业结构逐步完善，但与此同时，精通乡村旅游开发规划、运营管理、宣传推广、业态完善等的专业人才缺口与日俱增。一是多数从业者和经营者相关知识技能匮乏，乡村旅游发展思路不清晰、理念滞后，不能有力有效推动乡村旅游转型升级和

高质量发展。二是留守劳动力年老体弱，发展断层断代现象突出，如乡村特色的传统工艺、非遗文化等缺少适龄传承人弘扬发展，乡村文化建设动力不足。三是乡村产业薄弱，类型单一且同质化严重，难以满足引才育才留才用才的多元职业方向和丰富就业需求。

（五）品牌价值不足，辐射带动乏力

数据显示，贵州热门景区前十名都集中在中东部地区，乡村旅游也多数集中在这些景区的周边。各地区之间发展的不平衡性不充分性突出，未形成具有一定影响力的乡村旅游品牌。东部乡村以黔东南为主，苗侗文化资源丰富，具有较高的文化品牌效应；中部以贵阳、安顺为主，省会效应与黄果树系列品牌遥相呼应，资源吸引力强，但辐射带动乡村产业不足；西部以毕节百里杜鹃和黔西南万峰林周边为主，受季节影响较强，景区周边乡村资源挖掘、运用和旅游产业链发展不充分。如黔西南作为布依族苗族自治州，乡村少数民族文化资源丰富，但发展至今仍然缺少与苗侗文化并驾齐驱、彰显地方特色的布依文化及其系列品牌，在乡村文旅发展上特色不突出。除自然人文资源外，乡村民宿业亦是如此，具体表现在全省旅游重点村、少数民族村落之间，民宿数量分布不均衡、营收结构不均衡、整体规模偏小等。

（六）重“建”轻“营”，运营管理滞后

乡村旅游重建设、轻运营，管理方式粗放。如贵州现有民宿 1 万余家，调研显示，70%以上市场主体证照不全，且多为本土品牌，89.8%属于个体户，地点多集中于景区周边，客源以省内过夜散客为主，主要收入来源为住宿费用。配套产业链、供应链相对欠缺，具体表现为餐饮、娱乐、文创等供应产品难以满足多样化需求，与研学、运动、探险等元素融合运营发展尚未开出新局，贵州民宿产业仍是相对独立的住宿产业，不能成为较好地连接其余“五要素”（吃、行、游、购、娱）的商业平台，市场带动效应不强。同时相关体制机制、多元模式、专精人才、品牌建设等运营方面滞后，一定程度上束缚了民宿高质量发展。当前大多数民宿呈现重“宿”轻“民”的发展思路与规划，民宿发展模式停留在建筑设计的审美展示，注重景观设计等硬件建造，而在“民味”“民情”等软件建设与运营管理方面较为缺失，没

有较好地融合乡村文化、融入乡村社区，不能推动精品化运营，产品核心竞争力不足，市场可替代性较强。

三　贵州乡村旅游发展的对策与建议

（一）深挖文化内涵，创新融合发展

依托自然田园风光和山地资源等，可以举办梯田风光参观、稻田花海游玩、农耕农事体验、山地户外运动、民俗风俗节庆等旅游活动，探索发展度假、康养、运动、研学等多要素多产业融合发展的乡村旅游，设计开发多样化白日游与多层次夜间游的文旅体验项目及产业，守牢生态底线，紧紧围绕乡村文化建设，策划开展一年四季丰收采摘节庆、定期定时民俗节庆、体育竞技等活动，实现乡村旅游一年四季、白昼黑夜可游可赏可参与可体验的发展模式。支持有资源有条件的村寨进行景区化提升改造，培育一批民宿村、银匠村、刺绣村、艺术村、美食村等彰显特色文化特征的主题村寨。有重点、有特点、有步骤地推进部分非遗集中村落、传统村落和特色村寨探索新业态、建设精品牌、扩大影响力。

（二）健全服务设施，提升服务质量

公共服务设施是展现“乡味”的一张靓丽名片。公共服务设施的建设要遵循“原生态”原则，在避免大拆大建、滥拆滥建的基础上，尽可能留住乡愁，同时兼具时代性功能与服务。根据乡村旅游发展规划，有针对性地选择、培育、发展、健全文旅配套产业，从餐饮、住宿、交通、游览、购物、娱乐、环境卫生、安全防护、从业服务等全方位全过程综合布局文旅产业的提质增效。加强乡村信息服务建设，有力推进乡村智慧文旅发展，升级改造标识系统、通信设施、智能语音等设施设备，让乡村旅游更舒适、便捷、高效；有序探索乡村旅游智慧化发展，让乡旅游客行为需求可量化可分析可预见，提高乡村旅游发展的可持续性。科学规划乡村功能分区，突出自然风光、民俗文化、商品商业、住宿康养等区域性特色，同时各分区功能要高质高效串联，增设乡村电商物流和直播功能区，推动“黔货出山”持续走深走实走好走强。

（三）壮大市场主体，夯实消费基础

乡村旅游发展业态单一，消费收入低下，归根结底是市场主体小、散、杂、乱。乡村旅游要实现高质量发展，必须立足高质量旅游产业，相关部门要加大招商引资力度，加强配套政策支持，覆盖龙头企业、优质企业、潜力企业、中小微企业四种层次和多种类型，不断培育壮大旅游市场主体。龙头企业是发展的引领者和风向标，很大程度上影响并决定了乡村旅游发展的趋势和道路，在龙头企业的引进和培育上要慎重且精细化，给予相对的自主权，发挥龙头企业主体作用，为乡村旅游发展开疆拓土，将优秀的乡村旅游发展模板本土化；优质企业是发展的助力者和主力军，较大程度上推动了乡村旅游持续发展，优质企业既要向外引，更要从内育，精准打造乡村发展内生动力；潜力企业和中小微企业是发展的蓄水池和后备军，是乡村旅游可持续发展的可靠力量，主要是本地乡镇企业、集体经济和个体户，他们带着浓浓乡情创办企业，向着乡村振兴目标发展产业，是一批能留住、能发展、肯奋斗、甘奉献的坚实力量。立足四种层次企业和多种类型产业规划布局，逐步壮大市场主体，丰富乡村旅游产品供给，延展乡村旅游经济价值，不断为乡村旅游增收创收、提质增效。

（四）扩大营销推广，力创乡村品牌

搭建统一有效的官方平台，对乡村旅游“六要素”产业链开展有针对性、地域性、特色性、品牌性的营销策划，形成对外推广合力，构建“官方聚智聚力、个体有力有效”的同向同行推广体系，形成各村各寨、各区域间新媒体的集群效应。大力建设发展乡村旅游电商直播平台、智慧物流集散中心、农特手工艺品展销一站式窗口等文旅产业综合体。加大智慧旅游和数字旅游基础设施建设，精准挖掘游客线上线下需求。创新发展线上云旅游，打造“乡游黔中”精品品牌，多渠道多形式多内容开展对乡村旅游重点村镇的全方位四季宣传。引导遴选培育一批有意愿有潜力的乡才，免费开展直播、视频剪辑、内容创作等业务培训，通过政策支持和配套引流，在每个旅游乡村培育 2~3 名乡村直播达人，作为乡村深度文旅体验官和宣传推广大使，开展全方位全过程的新媒体营销。

（五）做优引育用留，精耕人才储备

人才是推进乡村全面振兴的关键。无论文旅开发规划还是产业提质升级，关键是对人才的引育用留。颁布实施多层次多方面多类型人才系列政策，建立柔性引才体制机制，确保人才引得来、育得好、用得对、留得住，促进人才与产业相互影响、相辅相成，加速推动人才资源向产业资源转化发展。建设集创新创业成果转化、金融服务、科技指导等功能于一体的乡村创客基地。举办乡村文旅发展论坛，定期开展乡村文旅发展经验交流分享会，通过知识讲座、技能评选、成果展示、趋势研判等，加强乡村人才交流互鉴，共策共谋共力乡村文旅发展。建立健全乡村人才数据库，精准摸排现有、潜在及急需的各类乡村人才，梳理人才台账，由省级或市州层面统筹人才发展工作。健全“政企校”协作机制，组团做好乡村文化传承人的传承发展工作。举办乡村文旅技术技能大赛，通过各行各业大练兵，营造以赛促学强本领的良好氛围，打造人才“强磁场”，激发人才干事创业激情。

（六）运营管理前置，产业联动优先

贵州民宿集聚趋势突出，发展潜力巨大，但与浙江等先行省份对比依然存在一定差距，要借助民宿东风发展高质量的乡村旅游，须对民宿从业人员进行规范的培训，加强监管力度，建立政府与行业齐抓共管的体制机制，推动建设满足不同层次需求的精品品牌。从民宿建设之初，引入民宿职业经理团队，科学规划民宿发展道路。畅通民宿开办绿色通道，提供线上一条龙证照简化办理服务，加大政策红利支持扶持，着力探索贵州民宿产权发展新方式新方法，解决民宿投资后顾之忧，营造良好的民宿投资市场环境。探索民宿“微度假”发展模式，在尊重乡土人情和严守生态底线基础上，创新建设发展一批民宿集群式目的地，培育网红民宿与民宿集聚区，使其成为乡村引流聚流的网红打卡点。引导民宿从简单住宿产品向“微度假”文旅综合目的地平台发展，使其成为黔货出山的展销窗口、地方文化的宣传窗口、产业联动的对外窗口，成为非遗、文创、研学、探险、康养等新业态迸发的强力引擎，以“民宿+”高质量发展推动贵州乡村文旅高质量发展。

G.14

湖南省乡村旅游发展报告*

何银春　周子璇　周依林**

摘　要： 近年来，湖南省乡村旅游在赋能乡村振兴、助力城乡协调发展、促进共同富裕目标实现的进程中发挥着日趋重要的作用。当前，湖南省乡村旅游呈现功能不断增强、发展类型多样、品牌持续创建等发展趋势。在发展过程中，湖南省在政策法规制定、乡村资源挖掘、文旅节会兴办、区域产业整合等方面积累了丰富的经验。然而，湖南省乡村旅游仍然存在专项指导不完善、产品开发机制不成熟、乡村产业衔接不到位、数字平台打造不理想、设施管护机制不健全等问题。本报告针对湖南省乡村旅游现存问题提出了部门联合制定专项规划、因地制宜优化产品供给、延长乡村产业链条、营造乡村智慧场景、完善设施管护机制的具体建议，以期促进湖南省乡村旅游高质量发展。

关键词： 乡村旅游　高质量发展　湖南省

湖南省的乡村旅游资源丰富多样，拥有以雪峰山为代表的山地自然资源，以洞庭湖为代表的湖泊自然资源，以湘西州为代表的土家族、苗族少数民族文化资源，以“半条被子”故事发生地沙洲村、“伟人故里”韶山为代表的红色

---

* 本报告为湖南省大学生创新创业训练项目“传统村落文化治理中老年人主体性的遮蔽与重塑”（202210542126）和湖南师范大学生态文明研究院课题“传统村落生态文明治理共同体研究”（2020ZXXJ03）的阶段性研究成果。

** 何银春，文化遗产学博士，湖南师范大学旅游学院副教授、硕士生导师，研究方向为乡村旅游；周子璇，湖南师范大学旅游学院硕士研究生，研究方向为乡村旅游；周依林，湖南师范大学旅游学院本科生。

文化资源，以湘绣为代表的非遗文化资源等，品类众多、分布广泛的乡村旅游资源是湖南乡村旅游高质量发展的重要基础。湖南乡村旅游经历了自主经营、有序发展、品质提升的发展阶段，正在步入体制逐渐健全、业态持续创新、市场日趋庞大的发展新时期。近年来，湖南省不断探索文旅发展助力乡村振兴的具体方式，充分发挥乡村旅游促进居民就业、活化地方资源、传承乡村文化、带动产业发展的重要作用。在当前乡村振兴的时代背景以及“十四五”规划的宏观指导下，湖南乡村旅游的发展规模渐趋庞大、基础设施不断健全、品牌打造更趋成熟，乡村旅游助力乡村振兴效果不断凸显。

一　湖南省乡村旅游发展现状

（一）乡村旅游功能不断增强

湖南省70%的文化和旅游资源分布在乡村地区，乡村旅游在湖南乡村振兴事业中发挥着重要作用。湖南作为“精准扶贫”首倡地，“十三五”期间，通过发展旅游，1641个旅游扶贫重点村全部脱贫，通过文旅业直接和间接减少贫困人口累计100余万人，在省政府表彰的100个脱贫攻坚示范村中，有32个是旅游扶贫重点村。[①] 湖南省于2019~2021年连续三年实施“送客入村”工程，在积极规划乡村旅游线路基础上鼓励旅行社推出乡村旅游产品，促进乡村旅游客源持续输送。截至2021年底，国内402家旅行社精准送客317.63万人次，带动文旅产业相关消费金额达200.90亿元。接待游客前十的区县中有7个是湖南省原深度贫困县。[②] 乡村旅游逐渐成为巩固脱贫攻坚成果、衔接乡村振兴战略的重要方式。

“十四五”以来，湖南省将乡村旅游写进《湖南省“十四五”农业农村现代化规划》《湖南省“十四五”巩固拓展脱贫攻坚成果同乡村振兴有效衔接规划》《“十四五”支持革命老区振兴发展实施方案》等政策法规及规范性文件中。乡村旅游具有增强产业动能、促进村容村貌建设、推进城乡一体化发展的

① 刘涛：《文旅赋能，点亮“湘”村》，《湖南日报》2023年6月4日。

② 贾艳、高慧：《湖南“送客入村”三年发团超8万次》，《中国旅游报》2021年12月21日。

作用，不仅为国家乡村振兴战略赋能，也将为促进城乡一体化发展、丰富人民物质与精神生活提供助力。

（二）乡村旅游发展类型多样

2021年，湖南省发改委与省文旅厅联合印发的《湖南省“十四五”文化和旅游发展规划》（下称《规划》）和《湖南省“十四五”时期推进旅游业高质量发展行动方案》（下称《行动方案》），是“十四五”阶段湖南文旅发展的基本指南。《规划》综合各地资源特点及地理空间关系，勾画“十四五”时期湖南文化和旅游发展格局，并以五大文化和旅游融合发展板块为基本布局。在《规划》及《行动方案》指导下，湖南省以建设一批文化旅游精品县为目标，重点聚焦特色资源与产业优势，依托区域自然与人文背景，逐渐形成各板块乡村旅游主要发展模式与产品类型。

1. 长株潭文化和旅游融合发展板块——红色文化及城郊休闲乡村旅游

长株潭文化和旅游融合发展板块包括长沙市、株洲市、湘潭市、娄底市和益阳市部分地区。该板块处于大湘东红色文化旅游走廊核心位置，东部毗邻江西省并共同构成湘赣边区红色旅游协作区，依托开慧故里、花明楼、韶山等红色文化资源，炎帝陵、神农城等农耕文化资源，长沙近郊游憩带、浏阳河百里画廊等乡村文化资源，主要发展了学习认知型（红色文化和神农文化传承）和参与体验型（农事劳作体验）乡村旅游产品。

2. 环洞庭湖文化和旅游融合发展板块——湿地生态体验及康体养生旅游

环洞庭湖文化和旅游融合发展板块包括岳阳市、常德市和益阳市部分地区。该板块以洞庭湖湿地为中心，北部紧邻湖北省、江西省，共同形成湘鄂赣天岳幕阜山旅游协作区，依托洞庭湖区域湿地资源、桃花源景区、壶瓶山生态旅游区、夹山国家森林公园（禅茶文化）、桃花江竹林等丰富的自然景观和湖湘文化资源，主要发展了娱乐休闲型（湿地休闲观光度假）和养生运动型（避暑养生）乡村旅游产品。

3. 大湘西文化和旅游融合发展板块——自然观光及民族文化乡村旅游

大湘西文化和旅游融合发展板块包括张家界市、湘西州、怀化市和邵阳市部分地区。作为大湘西民族文化旅游走廊的辐射地区，该板块北连湘鄂渝黔武陵山文化旅游协作区，南连湘桂崀山文化旅游协作区，依托武陵源、崀山等世界自然遗产，凤凰古城、永顺老司城等世界文化遗产，以及湘西少数民族文化资源，主要发展了观光审美型（特色村庄和民族风光）和参与体验型（农事劳作和蔬果采摘）乡村旅游产品。

4. 大湘南文化和旅游融合发展板块——湘南人文与自然山水乡村旅游

大湘南文化和旅游融合发展板块包括衡阳市、永州市、郴州市。该板块为长征文化旅游走廊与大湘东红色文化旅游走廊节点，南邻广东省，作为湘粤南岭文化旅游协作区组成部分，该板块拥有独特的地形地貌、丰富的水资源，使得该地山区垂直地理分异特征明显，依托东江湖、仰天湖大草原等自然资源，南岳宗教文化、江永女书、舜帝陵等特色文化资源，主要发展了养生运动型（乡村自然环境疗养健身和森林探险）和参与体验型（农事劳作体验和水上垂钓）以及学习认知型（科普考察）乡村旅游产品。

5. 雪峰山文化和旅游融合发展板块——花瑶文化及山地度假乡村旅游

雪峰山文化和旅游融合发展板块以邵阳市和怀化市为重点，包括益阳市和娄底市安华县、桃江县。该板块以雪峰山为核心区域，重点挖掘梅山文化、抗战文化等资源，依托穿岩山国家公园、桃花江森林公园等自然资源，以及枫香瑶寨、雁鹅寨古村落、茶马古道等文化资源，打造“锦绣潇湘·神韵雪峰”旅游品牌，主要发展养生运动型、学习认知型和观光审美型乡村旅游产品。

（三）乡村旅游特色品牌持续创建

近年来，湖南省围绕“锦绣潇湘”这一湖南文旅总品牌，不断加强乡村旅游产品品牌、旅游商品品牌、节庆品牌、服务品牌建设。① 通过打造乡村旅游地品牌，依托湖南四季乡村文化旅游节构建湖南乡村旅游品牌体系。2022年，湖南省全域共3个乡镇被列为“全国乡村旅游重点镇（乡）”，共7个乡村被列为“全国乡村旅游重点村”，共11个乡村被列为“中国美丽休闲乡村”。同时，湖南省评选了14个省级乡村旅游重点镇（乡）、47个省级乡村旅游重点村、39家省级五星级乡村旅游区（点）（见表1）。

---

① 湖南省文化和旅游厅：《湖南省“十四五”文化和旅游发展规划》，湖南省文化和旅游厅，http：//www. hunan. gov. cn/hnszf/xxgk/wjk/szbm/szfzcbm _ 19689/swhhlyt/gfxwj _ 19835//202111/t202111 29_ 21179945. html，2021年8月24日。

表 1　2022 年湖南乡村旅游品牌创建情况

乡村旅游品牌	数量	入选县(镇、乡、村)
全国乡村旅游重点镇(乡)	3	衡阳市南岳区南岳镇 张家界市武陵源区协合乡 永州市宁远县湾井镇
全国乡村旅游重点村	7	张家界市慈利县三官寺土家族乡株木岗村 益阳市赫山区泉交河镇菱角岔村 岳阳市汨罗市屈子祠镇新义村 永州市江永县千家峒瑶族乡刘家庄村 湘西土家族苗族自治州吉首市矮寨镇德夯村 长沙市浏阳市古港镇梅田湖村 湘潭市岳塘区昭山镇七星村
中国美丽休闲乡村	11	株洲市醴陵市枫林镇隆兴坳村 邵阳市隆回县岩口镇向家村 长沙市宁乡市大成桥镇永盛村 益阳高新区谢林港镇清溪村 岳阳市华容县禹山镇南竹村 娄底市新化县奉家镇下团村 常德市临澧县修梅镇高桥村 长沙市浏阳市古港镇梅田湖村 湘潭市湘潭县乌石镇乌石峰村 郴州市苏仙区栖凤渡镇瓦灶村 永州市宁远县湾井镇下灌村
湖南省乡村旅游重点镇(乡)	14	长沙市长沙县金井镇 长沙市长沙县果园镇 衡阳市常宁市西岭镇 株洲市茶陵县严塘镇 邵阳市隆回县虎形山瑶族乡 岳阳市临湘市羊楼司镇 常德市澧县澧南镇 张家界永定区王家坪镇 益阳市安化县马路镇 娄底市新化县奉家镇 郴州市苏仙区栖凤渡镇 永州市祁阳市潘市镇 怀化市溆浦县北斗溪镇 湘西土家族苗族自治州泸溪县浦市镇
湖南省乡村旅游重点村	47	长沙市湘江新区莲花镇桐木村 长沙市长沙县果园镇花果村 长沙市长沙县金井镇金龙村 长沙市宁乡市大成桥镇鹊山村 衡阳市衡阳县洪市镇明翰村 衡阳市祁东县洪桥街道鼎兴村 衡阳市常宁市西岭镇石山村 衡阳市石鼓区黄沙湾街道灵官庙村 株洲市茶陵县严塘镇湾里村 株洲市醴陵市船湾镇清水江村 株洲市荷塘区仙庾镇仙庾岭村 湘潭市湘潭县易俗河镇梅林桥村 湘潭市湘乡市龙洞镇泉湖村 湘潭市湘乡市东郊乡浒洲村 湘潭市韶山市清溪镇长湖村 张家界市武陵源区协合乡李家岗村 张家界市慈利县通津铺镇长峪铺村 张家界市桑植县刘家坪白族乡长征村 益阳市安化县马路镇云台山村 益阳市桃江县桃花江镇崆峒村 益阳市赫山区泉交河镇奎星村 益阳市南县麻河口镇东胜村 郴州市苏仙区栖凤渡镇河头村 郴州市资兴市唐洞街道办事处大王寨村 郴州市安仁县永乐江镇新丰村 永州市零陵区富家桥镇涧岩头村 永州市祁阳市潘市镇陶家湾村 永州市双牌县上梧江瑶族乡盘家村 永州市宁远县湾井镇周家坝村 怀化市溆浦县思蒙镇思蒙湾村

续表

乡村旅游品牌	数量	入选县(镇、乡、村)
湖南省乡村旅游重点村	47	邵阳市新邵县严塘镇花亭子村 邵阳市武冈市辕门口街道办事处古山村 邵阳市邵阳县塘渡口镇蔡山团村 岳阳市华容县禹山镇南竹村 岳阳市汨罗市弼时镇序贤村 岳阳市汨罗市屈子祠镇永青村 常德市桃源县牛车河镇毛坪村 常德市澧县澧南镇仙峰村 常德市西湖管理区西洲乡黄泥湖村 怀化市溆浦县北斗溪镇茅坡村 怀化市靖州苗族侗族自治县寨牙乡岩脚村 娄底市娄星区杉山镇花溪村 娄底市双峰县杏子铺镇溪口村 娄底市新化县天门乡土坪村 娄底市泸溪县浦市镇黄家桥村 娄底市凤凰县廖家桥镇菖蒲塘村 娄底市花垣县双龙镇金龙村
湖南省五星级乡村旅游区（点）	39	长沙市天心区西湖共享农场 长沙市宁乡市关山健峰农庄 衡阳市常宁市荷塘别院 衡阳市耒阳市归仁农庄 衡阳市南岳区水濂村润山润水生态荷花园 衡阳市雁峰区华航农庄 株洲市茶陵县和吕石峰仙森林康养基地 湘潭市韶山市远方的家民宿客栈 湘潭市韶山市爱韶说 湘潭市九华经开区狮形山庄 邵阳市城步苗族自治县蓬瀛红色教育基地 邵阳市新宁县舜帝茶庄森林康养中心 邵阳市新宁县裕锋生态农庄 岳阳市湘阴县稻宏乐园 岳阳市汨罗市神鼎山庄 常德市武陵区天景花池 常德市鼎城区花溪鹭谷 常德市鼎城区五溪谷 常德市安乡县墨庄堂 张家界市桑植县西界天河农庄 益阳市桃江县杨家湾乡村休闲旅游区 益阳市赫山区奎星家庭农庄 郴州市北湖区小埠大院 郴州市资兴市东江湖小镇云雾山 郴州市临武县卧龙谷生态农业度假村 郴州市安仁县颜子文化园 永州市祁阳市清湖山庄 永州市双牌县探花园生态农庄 永州市新田县东升农场 怀化市麻阳苗族自治县罗裙山天梯美墅 怀化市溆浦县满天星山庄 怀化市通道侗族自治县独岩民俗风情园 娄底市娄星区紫云轩度假村 娄底市娄星区爱乐行营地 娄底市涟源市龙山归乡苑 娄底市双峰县水府庙生态旅游度假村 湘西土家苗族自治州古丈县中寨乡村亲子研学农庄 湘西土家苗族自治州永顺县老司城土司大营 湘西土家苗族自治州龙山县八面山居

资料来源：中华人民共和国文化和旅游部、湖南省文化和旅游厅官网。

这些乡村旅游特色品牌的持续创建标志着湖南省乡村旅游目的地产品更丰富、体系更健全。不仅如此，乡村旅游品牌创建要求地方政府对乡村旅游重点地区进行重点管理与动态监控。在地方政府的系统管理以及配套政策的规划扶持下，乡村旅游重点发展地区能够进一步释放发展潜能，更好地发挥示范作用，从而推动乡村旅游产品供给持续优化，促进湖南省乡村旅游高品质发展。

湖南每年举办春、夏、秋、冬（四季）乡村旅游节，依托主题节会，引领乡村旅游发展。截至2023年6月，湖南省已成功举办26届四季乡村文化旅游节。其中，2022年5月~2023年6月分别在永州市江永县、湘西土家族苗族自治州龙山县、长沙市宁乡市、怀化市通道侗族自治县、湘西土家族苗族自治州吉首市五地举办乡村文化旅游节，精心打造了一批符合农村发展、市场需求的全域四季文化旅游产品，提高了湖南乡村的知名度、美誉度，加速了当地乡村振兴的步伐（见表2）。

表2　2022年5月~2023年6月湖南四季乡村文化旅游节办会情况

时间	节会主题	办会地点
2022年5月	“诗画永州‘香’约江永”	永州市江永县
2022年8月	“周游三湘 湘约八面山·乐爽在湖南”	湘西土家族苗族自治州龙山县
2022年11月	“我本青铜 宁乡鼎你”	长沙市宁乡市
2023年4月	“三湘四水·相约湖南 怀景怀乡怀味·让世界‘侗’听”	怀化市通道侗族自治县
2023年6月	“三湘四水·相约湖南 神秘湘西·天下鼓乡”	湘西土家族苗族自治州吉首市

资料来源：湖南省文化和旅游厅官网、《中国旅游报》。

（四）乡村文旅融合方式更趋多样

乡村文旅高质量发展要求深度挖掘、丰富文化内涵，不断创新文化表现形式。乡村传统的非遗文化、民族文化、红色文化赋予湖南乡村旅游及其产品深厚的文化内涵，乡村旅游的发展则带动乡村本土文化的创造性转化与创新性发展。湖南是非物质文化遗产大省，湖南乡村拥有众多独特的非物质文化遗产资源。目前全省50多个县共设立非遗就业工坊160家，非遗文化所在地通过持续盘活文化资源带动7.2万人在家门口就业，“非遗破圈”让非遗从束之高阁的“珍藏品”变成乡村旅游场景中的特色商品。[①] 乡村旅游也为民族文化创新发展打造新模式，湘西州竹山村利用保存完整的苗寨古建筑，通过将苗家民居转化为文旅场

① 刘涛：《“湘”村风景处处新——湖南文旅八大模式赋能乡村振兴》，《湖南日报》2023年6月2日。

景，打造《竹山花开》实景剧，让游客感受苗家独特的民俗文化以及苗族歌舞的魅力。红色文化资源作为主题教育的重要载体，与乡村旅游资源结合形成了“乡村旅游+党建”“乡村旅游+研学”的发展模式，例如湖南省推出的“不忘初心·重走长征路”红色主题旅游线路，将红色旅游景点与乡村旅游点交错串联，让游客沿着中央红军长征湖南段线路重温革命历史、领略乡村风貌变迁。

（五）乡村旅游基础建设提质升级

旅游交通、旅游厕所等基础设施是乡村旅游硬件设施的重要组成部分。2022 年，湖南高速公路通车里程 7330 公里，较上年增加 247 公里；高速铁路营业里程 2408 公里，较上年增加 159 公里，湖南省高速交通网更加健全。2022 年末，常益长高铁全线通车运营，标志着湖南省实现了“市市通高铁”的目标。常益长高铁的通车不仅大大缩短了湘中北与长株潭城市区的时空距离，还增加了湖南与粤港澳大湾区的铁路通道，为常德、益阳等湘中北地区借助区域优势进一步发展乡村旅游提供了便利。2022 年，湖南省重点民生工程——“三路”建设工作超额完成，共提质改造乡村“旅游路”6996 公里，完成率达 139.9%；共完成农村公路安防设施建设 8032 公里，完成率达 133.9%，使乡村旅游客源持续输送成为可能。

湖南省各级政府积极落实乡村厕所基础设施建设。自 2019 年以来，省政府工作报告连续将“改（新）建农村户用厕所 100 万户以上”列为每年 12 项重点民生实事之一，由省财政专门安排资金给予重点保障。截至 2022 年，湖南农村卫生厕所普及率达 93%，122 个县（市、区）全部建立农村垃圾收运处置体系，生活垃圾得到有效治理，村容村貌发生明显变化。“厕所革命”带动了乡村环境持续改善，也助推了乡村旅游逐步升温。

二　湖南省乡村旅游发展经验

（一）规范制定政策法规，引导乡村旅游助力乡村振兴

2021 年国务院印发《“十四五”旅游业发展规划》，明确提出“规范发展乡村旅游”“进一步完善乡村旅游政策保障体系”，鼓励将乡村旅游纳入县域

相关规划，并与乡村振兴战略有效衔接。2022年，文旅部等部门联合发布《关于推动文化产业赋能乡村振兴的意见》，启动实施“文化产业赋能乡村振兴计划”，并将文旅融合赋能乡村振兴作为重点工作。

湖南省各部门高度重视乡村旅游在乡村振兴事业中的重要作用，将乡村旅游有序纳入工作规划及行动方案。2022年，省人民政府办公厅印发《“十四五”支持革命老区振兴发展实施方案》《关于促进脱贫群众持续增收的指导意见》等文件，明确将乡村旅游作为革命老区振兴发展、巩固脱贫攻坚成果的重要发展路径予以支持。2023年，省文旅厅、省乡村振兴局等19部门联合出台《关于进一步推动文化和旅游赋能乡村振兴的若干措施》，提出了完善乡村文旅公共服务设施、推动乡村文旅科技深度融合、壮大乡村文旅市场主体、规范乡村旅游新业态发展等15条措施，为进一步发挥文旅产业振兴乡村的带动作用指明具体路径。

湖南省各市（州）、区（县）也积极响应，因地制宜布局文旅事业及产业，进一步明确乡村旅游发展方向。如《长沙市望城区“十四五”文体和旅游发展规划》将“大力发展乡村旅游”作为重点发展任务，立足“山水洲城”资源优势与环境优势，着力打造特色旅游乡村与都市田园综合体。《湖南省通道侗族自治县全域旅游发展总体规划（2018—2027）》对乡村旅游进行专项布署，明确先期对县域内的历史文化名村、传统村落进行规划安排，以点带面，实现共同发展的乡村旅游发展路径。

（二）厚植乡村本土资源，不断探索乡村旅游发展模式

乡村地区保存有最丰富最完整的传统资源，是乡村旅游发展的基础，不断推进乡村文化创新发展、实现村民精神生活与物质生活满足是全面富裕的应有之义。① 文旅融合背景下，乡村旅游地政府通过统筹规划，推进乡村文化资源的活化利用、创新开发乡村旅游资源，有序推动乡村旅游与其他产业融合发展、促进村民就业与持续增收，巩固脱贫攻坚成果，衔接乡村振兴战略。例如“半条被子”故事发生地汝城县沙洲村通过创建红色旅游景区、讲好经典红色

① 明庆忠、李志飞、徐虹等：《共同富裕目标下中国乡村旅游资源的理论认知与应用创新》，《自然资源学报》2023年第2期。

故事、深化红色主题教育，2018 年实现整村脱贫。2022 年该村村民人均可支配收入突破 1.9 万元，村集体经济收入也突破 100 万元。沙洲村“半条被子”红色文化的活化利用富足了村民的精神世界，也开拓了农民的致富路子。

（三）积极兴办文旅节会，媒体助力乡村旅游破圈传播

湖南省自 2016 年起举办四季乡村文化旅游节，“以会促旅，以文兴旅”，各地在四季乡村旅游文化节基础上结合自身特点推出具有地方特色的文旅活动，持续推出特色化旅游产品。乡村旅游节会活动不仅推进了地方基础设施的完善及文旅项目的落地，也通过借助湖南卫视与芒果 TV“一云多屏、两翼齐飞”的全媒体格局，进一步实现了文旅资源有效宣传。①

近年来，由湖南广电制作的《乡村合伙人》《亲爱的客栈》等与乡村文旅相关的综艺节目通过有效的持续曝光与话题讨论，持续带动拍摄地的知名度提升与游客量增长。借助广电“湘军”融媒体矩阵进行同步传播，湖南省文旅节会宣传效果进一步提升。例如 2022 年，湖南省（夏季）乡村文化旅游节在龙山县八面山景区举行，此次节会通过湖南经视和“芒果 V 直播”进行全程直播，观看总量超 8.5 亿人次。湖南经视和央视频等 80 个在线平台对“八面山高空扁带挑战赛”进行直播，点击量超 40 亿次，实现了乡村旅游的破圈传播。

（四）有效整合区域产业，充分发挥乡村旅游带动作用

乡村旅游产业需要与其他产业协同发展。湖南省立足乡村特色资源，发展乡村旅游，充分利用各地区文旅资源比较优势，组成“联合舰队”抱团发展，助力乡村共同富裕，建设沿武陵山、罗霄山集中连片相对落后地区 13 条文化生态旅游精品线路，辐射带动近 1000 个村发展。与此同时，乡村旅游与地方产业融合发展，为特色产业提供发展动能，如湘西州古丈县牛角山村深入推进茶产业与文旅产业融合发展，以“茶”为题，以“旅”为媒，通过联合周边地区发展茶产业，并建成夯吾苗寨、戎吾苗寨等 3 个旅游景区，2022 年旅游收入为 2.3 亿元，通过推进茶旅融合有效带动乡村基础设施完善与农民增收致富。

① 吕焕斌：《湖南广播电视台：不断超越的媒体融合“芒果模式”》，中国记协网，http://www.zgjx.cn/2020-05/15/c_139060156.htm，2020 年 5 月 5 日。

（五）如期落实建设方案，持续优化乡村旅游基础设施

湖南省政府遵循美丽乡村建设方案，积极参与美丽乡村与休闲农庄创评工作，每年对湖南省休闲农庄进行定期复评并督促存在问题的经营主体进行整改。在旅游公路建设方面，省住建厅依照建设规划督促乡村“三路”工程建设并主动公布每年建设工程完成情况。在乡村厕所建设项目落实过程中，省农业农村厅首创并推行“首厕过关制”，要求各村改造或新建的第一个厕所的各个环节都必须严格按照有关标准实施，完全合格后才能全面施工。湖南乡村基础设施逐步改善，为乡村旅游发展提供了硬件保障。

三 湖南省乡村旅游发展存在的问题

（一）乡村旅游缺少专项规划指导

湖南省各级政府高度重视乡村旅游在乡村振兴、城乡一体化建设以及农业现代化中的作用。《湖南省“十四五”巩固拓展脱贫攻坚成果同乡村振兴有效衔接规划》《湖南省“十四五”农业农村现代化规划》《湖南省“十四五”支持革命老区振兴发展实施方案》等政策文件均明确提出发展乡村旅游，发挥乡村旅游在乡村振兴中的带动作用。虽然“大力发展乡村旅游”已经被提升到战略高度，但是新时期湖南省乡村旅游产业发展专项规划及指导文件尚未出台，湖南省不少地区乡村旅游发展缺乏总体方案，乡村旅游市场准入规则、乡村旅游资源的评定流程、乡村旅游产业中乡村资产所有权等规范尚待明确，不同地区乡村旅游的发展方向以及区域间的联动模式也有待统筹规划。

（二）乡村旅游产品开发机制有待优化

乡村旅游资源具有强复制性与普遍性，大多数的乡村旅游资源类似，而农田、森林等非垄断性资源并不具有绝对竞争力。① 因此，建立科学合理的资源

① 孙九霞、张凌媛、罗意林：《共同富裕目标下中国乡村旅游资源开发：现状、问题与发展路径》，《自然资源学报》2023 年第 2 期。

开发机制尤为重要。然而在实践过程中，湖南部分乡村资源未得到合理保护利用，未形成具有区域特点与市场吸引力的旅游产品。例如常宁有1200多年的置县历史，文化底蕴深厚，文化资源丰富，境内古迹众多。近年来，常宁大力发展具有地方特色的文化产业，旅游资源的开发有了初步成效，但在资源整合、项目开发和品牌营销上力度不足。厚重的历史文化和独具魅力的自然资源尚未得到深度挖掘、有效整合和科学利用，缺少具有区域特色与吸引力的旅游产品，县域内的乡村旅游产业也没有形成大的规模效应和品牌影响力。

（三）乡村旅游与其他产业缺少有效衔接

乡村旅游的发展离不开乡村产业支撑，乡村产业进一步发展需要乡村文旅赋能，新时代乡村旅游发展不断为产业融合发展打造具体场景与广阔平台。湖南是文化大省，也是农业大省，乡村旅游发展应当以乡村资源为基础，并通过自身带动作用实现乡村农、文、旅等产业的融合发展。然而当前湖南部分乡村旅游发展仍停留在体验农事、自然观光的初级阶段，未与当地优势资源进行有效衔接。如衡阳市乡村旅游依然以农家乐和小景点休闲为主，尚未形成规模化、特色化的乡村旅游项目，而当地多数产业园的休闲、生态、文化等功能开发不足，价值链拓展有限，乡村旅游产业与其他产业各自独立，没有实现真正的融合发展，乡村旅游的产业带动作用得不到有效发挥。

（四）乡村旅游数字化建设亟待完善

湖南乡村公路、厕所等公共服务设施不断完善，数量逐年增加。虽然目前乡村民宿与乡村旅游服务设施建设持续推进，但是由于地理位置因素，湖南部分地区仍然存在通信信号不稳定、生活用电缺乏的情况，无法为游客营造良好的乡村旅游体验。在数字文旅平台建设方面，目前湖南文旅数字建设成果主要体现在数据监控以及文旅演艺项目打造上。在服务上虽然以“一机游”模式开发了“游潇湘”文旅数字服务平台，逐步提升了乡村旅游服务智慧化水平，但目前该平台主要围绕湘西地区的旅游产品推介，其他地区乡村旅游地信息并未在该平台共享，乡村旅游服务在信息传递、服务反馈等在线服务上仍滞后，乡村文旅数字场景营造及乡村旅游数字化建设有待进一步优化。

（五）乡村旅游设施管护机制尚不健全

通过持续推进乡村民生工程建设，湖南省乡村人居环境与基础建设有了整体改善，但是部分地区尚未完全建立针对乡村环境及旅游设施的长效管护机制。例如郴州市苏仙区的部分乡村在环境整治工作中存在“政府干、群众看”的情况，由于受观念、习惯等因素限制，群众自主参与及主动维护意识不强，相关工作也难以开展。同时，乡村垃圾分类标准不明确、厕所改造技术把握不准、污水处理能力不足等也是乡村环境优化与基础设施建设中的难题。部分乡镇除电力、电信等有偿使用的设施由专业机构管护外，其他公共设施管理维护的责任主体不明确，也没有制定相应负责机制与考评措施，基础设施损毁后难以及时追责与维修，美丽的乡村环境与完备的公共基础设施无法有效保障和长期保持。

四　湖南省乡村旅游高质量发展建议

（一）政府部门联合统筹，制定乡村旅游发展规划

湖南省各部门应当协同参与制定乡村旅游相关规划，各级政府需要按照《湖南省“十四五”旅游业发展规划》《湖南省“十四五”农业农村现代化规划》等上层设计，结合自身情况制定乡村旅游发展专项方案，明确方案实施中的阶段性目标以及实施的具体方式，确定乡村旅游发展中各项工作的具体职责以及负责部门，稳扎稳打推进规划实施。各级政府部门应积极开展座谈会以及跨部门调研工作，及时了解乡村旅游相关工作事项最新进展以及部门经验，制定科学的工作方案与指导意见，引导乡村旅游有序发展。

（二）因地制宜开发资源，优化乡村旅游产品供给

湖南各地乡村旅游发展不仅要重视利用当地特色资源，更要重视文化内涵的挖掘，促进资源的活化利用。在乡村旅游资源与产品的开发上，结合地区发展目标以及乡村旅游市场发展特点，积极推出具有自身特色、符合市场需求的个性化产品，不断探索并形成专业化的乡村旅游产品开发模式。在乡村旅游产品营销内容、推广渠道选择上着眼于乡村旅游市场的消费特征与兴趣点，创新

乡村旅游产品推广形式，积极与各类乡村产业以及其他领域企业进行整合营销，逐渐形成功能完善、类型众多的乡村旅游产品体系，为乡村旅游市场持续输送差异化与特色化的优质产品。

（三）延长乡村产业链条，形成乡村旅游规模效益

加快乡村产业融合发展，推动旅游与文化、农业、教育、体育等深度融合，积极探索诸如“休闲农庄+特色民宿”“生产基地+加工企业+特产商店”“电商+乡村旅游”等新思路与新模式，在建设一批优势特色产业集群、现代农业产业园和农业产业强镇基础上发展乡村旅游，推动乡村一二三产业融合发展。鼓励各市场主体参与乡村旅游发展，打造多种合作模式，完善利益联结机制。各乡村旅游经营主体及新型农业经营主体可以采取“龙头企业+合作社”“龙头企业+基地”等形式，加强经营合作，带动乡村旅游及农业、林业等产业增收。支持当地农户通过土地流转、入股分红等形式，强化与合作社等新型经营主体的利益联结，分享产业增值收益。

（四）持续推进数字建设，营造乡村文旅智慧场景

各级政府应落实《湖南省数字乡村发展行动方案（2023—2025）》，以乡村建设数字化、智慧化为基础着力打造乡村文旅公共服务平台。依托“游潇湘”湖南省文旅服务平台，鼓励各地休闲农庄、乡村民宿等经营主体入驻，并依托节事营销进行持续推介，将平台经营数据与游购动态纳入省文旅厅监控体系，在前端实现对客源的信息资源共享，在后端实现数据检测评估，实现湖南乡村文旅产业智慧化、数字化。

（五）完善设施管护机制，保障乡村旅游硬件基础

乡村旅游设施建设前应当及时进行公告，说明建设规划及其用途，并听取群众意见，在建设过程中以及建设完成后要充分尊重村民在乡村中的主体地位，准确传达乡村设施建设的相关信息及其对乡村发展的有利影响，从观念层面带动村民共同维护乡村环境与基础设施。在村一级确立基础设施责任制，按照区域确定责任人并定期进行设施监管维护，确保公共设施长期有效可用，从制度层面为乡村旅游设施提供保障，确保乡村公共设施的有效维护与合理利用。

G.15

山东省乡村旅游发展报告

张 彦　尚晓攀*

摘　要： 近年来，山东省不断推动乡村旅游高质量发展，以乡村旅游助力乡村振兴，并取得了显著成效。乡村旅游作为山东省最为活跃的旅游形式之一，已经成为拉动山东农村经济转型升级的强大引擎，其整体规模和发展模式处于全国领先地位。山东省在深耕乡村旅游的过程中积累了丰富的“山东经验”，其在实施乡村旅游规模化工程、打造乡村旅游精品工程、促进乡村产业融合中的很多做法值得推广借鉴。同时，山东省乡村旅游在区域发展、经营模式、数字赋能、旅游人才等方面依然存在很多问题，针对这些问题，本报告提出了相应的对策建议，希望能够为推动山东省乡村旅游的高质量发展提供一些参考。

关键词： 山东省　乡村旅游　乡村振兴

一　山东省乡村旅游发展成效

（一）乡村旅游实现规模化发展

目前，乡村旅游已成为推动山东省乡村振兴的优势产业，接待规模已占全省旅游规模的半壁江山。据测算，2018~2022 年，山东省乡村旅游接待游客数量分别占游客总量的 58%、57%、40%、55%、78%，除了 2020 年受疫情影响

* 张彦，山东大学博士，山东财经大学副教授、研究生导师，研究方向为旅游社会学、旅游文化学；尚晓攀，山东旅游职业学院讲师，研究方向为乡村旅游。

略有回落，其他年份均表现强劲。2022 年，全省乡村旅游接待游客 4.63 亿人次，同比增长 15.2%，实现乡村旅游消费总额 2400.2 亿元，同比增长 21.7%，分别恢复到 2019 年的 85.7%和 88.6%（见表 1）。目前，山东省有 3500 多个村庄规模化开展乡村旅游①，淄博市博山区池上镇中郝峪村等 48 个村入选全国乡村旅游重点村，临沂市沂水县院东头镇等 6 个镇（乡）入选全国乡村旅游重点镇，同时山东省拥有 4 个全国休闲农业重点县、73 个中国美丽休闲乡村、860 个景区化村庄、34 个乡村民宿集聚区创建单位，全省初步形成 5 条乡村旅游带。

表 1　2018~2022 年山东省乡村旅游接待游客数量及旅游消费总额统计

单位：亿人次，亿元

年份	接待游客数量	旅游消费总额
2018	5.03	2955.0
2019	5.40	2709.9
2020	2.28	1120.7
2021	4.02	1972.5
2022	4.63	2400.2

资料来源：山东省文化和旅游厅官网。

（二）乡村旅游企业不断发展壮大

截至目前，山东省拥有乡村旅游经营业户 8.9 万户，乡村民宿规模达 1.74 万家，它们已成为山东省乡村特色产业发展的重要支撑。为了激发乡村旅游企业的整体创新活力，发挥头部创新企业的示范引领作用，2022 年山东省文旅厅开展了乡村旅游创新企业评选工作，山东九如山瀑布群自然公园有限公司等 16 家单位被评为 2022 年山东省乡村旅游创新企业（见表 2）。近年来，山东依托旅游发展大会等重大活动高规格开展文旅项目招商推介，吸引国内大型文旅企业集团落地山东投资项目。2023 年山东省旅游发展大会发布了 30 个

① 《山东乡村旅游发展规划发布》，山东省人民政府网，2022 年 10 月 21 日。

文旅招商项目，其中乡村旅游类重点招商项目共 5 个，项目投资总额 121 亿元，融资需求资金 79.8 亿元（见表 3）。

表 2　2022 年山东省乡村旅游创新企业名单

序号	企业名称	所在地区
1	山东九如山瀑布群自然公园有限公司	济南
2	青岛朴宿文旅集团有限公司	青岛
3	淄博博山幽幽谷旅游开发有限公司	淄博
4	枣庄市山亭区翼龙文化旅游投资发展有限公司	枣庄
5	利津东津渡投资有限公司	东营
6	烟台渔号文化旅游开发有限公司	烟台
7	临朐揽月岛旅游开发有限公司	潍坊
8	山东等闲谷艺术粮仓文化发展有限公司	济宁
9	鲁商故乡的云(泰安)文化旅游发展有限公司	泰安
10	荣成东楮岛旅游有限公司	威海
11	山东不负文化旅游发展有限公司	日照
12	山东压油沟文旅发展集团有限公司	临沂
13	山东德百温泉生态科技有限公司	德州
14	山东聊城道之健康文化旅游管理有限公司	聊城
15	山东鑫诚现代农业科技有限责任公司	滨州
16	菏泽市绿翡翠生态农业科技有限公司	菏泽

资料来源：山东省文化和旅游厅官网。

表 3　2023 年山东省旅游发展大会发布的乡村旅游类重点招商项目

单位：亿元

序号	招商项目	招商方式	融资需求资金
1	烟台丘山谷葡萄酒休闲度假项目	项目入股、土地转让等	20.0
2	潍坊沂山风景区乡村振兴融合发展项目	合资等	11.8
3	潍坊竹山生态谷乡村旅游综合体项目	投资联营、自营等	7.0
4	泰安大青山片区农文旅综合项目	合资、股权投资等	45.0
5	威海千里山海自驾旅游公路项目	合资运营等	3.8
总计	—	—	87.6

资料来源：张九龙、郑珂、王鑫：《山东发布 30 个文旅招商项目，投资总额达 2269.8 亿元》，齐鲁壹点，2023 年 3 月 26 日。

（三）乡村旅游品牌优势日益凸显

山东省创新推出“好客山东·乡村好时节”品牌，2022年以“好客山东·乡村好时节”品牌为引领，先后举办黄河踏青、茶韵田园等主题活动25场，带动各地组织乡村旅游活动1000余场，同时评选出2022年度“好客山东·乡村好时节”优秀案例60个。2022年，山东省在打造国字号乡村旅游招牌方面成绩卓著，共打造2个全国休闲农业重点县、3个全国乡村旅游重点镇、7个全国乡村旅游重点村、10个中国美丽休闲乡村、3家全国甲级旅游民宿。山东省在全国首创开展民宿集聚区创建，2022年公布第一批16个省级旅游民宿集聚区。2022年，山东省的丰收兰陵乡韵之旅、“丰收稻乡 欢乐蟹行”之旅等5条线路入选全国乡村旅游精品线路。

（四）乡村文化旅游实现繁荣发展

大量优秀的传统文化与红色文化深植于乡村大地，新形势下，山东省大力挖掘这些优秀文化资源所蕴含的传统精髓与时代价值，聚焦文旅融合，助力乡村振兴，乡村文化旅游得以繁荣发展。山东省拥有丰富的非遗资源，前些年依托非遗优势培育了一大批“非遗”村落，2021年又启动了“山东省文化生态名村、名镇”的评选工作，这对于整体保护与传承乡村非遗文化、发展非遗旅游具有重要意义。为了弘扬红色文化基因，推动红色文旅融合高质量发展，2021年山东省启动了“山东省红色文化特色村”的创建工作，两批共有97个村获评。近年来，山东省开展了“一村一年一场戏”免费送戏工程，将文化下乡活动与乡村旅游紧密结合，2022年送戏达8万余场。① 2022年评选出10个“最美乡村书房”，通过典型引领的方式，构建乡村书房服务网络。

① 《文化赋能 乡村增彩！山东2021年乡村文化振兴“成绩单”亮眼》，山东宣传网，http://www.sdxc.gov.cn/sy/xcdt/202201/t20220110_9673478.htm，2022年1月10日。

（五）乡村旅游新业态成为新常态

山东省不断推动乡村旅游新业态成为新常态，促进乡村旅游消费持续升级。[①] 民宿是助力乡村振兴的重要业态之一，近年来山东省打造了不负、朴宿、九如山、院里、沂蒙等具有本土文化特色的民宿品牌，形成了齐鲁八号风情路、泰山九女峰等民宿集聚区。截至目前，全省拥有全国甲级旅游民宿 3 家（数量仅次于江苏省），山东省五星级民宿 88 家，省级旅游民宿集聚区 16 个。山东省的主要乡村旅游目的地不断推出生态研学、乡村书房、民宿博物馆、沉浸式演出、创客空间等文旅新业态，满足了游客多层次、个性化的要求。山东省主打“年轻态、新玩法”，像青岛青峰村打造的沉浸式“乡村村晚样板”，沂南打造的沉浸式演艺 IP，泰安打造的“泰山 · 新青年音乐节”，东营市孤岛镇推出的“围炉煮茶”和槐林“电音派对”，淄博潭溪山主打的“来一场荒野行动”等，备受游客青睐。另外，山东省在《关于推进乡村旅游高质量发展的实施方案（2023—2025 年）》中提出实施乡村“新空间、新场景、新活动”培育计划，这必将推动山东省乡村旅游业态创新再上新台阶。

二　山东省乡村旅游发展经验

（一）高位推进，为全省发展谋篇布局

2010 年以来，山东省委省政府高度重视乡村旅游发展，从政策、资金、规划、人才等方面给予了全方位支持。2017 年起，山东省全面拉开了乡村旅游高质量发展的大幕，《山东省乡村旅游提档升级工作方案》的出台标志着山东省乡村旅游开始由快速增长向高质量发展转变。2018 年山东省印发了一系列有关乡村振兴、全域旅游发展和精品旅游发展的高规格规划，以更高的站位、更广的视野为山东省乡村旅游谋篇布局。2019 年山东省大力加强乡村旅游标准化建设，包括出台了《乡村旅游集群片区评定标准》《精品

① 孙丛丛：《山东推动文旅新业态成为新常态》，《中国文化报》2023 年 5 月 29 日，第 1 版。

乡村旅游特色村评定标准》在内的一系列标准、办法，引领着乡村旅游实现更高层次上的规范化发展。疫情发生以来，山东省继续以标准、规划指导乡村旅游高质量发展，针对旅游民宿高质量发展、村庄景区化建设和乡村旅游高质量发展出台了指导意见和实施方案，并编制了《山东省乡村旅游发展规划（2021—2025 年）》。2022 年省文化和旅游厅协调省乡村振兴重大专项资金 8300 多万元，重点支持旅游民宿集聚区、精品文化旅游名镇和乡村旅游重点村建设以及“乡村好时节”品牌系列活动等。另外，积极构建协调推进机制，在省政府旅游工作领导小组指导下，联合省发改、财政、自然资源等 10 部门，建立了全省乡村旅游联络员工作制度，定期沟通协调推进乡村旅游发展重大事宜。

（二）协同发展，聚力实施规模化工程

近年来，山东省乡村旅游发展的着力点，不断从传统的“单点突破”向“规模化、集成化协同发展”方向转变，逐步实现了由点到线的提升、由线到面的拓展。济南大南山山区、环泰山山区、“仙境海岸”滨海沿线、大沂蒙山区的乡村旅游发展已经初具规模，并将在山东省乡村旅游集群化发展中起引领作用。《山东省乡村旅游发展规划（2021—2025 年）》就明确提出以先行区为依托，打造“四群三带 N 环”的乡村旅游发展空间格局。① 目前，山东省结合黄河、大运河、齐长城三大国家文化公园建设，以点带线、串珠成链，已初步形成黄河民俗、运河文化、长城村落、滨海渔家、红色沂蒙 5 条乡村旅游带。各地市也根据疫情防控常态化要求，积极发展近郊乡村旅游，打造环城旅游休憩带。② 山东省在全国创新性开展旅游民宿集聚区创建工作，率先制定了《旅游民宿集聚区创建导则（试行）》，指导 34 家山东省旅游民宿集聚区创建单位建设，2022 年共有 16 家单位被评为山东省旅游民宿集聚区（见表 4）。③

---

① 《山东省乡村旅游发展规划（2021—2025 年）》，山东省人民政府网，http：//www.shandong.gov.cn/art/2022/9/6/art_307620_10334391.html，2022 年 9 月 6 日。

② 《山东加快实施乡村旅游规模化工程 助力乡村振兴》，中新网山东新闻，http：//www.sd.chinanews.com.cn/2/2022/0930/84978.html，2022 年 9 月 30 日。

③ 《山东文旅念好“新字经”巧打“特色牌”》，中国新闻网，http：//www.chinanews.com.cn/sh/2022/09-23/9859299.shtml，2022 年 9 月 23 日。

表 4　2022 年山东省旅游民宿集聚区名单

序号	民宿集聚区名称	所在地区
1	九如山旅游民宿集聚区	济南
2	灵山岛旅游民宿集聚区	青岛
3	环鲁山旅游民宿集聚区	淄博
4	养马岛旅游民宿集聚区	烟台
5	云涧仙境旅游民宿集聚区	烟台
6	仁河谷旅游民宿集聚区	潍坊
7	等闲谷旅游民宿集聚区	济宁
8	福憩泰山旅游民宿集聚区	泰安
9	泰山·九女峰旅游民宿集聚区	泰安
10	里口山旅游民宿集聚区	威海
11	天鹅海岸海草旅游民宿集聚区	威海
12	百果谷旅游民宿集聚区	日照
13	经山历海旅游民宿集聚区	日照
14	院东头旅游民宿集聚区	临沂
15	桃墟里旅游民宿集聚区	临沂
16	蒙山·东蒙客旅游民宿集聚区	临沂

资料来源：山东省文化和旅游厅官网。

（三）融合创新，凝聚乡村振兴新力量

近年来，山东省加快推进乡村产业融合，积极培育乡村旅游新增长点，并初步形成了多业融合共生的乡村旅游发展新格局。山东是农业大省，在发展现代高效农业方面势头强劲，截至目前，山东省已累计创建 6 个国家优势特色产业集群、11 个国家农业科技园区、100 个省级以上现代农业产业园。① 山东省立足现代高效农业优势，通过“旅游+”模式，实现三产融合发展，打造融产品加工、特色采摘、现代物流、旅游观光、休闲度假等为一体的“农工商旅”融合产品。② 山东省历史悠久，文化底蕴深厚，形成了众多特色小镇，如大汶

① 《山东现代高效农业发展势头正劲》，山东省人民政府网，http：//www. shandong. gov. cn/art/2022/9/13/art_ 97560_ 554966. html，2022 年 9 月 13 日。

② 王德刚、孙平主编《山东省精品旅游绿皮书（2018—2020）》，山东大学出版社，2021，第 99 页。

口古镇、水浒小镇、阿胶小镇。各地立足资源禀赋和文化特色，积极推进旅游与特色小镇融合发展，截至目前，山东省共有全国重点乡村旅游镇 6 个，山东省特色小镇 93 个。山东省将宜居宜业和美乡村建设与旅游发展结合起来，与住建、农业、水利等部门协同配合，整治人居环境，完善乡村公共服务体系，培育乡村治理机制，拓展旅游休闲功能，打造“三生三美”的美丽乡村。2022 年山东 10 个村入选中国美丽休闲乡村，截至目前，山东已打造了 73 个中国美丽休闲乡村。

（四）精品引领，打造乡村旅游新高地

近年来，山东省立足齐鲁资源特色，大力实施乡村旅游精品工程。山东省人民政府分别于 2017 年、2018 年印发的《山东省乡村旅游提档升级工作方案》和《山东省精品旅游发展专项规划（2018—2022 年）》，均明确提出实施乡村旅游精品工程。2020 年，山东省文化和旅游厅针对省级乡村旅游精品化创建、村庄景区化培育、省级精品旅游镇村评定、省级精品文化旅游小镇评定等密集出台了一系列办法和标准，用以指导全省精品化创建工作。截至目前，山东省打造了 35 个省级精品文旅名镇、180 个省级乡村旅游重点村、860 个景区化村庄，建成一批乡村微度假目的地。2023 年继续聚焦乡村旅游精品化建设，3 月山东省委、省政府印发的《关于促进文旅深度融合推动旅游业高质量发展的意见》提出“建设全国乡村旅游目的地，实施乡村旅游‘十百千’精品工程”。5 月山东 8 部门联合印发的《关于推进乡村旅游高质量发展的实施方案（2023—2025 年）》提出了精品化建设的具体目标，力争到 2025 年基本建成全国知名的乡村休闲度假目的地。

三　山东省乡村旅游发展的问题

（一）区域发展不平衡

山东省乡村旅游发展存在较大地域差异，总体来看，山东中部地区、滨海沿线地区和大沂蒙山区的乡村旅游发展态势较好，其中青岛、烟台、济南、潍坊、济宁和威海的乡村旅游发展较早，乡村旅游产业与乡村经济的耦合协调度

较高。作为后起之秀的临沂，其乡村旅游发展速度较快，截至目前，临沂已创建 3 个省级旅游民宿集聚区、9 个全国乡村旅游重点村、2 个全国乡村旅游重点镇，数量均居全省第一。相反，鲁西北地区以及鲁西南的菏泽，其乡村旅游发展较晚，层次较低，类型较少，带动力较弱。目前德州、滨州、菏泽各创建全国乡村旅游重点村 1 个，聊城和东营的全国乡村旅游重点村为 0，五市的山东省旅游民宿集聚区为 0。

（二）经营模式总体比较粗放

山东省在深耕乡村旅游的道路上不断突破，创造了许多“地方经验”，所打造的中郝峪模式、沂南模式、兰陵模式、泗水模式等在全国具有典型推广价值。虽然地方经验比较突出，但全省经营模式总体比较粗放的问题也不容忽视。据不完全统计，2018 年全省乡村旅游区（点）中，有 30%多的乡村旅游区（点）简单模仿别的地方的经营模式，近 20%的乡村旅游区（点）基本没有什么特色，难以满足游客的多元化和个性化需求。① 不少乡村旅游点基本是自发组织、自行设计、自己建设、自主经营，极易造成低水平恶性竞争。近几年，在政策、社会资本等多重加持下，经营模式不断趋于多元化，但在疫情的反复冲击下，再加上乡村人才流失、土地流转难度大、基础设施不完善等固有难题难以有效解决，改观幅度非常有限。

（三）数字赋能存在较大差距

近年来，山东省在数字赋能乡村旅游方面取得了一定成绩，包括组织全省乡村旅游点入驻省内旅游电商平台，引导和支持乡村旅游重点村率先建立网络营销试点，在全省范围内推广乡村旅游移动支付，全省 600 多个规模化发展的乡村旅游点实现无线网络全覆盖等。② 但与北京、浙江、广东、甘肃等省市相比，无论在基础建设、产品供给方面，还是在服务水平、人才培养方面，山东省均存在较大提升空间。山东省很多乡村旅游点缺少数字化、智慧化技术应

① 王德刚、孙平主编《山东省精品旅游绿皮书（2018—2020）》，山东大学出版社，2021，第 95 页。

② 《文化赋能 乡村增彩！山东 2021 年乡村文化振兴“成绩单”亮眼》，山东宣传网，http：//www. sdxc. gov. cn/sy/xcdt/202201/t20220110_ 9673478. htm，2022 年 1 月 10 日。

用，即使构建了智慧化旅游系统，也普遍存在操作困难、易用性差、数据孤岛问题严重等情况。①

（四）乡村旅游人才队伍建设滞后

近年来，山东省通过组织乡村旅游带头人赴省外交流培训、举办专题人才培训班、引导优秀人才回乡创业、培育乡村新职业人才等举措优化了乡村旅游从业人员结构，提升了从业人员的整体素质。然而，与蓬勃发展的乡村旅游相比，仍存在着人才总体匮乏、人才结构不够合理、人才培养模式较为陈旧的现象。一是基层人才供应不足。目前山东实际居住的农村人口中，妇幼老年居多，存在专业素质和能力短板，多数乡村带头人也并非旅游专业人才，其应对突发情况、把控市场动态以及带领其他村民一起成长的能力比较有限。二是人才回引情况不够乐观，这在全国普遍存在。因为乡村基础条件薄弱，对人才的投入不足，配套政策也较为滞后，难以吸引青年才俊。三是人才培养机制不够完备，主要表现为供需错位，忽视高端人才的培养与储备，乡土人才的培训缺乏系统性、全面性等。②

四　山东省乡村旅游发展建议

（一）进一步优化乡村旅游发展格局

建议在继续强化山东省乡村旅游先行区优势的基础上，统筹联动，以强带弱，不断弥合鲁西北及菏泽与其他地区的发展鸿沟，加快构建“四群三带N环”的乡村旅游发展新格局。鲁西北地区与菏泽多为黄河冲积平原，拥有雄厚的农业基础和独特的黄河文化、农耕民俗，发展乡村旅游的资源条件得天独厚。今后，该地区应借助黄河流域生态保护和高质量发展战略、省会经济圈一体化发展战略，集中发挥其资源优势和经济区位优势，在“循环、低碳、绿

① 常德军、谢建、李翠萍、陈小双：《齐鲁乡村旅游智慧系统模式研究》，《农业经济与科技》2020年第21期，第93~96+139页。

② 王金敖：《乡村振兴视域下乡村人才的引、育、留、用机制建设研究》，《农村经济与科技》2022年第23期，第196~199页。

色”和“高效、高端”发展中谋划乡村旅游发展，写好农、文、旅融合文章，打造鲁西北乡村旅游发展新图景。

（二）促进经营模式全面升级

新形势下的乡村旅游发展需要兼顾公平与效率，需要破除农民主体地位弱化、乡村旅游发展不可持续的瓶颈，打造让更多村民或全体村民都获利的新型集体经济经营模式。[①] 山东省在构建新型集体经济经营模式方面已经进行了大胆的实践，贡献了新思路、新经验，但总体上还处于探索阶段。为了促进山东省乡村旅游经营模式的全面升级，一方面要完善政策指导体系，不断引导“企业+村委会+农户”“企业+农户”“合作社+农户”“乡村合伙人机制”等模式向新型集体经济经营模式转变，特别是要在土地流转、产权制度、人才匮乏、集体融资等方面实现破题；另一方面，对全省乡村旅游点及其经营模式进行全面摸底和分类，建立发展问题台账，针对不同的问题分类施策，具体包括精准培训、结对帮扶、捆绑招商、托管运营等。

（三）助力乡村旅游开启“数智”时代

山东省数字乡村建设已经取得了长足进展，2022 年山东省打造了 89 个数字乡村特色案例，为数字乡村旅游发展提供了宝贵经验和路径参照。数字乡村旅游发展首先需要从数字基础设施建设入口，加速光纤、通信基站、卫星接收、宽带等设备的建设，加快推动 5G 网络向乡村旅游点延伸覆盖升级。在此基础上从应急管理、公共服务、旅游营销、旅游接待、资源保护与转化等方面开拓数字应用场景。同时需要从传统旅游产业升级、智慧旅游业态创新、智慧农业建设等方面打造智能化产业运行模式。此外，智慧交通、智慧物流、智慧社区、智慧环境等作为数字乡村旅游目的地系统的有机组成部分，也需要实行一体化设计与布局。

（四）加强乡村旅游人才引育

在乡村旅游人才的引育方面，山东省前期已经做了大量的工作，积累了丰

① 宋瑞主编《2019～2020 年中国旅游发展分析与预测》，社会科学文献出版社，2020，第 158 页。

富的经验，但仍有提升空间。顶层设计方面，山东省出台促进乡村旅游人才高质量发展的政策文件，制定乡村旅游人才发展的专项规划，省财政划拨乡村旅游人才发展专项资金，鼓励乡镇设立乡村旅游人才队伍建设小组、人才保障部门。人才的引、留方面，主要是解决城乡“势能差”带来的后顾之忧，包括补齐乡村基础设施及配套服务的短板，加大人才资金的投入力度，用好人才评价与激励机制等。人才的培育、培训方面，包括对接乡村旅游产业与运营需求，完善乡土人才孵化培育链条，重视复合型人才和高技能型人才的培育，与本地院校进行紧密合作等。

G.16

山西省乡村旅游发展报告*

周 成　张旭红　任敏敏　田 娟　侯 昶**

摘　要： 近年来，山西省深入贯彻乡村振兴、共同富裕等国家战略，利用丰富的田园风光、乡土文化和传统村落等资源，大力推进乡村旅游发展。本报告在全面总结山西省乡村旅游在政策出台、资源类型、发展模式、设施建设等方面所取得的成效，同时也指出了其乡村旅游中存在的诸多问题，如产品特色不够突出、市场开拓较为传统、基础设施有待完善、服务质量有待提升、文化挖掘不够深入等。本报告进一步从深挖地域文化、跨区旅游合作、网络媒体营销、调研消费人群、注重服务质量等方面出发，提出了促进山西省乡村旅游高质量发展的对策建议。

关键词： 乡村旅游　高质量发展　乡村振兴　山西省

一　山西省乡村旅游发展现状与主要特色

（一）乡村旅游政策支持，发展态势持续向好

山西省积极推出各类鼓励政策与利好举措，助力乡村旅游发展（见表1）。

* 本报告为国家社会科学基金一般项目“数字化赋能黄河流域生态旅游廊道建构的理论逻辑与布局路径研究”（23BGL166）；山西省科技战略研究专项“数字经济驱动山西省乡村旅游全方位高质量发展战略研究”阶段性成果。

** 周成，博士，山西财经大学文化旅游与新闻艺术学院副教授、硕士生导师，旅游经济研究中心副主任，研究方向为旅游地理、乡村旅游；张旭红，西安理工大学经济管理学院博士研究生，研究方向为乡村旅游；任敏敏，山西财经大学文化旅游与新闻艺术学院硕士研究生，研究方向为乡村旅游；田娟，吕梁师范高等专科学校助教，研究方向为乡村旅游；侯昶，山西财经大学文化旅游与新闻艺术学院硕士研究生，研究方向为乡村旅游。

产业融合方面，2021 年山西省出台《关于深化文化和旅游融合发展的实施意见》《山西省“十四五”文化和旅游产业融合发展规划》，提出促进乡村文化、民俗文化与旅游产业深度融合，着力创建“中国美丽休闲乡村”及“山西美丽休闲乡村”旅游品牌。金融支持方面，2022 年 5 月，省文化和旅游厅印发《关于做好金融支持文化旅游产业高质量发展的通知》，指出要加大对休闲农业和乡村旅游的信贷力度和金融服务，提供专属信贷产品、安排专项信贷规模。文化挖掘方面，《乡村文化振兴三年行动方案（2020—2022 年）》和《山西省全域旅游发展规划纲要》提出要鼓励山西非遗项目活态传承，深入挖掘乡村文化特色，因地制宜打造山西文化村落，并培育乡村旅游重点村。等级评定方面，山西省《乡村旅游示范村等级划分与评价》《黄河人家、长城人家、太行人家基本要求与评价》，从基本要求、评价内容与评价方法等维度出发，对山西乡村旅游示范村和“三个人家”制定了建设要求与评价标准。当前，乡村旅游受到山西省各级各部门的广泛重视，各地市把握乡村旅游新特征、新动态，因势利导，做强做优乡村旅游示范村，山西乡村旅游呈现蓬勃发展态势。

表 1　山西省部分乡村旅游相关政策

序号	发布时间	文件名称	主要内容
1	2016 年 7 月	《山西省“十三五”服务业发展规划》	以“美丽乡村”建设为引领，充分利用乡村旅游资源，开发一批形式多样、特色鲜明的乡村旅游产品，建设一批特色景观旅游名镇名村和休闲观光农业示范点
2	2019 年 6 月	《乡村旅游示范村等级划分与评价》	评价标准内容包括基本要求、评价内容、等级划分与标志、评价方法及附录。从景观质量、环境卫生、旅游设施、特色产品、旅游管理、经营服务、综合效益、其他 8 部分提出要求
3	2019 年 6 月	《黄河人家、长城人家、太行人家基本要求与评价》	标准规定了黄河人家、长城人家、太行人家应具备的基本条件、评价内容及评价方法。从环境、公共设施、服务要求、住宿要求、餐饮要求、特色文化、综合管理 7 方面进行评价
4	2020 年 8 月	《乡村文化振兴三年行动方案（2020—2022 年）》	鼓励非遗项目活态传承，优先支持乡村旅游村落非遗项目发展，支持乡村文化旅游产业发展；深入挖掘乡村旅游资源，培育乡村旅游重点村；积极组织开展文化和旅游创客行动、展会活动，培育发展农村文旅双创人才与创意产业

续表

序号	发布时间	文件名称	主要内容
5	2021 年 4 月	《关于巩固拓展脱贫攻坚成果有效衔接乡村振兴的实施方案》	以“黄河、长城、太行”三大板块为重点、“三个人家”为抓手，依托红色文化、关隘文化、渡口文化、生态文化、历史村镇，创新“旅游+”为主导的多产业融合，培育一批乡村旅游项目，打造一批乡村旅游示范村
6	2021 年 12 月	《山西省“十四五”文化和旅游产业融合发展规划》	鼓励各地区积极探索乡村文化和旅游产业融合发展新路径；引导文化产业机构和工作者深入乡村对接帮扶和投资兴业；严格服务标准，打造一批休闲农庄（园）、特色文化古村落、田园综合体、乡村民宿度假区，实施乡村旅游精品工程，挖掘乡村文化资源特色
7	2021 年 12 月	《山西省“十四五”文化和旅游发展规划》	打造特色乡村文化和旅游品牌，拓展乡村文化和旅游发展新模式；加强对示范村高端创意设计、经营管理人才培训，建设示范村宣传推广矩阵，大力发展乡村特色文化产业；支持打造一批休闲农庄（园）、特色文化古村落、田园综合体、乡村民宿度假区；推动特色农副产品向旅游商品转化，延伸“旅游+农业”产业链条
8	2022 年 3 月	《山西省全域旅游发展规划纲要》	建设“休闲农业+乡村度假+乡村康养+民俗体验+乡村产品与工艺”的乡村旅游产品包；进一步结合全省村落资源，挖掘古镇文化特色，发挥当地生态、民俗优势，因地制宜打造不同类型的文化村落；打造主题康养小镇
9	2022 年 5 月	《关于做好金融支持文化旅游产业高质量发展的通知》	要采用提供专属信贷产品、安排专项信贷规模、推广多样化担保方式、优化信贷投放条件、丰富线上渠道及科技赋能智慧休闲农业和乡村旅游等方式，加大对休闲农业和乡村旅游的信贷支持力度，创新休闲农业和乡村旅游业金融服务，推进乡村产业高质量发展
10	2022 年 8 月 29 日	《山西省“十四五”推进农业农村现代化规划》	加快发展特色乡村旅游，推进“黄河、长城、太行”三大旅游板块公路沿线 50 个脱贫县乡村旅游帮扶示范村建设，培育一批特色鲜明的乡村旅游项目，创新“旅游+”为主导的多产业融合发展。发展乡村新产业新业态，围绕三大旅游板块，打造一批乡村休闲旅游先行区、优势品牌和城乡居民“打卡地”

资料来源：山西省人民政府、山西省文化和旅游厅、山西省农业农村厅等网站。

（二）乡村旅游资源丰富，地域分布较为广泛

山西认真贯彻落实“绿水青山就是金山银山”发展理念，着力推进乡村旅游发展和乡村品牌建设，取得了显著成效。从全国乡村旅游品牌看，截至2022年12月，山西省共有“全国乡村旅游重点村”39个、“全国乡村旅游重点镇（乡）”6个、“中国美丽休闲乡村”48个。此外，有118个村镇入选农业农村部认定的“一村一品示范村镇”。619个村落入选住建部认定的“中国传统村落”，成为全国传统村落遗存最丰富的省份之一。从省内乡村旅游资源看，山西现已打造完成两批共150个“山西美丽休闲乡村”，全省乡村面貌日新月异，人文魅力有力彰显。根据省文化和旅游厅统计，全省已建成“AAA级乡村旅游示范村”233家，建成“AAAA级乡村旅游示范村”14家。由表2可知，乡村旅游资源在全省11个地市均有分布，多点布局、串点成线的乡村旅游空间格局已初步形成。

表2　山西省各地市省级乡村旅游品牌分布

地区	地市	山西美丽休闲乡村	AAA级乡村旅游示范村	AAAA级乡村旅游示范村	总和
晋中地区	太原市	15	16	1	32
	阳泉市	10	27	3	40
	晋中市	15	24	1	40
	吕梁市	18	26	2	46
晋北地区	大同市	11	16	1	28
	朔州市	0	11	0	11
	忻州市	17	20	1	38
晋南地区	运城市	20	18	0	38
	临汾市	18	25	2	45
晋东南地区	长治市	15	31	2	48
	晋城市	11	19	1	31
合计		150	233	14	397

资料来源：山西省农业农村厅、山西省文化和旅游厅等相关网站。

此外，山西省近年来依托乡村资源优势，深度挖掘文化内涵，致力于旅游特色线路的打造。2021年5月，文化和旅游部与国家发展改革委联合推出的300条“体验脱贫成就·助力乡村振兴”乡村旅游学习体验线路，山西共有

10条线路入选。2022年10月，文化和旅游部推出的128条“稻花香里说丰年”全国乡村旅游精品线路，山西有4条线路入选，分别为“多彩洞头乡村之旅”“秋意浓·乘风登高赏秋景·漫游乡村体验之旅”“‘金风玉露·叠翠流香’醉美赏秋之旅”“醋都葡乡趣味采摘观光游线路”。此外，省农业农村厅、省文化旅游厅等近年来也不断推出山西美丽乡村休闲旅游精品线路（见表3），各个旅游线路主题鲜明、类型丰富，吸引了众多游客“打卡”观光。

表3　山西省乡村旅游部分精品线路

序号	线路名称	具体线路	入选活动
1	晋城“春日高平”乡村赏花之旅	羊头山景区→炎帝农耕文化园→陈区镇铁炉村→卧龙湾康养小镇	2022年5月，文化和旅游部“乡村四时好风光——春生夏长万物并秀”全国乡村旅游精品线路
2	晋城白马寺山多彩花海赏花之旅	白马寺山森林公园→白马禅寺→长江支队纪念林→白马寺山高端康养示范区	
3	吕梁苍儿会生态康养之旅	南安镇→苍儿会生态文化景区→苍儿会生态房车营地	
4	忻州杏花、牡丹赏花之旅	忻州市→原平市大龙门→天涯山→野庄古村→大营温泉→繁峙县赵家庄→憨山景区	
5	运城河东乡村文化体验之旅	河津市龙门村→万荣县闫景村→万荣县李家大院→万荣县九号院民宿→永济市西厢村	
6	长治“乡村记忆 历史研学”体验之旅	西沟村→东坪村→龙门寺→白杨坡乡村记忆馆→岳家寨村(悬崖居民宿)	
7	多彩洞头乡村之旅	洞头村→廉政教育基地→村史馆→农业科技展览馆→登山步道→麦田广场、大任石→麦田营地→清风壁、琵琶泓→生态采摘园→洞头民宿	2022年10月，文化和旅游部、共青团中央联合推出128条“稻花香里说丰年”全国乡村旅游精品线路
8	秋意浓·乘风登高赏秋景·漫游乡村体验之旅	稷山县国家板枣公园→稷山县马跑泉村→万荣县李家大院(黄河农耕文明博览园)→万荣县九号院民宿→万荣苹果主题公园→永济市五老峰(登高赏秋景)→平陆县东坪头村(地窨院美景)、平陆县马泉沟村(万亩红叶)	
9	“金风玉露·叠翠流香”醉美赏秋之旅	寿阳方山→下洲村、黑水村→龙栖湖景区→昔阳大寨景区→压饼产业园→石马寺景区→南垴梯田→“孔家沟民宿”→和顺南天池村→走马槽断裂带→天凯庄园→左权龙泉森林公园→日月星生态庄园→麻田八路军总部纪念馆→泽城村→榆社云竹湖度假区	
10	醋都葡乡趣味采摘观光游线路	华辰农耕园→杨房村→西怀远村→清泉山庄→绿源生态农庄→花塔村稻田公园	

续表

序号	线路名称	具体线路	入选活动
11	岢岚县省级乡村旅游示范村旅游精品线路	宋家沟新村→吴家庄→王家岔→燕山古寨→荷叶坪→周通农业生态园→观演《岢岚谣》	2022年6月，省农业农村厅推出29条暑期乡村休闲旅游精品线路
12	临汾市民俗体验之旅	乡宁县云丘山→大河村→塔尔坡古村→康家坪民宿→戎子酒庄	
13	临汾市康养度假之旅	尧都区枕头乡枕头村→襄汾林乡四季→荷花园旅游景区→诗经故里田园综合体景区→石桥堡红色教育基地	
14	大同古堡山峦田园之旅	云冈区高山镇高山村→新荣区堡子湾乡得胜堡村→阳高县下深井乡大泉山村→天镇县新平堡→云州区大同火山群→浑源县永安镇神溪村→广灵县壶泉镇涧西村→灵丘县红石塄乡下车河村	2022年7月，省文化和旅游厅发布20条乡村旅游精品线路
15	乡约临汾，游览古今	乡宁县关王庙乡坂儿上村→吉县屯里镇太度村→隰县午城镇午城村→永和县阁底乡东征村→襄汾县新城镇丁村→翼城县唐兴镇城内村→浮山县张庄乡小郭村→安泽县府城镇飞岭村	
16	太原美丽乡村邀客来	小店区华辰农耕园→晋源区花卉小镇→清徐县云梦坞（六味斋）→清徐县马峪葡乡文化展示园→迎泽区森栖小镇—阳曲县黄寨镇上安村→娄烦县天池店乡河北村	

资料来源：文化和旅游部、山西省文化和旅游厅、山西省农业农村厅等网站。

（三）乡村旅游类别多样，市场影响不断扩大

山西省乡村旅游发展以省内各村落为主要阵地，以景区依附型、城市周边型、文化乡居型与农业资源依托型为主要模式，经营模式不断拓展延伸，初步形成了乡村休闲、农事体验、传统村落等乡村旅游产品体系（见表4）。景区依附型乡村旅游，如临汾市塔尔坡村和康家坪村依托5A级景区云丘山，依托其悠久的历史传承和乡村特色，实现了乡村旅游产业的崛起。城市周边型主要凭借其邻近城市的地理位置和乡村产业基础，打造特色乡居、民宿、美食、农事体验等旅游产品，如太原市的花塔村和东关村。文化乡居型主要是通过挖掘乡村民俗、历史、非遗文化，实现乡村传统与现代的有机融合。如永济西厢村凭借元曲《西厢记》和佛教名寺普救寺等文化资源，成为游客心中爱情的朝

圣地。农业资源依托型则是依托乡村地形、水文自然环境资源，发展特色乡村旅游。如依托葡萄产业基础，清徐县东高白村打造马峪葡乡文化展示园，开发了葡萄种植、农业参观、休闲采摘、酒水制作等旅游项目。

表 4　山西省乡村旅游入选国家级示范案例与发展模式

<table>
<tr><th>案例</th><th>发展模式</th><th>入选案例集</th><th>发布单位</th></tr>
<tr><td>忻州市静乐县</td><td>积极融入黄河、长城、太行三大旅游板块开发建设中,不断加大自身旅游开发力度,着力完善并提升旅游过程中的服务质量、环境质量、景区质量,推动乡村采摘游、农业观光游、青少年活动游、老年娱乐游、红色革命游、生态休闲度假游、文物古迹探寻游等项目</td><td rowspan="3">《体验脱贫成就·助力乡村振兴全国乡村旅游扶贫示范案例选编》</td><td rowspan="3">2021 年 11 月,文化和旅游部</td></tr>
<tr><td>长治市平顺县岳家寨村</td><td>①依托特色资源优势,注重保护利用传承。②科学编制旅游规划,将村民生活、生产与发展的空间做了合理的布局。③完善基础设施,改善游客居住环境</td></tr>
<tr><td>太原市娄烦县河北村</td><td>①积极整合和吸纳社会力量开展旅游扶贫;引导村民积极参与旅游,打造景区配套服务生态链。②进行旅游设施建设,发展农家小院。③举办乡村文化旅游节,持续开展“涂鸦大赛、设计大赛、音乐节、美食节”等多种活动</td></tr>
<tr><td>晋城市阳城县</td><td>政府主导、集体管理、民间参与;成立沁河文化研究会,整理出版《村里那些事儿》系列丛书
调动行业和民间力量,建立了蚕桑文化、轻工业文化、陶瓷文化、饮食文化等展馆,推出生铁冶铸、珐华陶瓷、乔氏琉璃、焙面娃娃等以非遗传承为代表的乡村文化品牌</td><td>《基层公共文化服务高质量发展典型案例》</td><td>2023 年 2 月,中央宣传部、文化和旅游部</td></tr>
<tr><td>临汾市乡宁县云丘山村</td><td>①规划先行。聘请专业团队进行规划建设,人才培养。②文旅融合。引入科技,强化保护,创新方式,做好展示,彰显儒、释、道三教合一;恢复原貌格局,培育古村落文旅新业态;打造国内一流的民宿。③农旅融合。开办乡村旅馆、农家乐;积极吸纳村民参与景区建设和运营;种植有机粮食和有机菜、药、茶等</td><td rowspan="2">《世界旅游联盟——旅游助力乡村振兴案例》</td><td rowspan="2">2021 年 10 月,世界旅游联盟</td></tr>
<tr><td>晋中市平遥县横坡村</td><td>①优化旅游环境。重构当地生态环境;完善基础设施和公共服务。增收创新模式。创办集体经济合作社;与龙头企业合作开发。②产业多元融合。形成了一条农、林、牧、副、工、贸多元循环可持续的产业链。③打造文旅品牌。举办乡村文化节,保护传承农村文化,促进乡村旅游消费,打响“横坡古村”文化旅游品牌</td></tr>
</table>

资料来源：世界旅游联盟、中华人民共和国文化和旅游部网站。

山西省乡村旅游发展态势强劲，市场影响力和网络关注度持续上升。以“乡村旅游”为关键词，依托百度指数平台进行大数据检索。从图 1 可知，2013~2022 年，山西省乡村旅游网络关注度整体上呈现缓慢上升趋势，说明近年来山西省内旅游消费者对乡村旅游的市场感知稳步上升，但影响力有待持续提升。从全国 34 个省份乡村旅游关注度看，山西省排在第 19 位，这与其数量丰富、类型多样的乡村旅游资源不相匹配，其客源市场的空间拓展性有待加强。从省内各个地市看（见表 5），太原市的乡村旅游网络关注度指数最高，作为省会城市，太原市交通条件便利、经济实力较强，且具有乡村旅游的丰富客源和消费能力。晋中、长治乡村旅游关注度紧随其后，两市拥有数量众多的乡村旅游资源，乡村民宿、古村古镇众多，网络关注度和吸引力较强。

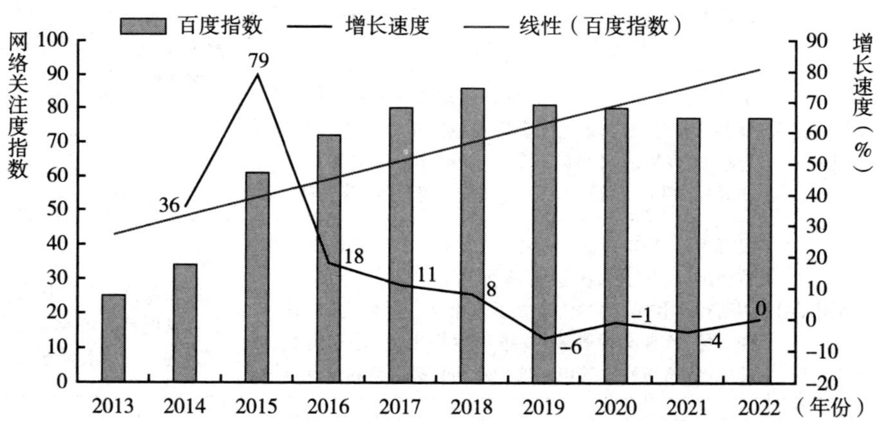

图 1　2013~2022 年山西“乡村旅游”网络关注度指数变化趋势

资料来源：百度指数。

表 5　2018~2022 年山西省各地市“乡村旅游”网络关注情况

单位：次

地市	2018 年	2019 年	2020 年	2021 年	2022 年	近 5 年日均
太原	48	46	38	35	33	40
大同	3	3	5	5	4	4
长治	8	6	10	9	9	8
忻州	5	4	7	5	4	5
晋中	10	8	9	8	7	8

续表

地市	2018 年	2019 年	2020 年	2021 年	2022 年	近 5 年日均
临汾	7	9	7	4	5	6
运城	14	4	5	7	6	7
晋城	5	3	6	4	4	4
朔州	1	0	1	1	1	1
阳泉	4	4	1	3	3	3
吕梁	5	1	3	3	2	3

资料来源：百度指数。

（四）乡村旅游设施加强，公共服务有所优化

近年来，山西省致力于改善乡村人居环境，通过提升乡村旅游公共服务，推动乡村旅游业高质量发展。第一，建构了便捷的乡村旅游交通网络。截至 2022 年，山西省“太行、长城、黄河”一号旅游公路主线基本贯通，大大提升了“三大板块”旅游目的地的交通联系。全省依托乡村景区、风景廊道、重要交通节点，正致力于建设一批自驾车旅居车营地和乡村旅游交通驿站。第二，推进了旅游“厕所革命”，坚持问题导向，山西省积极稳妥地推进农村厕所革命，乡村旅游生态环境不断改善，乡村旅游生活品质稳步提升。第三，强化了乡村旅游智慧化覆盖。当前，山西省在努力建构农村地区 5G 基站，持续推进“三个一号”旅游公路沿线农村通信基础设施建设，致力于打造智慧旅游公路。第四，优化了乡村民宿发展格局。目前，山西省初步形成了以“三个人家”为代表的乡村民宿格局，提升了山西乡村旅游服务品质和接待能力。乡村旅游民宿的市场不断规范、规模不断扩大、品质不断提升，并向品牌化方向发展。

二　山西省乡村旅游发展存在的问题与挑战

（一）乡村旅游产品特色仍不够突出

一是产品多元性及特色性相对缺乏。当前，山西乡村旅游在类别和形式上日益丰富，但产品开发仍存在单一化和初级化问题。空间载体多以农家乐和初

级民宿为主，项目多停留在观赏采摘、品尝面食等方面，体验也局限于扭秧歌、打锣鼓等活动，未能实现乡村文化与旅游活动的深度融合，地区间乡村旅游产品存在相似化现象。同时，乡村旅游产品的商业包装和视觉设计不足，经营者多采取“价格战”进行市场竞争，一定程度上影响了山西乡村旅游产品和服务质量的提升。

二是乡村旅游景区存在同质化建设。一些乡村旅游地在景区建设、项目打造中盲目模仿其他地区旅游产品，而忽视了对本地民俗文化、乡土文化的挖掘，从而降低了当地乡村旅游的核心竞争力。

三是产业融合度低、业态供给不足。当前，山西省乡村旅游与文创、体育、医药等产业有所融合，开发了诸多乡村旅游文创产品，建设了运动休闲特色小镇，开发了乡居康养旅游地，但发展过程中仍缺乏露营、养生、养老、农园等新型旅游业态的引入，与文化、体育、工业、康养、医药等产业融合有待进一步提高。

（二）乡村旅游市场开拓仍较为传统

其一，市场拓展广域性不足。当前，山西乡村旅游以省内各地市客源市场为主，客源市场呈现出显著的距离衰减特征。由于缺乏知名度高和影响力大的乡村旅游品牌和景点，乡村旅游市场营销也主要是针对省内各地市旅游群体，对北京、天津、河北、陕西、河南等周边省市旅游市场的营销力度不够，更缺乏以全国为视域范围的旅游客源开拓，客源市场过度依赖近距离和单一化，不利于乡村旅游长远化、可持续发展。

其二，市场定位针对性不够。随着新冠疫情结束，山西省乡村旅游发展必然会迎来更大机遇。然而，当前山西乡村旅游对市场细分、市场调研与市场定位不够，未来亟须关注乡村亲子、乡村研学、乡村非遗等旅游细分市场的开发。

其三，营销渠道创新不足。整体来看，山西省旅游市场营销观念不断革新、营销渠道不断丰富，但也存在缺乏乡村旅游营销体系建构、营销渠道拓展等问题，在营销渠道上对旅游中间商的利用程度也不够。此外，乡村旅游经营和服务人员存在营销意识薄弱、宣传方式简单的问题，运用网络数字营销不充分，宣传频次和覆盖范围有待进一步强化。

（三）乡村旅游基础设施仍有待完善

山西省乡村旅游仍存在基础设施配套不够、城镇化水平较低、旅游信息化不完善、卫生环境有待提升等问题，在一定程度上制约了乡村旅游接待规模和服务质量，影响乡村旅游可持续发展。一些乡村旅游目的地信息设施匮乏、无线网络未实现全覆盖，影响游客旅游体验的同时，也给旅游设施和场所数字化发展带来了消极影响。建设用地瓶颈突出，乡村旅游发展对观光、住宿、游览、娱乐等项目用地提出要求，但一些乡村地区基于产权归属、农田保护等约束，存在旅游建设用地缺乏、配套设施建设受限等问题。

此外，某些乡村旅游地的生态保护和环境治理任务突出。垃圾处理、污水治理设备不齐全，未能对其进行及时和高效处理；垃圾桶数量偏少且设置不合理，垃圾分类处理不到位等。不少乡村旅游经营者为缩短时间、控制成本，存在随处倾倒垃圾现象，加重了乡村旅游地的环境承载力。未来，亟须建构山西乡村旅游环境综合治理机制，增设社区居民、游客游览的废弃物收集和处理设施，以改善乡村旅游公共服务与生态环境。

（四）乡村旅游服务质量仍有待提升

OTA（在线旅游服务商）和UGC（用户生成内容）不断发展，为旅游景区服务质量评价提供了新方式。课题组以山西乡村旅游重点村汾阳市贾家庄为案例，以携程、同程、去哪儿网络游客评论为数据来源，以2022年12月31日为时间点，利用八爪鱼采集器挖掘评论数据169条，以分析贾家庄乡村旅游的服务质量。由图2可知，游客对贾家庄乡村旅游服务整体评价有“很好”“挺好”“性价比高”“方便”“舒服”等字眼，对其旅游资源建设评价多为“优美”“有趣”“创意”“漂亮”等，可见贾家庄乡村旅游对游客吸引力较强，旅游服务质量总体较好。

与此同时，游客对贾家庄乡村旅游服务的消极评论有“不到位”“垃圾”“改进”“一般”“太贵”等，具体评论如“取票非常不方便，短信提示在售票处取，往返走了将近20分钟的路程”“玩儿的东西比较单调、价格偏高”“周边吃饭比较坑、超级贵、服务跟不上”“配套设置不到位”“地面没弄好、卫生较差”等，这表明贾家庄乡村旅游仍然存在公共服务不够完善、环境卫生维护欠佳、咨询服务不够健全、餐饮质量有待提升等问题。贾家庄作为山西乡村旅游的典型案例和头部景区，上述短板也是山西诸多乡村旅游目的地存在的共性问题。

图 2　贾家庄文化生态旅游景区乡村旅游热度关键词

（五）乡村旅游文化挖掘仍不够深入

首先，对乡村文化梳理不系统，挖掘力度不充分。山西省诸多乡村拥有传统手工艺、传统音乐、表演艺术、传统美食等丰富的非遗文化，但在乡村旅游发展过程中对非遗项目的开发存在同质性，缺乏对乡村特色文化的挖掘、文化根脉的梳理、古村风貌的保护。

其次，乡村旅游产品与文化融合不足。乡村旅游项目与地方节庆文化、传统手工艺、乡村民俗文化融合不足，体验活动的互动性和沉浸性有待进一步增强。此外，当前乡村旅游产品开发过度依赖对乡村自然资源和生态环境的利用，对乡村旅游文化属性的开发则较浅，且与体育、康养、互联网等领域的融合不够。

最后，缺乏乡村旅游知名文化品牌。许多乡村旅游体验项目开发具有一定盲目性和雷同性，过度重视短期经济利益，缺乏长远的品牌运营意识，导致缺少具有全国影响力和识别度的乡村旅游品牌。另外，一些乡村旅游地在市场营销上仍以传统的媒体营销、推广活动、客户促销为主，在节庆活动、乡村非遗等方面的推广上力度不够，亟须通过营销创新和多元手段来推动山西乡村文化品牌建构。

三　山西省乡村旅游高质量发展相关建议

（一）深挖地域文化，突出乡村旅游特色形象

第一，重视山西乡村传统文化挖掘，突出地方乡土本色。在乡村旅游开发中要认真落实“乡村记忆工程”，注重对地方传统民俗的传承和展示。如建设特色文化民俗村、乡村博物馆等，活化民俗风情、留住乡土文化。乡村旅游项目开发中强化游客的生活体验感，增强其对乡土文化、物质遗产的保护和传承意识。

第二，完善山西乡村旅游产品体系，突出旅游特色形象。在乡村旅游需求日益多元化和个性化的背景下，需要山西不断丰富乡村旅游产品、强化乡村旅游IP，形成乡村旅游产品体系。做好乡村旅游发展的长远规划，通过对乡村特色文化、特色产业、特色非遗等合理开发，寻求差异化、独特化的发展道路，整合优势资源，着力打造山西乡村旅游“产品包”“线路套餐”等。

第三，推动山西乡村旅游产业融合，丰富乡村旅游业态。采用“旅游+”发展思路，推动乡村旅游与生态、体育、工业等产业融合发展，打破区域界限，助推乡村旅游向现代化、绿色化方向转变。如通过“乡村旅游+农业”，建设农业特色产业园区、特色花卉基地及创意农园等；通过“乡村旅游+教育”，建设乡村文史博物馆和教育基地，开发乡村研学产品；通过“乡村旅游+体育”，创新发展低空旅游，开发骑行赛、越野赛、健走赛等休闲体育项目。

（二）跨区旅游合作，塑造乡村旅游整体品牌

当前，山西省乡村旅游存在区域间合作深度不够、缺少利益共享与协调机制。未来应着力加强区域间政府、企业、社会组织等市场主体的旅游合作。其一，强化政府部门合作，为乡村旅游提供外部保障。定期赴其他省市进行乡村

旅游推介，提升山西乡村旅游宣传力度和知名度。此外，成立跨省、跨市政府旅游合作机构，并建立利益共享机制，完善乡村旅游区域合作协议及章程。其二，促进企业、景区合作，为乡村旅游提供不竭动力。不同乡村旅游地可通过差异化产品打造、提升旅游交通联通性、旅游客源相互输送等方式，创新合作模式，增强乡村旅游地市场竞争力和对风险的抵御能力。其三，促成社会组织合作，为乡村旅游加油助力。旅游学会、行业协会、研究院所等非政府组织可以打破行政区划、克服行业孤岛，通过制定行业标准、提供智库服务、编织旅游规划等，助力山西乡村旅游高质量发展。

重视山西乡村旅游整体品牌的打造，首先要清晰定位乡村旅游形象，在深入挖掘各地区乡村旅游自然资源和特色文化基础上，应重点依托“康养山西、夏养山西”发展理念，建构“康养度假、古村考察、文化体验”的山西乡村旅游品牌形象，通过不断丰富总体品牌下的产品内涵，引起游客情感共鸣。其次要突出旅游品牌形象的设计和推广。基于社会征集、行业凝练、政府推广等形式，确定乡村旅游视觉标识和宣传口号，并通过设计新颖、简洁生动的方式加以呈现。

（三）网络媒体营销，建构乡村旅游营销体系

山西省乡村旅游应借势网络媒体营销风口，在产品开发与设计、景区运营与推广、品牌打造与升级上牢固树立“互联网+乡村旅游”的营销思维，通过建构乡村旅游营销体系，拓宽山西乡村旅游发展空间。在产品和线路开发上，借助消费者网络评论和旅游消费大数据，由点及线、由线到面，突出“太行、长城、黄河”旅游板块形象，完善“三个人家”乡村民宿，升级传统村落、美丽休闲乡村、乡村旅游重点村旅游载体，动态形成山西乡村旅游特色线路和产品体系。

在景区运营与推广上，建设山西乡村旅游新媒体传播矩阵，将乡村旅游经营主体纳入“游山西”App平台，充分利用微博、抖音、微信、快手、小红书等网络平台，注重与携程、同程、马蜂窝、去哪儿、驴妈妈、飞猪等OTA平台合作，促进山西省乡村旅游景区的形象传播和营销推广。在品牌打造与升级上，在深入挖掘山西乡村非遗、乡土文化基础上，注重上述乡村文化的网络呈现与线上传播，通过网红达人造势、网购直播带货、网民网络传播、旅游博主视频等方式，提升山西乡村旅游的市场影响力。

（四）调研消费人群，了解乡村旅游市场动态

了解旅游市场宏观需求和游客个人消费动机是山西省乡村旅游持续发展的前提条件。首先，政府部门、高等院校、咨询公司等应从旅游行业出发，建构包含重点景区、市场人群、旅游企业的山西乡村旅游调研数据库。通过问卷发放、市场调查、网络访谈等方式，收集、汇总、分析山西乡村旅游的行业动态，并向社会定期发布乡村旅游景区热度、游客满意度、公共服务建设等数据。

其次，基于大数据、物联网等技术了解旅游者消费偏好数据。通过网络评论大数据爬取和分析，发现不同消费人群在性别、年龄、收入、花费、客源地和消费动机等方面的差异特征，针对性提升乡村旅游服务水平与游客满意度。

最后，尝试建构山西乡村旅游网络数据分析平台。汇集全省乡村旅游景区、旅游交通部门、游客咨询中心等部门，实时、客观呈现山西乡村旅游客流情况、旅游消费动态、旅游安全风险、旅游产品开发等情况，助推山西乡村旅游高质量、智慧化发展。

（五）注重服务质量，完善乡村旅游公共服务

旅游服务质量是制约山西省乡村旅游发展的重要因素之一。首先，旅游管理部门和旅游景区应注重高素质、高技能乡村旅游管理人才的引入和培养，通过猎头公司、院校招聘、企业培养等方式，为山西乡村旅游注入管理智慧。其次，着力建构以标准化为基础的服务管培体制，重视对服务人员的培训，优化服务态度、提升服务质量，通过服务比赛、奖惩机制等，检验服务技能，实现山西乡村旅游服务质量的整体提升。最后，应注重打造个性化、品牌化的乡村旅游服务体系，围绕游客需求、强化服务意识，建构人无我有、人有我优的山西乡村旅游服务品牌。

在乡村旅游公共服务方面，应重点完善交通体系，升级串联各乡村景点的绿色通道，实现外部交通与内部道路、旅游服务驿站、标识路牌等同步建设。注重乡村旅游环卫设施建设，保障村落垃圾污水处理、旅游星级厕所、安全救护系统等设施配套。同时，加大乡村党群服务中心、旅游咨询中心、生态停车场等建设，为乡村旅游发展提供公共服务和附属空间。此外，要充分利用物联网、大数据、人工智能等科技，推进乡村旅游智慧化服务进程，实现乡村旅游地无线网络全覆盖、旅游要素数字化和管理运营智能化。

G.17

辽宁省乡村旅游发展报告

吴获　李展*

摘　要： 乡村旅游作为提升乡村知名度、增加当地就业与收入、实现乡村振兴的一种有效方式，是我国实现乡村建设与发展、完成“美丽蜕变”的重要方式。基于此，本报告通过对辽宁乡村旅游资源概况、分布特征和发展状况的分析，从辽宁乡村旅游规模、辽宁乡村旅游资源整合能力、辽宁乡村旅游的品质三方面研究了辽宁乡村旅游资源的总体发展水平。最后从原真性保护、个性化发展、多元化发展、乡村旅游品牌打造以及融合化发展五方面提出了辽宁乡村旅游的发展策略。

关键词： 乡村旅游　辽宁省　提质升级策略

一　辽宁省乡村旅游资源概况

近年来，随着乡村交通与服务设施不断优化，越来越多的旅游者在长期的城市生活中更加向往乡村的宁静、质朴与纯粹，开始将旅游休闲的目的地转向富集郊野、山林的乡村。乡土文化以及田园风光的美好，使旅游者在自然中忘记了疲惫与烦恼，在清新的空气、原生态的自然环境以及淳朴的民风民俗中实现了身心的放松与认知成长，体验到了旅游的意义与价值。

目前，辽宁省正在通过努力打造乡村特色文化、营造乡土氛围，实现乡村的民俗风情游、田园风光游，并持续推进乡村文旅产业的发展，积极引入旅

* 吴获，大连理工大学博士，辽宁师范大学管理学院教授、硕士生导师，研究方向为乡村旅游、红色旅游；李展，辽宁师范大学管理学院硕士研究生，研究方向为乡村旅游、红色旅游。

游、研学、休闲、康养等项目，培育高品质、有市场竞争力的文旅产业品牌，建设一批特色鲜明、优势突出的文旅产业特色乡镇、特色村落，使辽宁的乡土文化得以传承和发展，乡村的文旅业态不断创新与优化，乡村的各类资源价值得到有效提升，乡村旅游引领带动农村经济社会发展的作用日益凸显。

（一）辽宁省乡村旅游资源概况

辽宁省乡村旅游资源相对丰富。目前，辽宁全省共建有国家级历史文化名镇 4 个，省级历史文化名镇 7 个、省级历史文化名村 19 个，建成省级文化生态保护区 2 个、省级非遗工坊 17 家。[①] 步入 2021 年以后，辽宁省乡村旅游资源得到了更广泛的认可，其间获批“中国民间文化艺术之乡”7 个、“辽宁省民间文化艺术之乡”24 个。2022 年，全省共创建国家级全域旅游示范区 3 个、省级全域旅游示范区 13 个。建成全国乡村旅游重点村 41 个、全国乡村旅游重点镇（乡）6 个、省级乡村旅游重点村 115 个。全省乡村民宿入库数量已达 600 余家[②]，具体详见表 1。

表 1　辽宁省乡村旅游经典景区名单

	乡村旅游经典景区
国家级历史文化名镇	辽宁省新宾满族自治县永陵镇;辽宁省海城市牛庄镇;辽宁省东港市孤山镇;辽宁省绥中县前所镇
省级历史文化名镇	沈阳市法库县秀水河子镇;大连庄河市青堆镇;丹东市凤城市爱阳镇;锦州市义县义州镇、黑山县新立屯镇;阜新市阜新蒙古族自治县佛寺镇、彰武县章古台镇
省级历史文化名村	沈阳市康平县郝官屯镇小塔子村、法库县大孤家子镇半拉山子村、法库县孟家镇孟家村;丹东市东港市孤山镇大鹿岛村、东港市前阳镇石桥岗村、宽甸满族自治县长甸镇河口村、宽甸满族自治县振江镇石柱子村;锦州市北镇市正安镇马市村、北镇市罗罗堡镇康屯村、北镇市常兴店镇观军场村史家村(屯)、北镇市富屯街道台子沟村、黑山县英城子乡北五台子村、凌海市温滴楼满族镇大茂堡村、凌海市班吉塔镇杂木林子村、凌海市班吉塔镇班吉塔村、凌海市石山镇石南村、凌海市翠岩镇牤牛屯村;辽阳市辽阳县寒岭镇梨庇峪村;葫芦岛市绥中县加碑岩乡黄木杖子村

① 李越、胡海林:《到 2025 年，辽宁力争培育创建 60 个全国乡村旅游重点村镇》，《辽宁日报》2023 年 3 月 27 日。

② 《辽宁省国民经济和社会发展第十四个五年规划和 2035 年远景目标纲要》，《辽宁省人民政府》2021 年 3 月 30 日。

续表

	乡村旅游经典景区
省级文化生态保护区	燕北边塞(朝阳)文化生态保护区、辽东(抚顺)文化生态保护区
省级非遗工坊	沈阳胡魁章制笔工艺、康福老月饼制作技艺、老边饺子传统制作技艺、大连贝雕、岫岩玉雕、琥珀雕刻、砚台制作技艺(松花石砚制作技艺)、传统木版年画、凤城景泰蓝珀晶画、锦州满族民间刺绣、锦州葫芦雕、老世兴金银制作技艺、胡琴制作技艺、朝阳红土泥塑——喀左紫砂制作技艺、小亮沟苇编、辽河口渔家菜特色食材加工技艺与习俗、满族刺绣(兴城民间绣活)
国家级全域旅游示范区	本溪市桓仁满族自治县、朝阳市喀喇沁左翼蒙古族自治县、辽阳市弓长岭区
省级全域旅游示范区	沈阳市沈北新区、大连市旅顺口区、大连市庄河市、鞍山市岫岩满族自治县、抚顺市抚顺县、本溪市南芬区、本溪市本溪满族自治县、丹东市凤城市、丹东市宽甸满族自治县、锦州市北镇市、铁岭市铁岭县、葫芦岛市兴城市、抚顺市清原满族自治县
全国乡村旅游重点镇(乡)	辽宁省抚顺市新宾满族自治县永陵镇、辽宁省本溪市本溪满族自治县小市镇、辽宁省大连市庄河市步云山乡、辽宁省本溪市南芬区思山岭街道、辽宁省辽阳市弓长岭区汤河镇、辽宁省本溪市桓仁满族自治县普乐堡镇
中国民间文化艺术之乡	辽宁省大连市庄河市栗子房镇、鞍山市岫岩满族自治县、本溪市桓仁满族自治县、锦州市黑山县、阜新市阜新蒙古族自治县于寺镇、朝阳市朝阳县、葫芦岛市连山区、沈阳市苏家屯区、沈阳市大东区、沈阳市皇姑区、大连市西岗区、鞍山海城市、抚顺市新宾满族自治县、本溪市本溪满族自治县等

资料来源：根据文化和旅游部数据资料整理。

在乡村旅游线路方面，2022 年辽宁省共有 4 条线路入选全国乡村旅游重点线路，包括辽北地区的“盛情北方盛景撩人”春夏田园生态之旅、辽西地区的“关外花开醉了京华”赏花踏青之旅、环渤海地区的“春意长驻环海而行”神奇亲子之旅、辽东地区“边关秀色玉水洞天”赏花避暑山水之旅。2023 年文化和旅游部推出的“大美春光在路上”全国乡村旅游精品线路中，辽宁・乡野“和美锦鲤盘山岛海”和畅之旅、辽宁・北国之春“鸭绿江畔民俗风情”美好之旅、辽宁・西北环线“春潮涌动花阜岭上”赏花之旅、辽宁・滨海大道“海江宁远　营在暖心”之旅、辽宁・都市圈“双阳叠彩鞍时乡约”缘梦之旅 5 条线路入选。

随着全民休闲时代的来临，辽宁省正在迈向文旅深度融合、乡村全面振兴的新征程，乡村旅游将逐渐成为人们追求身心愉悦与放松，实现健康体验、推进乡村全面振兴的一股重要支撑力量。尽管辽宁省乡村旅游在规模、数量和影响力方面与浙江、四川、山东、江苏、贵州、福建等省份存在一定的差距，但在未来，依托辽宁地区独特的乡村文化与特色以及文旅产业的科学规划与设计，辽宁的乡村旅游将逐渐走进全国公众视野，受到更多旅游者的青睐。

（二）辽宁乡村旅游资源分布特征

为更好地了解辽宁省旅游资源的分布情况，本报告选取辽宁省 132 处乡村旅游景点为样本，运用 ArcGis10.6 软件，通过空间分析工具箱，进行辽宁省乡村旅游景点的核密度分析，借助重分类工具得到辽宁省乡村旅游资源核密度分析重分类图（见图 1）。以辽宁省入选的 4 条全国乡村旅游重点线路和 5 条全国乡村旅游精品线路为样本，通过 ArcGis10.6 软件，绘制旅游线路分布图（见图 2）。其中乡村旅游景点根据网络数据整理，行政边界来自国家基础地理信息统计网，各景点经纬度通过百度地图坐标拾取工具获取。

辽宁省乡村旅游资源分布区域差异明显，整体呈现“大分散，多集聚”现象，具有明显的多核特征。高密度热点区域主要集中在本溪市、辽阳市和本溪市交界处、阜新市和锦州市交界处，这三个区域的乡村旅游资源丰富，集聚等级最高。中密度次热点主要分布在沈阳市、本溪市、阜新市等；低密度区域主要在锦州市、盘锦市、大连市、葫芦岛市等。从图 2 可以看出，辽宁省入选的全国乡村旅游精品线路和重点线路与乡村旅游资源分布有明显的一致性，这些线路将分散的乡村资源串联起来，充分利用辽宁省乡村旅游资源的优势，减少同质性，协调跨区域合作。

（三）辽宁省乡村旅游资源的发展水平

2023 年，辽宁积极发展“农业+”文化、旅游、教育、康养等新产业、新业态，推介一批休闲农业重点县①、中国美丽休闲乡村、休闲农业和乡村旅游四季精品景点线路，休闲农业和乡村旅游年接待人次达到 5200 万以上。创建

---

① 周凤文、吴越：《辽宁推进“农业+旅游”赋能乡村振兴》，《中国旅游报》2023 年 4 月 6 日。

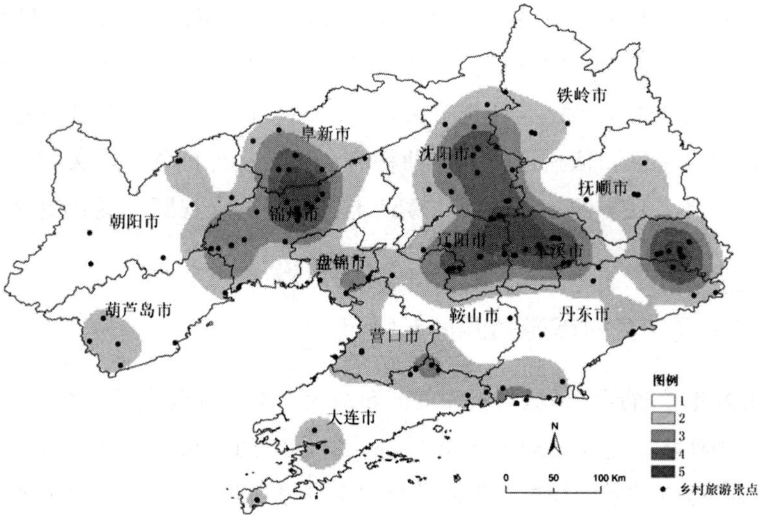

图 1　基于核密度分析的辽宁省乡村旅游资源重分类

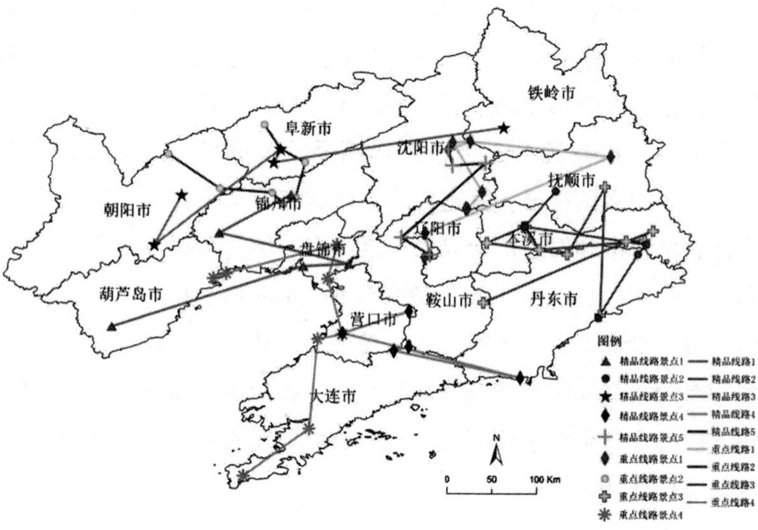

图 2　辽宁省全国乡村旅游线路

新增省级智慧农业应用基地 20 个，有力推进了辽宁省农业数字化转型升级进程和国家“互联网+”农产品出村进城试点县建设。①

① 辽宁省文化和旅游厅：《辽宁省文旅产业高质量发展行动方案（2023—2025 年）》，2023 年 6 月 19 日。

1. 政策引领下的辽宁乡村旅游资源蓬勃发展

近年来，辽宁依托乡村文化、民俗风情、田园风光和丰收硕果，推出了一系列政策举措，推动实施了一批具有较强带动作用的文旅产业项目，提质升级了一批文旅产业品牌，建设了一批特色鲜明、优势突出的文旅产业特色乡镇、特色村落，乡土文化得到了有效激活，乡村文化和旅游业态不断丰富，乡村自然资源和人文资源得到了有效保护利用。

2. “旅游+休闲”拉动下的辽宁乡村旅游资源的整合

2022 年，在农业农村部公布的中国美丽休闲乡村中，沈阳市法库县四家子蒙古族乡公主陵村、鞍山市千山风景名胜区温泉街道办事处庙尔台村、辽阳市弓长岭区汤河镇瓦子沟村、葫芦岛兴城市三道沟满族乡头道沟村、朝阳凌源市大王杖子乡宫家烧锅村、抚顺市抚顺县上马镇北湖村、本溪市桓仁满族自治县雅河乡湾湾川村、铁岭市银州区龙山乡七里屯村脱颖而出，进一步加速了辽宁乡村旅游中“旅游+休闲”的融合进程。

2023 年文化和旅游部推出“大美春光在路上”全国乡村旅游精品线路 152 条。在“交旅融合”单元，辽宁以滨海大道“海江宁远 营在暖心”之旅为主题，打造了“大连天门山—大连步云山民宿—丹东（东港）鸭绿江口湿地观鸟园—营口虹溪谷温泉度假区—营口黄丫口风景区”线路；在“乡村新体验”单元中，将“沈阳沈北新区稻梦空间—沈阳造化大集—沈阳棋盘山旅游度假区—辽阳前杜草莓小镇—鞍山千山风景名胜区”进行了整合，打造了辽宁都市圈“双阳叠彩鞍时乡约”缘梦之旅；在“春和景明”单元，辽宁·西北环线“春潮涌动花阜岭上”赏花之旅、辽宁·北国之春“鸭绿江畔民俗风情”美好之旅、辽宁·乡野“和美锦鲤盘山岛海”和畅之旅位列其中。[①] 实现了“旅游+休闲+康养+新奇+研学”多元化的乡村旅游发展格局。

3. 挑战与压力并存下辽宁乡村旅游资源的破窗之路

辽宁位于我国东北地区南部，处于温带-暖温带区域，与吉林、内蒙古、河北等省区接壤，东南与朝鲜一江之隔，是东北地区唯一的既沿海又

① 赵幸：《一起去“村”游丨看辽宁双阳叠彩，春潮涌动》，《文旅之声》，https://www.sohu.com/a/677805786_121107000，2023 年 5 月 22 日。

沿边的省份，也是东北及内蒙古自治区东部地区对外开放的门户。辽宁区位优越、交通便利，是东北地区通往关内的必经之地和连接欧亚大陆桥的重要门户。① 这样的地理区位使辽宁具备了衔接东北与华北，以及内蒙古地区的重要功能，但也会因为其衔接作用，人们容易忽略它自身的独特性，成为东北旅游的过境省份。

从辽宁乡村旅游的发展水平来看，辽宁省休闲农业和乡村旅游接待量为623.1万人次，较上年同期增长29.3%；营业收入8.6亿元，处于全国乡村旅游中游水平（见图3）。② 虽然在东北三省乡村旅游中排名第一，但辽宁仍与乡村旅游起步较早且资源禀赋良好的省份，如浙江、四川、山东、江苏、贵州等存在一定差距。因此，未来辽宁乡村旅游无论经典旅游线路的打造，还是乡村旅游基础设施的建设、乡村旅游多元功能的拓展、辽宁乡村旅游文化特色的彰显以及“乡村旅游+”模式的发展，都成为辽宁乡村旅游未来需要突破的重要方向。

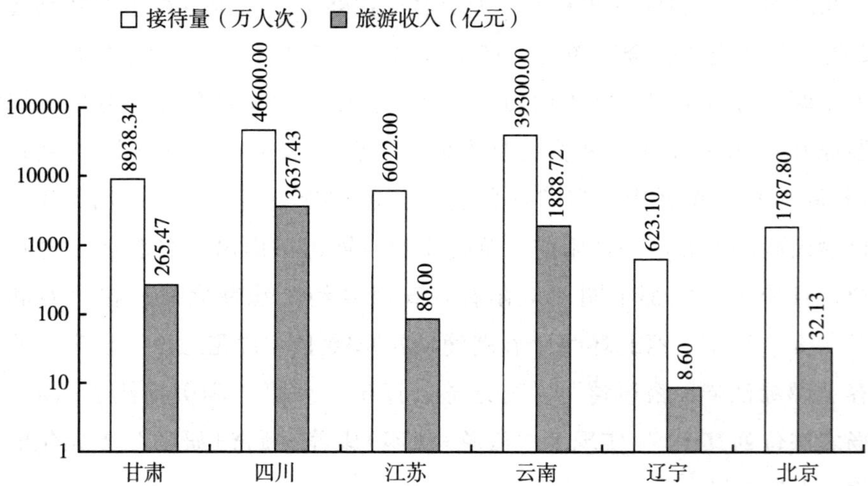

图3　2022年部分省份休闲农业和乡村旅游接待量与收入

资料来源：各省市统计数据。

---

① 《辽宁概况》，中国日报网，http：//www.chinadaily.com.cn/dfpd/2009-10/13/content_8787759.htm，2009年10月13日。

② 王金伟、吴志才主编《中国乡村旅游发展报告（2022）》，社会科学文献出版社，2022。

二　辽宁省乡村旅游发展现状

（一）乡村旅游规模不断扩大

2022年，辽宁省休闲农业和乡村旅游共接待游客623.1万人次，较上年同期增长29.3%；营业收入达到8.6亿元，较上年同期增长49.2%。① 同时，辽宁省还启动了乡村文化旅游季活动，打造了18条旅游精品线路，建设了全省乡村振兴大数据综合服务平台，创建省级智慧农业应用基地20个。未来，辽宁乡村旅游资源的类型与数量将稳步增长，乡村旅游资源的品质也将获得持续优化。

（二）乡村旅游资源整合能力显著增强

辽宁作为东北与京津地区重要的衔接地带，山岳、海洋、生物和文化旅游资源十分丰富，各具特色的乡村旅游资源与耕地、林地点缀其间，形成了“食、住、行、游、购、娱、研、养、学、闲、野、情、奇”有机结合，形式多样、独具特色的乡村旅游线路。在辽宁乡村旅游中，除了乡村+休闲外，乡村+非遗、乡村+研学、乡村+节庆、乡村+冰雪也逐渐兴起，如兴城三道沟革命历史教育基地，正在努力将头道沟村打造成“辽西红色旅游第一村”；桓仁湾湾川村大力传承发展桓仁朝鲜族的“农乐舞——乞粒舞”；丹东青山沟村大力建设集旅游观光、休闲度假、冰雪娱乐、满族民俗、心灵休憩于一体的沉浸式旅游景区。此外，葫芦岛葫芦古镇丰收节、营口望儿山母爱文化节、鲅鱼圈国际马拉松赛、营口国际海滨温泉节等都彰显着多元化的旅游资源与乡村旅游的协同发展。

（三）乡村旅游品质不断提升

为更好地推进乡村旅游的品质提升，辽宁省首先改善农村公路建设，推出

① 辽宁省文化和旅游厅：《辽宁省文旅产业高质量发展行动方案（2023—2025年）》，2023年6月19日。

了“四好农村路”示范地区建设，实现了36个示范县县县都有旅游路、资源路和产业路，61个示范乡镇乡乡都有景观农村路。① 同时，在乡村旅游路线以及经典旅游路线沿线地区，提升公路的品质，打造景观公路、高速公路和优质公路，同时在有条件的地区增设公路、高速公路、铁路以及高铁站点，方便游客在辽宁地区实现乡村旅游的便捷化。其次，提升乡村旅游的品质，改进乡村旅游的住宿条件，打造乡村民宿品牌，增设高品质特色民居、民宿以及酒店，满足旅游者多元化的住宿需求，并培育出大连英歌石无白丁民宿、沈阳十里芳华民宿等优质民宿品牌。最后，不断提升乡村旅游景区品质的认同度。这些乡村旅游景区不仅风景秀丽，而且在旅游过程中拉近了人与自然间的距离，还与节庆、非遗、研学、休闲有机整合，使游客在乡村旅游中获得多元化的旅游体验。

三　辽宁乡村旅游提质升级发展策略

（一）以“绿水青山就是金山银山”为理念保护辽宁乡村旅游的原真性

“绿水青山就是金山银山”是习近平总书记于2005年8月在浙江湖州安吉考察时提出的科学论断。乡村的生态宜居是乡村旅游高质量发展的基础，因此辽宁的乡村旅游发展一方面可以突出乡村的生态休闲特色，从保护乡村的森林、草原、河流和湖泊的原真性入手，使旅游者感受到辽宁乡村的特色风貌以及传统人居环境所产生的沉浸感，从而打造辽宁乡村旅游的独特品牌，提升辽宁乡村旅游的标识度。另一方面，建立完善辽宁乡村旅游企业的环境准入机制。通过借鉴生态环境保护部的许可证制度，严格规划和科学管理乡村旅游各类资源的开发、经营与建设，建立基于保护的开发机制，对于引入乡村的各类企业从经济、环保、特色、美观方面建立综合评价体系，严把乡村旅游环境关，使辽宁的乡村旅游在乡村文化与风貌得以传承与发展的基础上进行科学规划，最终实现与乡村环境相协调的特色与创新。

---

① 《6439.7公里 辽宁超额完成全年农村公路建设任务》，人民融媒体，https：//baijiahao.baidu.com/s？id=1751644705684518578&wfr=spider&for=pc，2022年12月8日。

（二）以差异化为表征的辽宁乡村旅游的个性化发展

乡村具有典型的地域特色，辽宁的乡村具备东北乡村的典型特征。然而，辽宁省域范围广阔，海陆山湖川谷纵横交错，多民族在此生息繁衍，构成了辽宁乡村旅游产业发展的先天优势。基于此，辽宁乡村旅游的发展可以借鉴浙江、四川、甘肃、云南、北京等地的成功经验，打造具有地域差异的乡村旅游发展模式。在滨海地区如大连、锦州、盘锦、丹东等地的乡村发展具有海滨风情的乡村旅游模式；在河流滩涂以及水库地区，如大凌河、辽河、浑河、鸭绿江、浑江、太子河、碧流河流域以及水丰水库、桓仁水库、大伙房水库、观音阁水库、白石水库、清河水库等地打造以河湖景观为核心的乐、游、赏、食乡村旅游目的地；在山地富集地区，如医巫闾山、千山、凤凰山、关门山、天华山等地打造集旅游、休闲、度假、康养、研学、露营为一体的乡村旅游目的地。并在此基础上有机整合当地的民族与民俗风情以及传统节庆，逐渐形成以区域山海河湖为基础，以民族特色为核心，风情各异、功能交融的辽宁乡村旅游的个性化发展格局。

（三）根植地域文化的辽宁乡村旅游的多元化发展

辽宁的地理区位使其具有沿海、沿江、沿河的独特优势，依山傍海，森林、草原、湿地、山岳景观齐备。因此，辽宁乡村旅游的发展可以依托独特的自然地理优势，积极发展滨海渔村旅游、海岛休闲旅游、乡野湿地旅游、草原风情旅游、森林探秘旅游、河湖赏玩旅游、山岳探险旅游、鱼米之乡旅游等，全方位呈现辽宁丰富多元的乡村旅游资源。同时，深入挖掘辽宁地区的特色文化，依托辽宁地区的红色旅游，将辽宁作为抗日战争起始地、解放战争转折地、中华人民共和国国歌素材地、抗美援朝出征地、共和国工业奠基地、雷锋精神发祥地的红色文化与辽宁地区的红色乡村有机结合，以锦州、抚顺、沈阳、丹东、凌海、葫芦岛、大连、本溪、阜新、朝阳等地为核心开发红色乡村旅游资源，打造辽宁红色乡村文化。

在辽宁有满族、蒙古族、回族、锡伯族、朝鲜族等少数民族在此生息繁衍，形成了千里不同风、百里不同俗的特色乡村文化，如满族的开山节；蒙古族的马奶节、白节、那达慕、祭敖包、点灯节；回族的开斋节、古尔邦节、盖德尔节、登霄节；锡伯族的鱼清明、瓜清明、西迁节和抹黑节；朝鲜族的五谷祭、重九节、嘉俳节、开天节、老人节、回甲节等。这些节庆文化与当地乡村旅游的有机结合，可以使旅游者在领略乡村自然风光的基础上，通过积极的参与体验深刻感受到民族和民俗文化的魅力，提升辽宁乡村旅游的知名度与美誉度。同时，这些少数民族聚集的乡村，往往具有良好的旅游资源禀赋，拥有得天独厚的山岳景观、河海滩涂景观等，适宜开展研学、休闲、度假、康养、露营旅游。此外，随着“村超”的火爆全国，依托各类展演、比赛、竞技与辽宁乡村文化的有机融合，创建具有浓郁辽宁特色的乡村旅游未来可期。

（四）打造以精品为龙头的辽宁乡村旅游品牌

首先，以辽宁省的国家级历史文化名镇、省级历史文化名镇、省级历史文化名村、省级文化生态保护区、省级非遗工坊、国家级全域旅游示范区、省级全域旅游示范区、全国乡村旅游重点镇（乡）和中国民间文化艺术之乡为重点，通过整合各类资源，优化规划布局，将这些地方的乡村旅游资源与当地的历史、文化，国家、省、市的发展规划，国土空间规划等进行有效衔接，为建立具有良好基础设施和综合服务水平的乡村旅游品牌提供坚实的发展基础。其次，深入挖掘辽宁精品乡村独特的潜在价值，从乡村旅游产品、服务、营销、宣传四个方面提升乡村旅游综合服务水平。在辽宁乡村旅游产品与服务方面通过引进或培育具有影响力的企业，逐步提升辽宁乡村旅游的供给能力，打造具有浓厚辽宁乡村地方特色的精品产品与服务，并尝试将其涵盖的领域从单纯的旅游产品与服务向会展、演艺、科普、文创等领域拓展。最后，积极加强与商业资本的合作，通过商业化的营销与宣传打造辽宁精品乡村旅游品牌，进一步提升辽宁乡村旅游的知名度与美誉度。从乡村文化品牌、乡村体育品牌、乡村休闲品牌、乡村民宿品牌、乡村研学品牌、乡村旅居品牌等方面共同搭建起具有综合服务功能和全方位体验的辽宁乡村旅游品牌。

（五）推进全产业链跨行业的辽宁乡村旅游的融合化发展

首先，实现旅游全产业链上游供给企业、核心企业、下游服务企业、配套企业及规划机构间的相互有效衔接。通过科学规划与管理有效保障乡村农、林、牧、副、渔相关企业的产品品质，以生态有机为特色，保障乡村的生态安全，推动乡村旅游与康养旅游的有机整合。其次，提升乡村旅游核心企业的服务品质，规范核心企业的生态边界，以辽宁乡村的综合条件为基础，突破传统的食、住、行、游、购、娱的产业范畴，将商、养、学、展、艺、赛有机地融入乡村旅游的发展进程中，实现核心企业功能创新与突破。最后，不断丰富下游服务企业的类型与服务功能。采用政府推广、商业广告、网络直播、公众平台推送等方式提升辽宁乡村旅游地的知名度与影响力。同时加强辽宁乡村旅游与周边旅游景观的联系，搭建“乡村+周边”互动的乡村旅游基本框架，在此基础上不断丰富旅游资源供给类型，丰富游客体验，建立“乡村+”的辽宁乡村旅游发展路径，逐步形成“乡村+风光+民俗+节庆+康养+演艺+民宿+研学”的乡村特色融合模式。此外，持续加强辽宁乡村旅游的黏性，打造乡村+“红色+蓝色+银色+绿色+……”的产业融合化发展，打破城市与乡村、乡村与乡村间的距离障碍，增强乡村间的联系以及乡村旅游自身的黏性①，形成在一定区域范围内的乡村旅游的集聚效应，并逐渐实现产业链的延伸，最终在辽宁省域范围内形成具有相对完整的产业链跨行业的辽宁乡村旅游的融合化发展格局。

---

① 《乡村旅游要增强黏性》，环球网，https：//finance. sina. com. cn/jjxw/2022-06-04/doc-imizirau6512933. shtml？finpagefr=p_ 115，2022年6月4日。

G.18
河南省乡村旅游发展报告*

王 伟　张诗涵　王少华　金淑贞**

摘　要： 河南省作为我国的农业大省，是全国乡村旅游的重点省份之一，拥有丰厚的乡村旅游资源。在乡村旅游发展过程中，依靠国家战略扶持、丰厚的文化底蕴、庞大的消费市场等优势，河南逐步形成了产业融合、产品多元、产权分立等发展模式，并在历史挖掘、因地制宜、智慧文旅等方面积累了丰富的经验。同时河南旅游发展依然存在品牌效应缺失、开发环境受限、专业人才短缺、市场供需失衡等问题。本报告从树立品牌意识、加强环境治理、加强团队建设、优化产品结构等方面提出了河南乡村旅游高质量发展的政策建议。

关键词： 乡村旅游　高质量发展　河南省

一　河南省乡村旅游发展概况

（一）国家战略支持，政策机制完善

党的十八大以来，乡村旅游所处地位稳步提高，被党中央、国务院纳入乡

* 本报告受国家自然科学基金青年基金项目（42201226，42201255）、河南省高校科技创新人才支持计划（24HASTIT049）、河南省哲学社会科学规划项目（2022CJJ135）、河南省软科学研究项目（232400411162）资助。

** 王伟，博士，河南大学文化旅游学院长聘副教授、硕士生导师，研究方向为乡村旅游地理与乡村振兴；张诗涵，河南大学文化旅游学院硕士研究生，研究方向为乡村旅游；王少华，博士，河南旅游研究院院长，郑州职业技术学院教授、硕士生导师，研究方向为乡村旅游；金淑贞，河南大学文化旅游学院硕士研究生，研究方向为乡村旅游。

村振兴战略总体布局之中，历年中共中央发布的一号文件均对乡村旅游的发展做出方向性规划。文化和旅游部联合其他相关部门也出台了一系列政策并落实到具体工作中，河南省政府积极响应国家号召，陆续颁布了一系列政策鼓励发展乡村旅游，以期达到乡村旅游促进本省经济发展的目标，从而促进新时代乡村旅游的快速发展。

国务院办公厅在 2015 年 8 月发布了《关于进一步促进旅游投资和消费的若干意见》。在 2016 年 8 月，国家旅游局、国家发展改革委等 12 个部门发布了《乡村旅游扶贫工程行动方案》。此外，国家发展改革委联合文化和旅游部以及其他相关部门在 2018 年 10 月共同发布了《促进乡村旅游发展提质升级行动方案（2018 年—2020 年）》和《关于促进乡村旅游可持续发展的指导意见》。这些政策文件的发布为乡村旅游的可持续发展奠定了基础。在这些政策文件的推动下，2020 年 5 月，河南省人民政府办公厅发布了《关于加快乡村旅游发展的意见》等一系列政策措施，使得乡村旅游这趟列车驶入快车道。

数据显示，全国乡村旅游人数从 2012 年近 8 亿人次跃升至 2019 年 30 亿人次，年均增速超过 20%。2020 年，新冠肺炎疫情发生，旅游业遭到沉重打击。后疫情时代，国内长途旅游因条件受限，恢复缓慢，而短途的乡村旅游备受游客欢迎。同年 7 月，文化和旅游部办公厅发布《关于统筹做好乡村旅游常态化疫情防控和加快市场复苏有关工作的通知》，助力乡村旅游市场以稳定的增速持续发展。河南省各地市相关部门亦把乡村旅游发展视为重中之重，根据中央政策，结合当地实际，因地制宜地推动乡村旅游向前向好发展。同时省文化和旅游厅做好对乡村旅游发展的指导工作，定期评估，总结推广优秀经验，确保各地市相关工作完成到位。

2022 年，河南省人民政府发布《关于持续增加农民收入的指导意见》，提出：加快发展乡村旅游，推进乡村旅游示范村、休闲康养基地等建设，推广乡村旅游民宿、美食、“老家礼物”旅游商品，到 2025 年，创建 400 个 A 级乡村旅游示范村，全省乡村旅游年经营总收入达到 3000 亿元。① 截至 2023 年，

① 《河南省人民政府关于持续增加农民收入的指导意见》，河南省人民政府网，https://www.henan.gov.cn/2022/05-26/2456438.html，2022 年 5 月 26 日。

河南省乡村旅游迎来渐进式恢复，郑州、洛阳、焦作等地积极印发相关政策，一揽子有力举措激发乡村旅游潜力，助推乡村振兴。

（二）文旅深度融合，品牌形象凸显

旅游是文化的载体，文化是旅游的灵魂，二者是一个地方独有且吸引人的特殊资源。乡村文化的发展不仅丰富了人民群众的精神文化生活，也为乡村赢得发展优势提供了突破点。文化与旅游深度融合的意义在于，游客通过旅游来感受和了解文化的具体内容，而文化则为游客提供真实体验并展示旅游地的独特魅力。近年来，我国将发展文化产业提升到国家战略层面，因此，河南省积极推动乡村旅游与文化产业的融合，提升乡村文化旅游的品牌影响力，以促进全省的经济发展和社会进步。

近年来，河南省为了让文化和旅游更好地深度融合，从乡村民宿到非遗工坊，再到传统村落的保护、开发、活化。各地市不断培育、激发当地特色文化产业活力，因地制宜开展“艺术乡建”，多维整合文旅资源、生态资源和社会资源，创新发展乡村文化和旅游产业，增强乡村振兴发展后劲。

新乡市文旅行业为进一步推进文旅融合，瞄准乡村振兴这一机遇，盘活全市文化旅游资源，创建乡村旅游品牌，同时进行产业改革，跟进项目建设，始终坚持“乡村振兴文旅先行”工作原则。精准指导乡村发展。通过对标宣贯、精准指导，共襄发展、合力指导，深入挖掘、保护发展等方式，帮助村镇一级开展各类乡村旅游品牌的创建工作。激发乡村旅游活力。新乡市指导县区因地制宜创新活动，推介一批乡村旅游精品景点线路，开展品牌强垦行动，并通过策划精品线路、定向特色宣传的方式，进行新乡品牌宣传推广。提升乡村旅游品质。新乡市将省级特色旅游村和康养旅游示范村进行高标准建设，并吸引更多社会资本将目光投向乡村文旅产业。同时，为提高创建品牌的积极性，新乡市出台奖励政策，全市各村创建、维护、擦亮品牌的意识逐渐增强，先后有 19 个村庄获得了国家或省级乡村文旅品牌，并已经兑现或者进入品牌建设奖励程序。

（三）产品种类多元，新型业态兴起

近年来河南省高度重视旅游新业态发展，加快推进康养旅游、乡村旅游、文创旅游、夜游经济、沉浸式旅游等，不断做强文化旅游、红色旅游、生态旅

游，推动文旅文创融合战略走深走实。着力坚持高质量发展，发挥旅游带动作用，以丰富不同类型的旅游产品供给为目标，不断满足大众对多元化、多层次旅游需求的不断增长，推出更多符合大众审美的旅游产品，定制旅游线路，开发特色旅游项目。2022 年河南省文化和旅游厅为培育建设一批旅游特色鲜明、文化内涵丰富、设施配套完善的乡村旅游目的地，共认定了 50 个河南省特色生态旅游示范镇、50 个河南省休闲观光园区和 10 个河南省乡村旅游创客示范基地（见表 1）。

表 1　2022 年河南省获评乡村旅游品牌名单

乡村旅游品牌	数量	入选县(乡、镇、村)	
休闲观光园区	50	新郑市龙湖镇爱牧龙泉山庄	林州市姚村镇水河村唐晟农庄
		新密市超化镇李坡村灵龟山田园综合体	淇滨区牛横岭生态农业观光园区
		中牟县雁鸣湖镇沙窝森林公园	长垣市魏庄街道办事处月亮湾生态园
		荥阳市刘河镇分水岭村三山森林溪谷温泉庄园	获嘉县城关镇后寺村休闲观光区
		通许县袁滩东郇生态园	新乡县熙华苑休闲观光园区
		龙亭区开封柳园口黄河湿地公园	卫辉市安都乡河南樱泽园农业种植有限公司
		尉氏县十八里镇裕康苑生态观光园	武陟县河南泰鑫农业休闲观光园区
		洛龙区洛阳市天鹅湖伊河湿地游园	马村区河马仙果小镇
		栾川县陶湾镇西沟村百合观光园	经济技术开发区濮阳国家农业科技园区
		孟津区洛阳洋丰生态园	华龙区东北庄杂技文化园区
		宝丰县虎狼爬岭农业休闲观光园	长葛市佛耳湖镇周庄村香桂湾休闲庄园
		叶县农业生态公园	襄城县首山欢乐谷
		叶县鸿园牧歌观光园	漯河市郾城区聚博文化园
		叶县燕山湖生态度假村	淅川县上集镇粉黛庄园
		龙安区安阳市善园小镇	社旗县赊店酒乡特色文化创意园
		汤阴县韩庄镇三禾农庄	镇平县老庄镇凉水泉村红岭山地运动公园
		济源市大峪镇无界星空民俗俱乐部	夹津口镇嵩顶旅游度假区
		唐河县桐寨铺镇福田莲海观光园	商城县田湾村田园综合体
		南召县鸭河口库区玉兰博览园	息县任大寨非遗文化传承休闲观光区
		睢县云腾国家田园综合体休闲观光园	新蔡县顿岗乡班桃源田园综合体
		睢阳区“两河湾湾 · 紫藤园”	上蔡县状元红生态观光园
		梁园区这家菜农场	平舆县归园生态农业观光园

续表

乡村旅游品牌	数量	入选县（乡、镇、村）	
休闲观光园区	50	卢氏县核桃产业休闲观光园区	邵原镇花语季休闲生态农业观光园区
		浉河区神农山庄	思礼镇玉阳山核桃公园
		平桥区平昌关镇马妈妈休闲农庄	固始八里堰农业休闲观光园区
乡村旅游创客示范基地	10	惠济区古荥镇孙庄村西山文创艺术家聚落	洛宁县兴华镇沟门村创客示范基地
		巩义市大峪沟镇海上桥村乡村旅游创客示范基地	林州市麒麟古玩文化小镇
		祥符区朱仙镇西街村	林州市林虑书画院
		新安县石井镇洛阳黄河神仙湾休闲农业旅游度假区	鹤山区云端西顶文旅创客基地
		栾川县庙子镇庄子村旅游创客示范基地	淇滨区鹤壁农业硅谷产业园双创基地
特色生态旅游示范镇	50	登封市大金店镇	濮阳县清河头乡
		新郑市观音寺镇	濮阳县庆祖镇
		中牟县姚家镇	禹州市无梁镇
		杞县圉镇镇	卢氏县五里川镇
		龙亭区柳口乡	陕州区西张村镇
		尉氏县蔡庄镇	方城县二郎庙镇
		祥符区罗王镇	卧龙区七里园乡
		洛宁县故县镇	淅川县上集镇
		栾川县潭头镇	南召县乔端镇
		汝阳县付店镇	虞城县利民镇
		嵩县黄庄乡	民权县双塔镇
		新安县仓头镇	睢县后台乡
		鲁山县赵村镇	光山县槐店乡
		郏县堂街镇	息县濮公山街道办事处筹建处
		宝丰县大营镇	平桥区明港镇
		叶县辛店镇	商城县苏仙石乡
		林州市采桑镇	罗山县铁铺镇
		林州市合涧镇	商水县邓城镇
		殷都区都里镇	项城市孙店镇
		淇滨区金山街道办事处	确山县留庄镇
		凤泉区潞王坟乡	泌阳县马谷田镇
		辉县上八里镇	思礼镇
		新乡县七里营镇	小关镇
		沁阳市紫陵镇	涉村镇
		博爱县寨豁乡	陵头镇

资料来源：河南省文化和旅游厅。

驻马店依托本地农耕文化优势、民俗生态禀赋，盘活乡村资源，将乡村文化旅游打造成农村产业融合发展新载体、乡村振兴的重要抓手。做实融合文章，丰富业态，大力推进旅游+农业、旅游+工业、旅游+文化等新业态，平舆蓝天芝麻小镇、确山竹沟镇、汝南梁祝镇等一批美丽乡村、特色小镇，成为网红打卡地，进一步提升了乡村旅游景区（点）知名度和影响力。同时，有序引导社会资本多元参与投资乡村旅游，成功创建国家休闲农业与乡村旅游示范县 2 个、全国乡村旅游重点村 2 个、省级乡村旅游示范村 50 多个、农家乐 1200 多家，为全面推进乡村振兴提供了有力支撑。

洛宁县抢抓文旅产业发展风口，突出“颠覆性创意、沉浸式体验、年轻化消费、移动端传播”，构建多元化旅游业态体系，推动农旅、文旅、体旅深度融合发展。民宿集群串起乡村美景，围绕“三山一水一带一书”，洛宁县全面整合青山绿水、人文底蕴、生态农业、运动休闲等发展优势，按照“一个民宿就是一个旅游目的地”的理念，谋划打造了 5 个民宿集群，并通过示范村、精品村、示范区及民宿集群的建设，连点成线、连线成片，让乡村旅游形成规模效应。同时以节会为媒，丰富旅游业态。音乐搭台、文旅唱戏，为使乡村旅游业态更丰富，洛宁县打造全竹宴、豆腐宴、槐花宴、清真宴、全鱼宴 5 大美食品牌，开展各式民俗文化活动以及一系列文旅促消费活动，利用丰富多彩的文旅活动叫响“山水田园，多彩洛宁”文旅品牌。

（四）市场规模扩大，接待能力升级

2023 年“五一”节假日期间，河南省各大文旅市场迎来客流高潮，5 天时间接待游客共计 5518 万人次，与 2019 年同期相比增长 21.3%，旅游收入 310.1 亿元，与 2019 年同期相比增长 7.69%。“五一”期间，省内多家山水景区依托其独有的生态资源，从发展产业和服务的角度出发，推出丰富多彩的旅游活动和产品，吸引了众多游客。洛阳市栾川县 100 余家酒店民宿入住率超过 90%，鸡冠洞景区每日接待游客量再创历史新高。

在乡村旅游市场规模不断扩大的同时，乡村旅游接待工作也在有条不紊地进行。首先，完善基础设施。筹集资金建设了能够通达乡村旅游景点的干线和支线道路，并设置公交站点，畅通全省乡村旅游的“最后一公里”，为乡

村旅游交通提供保障。同时对县、乡、村以及景区内的停车场地和设施进行规划和定期保护维修，解决了乡村旅游停车难问题。除此之外，2020 年河南省以民宿作为发展乡村旅游的突破点，提出“河南民宿发展全国争最快”目标。2022 年，河南省文化和旅游厅完成了首批乡村旅游民宿等级评定工作，共评选出 28 家首批等级乡村旅游民宿（见表 2）。其次，进行环境整治。开展乡村环境美化改造工作，对山、水、田、林、湖、草等各个方面进行综合整治，为游客提供干净舒适整洁的乡村生态环境。最后，规范旅游水平。完善和规范景区内各种标识系统，如村情介绍、安全须知等，同时制定完善的乡村旅游服务标准并按标准执行，提升消防安全管理水平。推进移风易俗活动，进行文明乡风建设，提高从业人员的素质与能力，进而从整体上提高乡村旅游接待能力。

表 2　2022 年河南省首批等级乡村旅游民宿名单

五星级(17 家)	
中州悦隐·伏羲山会盟山居民宿	五朵山蓼花汀民宿
青山后民宿	山水隐庐·隐居乡宿
慢居十三月	小有洞天·山居
云合山间民宿	南坪十八院
一家人归墅农家院	里山明月
灵泉妙境·石光院子	云堡妙境
林境三湖民宿	周窑拾捌坊
山的礼物·太行秘境乡野度假民宿	姜子牙的渡口
云上院子	
四星级(11 家)	
响水堂民宿	望舒民宿
朴业·溱源洞穴民宿	别字民宿
云顶琼琚悬崖轻奢民宿	南湖山居
朱仙镇启封故园·枕水人家	舍精品民宿
郏县一鸣书居乡村酒店	九峰山乌篷雅居船屋
院望民宿	

资料来源：河南省文化和旅游厅。

二 河南省乡村旅游发展特色

（一）注重历史挖掘，文化底蕴丰厚

文化是植根于一个民族的内在基因，具有悠久历史的中华文化，其根源正是中原文化，朴实的河南人民同全球华人血脉相连。河南，拥有中国历史上的八大古都，这里诞生了人文始祖轩辕黄帝，这里创造了神秘而古老的汉字，这里孕育了名扬天下的“四大发明”。因此，河南是中国根文化的发源地，中华民族能够展现出如此强大的凝聚力，也正是因为中国悠久且深厚的历史文化底蕴。

以《诗经》《周易》为代表的元典文化；以殷墟甲骨文、家书、隶书为代表的汉字文化；以老子、庄子、张衡、杜甫、岳飞等为代表的圣贤文化；以钧瓷、汝瓷和宋代官窑为代表的瓷器文化；以濮阳杂技和周口杂技为代表的杂技文化等，都具有鲜明的中原特色，彰显了河南省丰厚的文化底蕴。①

河南周口鹿邑县发展旅游用文化的理念，传播文化用旅游的方式，从文化的传承与发扬入手，将文化资源优势成功转变为经济发展优势，精心打造老子文化品牌，促进文旅融合高质量发展。民办博物馆蓬勃发展，各类藏品飞入寻常百姓家，若公立博物馆的特点用“大且全”来形容的话，那民办博物馆的特点可以用“小且专”来概括，独树一帜，二者相互辉映、相得益彰。素有“河南省民间文化艺术之乡”之称的观堂镇建立了豫东非遗文化产业园，规划打造多处古院落、亭台、文化廊道等，整合了观堂剪纸、陈方花轿、木庙舞龙舞狮、郭窑唢呐杂技等一大批民间艺术文化资源，并建立教学点，通过现场展示非遗技艺让旅游者在互动体验中感受非遗文化。在老子品牌的熏陶下，民俗文化得以传承和发展，乡村文化生态日益清朗，为乡村旅游增添新活力。

（二）打造区域差异，地方特色显著

河南省位于中国中部地区，东部乡村以平原为主，西部以山地为主，南部

① 郭二艳：《河南历史文化资源的深度挖掘及旅游开发》，《长春工业大学学报》（社会科学版）2014 年第 1 期。

农村多水乡田园，北部多旱地景观，地形气候的差异使河南东西南北具有不同的自然景观、人文生态、物种特产，乡村生态资源地域差异性十分显著。气候资源过渡性明显，地区差异性显著，为发展多种类型的乡村旅游提供了条件；山水资源兼容南北之长，既有北方的雄浑阳刚，又有南方的清丽娟秀，南太行山、伏牛山、桐柏大别山是河南省的三大山系，具有丰富的特色资源。“十四五”时期，“三山”地区依托各地资源特色，发展不同模式的乡村旅游，2022年河南省文化和旅游厅共认定138个河南省乡村旅游特色村（见表3）。各地区因地制宜，打造独特的乡村旅游发展模式，如茶文旅的“浉河模式”、沟域经济的“栾川模式”、美学引领的“修武模式”。

1. 茶文旅的“浉河模式”

信阳市浉河区放大茶特色优势，变传统的种茶卖茶为观茶品茶，以茶产业为支撑，导入“小而美”产业，创新茶旅业态。一方面，创新盘活茶旅资源。创新提出“茶旅+康养、茶旅+山水、茶旅+农业、茶旅+红色”等多产业融合发展的新路径，为游客带来休闲观光、康养度假、亲子研学、种植采摘等丰富绿色乡村旅游体验，形成了“以茶促旅、以旅带茶、茶旅互动”的一体化发展局面。另一方面，打造精品茶乡旅游。整合好、利用好、发展好乡村绿色资源，发展生态观光、休闲度假、健康养生等绿色旅游业态，推出多处特色鲜明的乡村旅游点。

2. 沟域经济的“栾川模式”

栾川县以“政府主导，景点景区和涉旅企业联动，免费式拉动市场，密集式营销，全部门运动式管理”为主的“栾川模式”成功获得首批中国旅游强县、河南省首个国家级生态县、国家“两山”理论实践创新基地、国家级全域旅游示范区等金字招牌。其中，核心是政府主导，通过政府牵头成立旅游领导小组，形成政府全面主导局面；“景点景区和涉旅企业联动”是配合，由县旅游领导班子在一定时间内统一调度，实现上下联动；“免费式拉动市场，密集式营销”是手段，以免费作为最大的噱头进行市场拉动，然后针对目标市场进行密集式营销；“全部门运动式管理”是保障，就是以旅游领导小组为主导，形成全县一盘棋。

3. 美学引领的“修武模式”

修武县在美学理念的引领下，将美学设计融入文旅领域，探索出了一条以美学经济推动产业升级、引领乡村旅游的新路径。这一举措体现了对传统文化和乡村资源的创新利用，以及对游客需求的深入理解。其中，修武县的云台冰菊通过设计师运用美学理念对产品进行包装升级，提升了产品的附加价值。同时，建设冰菊工坊，将美学元素与农耕业态联系起来，打造集文旅和康养于一体的冰菊小镇。这种做法不仅使冰菊产品更具吸引力，也为游客提供了一个独特的体验和欣赏美的机会。大南坡村则对村里闲置的公共建筑群进行改造升级，将山村风貌、风土人情、历史文化等资源延伸发展为乡村民宿、乡野美食、文化创意等核心乡村旅游产品。通过灵活的转换和腾挪，着力打造乡村旅游度假目的地。这样的举措不仅提升了乡村旅游的吸引力，也为当地经济发展和社会进步带来了积极影响。修武县将美学理念与文旅产业相结合，通过创新设计和资源整合，成功推动了乡村旅游的发展。这种美学经济的实践不仅为乡村带来了经济效益，也丰富了游客的体验，进一步提升了乡村旅游的品牌影响力。这一经验值得其他地方借鉴，以推动乡村旅游的可持续发展。

表 3　2022 年河南省乡村旅游特色村名单

新郑市辛店镇大汉窑村	温县招贤乡安乐寨村
新密市来集镇苏砦村	孟州市南庄镇桑坡村
登封市石道乡赵庄村	山阳区中星街道卢亮沟村
荥阳市王村镇薛村	中站区龙翔街道周窑村
新密市尖山乡(伏羲山风景区管委会)尖山村	沁阳市王召乡苟庄屯村
新密市苟堂镇申门村	武陟县嘉应观乡御坝村
巩义市夹津口镇韵沟村	沁阳市紫陵镇赵寨村
荥阳市刘河镇(环翠峪管委会)陈庄村	濮阳县渠村乡王辛庄村
巩义市涉村镇大南沟村	濮阳县海通乡两门村
二七区侯寨乡(樱桃沟景区开发管委会)黄龙岗社区	长葛市佛耳湖镇周庄村
惠济区古荥镇孙庄村	禹州市磨街乡大涧村
中牟县万滩镇七里店村	鄢陵县陈化店镇马桥社区
荥阳市广武镇张庄村	襄城县紫云镇马涧沟村
新密市尖山乡(伏羲山风景区管委会)沙古堆村	鄢陵县陈化店镇东陈社区
通许县咸平街道高寨社区	禹州市文殊镇陈南村
龙亭区柳园口乡大辛庄社区	鄢陵县大马镇屈岗村
兰考县惠安街道何寨村	临颍县皇帝庙乡商桥村
龙亭区北郊乡铁牛社区	陕州区店子乡栗子坪村

续表

尉氏县水坡镇瓦岗村	卢氏县东明镇江渠村
祥符区陈留镇沈楼村	灵宝市五亩乡庄里村
杞县圉镇镇蔡邱屯村	渑池县仁村乡雪白村
栾川县潭头镇大王庙村	陕州区西张村镇五花岭村
汝阳县柏树乡窑沟村	卢氏县文峪乡菠菜沟村
嵩县陆浑镇陆浑村	卢氏县潘河乡冠云村
新安县仓头镇云水村	卢氏县范里镇庙坪村
宜阳县上观乡梨树沟村	陕州区西张村镇人马寨村
嵩县车村镇顶宝石村	镇平县雪枫街道七里庄村
新安县南李村镇江村村	新野县新甸铺镇津湾村
孟津区小浪底镇明达村	宛城区金华镇东谢营村
洛宁县故县镇寻峪村	西峡县太平镇唐寺沟村
洛宁县罗岭乡讲理村	内乡县夏馆镇青杠树村
叶县仙台镇西马庄村	唐河县滨河街道王庄村
汝州市蟒川镇半扎村	社旗县苗店镇老沟刘村
鲁山县梁洼镇鹁鸽吴村	淅川县香花镇柴沟村
舞钢市杨庄乡红石岗村	淅川县九重镇邹庄村
宝丰县商酒务镇杨沟村	方城县柳河镇段庄村
汝州市大峪镇袁窑村	邓州市文渠镇李洼村
汝州市蟒川镇戴湾村	南召县城郊乡上店村
郏县黄道镇王英沟村	夏邑县曹集乡彭楼村
鲁山县观音寺乡西桐树庄村	梁园区李庄乡张楼村
宝丰县周庄镇马川新村	永城市高庄镇车集村
殷都区水冶镇双全村	梁园区刘口镇当店王村
内黄县六村乡温邢固村	夏邑县桑堌乡大李庄村
汤阴县白营镇北陈王村	永城市苗桥镇曹楼村
林州市任村镇牛岭山村	平桥区五里店街道办事处七桥村
林州市任村镇卢家拐村	淮滨县栏杆街道王湾村
林州市任村镇桑耳村	浉河区浉河港镇龙潭村
安阳县瓦店乡杜庄村	固始县陈淋子镇后冲村
殷都区都里镇古井村	浉河区谭家河乡凌岗村
汤阴县韩庄镇李家湾村	平桥区龙井乡南雷村
淇县黄洞乡鲍庄村	浉河区柳林乡甘冲村
鹤山区鹤壁集镇毕吕寨村	商城县赤城街道紫云山社区
淇县北阳镇卧羊湾村	商城县双椿铺镇郭寨村

续表

淇县北阳镇油城村	息县项店镇黄围孜村
鹤山区姬家山乡黄庙沟村	光山县晏河乡詹堂村
淇滨区大河涧乡毛连洞村	淮阳区四通镇时庄村
淇滨区上峪乡纸坊村	汝南县罗店镇李岗村
长垣市丁栾镇马盘池村	正阳县熊寨镇王大塘村
辉县市南寨镇清水坪村	遂平县凤鸣谷风景区管委会李尧村
凤泉区潞王坟乡五陵村	泌阳县马谷田镇河南村
辉县市洪洲乡西土楼村	上蔡县大路李乡陈桥村
辉县市南村镇西王村	确山县瓦岗镇邓庄村
卫辉市狮豹头乡正面村	王屋镇愚公村
长垣市芦岗乡西陈村	思礼镇郑坪村
卫辉市顿坊店乡比干庙村	邵原镇小沟背村
新乡县七里营镇八柳树村	克井镇白涧村
封丘县留光镇耿村	下冶镇韩彦村
温县祥云镇大尚村	坡头镇留庄村
修武县七贤镇沙墙村	下冶镇坡池村

资料来源：河南省文化和旅游厅。

（三）搭建智慧平台，服务水平提升

自 2015 年 3 月政府工作报告首次提出“互联网+”行动计划以来，河南省相继发布了《河南省“互联网+”行动实施方案》和《河南省旅游信息化建设规划》，将智慧旅游确定为河南乡村旅游发展的重要任务。在早期阶段，乡村智慧旅游主要以分散的方式在一些村庄中开始出现，主要通过乡村旅游电子商务的形式。随着 OTA 三方网站如携程、艺龙等成为消费者旅游出行的首选，部分乡村旅游经营者也积极参与其中。除了利用这些平台宣传吸引游客外，他们还能够通过线上预订、结算和评价等功能来提升服务质量，并与合作伙伴如高德导航等合作，实现导航功能。这些措施对乡村智慧旅游的发展起到了重要推动作用。

截至 2016 年，洛阳市栾川县政府积极介入并致力于实施县域乡村旅游的智慧化整体方案设计和建设。与此同时，信阳市新县在推动“智慧新县”建设过程中，特别注重发展智慧乡村旅游。他们建立了县级旅游大数据中心，已

经基本实现了宣传、预订、评价、导航、数据监测等多项功能，并开发了手机App。这一系列举措使得游客只需一部手机就能够轻松畅游新县，使新县成为河南乡村智慧旅游建设的领军者。

2018 年 3 月 12 日，河南省智慧旅游暨“华游”河南试点启动会议在洛阳召开。会议确定了河南省智慧旅游的总体工作目标，将智慧旅游的发展作为重要内容。会议不仅表彰了“互联网+旅游”智能化建设模式，还鼓励积极探索乡村智慧旅游的“人工智能创新”和“移动端支付旗舰景区”等发展模式。此外，云台山景区编制的《旅游景区数字化应用规范》成为全国旅游景区中推广使用的国家标准。① 在国家旅游局和河南省政府以及地方政府的支持下，河南智慧旅游迎来了新的发展机遇期，加速换挡。

三　河南省乡村旅游发展困境与挑战

（一）文化挖掘不足，缺乏品牌效应

河南省作为中华文明的发祥地，拥有丰富的历史、文化和民俗资源，然而在乡村旅游开发中，对这些资源的挖掘利用确实还不够深入。许多乡村地区的传统民居、古老建筑、传统手工艺等独特文化元素尚未得到有效保护和传承。一方面，很多具有悠久历史和文化底蕴的村落缺乏合理的文物保护和修复机制。例如，河南省的少数民族传统村落如壮族百里杜鹃山、苗族千年凉水河等，虽然保存着丰富的传统建筑和民俗风情，但由于缺乏资金和专业技术支持，许多宝贵的历史遗产正逐渐破损和消失。另一方面，河南省的一些乡村旅游景点在宣传和推广方面还存在欠缺。相比其他知名的旅游目的地，这些乡村景区的知名度和影响力相对较低，缺乏品牌效应。这主要归因于缺乏系统的市场营销策略和整体推广规划。例如，河南省有许多古镇古村如开封的朱仙镇、洛阳的金谷园等，虽然具有独特的历史文化价值，但因为宣传力度不够大，很多游客并不了解这些地方的魅力。

① 卫根超：《河南省乡村智慧旅游电子商务发展研究》，《山西农经》2018 年第 7 期。

（二）环境压力升级，开发区域受限

河南省乡村旅游发展面临的环境压力困境确实是一个很重要的问题。随着乡村旅游的迅速发展，一些乡村地区面临日益明显的环境污染和生态破坏。

首先，游客涌入乡村地区会对当地的水资源造成影响。大量游客使用水资源，导致用水量的增加，可能会给当地的水源供应带来一定压力。特别是在一些水资源已经相对紧张的乡村地区，如山区或干旱地区，过度用水可能导致水源枯竭或水质恶化。

其次，土壤受到的压力也不容忽视。大量游客活动会引起土壤的压实、磨损和污染。例如，游客频繁走动可能会导致土壤踩踏紧实，影响土壤的透水性和通气性，进而影响植被生长和水分循环。此外，游客在乡村地区的餐饮和娱乐活动中产生的垃圾和废弃物如果得不到有效处理，可能对土壤造成污染和破坏。

最后，乡村旅游对空气质量也有一定的影响。随着游客数量的增加，交通工具的使用量也会增加，导致燃烧排放物增加，进而影响了乡村地区的空气质量。尤其是在一些山区或空气流通性较差的地区，排放物可能积聚，产生空气污染问题。比如河南省的一些传统古村落，如南阳卧龙岗、开封岳寨村等，由于乡村旅游的发展，每年吸引大量游客前往参观，这些游客的到来给这些乡村地区带来了巨大的环境压力：车辆的增加导致噪声和尾气污染，影响了当地居民的生活环境，而大量游客的涌入使得废水处理和垃圾处理压力激增，一些村落的基础设施明显无法满足需求。

（三）专业人才短缺，内生动力不足

专业人才的缺乏直接影响了河南省乡村旅游产业的发展和运营水平。首先，由于缺乏相关专业知识和技能，乡村旅游从业人员在服务质量、管理能力以及市场拓展方面存在不足。他们可能缺乏对游客需求的深入了解，无法提供个性化、高水平的服务。同时，他们也面临着经营管理方面的挑战，如缺乏市场推广能力、财务管理能力等。这些问题妨碍了乡村旅游业的全面发展，对其竞争力和可持续发展产生了负面影响。其次，乡村旅游专业人才短缺还存在着教育培训体系不健全的问题。目前，河南省乡村旅游专业相关的教育培训机构相对较少，并且与行业发展的结合不够紧密。如河南省中牟县乡村旅游建设的主体以当地居民为主，一些从业人员在接受教育培训的过程中，往往难以获取真实的行业信息和案例经验，造成了理论与实践脱节的现象。这使得乡村旅游从业人员在岗位上面临较大的挑战，无法全面应对复杂多变的市场需求。

内生动力指的是乡村地区发展乡村旅游的潜力与活力。首先，由于传统观念和思维方式的影响，河南省乡村居民对乡村旅游发展的认同度不高。一些乡村居民对乡村旅游的理解仍然停留在传统农业和农村生活的层面上，缺少对乡村旅游产业发展的全面认知。这种认知短缺可能导致他们不愿意积极参与和支持乡村旅游的发展。其次，乡村地区的产业结构和经济发展水平不均衡，也制约了乡村旅游的发展。一些乡村地区经济依赖单一产业或者传统农业，缺乏多元化和可持续发展的经济基础。这导致乡村旅游项目缺乏良好的产业配套支持和市场规模，难以实现长期稳定的发展。

（四）市场供需失衡，消费潜力受限

河南省乡村旅游发展中，市场供需失衡是一个主要的困境。这一问题主要表现为供给方和需求方之间的不匹配，导致乡村旅游市场的发展受到限制。首先，供给方面存在着产业结构不合理的情况。一些乡村地区主要依赖传统农业，发展的旅游模式主要集中在农家乐、特色小镇、古村镇旅游、果园采摘等方面。例如，驻马店的芝麻小镇仅仅是单纯的模仿产物，只有“小镇”而没有“芝麻”，缺乏多元化的旅游产品和服务。这使得这些地区在吸引游客、提供丰富的旅游体验方面存在困难，乡村旅游发展受到制约。同时，供给方也面临着营销推广能力不足的问题，无法有效宣传和推广优质的乡村旅游资源，限制了市场需求的形成。

其次，需求方面存在着消费潜力受限的问题。河南省乡村旅游市场的消费者主要来自城市居民和外地游客，他们对乡村旅游的需求和消费意愿相对较低。一方面，城市居民对乡村旅游的认同度和兴趣可能不高，更倾向于选择城市内的旅游目的地；另一方面，河南省乡村旅游的知名度和吸引力对于外地游客而言较低，其缺乏足够的动力来到这里旅游。这些问题使得乡村旅游市场的需求量相对不足，影响了乡村旅游产业的发展。

此外，市场供需失衡还导致了价格竞争激烈和利润空间有限。由于供给过剩和需求不足，乡村旅游市场中存在着激烈的价格竞争现象。一些乡村旅游从业者可能为了吸引更多的游客而不断降低价格，以牺牲利润为代价。然而，价格战导致了乡村旅游项目的利润空间压缩，使得从业者难以获得可持续的经济回报，制约了他们的投入和发展动力。

四　河南省乡村旅游发展建议

（一）树立品牌意识，打造个性名片

树立品牌意识是河南省乡村旅游发展的关键一环。乡村旅游作为一个具有独特资源和文化底蕴的旅游形式，需要通过树立品牌意识来提升吸引力和竞争力。首先，在挖掘和整合乡村旅游资源的过程中，河南应紧密围绕独特性、特色化和个性化三个方面展开工作。

在独特性方面，河南省拥有得天独厚的地理位置和丰富多样的自然景观资源，如黄河、嵩山等，可以借助这些优势来打造独特而与众不同的乡村旅游产品。例如，可以开发具有地域特色的民俗村落、农耕体验、乡土文化传承等项目，让游客亲身感受到河南乡村的独特魅力。在特色化方面，河南省还有悠久的历史文化和深厚的人文底蕴，我们可以将这些特色融入乡村旅游中，开发具有历史文化内涵的旅游线路和项目。比如，可以建设具有古代文明遗迹或历史典故的村落景区，让游客感受到历史的沉淀与乡土文化的传承。在个性化方面，我们应注重打造个性化的旅游产品和服务，满足不同游客的需求。例如，可以开发针对家庭游、年轻人团队、摄影爱好者等特定群体的定制化旅游产品，提供个性化的行程安排和专业的导游服务，让游客得到与众不同的旅行体验。

同时，在宣传推广方面，还可以利用现代化的媒体和网络工具，通过微博、微信公众号等渠道，精准地传播河南乡村旅游品牌形象，提升其知名度和美誉度。此外，可以举办各类文化旅游节庆活动，吸引更多的游客前来体验，进一步提升河南乡村旅游的品牌价值。

（二）加强环境治理，维护生态平衡

在河南省，发展乡村旅游被视为促进经济增长、改善农民生活和推动乡村振兴的重要途径。然而，乡村旅游的快速发展，也带来了环境保护和生态平衡方面的问题。因此，加强环境治理，维护生态平衡成为河南省乡村旅游发展的当务之急。

首先，针对乡村旅游中存在的环境问题，应该采取一系列措施进行治理。例如，加强乡村旅游区域的环境监测和管理，建立健全环境保护政策和法规体系，加强对污染源的管理和管控。通过加强环境监测，及时发现并解决环境问题，确保乡村旅游的环境质量。其次，注重生态保护，在乡村旅游开发过程中注重生态平衡的维护。可以通过合理规划和布局乡村旅游项目，保护和修复生态系统，尽量减少对自然环境的破坏。以河南省修武县大南坡村乡村旅游改造为模板，在开发乡村旅游景区时，在征求当地居民同意与支持的基础上，以政府部门为核心，选派专业人员深入乡村旅游的开发与建设，保留自然景观和生态系统，合理规划游憩设施，避免对生态环境的过度干扰。

此外，加强环境教育和宣传工作也是至关重要的。通过加强对游客的环境教育，增强他们的环保意识和责任意识。可以通过设置宣传牌、发放宣传材料、开展宣传活动等形式，向游客普及环境保护知识，引导他们尊重自然、爱护环境。同时，对乡村旅游从业者进行培训，提升他们的环境保护意识和专业水平，确保他们能够正确执行环境管理措施。

通过加强环境治理，维护生态平衡，为河南省乡村旅游的可持续发展奠定坚实的基础。只有保护好乡村的自然环境，才能吸引更多的游客前来体验，实现乡村旅游产业的可持续发展。

（三）强化团队建设，培养专业人才

要推动河南省乡村旅游可持续发展，强化团队建设和培养专业人才是至关重要的。对于乡村旅游从业团队的建设，需要加强团队意识和合作精神的培养。乡村旅游涉及多个环节和不同的职业角色，需要各方面的配合和协作。

因此，要注重培养乡村旅游专业人才。同时，要加强与高校、研究机构的合作，开展专业人才培养项目，促进理论与实践相结合，为乡村旅游业输送更

多高素质的人才。除此之外，河南省就业创业中心要推出相应政策，促进农村大学生和农村青年返乡就业。乡村旅游的发展离不开年轻劳动力与专业人才的支持，他们在规划设计、管理运营、营销推广等方面发挥着重要作用。因此，应该建立健全青年人返乡与培训机制，提供专业化的培训课程和实践机会，培养出更多具备专业知识和技能的乡村旅游从业人员。同时，要注重激励机制的建立，给予从业人员相应的荣誉和奖励，激发他们的工作热情和积极性。只有建立一个高素质、专业化的从业团队，才能更好地推动乡村旅游可持续发展。

（四）创新消费场景，优化产品结构

传统的乡村旅游模式已经不能满足游客的需求，需要通过创新来吸引更多的游客，拓展消费场景。首先，可以利用数字技术和互联网手段，打造智慧乡村旅游体验。通过建设智慧乡村旅游平台，提供一站式的信息查询、线上预订、导游服务等功能，方便游客获取相关信息并提前规划行程。同时，可以结合虚拟现实（VR）和增强现实（AR）技术，为游客创造全新的沉浸式体验，如虚拟参观农家乐、互动体验农耕文化等。

此外，可以开发特色主题的消费场景，丰富游客的选择和体验。例如，结合当地的历史文化和自然资源，打造文化旅游线路，组织具有地方特色的节庆活动、民俗展演等。此外，可以开发农事体验项目，让游客参与到农田劳作中，体验农业生产的乐趣，如采摘水果、种植蔬菜等。还可以开设特色的手工艺体验工坊，让游客亲自动手制作传统工艺品，感受传统文化的魅力。与此同时，加强与其他旅游业态的融合，创造多元化的消费场景。可以将乡村旅游与休闲度假、生态环保、健康养生等旅游项目相结合，形成多样化的旅游产品。例如，在乡村旅游景区周边配套建设温泉度假村等设施，吸引不同类型的游客前来消费。此外，还可以结合当地的美食特色，打造乡村美食街或特色农家餐厅，让游客品尝当地的美食，享受独特的饮食文化。

通过创新消费场景，可以提升河南省乡村旅游的吸引力和竞争力，满足游客日益增长的需求。同时，创新消费场景也可以带动当地经济的发展，促进农民增收和农村产业升级，实现乡村旅游可持续发展的目标。

G.19
吉林省乡村旅游发展报告

吕 帅 王欣然 张 旭*

摘 要： 近年来，吉林省乡村旅游发展态势良好，乡村旅游政策日益完善，旅游产品多样化发展，形成“五色”乡村旅游发展类型，在展现乡村文化、助力乡村振兴等方面发挥着重要作用。但在发展过程中，吉林省乡村旅游也在生态保护、文化挖掘、基础设施、专业人才、营销宣传等方面面临挑战。为此，要从提高环境保护投入水平、挖掘乡村文化多元内涵、完善基础设施提升工程、开展专业人才技能培训、创新乡村旅游营销模式等方面持续推动吉林省乡村旅游可持续发展。

关键词： 吉林省 乡村旅游 乡村振兴 “五色”旅游

一 吉林省乡村旅游发展现状

（一）乡村旅游政策日益完善

吉林省大力发展乡村旅游，高度重视乡村旅游发展政策支持，为了衔接中央政策，吉林省出台了《大力推动乡村旅游发展的十七条政策措施》，针对吉林省乡村旅游发展规划引领、标准化建设、文化内涵提升、市场营销力度强化等方面提出具体措施，制定一系列奖补政策，成为乡村旅游发展的助推剂；

* 吕帅，东北师范大学历史文化学院副教授、硕士生导师，观光学博士，研究方向为乡村旅游、旅游文化、历史文化地理；王欣然，东北师范大学历史文化学院硕士研究生，研究方向为乡村旅游；张旭，东北师范大学历史文化学院硕士研究生，研究方向为乡村旅游。

《关于推进乡村旅游高质量发展的实施意见》，提出了多部门联合推进，整合资金、整合资源、整合力量，推出了一系列针对性发展举措和创新性政策措施。各市政府也建立相应支持政策措施，出台《关于促进长春市乡村旅游发展提质升级的实施意见》《长春市乡村旅游发展总体规划（2018～2030）》《吉林市人民政府关于推进乡村旅游高质量发展的实施方案》等一批指导性政策文件。为响应中央，省市联动，形成一系列完整的政策体系，推出一系列针对性举措和创新性政策，部署乡村旅游发展重点任务，为推动吉林省乡村旅游转型升级和高质量发展、形成吉林振兴发展新动能提供了坚实的政策保障基础。

（二）乡村旅游产业稳步发展

近年来，吉林省乡村旅游发展迅速，产业发展水平大幅提高。2022 年，全省高等级乡村旅游经营单位接待人次、营业收入分别同比增长 21.86%、46.21%；等级旅游民宿接待人次、营业收入分别同比增长 70.76%、83.33%。2023 年“五一”假期，乡村旅游成为不少游客的首选。慢山里农业休闲度假区接待游客、营业收入分别是 2019 年的 5.5 倍、3.2 倍。辽源顾大山庄接待游客、营业收入分别同比增长 124%、135%。长春如美民宿接待游客、营业收入分别同比增长 61%、71%。天定山民宿接待游客、营业收入两项指标均恢复至 2019 年水平。梅河口知北村民宿、梅小野星光花海露营基地入住率 100%①，2023 年“五一”期间，知北村游客突破 50 万人。

截至 2023 年，吉林省有国家丙级民宿 24 家，A 级乡村旅游单位 603 家（其中 5A 级 30 家，4A 级 74 家）。经过评选，经营单位的示范效应不断增强，领军企业规模不断扩大。同时，为推进“吉林印记”历史文化传承与保护工程，“十三五”期间，吉林省建设近百家乡村博物馆，加快乡土文化与旅游融合发展。吉林省借助乡村旅游，有效地提升了乡村产业业态，进一步助力乡村振兴。

在乡村旅游空间布局上，对接吉林省“一主六双”产业空间布局，初步

① 舒震：《吉林省：交通、消费文旅 假期经济“三驾马车”活力强》，央广网，https://baijiahao.baidu.com/s?id=1765051456409980655&wfr=spider&for=pc，2023 年 5 月 5 日。

打造出“环城、沿路、依江、邻景”乡村旅游产业集群，形成“一环（长吉都市乡村旅游休闲环）、双线（东部乡村旅游休闲度假旅游环线和西部乡村旅游生态体验环线）、三带（松花江休闲度假旅游带、鸭绿江边境风情旅游带、图们江避暑休闲旅游带）、十区、多点”的全省乡村旅游空间发展格局。

（三）数字化水平逐步提升

吉林省乡村治理数字化高位推进，乡村信息服务体系持续完善。吉林省各地整合利用现有设施和场地推进“一站式”便民服务，积极完善村级综合服务站点，利用信息化手段开展或者支撑开展党务服务、基本公共服务、公共事业服务和农技推广服务。截止到 2021 年，吉林省“三务”（党务、村务、财务）网上公开行政村覆盖率 79%；村级综合服务站点行政村覆盖率 93.8%；农技推广服务信息化率为 72.5%，均高于全国平均水平。① 数字平台的建设实现了乡村旅游资源的整合与聚集，开拓了吉林省乡村旅游的新空间，助力实现“智慧乡村旅游”新模式的构建。

（四）乡村旅游品牌不断建立

在乡村振兴战略的推动下，为提升乡村旅游知名度，培育和打造具有地域和民族特色的乡村旅游文化品牌，吉林省深入挖掘乡村特色资源，不断提高品牌意识，完善乡村旅游品牌建设。

截至 2023 年，吉林省共有 45 个村镇获得“全国乡村旅游重点村（镇）”称号，从空间分布来看，长春市、吉林市以及延边朝鲜族自治州等地全国乡村旅游重点村分布较为密集。有 39 个村寨获得“中国少数民族特色村寨”称号，超过半数的村寨集中分布于延边朝鲜族自治州。吉林省致力于拓展乡村一二三产业深度融合，2022 年新增 8 个村入选“第十二批全国一村一品示范村镇名单”，8 个乡村入选 2022 年中国美丽休闲乡村名单，其中白城市通榆县向海蒙古族乡向海村被评为农家乐特色村。

2022 年吉林省推出了十大乡村旅游精品村，推动资源整合、多策并举，全

① 《中国数字乡村发展报告（2022 年）》，中国网信网，http：//www.cac.gov.cn/2023-03/01/c_1679309718486615.htm，2023 年 3 月 1 日。

力打造多元化产品业态，形成了“吉乡”品牌效应，乡村旅游文化底蕴不断丰富。吉林省在乡村旅游品牌建设方面的一系列行动，显著地提高了吉林省乡村的知名度，吸引了大量游客，同时促进了乡村各方面产品、设施、服务等不断完善，乡村旅游质量得到进一步提高，从而推动了吉林省乡村旅游整体形象的提升。

（五）乡村旅游类型丰富多样

吉林省引导乡村旅游适应大众多元化需要，为突出资源、区位、产业等特色，乡村旅游发展类型逐渐多元化。2022 年评选的吉林省乡村旅游十大精品村，就分别涉及都市近郊、资源依托、雪场依托、产业依托、农业拓展、文化传承、景区服务、生态保护、边境旅游、民族风情等特色类型。吉林省乡村旅游根据功能现状，构建起“白色”冰雪旅游体验型、“黑色”农耕文化依托型、“绿色”生态资源依托型、“金色”丰收时节体验型、“红色”抗联精神依托型“五色”乡村旅游产品体系。

1. “白色”冰雪旅游体验型

借助北京冬奥会的东风，充分响应冰雪旅游热潮，吉林省依托优越的冰雪自然条件，深入践行“冰天雪地也是金山银山”的发展理念，开发冰雪观光、冰雪体验、冰雪文化等多样冰雪乡村旅游产品，建设冰雪配套服务，成为吉林省乡村旅游的重大特色。截至 2022 年已建成 54 个滑雪场、279 条雪道，日最大承载量 10 万人次。吉林省规划到 2025 年，全省冰雪产业总规模将达到 2500 亿元，滑雪场数量将达到 100 个，成为世界知名冰雪旅游胜地、“带动三亿人参与冰雪运动”的重要承载区。吉林的北大湖滑雪场、万科松花湖度假区、万达长白山国际度假区等正在成为滑雪运动和冰雪旅游度假的重要目的地。长春市重点打造的世界级冰雪主题乐园——“长春冰雪新天地”成为此次冰雪娱乐新名片，2023 年春季接待游客同比增长 37.48%。吉林市永吉县北大湖镇南沟村入选第四批全国乡村旅游重点村名单，依托北大湖滑雪场和老白山森林区优越的冰雪资源，深入挖掘冰雪经济，启动“老白山雪村”建设工程，打造乡村冰雪旅游新亮点。

2. “黑色”农耕文化依托型

吉林是全国重点商品粮基地，农耕文化深厚，黑土地孕育着丰富多彩的农耕文化和民俗风情。“黑色”农耕文化旅游产品主要有现代生态农业体验、传统农耕文化体验、民俗风情体验等类型。生态农业体验以生态种植和采摘为主，游客可以亲手采摘绿色健康的新鲜果蔬。舒兰市天德乡三梁村全力打造三稻粱农事风情园，建设生态果园采摘园、有机绿色种植采摘园以及与观光农业为一体的种植生产专业合作社等项目。传统农耕文化体验一般包含农耕用具参观、手工农耕、农事体验等项目，这些也是现在乡村研学旅游的热点。民俗风情体验是文旅融合背景下的重要产品，可以有效提升游客对当地文化的认知，强化旅游活动参与性，还可以促进乡村传统产业的传承发展。扶余市永平乡九连山村通过特色产业“小豆包大商机”，让游客在现场亲手做黏豆包，2022 年产值达 2600 万元，直接带动该村 80 多名村民就业。

3. “绿色”生态资源依托型

以乡村优质的生态资源为主体，以“绿色”作为乡村发展底色，吸引游客体验大自然文化。辽源市的辽河源镇位于东辽河的源头，是第一批全国特色小镇，也是生态农业镇，原始森林植被、湿地等保护良好，风景秀丽。辽河源镇依托地理和生态优势，制定了《关于加快推进中德东辽河源头现代生态农业示范区建设若干政策》，努力创建生态保护和乡村旅游开发相得益彰的乡村生态旅游体系，实现了生态效益和社会效益的双提升，辽河源镇现已成为乡村生态旅游胜地。辽河源镇还开展自行车赛、“十里花径”生态徒步等户外旅游活动，促进乡村游与健身融合发展。辽源市东辽县安石镇朝阳村也依托优质山水、田园生态底色，打造网红露营基地，吸引游客拥抱自然，体验铁锅炖大鹅、小鸡炖蘑菇、猪肉炖粉条等东北名菜。

4. “金色”丰收时节体验型

以粮食丰收的金色背景为吸引，引导游客感悟丰收喜悦，以农产品丰收景观欣赏、收获体验为主要内容。在相关政策推动下，吉林省高度重视将农业与旅游业深度融合，在促进乡村经济发展的同时，打造“文旅+农业”模式。在农业与文旅融合发展的多种模式中，丰收时节体验型乡村旅游备受广大游客欢迎。如延边州和龙市光东村，在丰收稻田里，设置了观光小火车，配置许多网红打卡小品景观，吸引大量游客。金秋时节，“稻花香里说丰年”的景象映入眼帘，游客可以在旅游休闲的同时欣赏田园风光，学习农耕文化，感悟丰收喜悦。

5.“红色”抗联精神依托型

“东北抗联精神”是第一批纳入中国共产党人精神谱系的伟大精神，吉林省是抗联创建地、抗联活动最广泛的区域，其中又以广大农村地区为最。结合红色旅游发展，多地开发“重走抗联路”旅游产品，引导游客体验抗联生活，感悟抗联精神。2022 年 8 月，吉林省文化和旅游厅推出围绕“新时代吉林十年成就”“三地、三摇篮”“红色引领、融合发展”三大主题展开的 20 条红色旅游线路，将红色旅游景点与乡村旅游精品村等整合串联，旨在弘扬革命文化，传承红色精神，推动吉林省乡村旅游全面振兴，展现了吉林省红色旅游的深刻内涵以及吉林省红色旅游与乡村融合发展的面貌。吉林省白山市临江市闹枝镇冰湖村充分利用当地红色资源，大力培育红色文化品牌，打造冰湖村抗联生活体验区、冰湖村抗联路，逐步将红色资源转化为红色产业。在传承红色基因的同时，助力乡村振兴。

（六）乡村精品线路不断丰富

依托各地乡村旅游资源的特点和优势，将旅游资源进行整合、串联，挖掘旅游价值，加强区域间合作，推出了多条旅游精品线路。2022 年文旅部与中国关心下一代工作委员会联合推出“乡村是座博物馆”全国乡村旅游精品线路 128 条，吉林省有 6 条精品线路入选，线路各有侧重，特色鲜明。2023 年文旅部推出“大美春光在路上”，吉林省有 5 条精品线路入选。涉及白山市、辽源市、集安市、松原市、白城市等地区的多个涵盖优美自然风光和深厚人文底蕴的乡村旅游热门目的地，为游客呈现出旅游业发展与乡村建设相互促进、相辅相成的新面貌。吉林省文化和旅游厅也推出了 10 条乡村旅游精品线路，线路涵盖吉林省内各市州重点乡村、乡村旅游经营单位，包括采摘休闲体验线路、冬季赏雪线路、民俗文化体验线路等。

二　吉林省乡村旅游发展存在的问题

（一）资源环境保护亟待关注

高速发展的旅游业，已经不再是“无烟产业”，也可能会给生态环境带来破坏。首先，面对旅游热潮，各地积极发展旅游业，在大力开发旅游项目的背景下，部分企业打着旅游的旗号，违规开发非旅游项目，从而导致对环境造成较为严重的破坏。2021 年 5 月，有关媒体就曾报道吉林省“满乡风情，七彩伊通”田园综合体破坏山体、违规建设酒店的行为。此外，由于乡村地区长期是人口低密度区域，基础设施建设薄弱，承载力较低。在旅游旺季，大量游客涌入，远超地区容量，造成环境污染。近些年，吉林省对乡村旅游地进行的“厕所革命”，有效改善了乡村生活环境。但是，乡村下水系统、停车系统、垃圾处理系统等还存在许多薄弱环节，产生大量生活污水随意排放、停车侵占农田、垃圾处理不及时等情况，对乡村环境产生一定的破坏。

（二）传统文化挖掘不够深入

文旅融合已经成为旅游热点，但是在乡村旅游开发中，由于对文化深度挖掘不足等原因，仍然存在大量同质化现象，容易出现“千村一面”现象。如延边地区乡村旅游基本上是打着朝鲜族民俗村的牌子，难以区分特色。虽然吉林省乡村旅游已经开始从 1.0 版向 2.0 版转变，但是仍然存在不少乡村旅游经营者将乡村旅游简单地等同为“农家乐”，导致主要活动千篇一律，大多围绕“吃住”展开，无非是住农家院、摘农产品、品农家饭等。2021 年 4 月，吉林省文旅厅以“雪后阳春・乡村游”为主题着重宣传的 27 个村落，在各村落有关旅游特色的介绍性文字中频繁地出现“生态休闲”“采摘”“民宿”等字样，这样的乡村旅游产品仅停留在对乡村生活的浅层体验，缺少对乡村文化内涵及特色的深入挖掘，游客在面对数量繁多的乡村旅游目的地时难以分辨，乡村旅游产品特色不鲜明，缺乏竞争力。

（三）旅游基础设施不够完善

经过多年发展，乡村基础设施建设已有极大改善，尤其是道路建设，基本上已经完成“村村通”工程，为乡村旅游发展提供了极大便利。但是从整体上看，乡村地区在网络通达度、排水系统、旅游服务设施、停车系统方面还需完善，需要进一步建设。首先，乡村地区相对较为偏远，虽然已经基本实现网络村村通，但是在无线网络覆盖、网络信号稳定性方面仍然存在较多问题，尤其是在现代人对网络高度依赖和智慧旅游快速发展的背景下，乡村旅游面临的网络问题更为突出。笔者曾驾驶共享汽车（需要手机联网启动）前往长春市郊一景区考察，返程时因景区网络信号太差，无法启动汽车，在景区游览过程中更是仅能在客服中心、客房等少数地方使用室内 Wi-Fi。其次，停车场需要进一步完善。乡村地区居民自驾车拥有量较少，一般使用自家庭院即可满足停车要求。但是，乡村旅游开发后，大量游客进入，停车场严重不足，旺季时大量汽车只能占道停车，使得原本不宽敞的村道更加拥挤不堪，也衍生出安全隐患。最后，“厕所革命”一定程度上缓解了乡村旅游地如厕环境问题，但是排水工程相对落后，化粪池或沼气池容量有限，旺季难以满足需求。大量的生活污水，更是只能随意排放，造成水体、土壤污染。

（四）专业人才供给整体不足

人才是旅游产业发展的重要动力。乡村旅游发展的一个重要目标是带动村民就业，提升村民收入，推动共同富裕，这一目标在一定程度上已经实现。但也可以看出，目前乡村旅游经营过程中的一线服务人员，绝大多数是本地留守老人。经营管理层面有一定的年轻人返乡，但是整体占比较低。以往面临的村民文化程度较低、服务质量难以保障的问题，在经过多部门培训后有了一定改善，但还是面临人员供给不足的问题。随着农村人口老龄化不断加剧，空心化进程持续，尤其是在吉林省经济发展水平相对落后的背景下，乡村旅游经营人力资源供给整体匮乏，即使从事一线服务的基础人员在旅游旺季也经常数量不足，而且人员流动较大，成为乡村旅游经营企业一大难题。

乡村旅游高质量发展，除一线服务人员之外，更需要经营管理、目的地运营、网络营销、电商经营等方面的管理人才。然而吉林省经济发展相对落后，即使城市地区人才流失也较为严重，乡村旅游地则更难以吸引高端人才。不少乡村旅游经营者反映，即使出重金从南方挖人，薪资甚至高于其现有水平，效果也不尽如人意。乡村旅游整体运营管理需要人才团队来完成，即使高薪聘请部分高级管理人才，若缺少有效团队的支撑，也难以最大限度地发挥其作用，乡村旅游发展中的人才团队建设更为缓慢。

（五）旅游市场营销形式较为单一

吉林省目前在乡村旅游目的地建设、质量提升方面的重视程度很高，但是在市场营销方面，形式还较为单一，仍然是以政府推介为主。乡村旅游经营者也比较关注政府部门主导的星级经营单位、乡村旅游重点村等荣誉称号的申报工作，虽然也取得了较大成果，但宣传效果比较有限，企业商业宣传途径还有待拓展。部分景区也意识到新媒体宣传的重要性，开始在一些自媒体平台建设企业账号，但是在内容策划、文案设计、推广方式等方面还较落后，有些账号内容更新不及时，效率较低。

吉林省乡村旅游资源丰富，经过各级部门的不断推动，取得了长足发展。但是整体知名度仍然偏低，未形成旅游大 IP。游客主要来自本省，仅有长白山周边的部分乡村，能够一定程度上受到长白山旅游辐射作用，拥有一定比例的省外游客。

三　吉林省乡村旅游发展建议

（一）提高环境保护投入水平，改善乡村旅游生态环境

良好的生态环境是乡村旅游得以持续发展的前提和基础。面对乡村旅游发展引发的环境问题，首先需要政府部门继续强化环保意识，多渠道提升环境管制力度，改进管理方式，既不可忽视发展导致的破坏，也要谨防一禁了之，需要注意开发与环保的平衡发展。其次，以“生态宜居”为主要目标，充分利用多方资金、各项政策，多部门共同努力，加强村容村貌建设。对乡村旅游经营者，要加强管理与强化服务并举，严格要求在开发过程中注意环保问题，开发建设需要依法依规，杜绝规划与开发不一致导致的环境破坏问题。在经营过程中，也要注意节能环保设施的利用，杜绝随意排放问题。针对游客也需要强化宣传，提升其环境保护意识，引导游客积极主动保护环境。在废物处理方面，做好污水、废气、垃圾的净化处理工作；进一步合理布局垃圾箱和旅游厕所，降低游客乱扔垃圾的概率，从源头减少环境污染的产生；加快实施乡村环境“三化”工程建设，创建良好游览环境；定期对乡村的生态环境进行检查，对于不达标的乡村采取相应的惩处措施，最大限度地减少旅游业给乡村生态环境带来的压力，兼顾环境保护与乡村旅游可持续发展。此外，要对乡村旅游的接待能力进行合理评估，控制旅游旺季来访游客数量，给乡村足够的调整缓冲。

（二）挖掘乡村文化多元内涵，开发区域特色旅游产品

吉林省地处边陲，汉满蒙朝多民族聚居，民俗文化十分丰富。特别是在文旅融合的大背景下，吉林省乡村旅游应充分利用浓厚的民族文化氛围，结合区域特色，丰富文化要素。吉林省乡村旅游应深入挖掘丰富文化内涵，融入非物质文化遗产传统音乐、舞蹈、戏剧、手工技艺、民俗等民族文化结晶。不同乡村可以有选择性地开发非遗体验馆、主题节庆活动、大型歌舞表演、特色文创产品等，同时也可适当引入一些时尚元素，提升乡村旅游辨识度。例如延吉市凤林村的“一杯咖啡”，连接传统与时尚，打造出乡村旅游网红目的地。

（三）完善基础设施提升工程，带动乡村旅游高品质发展

在持续坚守“厕所革命”的基础上，加强供电、供水、通信、排水、消防、生态、医疗、卫生、文化等方面的基础设施建设，促进乡村旅游目的地的全面建设。根据乡村旅游发展情况，统筹布局生态停车场建设。面对露营这一新兴乡村旅游方式，提前规划，合理布局房车营地、帐篷营地等配套服务设施。加快实现无线网络全村覆盖，完善乡村的游客咨询、医疗服务等功能区的建设，从而全方面提高乡村服务质量，为游客提供良好的旅游度假环境。

（四）强化人才建设，完善智力支撑体系

在人才培养方面，优化机制，按照乡村旅游高质量发展目标要求，编制《吉林省乡村旅游人才培养专项实施方案》，强化乡村旅游人才培养的顶层设计。依托吉林省文化和旅游在线教育平台，在乡村旅游板块开发乡土文化课程，引导乡村旅游从业人员获取乡村文化内涵、开阔视野、活化思维。根据《乡村文化和旅游带头人支持项目实施方案（2023~2025 年）》，每年从各市州遴选培养一批乡村旅游经营户、乡村旅游带头人、乡村旅游创客等，提升其创意水平、经营服务技能和信息素养。加大对偏远民族地区的教育投资力度，在保障乡村旅游人才培训经费充足的情况下，通过结对帮扶、送教上门、专业培训等渠道加强优质教育资源供给，优化人才梯队。在智库建设方面，积极聘请来自政府部门、各大高校、科研单位等的人才，挖掘本土的历史脉络、传统习俗、生态文化等乡土知识，为旅游规划提供科学依据，促进乡村旅游高质量

快速发展。拓展校企合作新模式，在长期实习学生更多选择南方城市的条件下，建立引导周末、小长假短期本地实习机制，弥补旺季人力资源短板。

（五）扩大乡村旅游宣传力度，创新乡村旅游营销模式

在吉林广播电视台旅游广播《吉刻出发》的基础上，推出乡村旅游公益广告，同时支持电商平台开设乡村旅游频道。开设专门板块整合并展示乡村旅游媒体平台账号和跳转链接，让游客更加方便地获取相关资讯，进而参与其中。继续深度利用互联网，与微博大V、短视频博主等有一定网络号召力的人员合作，用市场化机制、专业化人才，开展各类宣传推介活动，拓展旅游客源市场。在宣传中融入吉林乡村的深层文化解读，在娱乐的同时传递知识，让游客体验乡村更深层的文化韵味。在乡村目的地形象树立方面，精准匹配。对于年轻群体，进行动漫营销，针对“五色”乡村旅游产品设计动漫人物，并投放到二次元社区，以卡通动漫形象吸引青年消费者。结合村中的美食、建筑、自然风景拍摄并将视频上传至相应话题；对于中老年群体，设计更富有生活气息、社交性强的视频，为消费者带来更舒适的感官体验。

案例篇

Case Study Section

G.20 北京市京西稻农业文化遗产旅游活化发展报告*

张祖群　吴秋雨　赵浩天　李潘一**

摘　要： 京西稻是典型的中国重要农业文化遗产，处于逐渐被人遗忘、被边缘化的危险状态。在分析京西稻农业文化遗产旅游背景与可视化问题的基础上，本报告应用 CiteSpace 将京西稻研究进展进行量化呈现。应用案例分析方法，解析京西稻农业文化遗产的现代生态建设、农事体验、活化保护、可视化呈现等旅游活化措施，

* 北京市社会科学基金规划项目“北京古都艺术空间因子挖掘与遗产保护”（21YTB020）、中国高等教育学会“2022 年度高等教育科学研究规划课题”重点项目“基于文化遗产的通识教育‘双向’实施途径”（22SZJY0214）、北京理工大学研究生教研教改面上项目“艺术设计硕士新文科建设：误区、改进与保障”（2023YBJG024）、教育部首批新文科研究与改革实践项目“新文科背景下产品设计专业建设的探索与实践——以复合型国防装备设计人才培养为例”（2021160005）。

** 张祖群，中国科学院博士后（优秀出站），北京理工大学设计与艺术学院文化遗产系高工、硕导，研究方向为文化遗产与艺术设计、遗产旅游等；吴秋雨，北京理工大学设计与艺术学院硕士研究毕业，四川大学出版社研究人员，研究方向为文化遗产与艺术设计等；赵浩天，北京理工大学设计与艺术学院硕士研究生，研究方向为文化遗产与艺术设计等；李潘一，北京理工大学设计与艺术学院硕士研究生，研究方向为文化遗产与艺术设计等吴秋雨、赵浩天、李潘一为并列第二作者。

以促进农业文化遗产的功能转型与文化认同。应用艺术设计方法，对海淀区劳动教育标识、京西稻农业文化遗产进行可视化设计实践。伴随着主流文化对文化遗产的保护、对传统文化的政策扶持、大众文化自信文化自觉的意识加强，对于京西稻农业文化遗产的生态智慧与可视化进行研究可以促进北京农耕文化遗产的传承。

关键词： 京西稻 农业文化遗产 旅游活化 设计艺术学

一 研究意义

（一）京西稻农业文化遗产背景

自 2013 年农业部正式认定第一批中国重要农业文化遗产名录（19 项）以来，第二批（20 项）、第三批（20 项）、第四批（29 项）、第五批（27 项）、第六批（21 项）、第七批（50 项）相继发布，合计公布 186 项中国重要农业文化遗产。北京京西稻稻作文化系统、平谷四座楼麻核桃生产系统是在 2015 年入选第三批中国重要农业文化遗产名录的。从清代康熙乾隆年间在玉泉山、颐和园旁边种植"胭脂米""紫金箍"等皇家御稻以来，海淀区水稻种植面积一路增长，至 20 世纪 80 年代中期达到高峰（约 10 万亩）。因为北京城市生产与生活用水挤压，如今仅上庄镇、四季青镇保留 1700 亩标本试验田。京西稻农业文化遗产蕴藏着重要的皇家农耕文化与园林美学，经过时代的变迁，京西稻的种植结构不断完善，逐步形成稻、鱼、蟹共生的复合型种养殖系统。现代农业技术提高了京西稻的产出质量，出现了"上香一号"等优良品种。京西稻作为农业文化遗产的活化示范融入了生态学、遗产学、人类学的多重跨学科研究，是整个农耕文化遗产的重要启蒙与典型示范，探索其中的生态智慧与将其模式可视化表达，能够促进我国其他地域农耕文化遗产的有序传承。

（二）京西稻信息可视化效果不佳

信息可视化应用于资源数据挖掘、市场分析、生产控制、旅游管理、导视设计（地铁线路）、增强现实信息引导、新媒体图表、数据新闻、多媒体展览、交互设计、信息网站、说明指导手册、人工智能信息图形化等多个领域。信息可视化设计涉及知识生成、地理信息、大数据与云平台等多个领域。信息可视化是未来科学与信息发展的新趋势，信息可视化、信息图形化、知识图谱化、科学可视化是视觉设计的重要手段。信息可视化为静态或动态元素提供某种探索信息的方式或手段。观者能直观地通过图像、图形等一系列元素掌握有效信息。

对于京西稻农业文化遗产而言，无论海淀公园的京西稻导视信息设计，还是海淀京西稻保护区、房山区京西贡米保护区的视觉效果呈现都有极大的提升空间。例如京西稻产品信息视觉效果不佳，缺少创新性、一致性和统一性的视觉设计，关联性和系统性较差。京西稻农业文化遗产的视觉设计关系地方人文形象，对于文化遗产企业的发展壮大和核心竞争力的提升都具有关键性的意义。对于京西稻而言，许多重要的信息颜色和字体并不突出，视觉效果不明确，游览者无法在众多文字中找到想要的相关信息。目前京西稻农业文化遗产与大多数景区存在相同的问题：仅有简介告示，没有具象化、形象化、生动化地向游客展示全方位的价值信息，使游客对于京西稻的理解仅浮于表面。京西稻农业文化遗产的信息设计展示中缺乏准确的信息定位，信息难以全面呈现。视觉设计通常包括内容主题、文化和定位，而信息定位不准确的主要原因如下。

（1）信息来源不可靠：如果信息来源不可靠，则获取的信息准确性欠佳，这会导致信息定位有误。如果遗产地的工作人员、设计宣传人员对于农业文化遗产没有详细准确的理解，那么从源头上无法产生优秀的视觉效果。

（2）信息量不足：如果获取的信息量不足，就很难对信息进行准确的定位。

（3）信息混淆：京西稻农业文化遗产涉及各种生态信息，如果没有在前期考察搜集过程中仔细梳理归纳不同稻作的生长基础信息，最终设计视觉呈现时就很有可能导致信息定位不准确。

（4）信息处理不当：应当充分梳理信息内容、信息的主题与表达目的，不同区域信息可视化选择更贴切的表达形式，准确定位信息、表达传播清楚的内容含义。

（5）京西稻信息导视、信息地图视觉效果单一。目前所展示地图、导视图、信息科普图中使用的视觉元素过少或者只使用了一种视觉元素，导致整个作品缺乏变化，给人单调、枯燥的感觉，削弱了吸引力和表现力。

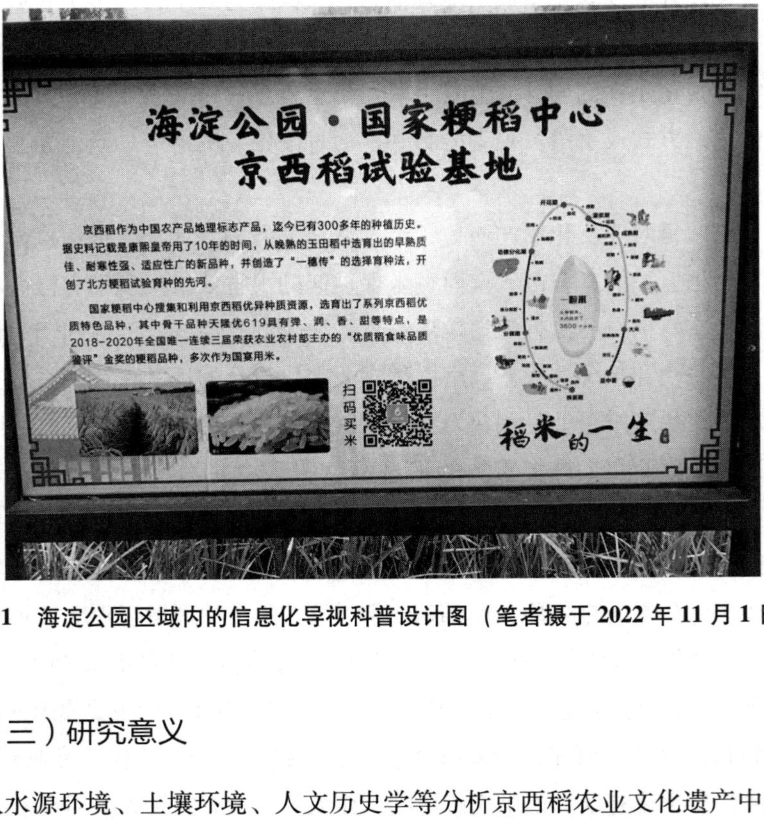

图1　海淀公园区域内的信息化导视科普设计图（笔者摄于2022年11月1日）

（三）研究意义

从水源环境、土壤环境、人文历史学等分析京西稻农业文化遗产中的生态智慧并将其可视化呈现，进行科普宣传。虽然京西稻种植面积小，但是由于其蕴含特殊的历史文化，以及其种植地处于市区的优势地理位置，京西稻已经不单纯是一种农作物品种。深入挖掘京西稻农业文化遗产的生态原理与地方智慧，思考在当下如何让京西稻活态传承下去。基于设计学对京西稻农业文化遗产进行旅游活化探析，依据现有的资料探究京西稻的活化发展，实现农业文化遗产从传统的农耕功能向生态功能、文旅休闲功能、文化传播功能、公共文化服务示范功能等转换。

图 2　京西稻文化品牌与调研景观（笔者摄于 2022 年 11 月 1 日）

二　京西稻研究进展与量化呈现

（一）研究进展

京西稻作为我国农业文化遗产与非物质文化遗产的双重遗产，具有重要的文化价值与历史底蕴。本报告首先对其历史发展进行梳理与分析，并结合当下的社会环境研究京西稻的出路。其次分析其中的生态智慧，针对其发展中存在的问题提出解决方案。本报告的创新点在于通过视觉化的设计、图像化的表达，深入直观展现京西稻农业基础原理与生态结构，通过对京西稻的理论分析与研究引发人们对当今农耕文化遗产、生态农业发展的思考。

京西稻农业文化遗产有着三百多年的历史，但关于京西稻的研究资料并不算多，研究历史相对较短。2009 年京西稻入选海淀区非物质文化遗产名录后才逐渐成为学术研究的热点。早在 20 世纪 80 年代就出现了关于京西稻的学术研究，此时的研究成果多从农业农学的视角对京西稻展开探讨。例如于德源①、宋德宣②、李增高③等都对京西稻种植历史、水稻北传、江南双季稻进行了研究。2009 年是京西稻研究发展的一个关键时间点，京西稻种植技艺被列入北京市海淀区非物质文化遗产名录，京西稻名气大大提升。京西稻种植基地依附的北京西郊巴沟低地纵横湖沼的地理环境，已经成为“三山五园”文化地理的重要组成部分。2012 年，“三山五园”第一次被写进北京市党代会报告，标志着“三山五园”地区开发建设步入新的历史阶段。2015 年京西稻作文化系统被收入第三批中国重要农业文化遗产名录。杜振东④，李增高、洪立芳、李向龙⑤，魏

① 于德源：《北京历史上的农田水利和水稻种植》，《中国农史》1984 年第 2 期，第 37~44 页。

② 宋德宣：《康熙在我国水稻栽培史上的贡献》，《沈阳农学院学报》1985 年第 3 期，第 81~85 页。

③ 李增高：《京津冀地区历史上的稻作类型品种及引种概况》，《古今农业》1999 年第 3 期，第 54~61 页；《康熙御稻的育成与推广》，《古今农业》2005 年第 3 期，第 20~32 页。

④ 杜振东：《农业文化遗产的奇葩——京西稻》，《海内与海外》2014 年第 2 期，第 16~18 页。杜振东：《皇室稻种北京京西稻作文化系统》，《世界遗产》2016 年第 2 期，第 86~89 页。

⑤ 李增高、洪立芳、李向龙：《清代京西稻的形成与发展》，《遗产与保护研究》2016 年第 3 期，第 113~123 页。

晋茹、岳升阳①等众多学者，掀起了一阵研究京西稻的浪潮。有关京西稻的资料收集、学术探讨、宣传推广等，逐步把京西稻研究推向专业化。

京西稻要想长远地发展就必须和旅游业结合，“旅游+农业”的生态模式已经成为当下文化遗产与旅游经济齐头并进的发展方式，杨光普②、周树伟③分别以四季青御香园、常乐村为对象进行京西稻景观设计。李正等④与黄俊达⑤分别对京西稻田景观的演变进行了研究，提出了在当下京西稻文化景观建设中恢复其稻作文化系统的可能性。侯林英⑥从“非遗”角度对京西稻作文化进行了一定的梳理。

除此之外，在民间文学的视角中，众多学者对京西稻也有着深入研究，张宝章、严宽所编写的《三山五园的传说》⑦、张卉妍所编写的《老北京的传说》⑧ 等作品里都包含与京西稻种植相关的传说。另外还有许多著作如赖双平主编的《关于海淀》⑨、北京市海淀区水利学会主编的《海淀碧水情》⑩和《情系京西稻》⑪、焦雯珺等著述的《北京京西稻作文化系统》⑫、杜振东主编的《京西稻故事》⑬ 等叙述了京西稻的种植技术、农耕俗语、京西稻品种研究等。

---

① 魏晋茹、岳升阳：《农业文化遗产视角下的京西稻发展》，《农业考古》2016 年第 1 期，第 30~34 页。

② 杨光普：《京西稻文化在景观设计中的应用——以北京市四季青御香园景观设计为例》，中国林业科学研究院风景园林（专业学位）硕士学位论文，2015。

③ 周树伟：《基于京西稻农业文化遗产保护的北京市常乐村村域景观规划设计研究与实践》，西北农林科技大学风景园林（专业学位）硕士学位论文，2021。

④ 李正、李雄、裴欣：《京西稻的景观变迁兼述其与城市互动关系的复杂性和矛盾性》，《风景园林》2015 年第 12 期，第 58~65 页。

⑤ 黄俊达：《基于历史景观演变分析的京西稻田再现探讨》，北京林业大学风景园林（专业学位）硕士学位论文，2016。

⑥ 侯林英：《京西稻种植技艺与稻作文化研究》，中国艺术研究院艺术学理论硕士学位论文，2019，第 1~96 页。

⑦ 张宝章、严宽编写《三山五园的传说》，中国社会科学出版社，2015。

⑧ 张卉妍编写《老北京的传说》，中国华侨出版社，2015。

⑨ 赖双平主编《关于海淀》，开明出版社，2010。

⑩ 北京市海淀区水利学会主编《海淀碧水情》，中央文献出版社，2011。

⑪ 北京市海淀区水利学会主编《情系京西稻》，中央文献出版社，2014。

⑫ 焦雯珺、杜振东、闵庆文、邵建成：《北京京西稻作文化系统》，中国农业出版社，2017。

⑬ 杜振东主编《京西稻故事》，中国农业出版社，2019。

（二）量化呈现

以中国知网、万方与维普数据库为数据源，截至2023年9月，在知网上输入“京西稻”关键词查询一共有349篇文献，以关键词“京西稻”进行“篇名”和“期刊”双重检索，有36篇有效文献，涉及京西稻的历史变迁、农业物种、遗产价值、景观设计等多个领域，其中基础应用研究14篇，技术研究11篇，工程研究10篇，学科教育教学研究1篇。

在知网的文献可视化中能够看出“京西稻”相关论文的基本情况，所选文献与引证文献自2016年后数量激增，参考文献自2004年后呈现大幅上升的趋势，由此可见京西稻相关的学术研究在近年来受到重视（见图3）。

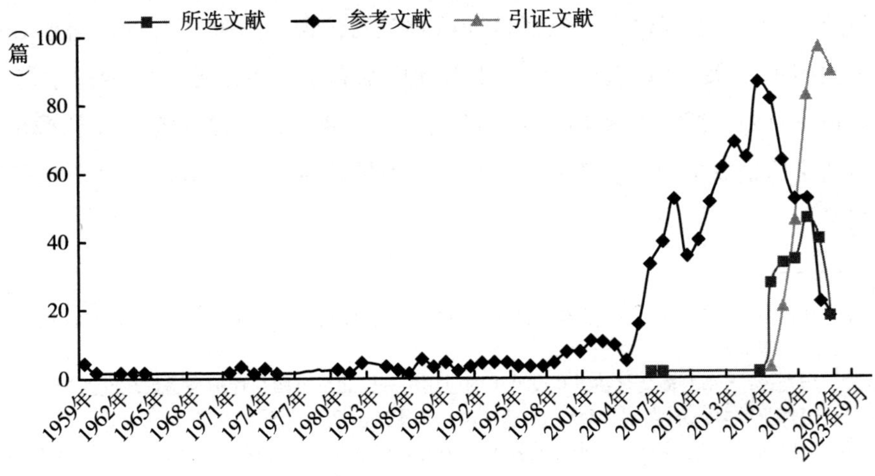

图3　1959年至2023年9月京西稻相关文献数量变化趋势

在知网抽样的“京西稻”相关文献当中，哲学与人文科学的占比高达86.5%，社会科学占比26.5%，经济与管理科学占比21.5%，工程科技占比9%。其中的文献来源于期刊、博士论文、外文文献，期刊论文占比高达98.5%，博士论文占比1.0%，外文文献仅占0.5%。文献的来源刊物主要有《大众文艺》《戏剧之家》《文物鉴定与鉴赏》《文化产业》《江南论坛》。

运用CiteSpace进行数据关键词分析（见图4），直观呈现了京西稻相关领域的研究重点以及研究方向，对于深入分析这一课题有十分重要的意义。关键词聚类分析以关键词为基础，其中出现频次最高的是“保护传承”“京西稻”“文化遗产”等词语，直观反映出京西稻课题研究的相关热点。图 5 能直观反映出“京西稻”研究的相关作者，成果丰富的学者有岳升阳、于春梅、陈映红、江凌等。

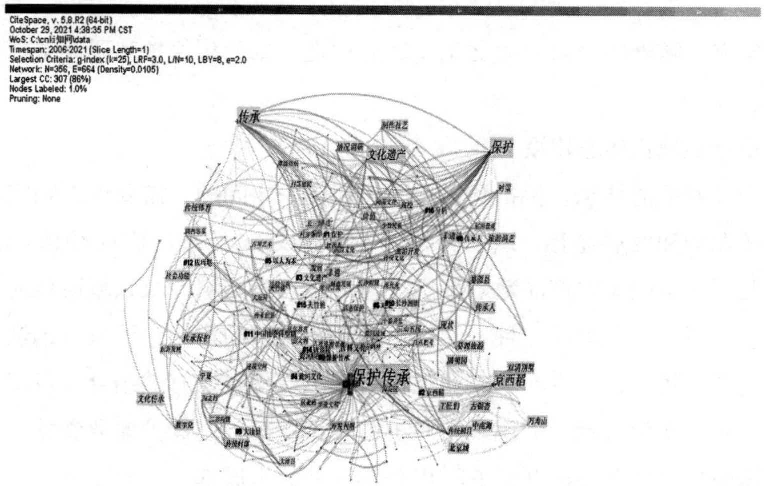

图 4　京西稻相关关键词出现频次分析

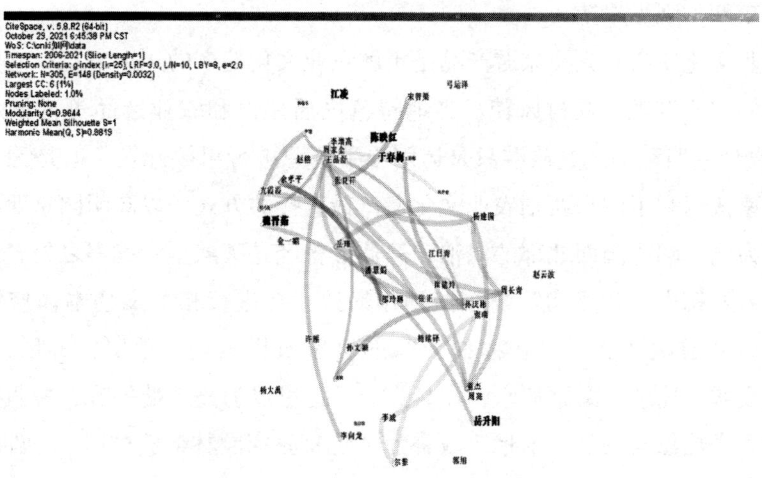

图 5　“京西稻”相关论文作者出现频次

三　京西稻农业文化遗产旅游活化措施

（一）多维活化措施

近年来，随着国家对农业文化遗产的重视，京西稻保护和研究重新回归学术视野。

1. 京西稻现代生态建设

对于京西稻的传承、保护和发展，仍存在一定问题，需要探索切实可行的文化遗产保护和发展途径。政府部门为京西稻划定了专门农业种植示范保护地，京西稻获得国家农产品地理标志登记，在国家知识产权领域确认对其的保护性认证。稻田是湿地的一种，具有生态环境调节的作用，可以考虑恢复京西稻原生地稻田景观，将京西稻农业种植与城市绿化建设有效结合。可将皇家农耕历史、农业文明展示与休闲观光有机结合，提高人们保护农业文化遗产的自觉性和积极性。圆明园内开辟的稻田是其重要的组成部分，为了完整呈现圆明园景观，也应当在圆明园澹泊宁静、映水兰香、水木明瑟、文源阁等处恢复部分稻田。

2. 京西稻观光旅游

农业文化遗产观光类旅游产品是了解农业文化遗产的一个窗口，它能够将遗产地的农业景观、农村风貌、当地特色民居建设和农业产品等都展示给游客。[①] 设计京西稻的观光旅游只是运用旅游资源进行粗放开发，但是无疑是让人们快速认识和了解京西稻农业文化遗产最直接的方式。以圆明园京西稻作文化景观为例，圆明园西北部的澹泊宁静遗址曾经是康熙皇帝读书之处，近年来首次考古发掘出“田字房”与相关稻作遗迹。在进行相关文物本体修缮基础上，2023 年首次恢复了“多稼如云”的皇家农耕景观：禾田，御稻，凉亭，荷塘，废墟，遗址，潺潺流水，烈日炎炎。这里成为整个端午节、暑假期间圆明园的观光热点与网红打卡地，被誉为“北京皇家园林最美稻田”（见图 6）。

---

① 江梅：《对全球重要农业文化遗产——陕西佳县古枣园的旅游发展潜力研究》，长安大学旅游管理硕士学位论文，2015，第 10~11 页。

图 6　圆明园恢复“多稼如云”耕读景观（2023. 06 笔者自摄）

3. 京西稻的农事体验

如何在北京整体文化视野下，充分发挥地域优势，挖掘京西稻农业文化遗产的生态智慧是值得思考的重要问题。利用互动元素，利用故事性元素，提供互动体验。利用互动元素：在京西稻的遗产活化中增加交互式展品、虚拟现实技术和游戏等互动元素，吸引观众的注意力，增加展览与活动的趣味性和参与感。利用故事性元素：讲述有趣的京西稻故事或者京西稻重要创业者的经历，让观众更深入地了解京西稻农业遗产的辉煌历史和灿烂文化，增加情感共鸣和历史感染力。提供互动体验：以京西稻生长周期为基础，开展踏青节、插秧节、开镰节、碾米节等活动，通过组织实地参观京西稻秒田、插秧、收割、加工、品尝、制作工艺品等活动，让观众更深入地了解京西稻农业遗产的生产过程和农事技艺，增加互动性和参与感。根据教育部正式印发的《义务教育劳动课程标准（2022 年版）》，设计京西稻劳动大课堂，吸引周边中小学学生进行农事参与和农事体验。

4. 京西稻农业科普

农业文化遗产科普显得尤为重要，不但可以增加人们对我国优秀农业遗产的了解、激发兴趣，同时有利于加强对农业遗产的保护和传承延续。京西稻农业文化遗产科普可以从皇家耕作凉亭读书台、北京特色乡村建筑（农民的碾米房、村史馆等）、农业文化体验、生产技术和农事口述经验等入手。京西稻农业文化遗产科普体验应是综合的，严谨而不失趣味的。农耕文化是中华优秀传统文化的“根”与“魂”之一，对京西稻的科普宣教有助于传承和弘扬农耕文化。

5. 京西稻产教融合

建立京西稻保护、发展、教育、科普的有效机制。深入挖掘京西稻的多维价值，立体性展示农耕文化，让农业文化遗产活起来。充分利用印刷品、影音和新媒体等媒介方式，进行京西稻的教育宣传。微博、微信、抖音、小红书等一系列新媒体为游客提供了新型沟通平台。游客可以充分展示自我，也可以根据自身兴趣爱好和特点传播个性化信息。在京西稻博物馆、海淀镇乡情村史馆、六郎庄村史馆、海淀公园相关解说长廊、圆明园相关展厅创新陈列方式，运用多媒体形式，增加观众的交互式体验。研发具有地域特色的京西稻文创产品，设计京西稻 LOGO、卡通形象、吉祥物，在文创中不断展现农耕文化的时代魅力。京西稻扩展区海淀北部上庄镇有 500 余亩稻田，并将稻田与插秧节、开镰节、摄影节等结合，同时利用海淀区域综合优势，使京西稻与文化创意产业融合、与社区发展融合。拟组织开展“大美海淀·京西稻稻田音乐节”，以稻田景观、稻草人模型、海淀皇家园林、水乡风情等为背景，举办音乐节、音乐秀，兼容美食、音乐演唱会、社交等。

6. 京西稻可视化呈现

新媒体时代产生巨量信息，筛选有效农业信息进行可视化设计，符合大众的审美需求。在六郎庄、柳浪家园等地进行乡土建筑规划设计，以京西稻为原型设计“沐稻亭”与“京西稻大食堂”。在中国第六届农民丰收节（2023年9月23日，秋分）至2023年国庆节期间，海淀区京西稻以盆栽稻的植物活体方式呈现于长安街花坛，形成亮眼的装饰艺术。民众在北京城市公共空间驻足观看、打卡拍照，形成对农耕文化的深情凝视与回眸观望。吴秋雨所做的关于“京西稻”农业文化遗产可视化呈现的硕士学位论文，深受学术界好评。

（二）价值阐释与文化认同

以中国传统农业阐释为核心，建立完善的系统保护措施以保证其可持续利用，在设计开展旅游活动的同时加强对农业遗产的科研和管理。京西稻是一种活态遗产，同时也是北京皇家园林的组成部分，在社会发展进程中不断演化，呈现出不同的景象。保持京西稻农业文化遗产的原真性，并不是回到历史或者过去，而是恢复历史场景，体现历史价值内核。完全可以在传统的稻田景观、农事技艺、稻米加工等环节加入现代元素，使传统与现代融合，使游客、参观者能够沉浸式体验京西稻农业技术，了解京西稻农产品生产和加工过程。在参与过程中，学习京西稻农业技术和农产品生产知识，知晓农业发展历程，增强对京西稻、“三山五园”等的文化认同。总之，以价值阐释为核心，在京西稻现代生态建设、观光旅游、农事体验、农业科普、产教融合、可视化呈现等维度上，进行旅游活化，促进其功能转型与文化认同。

四　京西稻农业文化遗产的可视化设计

（一）设计创新实践

本报告进行了“三山五园”中（京西稻）文化景观的可视化呈现，进行京西稻农业文化遗产活化相关内容的设计。从水源环境、土壤环境、人文历史学等视角分析京西稻农业文化遗产中的生态智慧并将其可视化呈现，进行科普宣传。进行京西稻农业文化遗产的可视化呈现，通过平面设计将京西稻的相关生态学参数、环境信息直观表达，通过可视化方式将比较晦涩难懂的理论转化为大众化、易懂的知识。数据可视化技术将数字变成图像、图表呈现，不仅增添了艺术性、科技性，还可以清晰有效地传达数据的变化趋势等信息，帮助及时监控与决策。笔者拟制作一本以“京西稻”为主题的科普绘本，即关于京西稻生态文化系统的插画演示，包括复原春夏秋冬四个不同季节种植京西稻的劳作场面以及学生、大众参与劳作的场面等，提供给青少年和幼儿参考，拓展京西稻农业文化遗产的文化传播示范功能。①笔者以艺术设计方式进行京西稻农业文化遗产可视化呈现（见图7）。

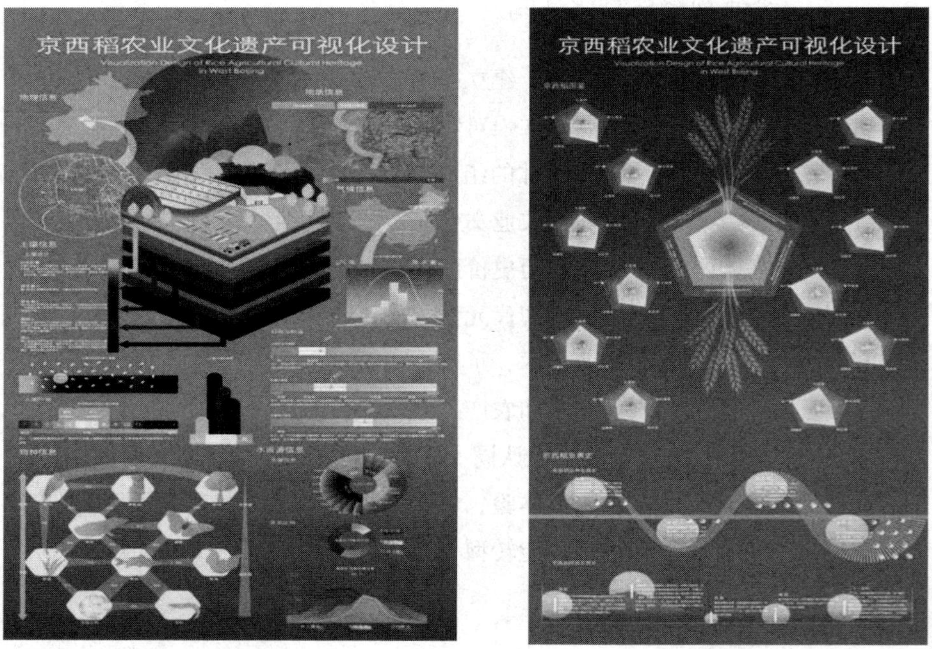

图7　京西稻农业文化遗产可视化设计（笔者自绘）

设计海淀区劳动教育标识。设计理念：将香山蜜蜂与京西稻田稻穗两种元素进行巧妙的结合，蜜蜂象征着勤劳、劳动的美好，加入海淀区京西稻田的文化元素，使之形成一个巧妙的设计联动。京西稻承载着历史上丰富的皇家农耕文化，其标识以黄橙色为主调，在简介概括蜜蜂与稻米两种元素的同时，也象征中小学生积极劳动、奋发向上的精神。特此设计海淀区中小学劳动教育标识（见图8）。②

---

① 吴秋雨：《京西稻农业文化遗产可视化设计》，北京理工大学设计学硕士学位论文，2023。

② 参见张楚秦京（北京理工大学附小六四班）、吴秋雨（北京理工大学设计与艺术学院2020级硕士研究生）提交的海淀区中小学劳动教育标识（LOGO）设计方案（指导教师：张祖群）。

图 8　海淀区中小学劳动教育标识（LOGO）

（二）京西稻可视化最终呈现意义

为加强京西稻可视化设计的视觉效果，在设计或制作过程中，应该注重使用多种视觉元素，可以尝试添加更多的颜色，使视觉效果更加丰富多彩；添加纹理或图案，使视觉效果更加丰富多样；添加动画或运动效果，使视觉效果更加生动有趣；尝试改变布局，添加更多的元素，如图标、图片，还可以尝试调整字体的大小、颜色、样式、元素的比例，使视觉效果更加丰富多样。京西稻生态地图可视化的最终呈现是一个直观、清晰的地图，通过地图上的颜色、符号、标注等方式，展示了京西地区稻田的分布情况、生态环境状况和生态功能特征，为相关部门和决策者提供重要的参考和依据。京西稻生态地图可视化的意义在于：为京西地区稻田生态系统的保护和管理提供科学依据，加强公众对京西地区稻田生态系统的认识和关注。

G.21
西藏自治区山南市乡村旅游富民增收研究报告

曾斌丹　何银春*

摘　要： 旅游持续推动农牧民收入增长，对巩固民族地区脱贫攻坚成果与乡村振兴有效衔接有着重要意义。本研究报告以西藏山南市为案例地，对乡村旅游重点村发展情况进行了调研，探索民族地区旅游发展促进农牧民增收的机制与路径、经验与问题。研究指出旅游发展促进农牧民增收主要经验包括：以乡村振兴为统领，确立适合本村发展的旅游增收机制；充分发挥政府主导作用，夯实旅游促进农牧民增收的基础；发挥基层党组织带头作用，提升旅游增收的组织保障。研究提出促进一二三产业的融合发展、构建旅游促进农牧民增收的长效机制、构建更加公平的农牧民收入分配机制等政策建议。

关键词： 旅游发展　农牧民增收　山南市

党的二十大报告提出，发展乡村特色产业，拓宽农民增收致富渠道。巩固拓展脱贫攻坚成果，增强脱贫地区和脱贫群众内生发展动力。乡村旅游作为特色产业，凭借其产业关联强、经济效益高、生态环境优等典型特征，成为拓展

* 曾斌丹，日本筑波大学理学博士，湖南师范大学旅游学院讲师、硕士生导师，研究方向为旅游地理；何银春，文化遗产学博士，湖南师范大学旅游学院副教授、硕士生导师，研究方向为乡村旅游与文化遗产。

农业功能、增加农民收入和提升乡村价值的重要实现形式。① 诸多研究表明，发展旅游对促进农民增收有积极作用，但因资源、环境、发展模式及农民自身因素存在差异，这种作用也存在差异性，在民族地区尤为明显。② 此外，在乡村旅游发展过程中，还存在农户增收的自主性和外源性动力矛盾并存，村民主体、市场主体以及政府主体缺乏协调共进等问题。③ 因此，探索如何通过乡村旅游的发展实现农户增收，解决收入增长的外源性和内生性矛盾，是乡村振兴战略实现的一个重大问题。④ 如何建立农户持续稳定增收的长效机制则是“乡村振兴”“旅游扶贫”和实现乡村旅游“可持续发展”的关键问题之一。⑤

西藏乡村地区地域辽阔，地貌壮观，资源丰富，乡村旅游产业正处于蓬勃发展阶段。西藏自治区“十四五”规划提出大力发展乡村旅游，创新有利于农牧民广泛深入参与的业态模式。西藏也正在因地制宜发展集休闲、观光、度假、康养等为一体的乡村旅游，持续助力脱贫攻坚和乡村振兴。2022年，西藏全区乡村旅游接待851.88万人次，实现收入9.81亿元，直接间接带动8.5万农牧民群众实现就业，但是在乡村旅游发展中存在农牧民参与度低、对政府的依赖性较强、乡村旅游发展内生动力不足等问题。因此，研究如何依托自身资源优势发展乡村旅游，形成旅游持续推动农牧民收入增长的有效机制，对于巩固拓展脱贫攻坚成果与乡村振兴有效衔接有着重要的理论和现实意义。

本研究报告以西藏山南市为案例地，先后深入山南市全国乡村旅游重点村进行发展情况实地调研，并对各县（区）旅游行政管理部门负责人、乡村旅游负责人进行访谈，了解乡村旅游发展现状，探索民族地区旅游发展促进农牧

---

① 胡平波、钟漪萍：《政府支持下的农旅融合促进农业生态效率提升机理与实证分析——以全国休闲农业与乡村旅游示范县为例》，《中国农业经济》2019年第12期，第85~104页。

② 肖怡然、龚贤：《藏区旅游扶贫与农牧民增收问题研究——以甘孜藏族自治州为例》，《云南民族大学学报》（哲学社会科学版）2018年第3期，第107~113页。

③ 孙九霞、徐新建、王宁等：《旅游对全面脱贫与乡村振兴作用的途径与模式——“旅游扶贫与乡村振兴”专家笔谈》，《自然资源学报》2021年第10期，第2604~2614页。

④ 庄婷婷：《乡村旅游发展对农户增收的影响分析——基于中国CFPS数据的HLM分析》，《安徽农业大学学报》（社会科学版）2022年第4期，第11~19页。

⑤ 郑密、吴忠军、王佳果：《能力与增收：民族村寨农户旅游可持续增收机理研究——以龙脊梯田景区大寨村为例》，《地理与地理信息科学》2022年第3期，第136~144页。

民增收的途径与机制、经验与问题，以期为乡村旅游持续推动农牧民增收提供政策建议，为巩固民族地区脱贫攻坚成果与乡村振兴有效衔接贡献力量。

一　山南市乡村旅游发展现状

山南市位于冈底斯山至念青唐古拉山以南，雅鲁藏布江干流中下游地区，总面积7.909万平方公里，下辖1个市辖区和11个县。全市常住人口为35.4万人（第七次全国人口普查数据），其中藏族等少数民族人口占91%。农村人口24.1万人，占68%。

近年来山南市围绕“乡村旅游+乡村振兴”的发展思路，把增加农牧民转移就业与增加收入作为发展乡村旅游工作的重点，努力实现了乡村旅游产业对社会经济的带动作用和旅游富民的目标。2012年以来，勒村、强吉村、玉麦村入选中国美丽休闲乡村名录，雪巴、麻麻、拉郊等8个村先后被评为“全国乡村旅游重点村”，涌现出了“藏戏第一村——扎西曲登、青稞酒之乡——强吉村、生态边陲——美丽玉麦”等乡村旅游品牌。

通过大力引导农牧民投身于旅游住宿接待、特色餐饮服务、民族手工艺品制作等工作，推广“景区带村、能人带户、企业+村、企业+农户、合作社+农户、村内联合经营”等运营模式，许多贫困乡村通过发展旅游业变成了美丽乡村、幸福乡村。目前，山南市旅游从业人员有8868人，其中农牧民直接参与旅游接待的人数达5400人，勒布沟、羊湖等旅游发达乡村依靠从事旅游服务人均月增收已达5000元以上，旅游促进农牧民增收成效明显。

二　旅游发展促进农牧民增收途径与机制

（一）增收途径

目前山南市旅游发展促进农牧民增收主要有以下几种途径。

1. 工资性收入

一是参与乡村旅游景区、宾馆接待服务工作获得的工资性收入。二是参与旅游项目建设获得的工资。如琼结县拉玉乡强钦庄园建设项目带动老百姓增收达39万余元，其中用工人数700余人次。三是作为旅游厕所保洁员等获得的生态岗位收入。目前全市从事旅游生态岗位的人员达430人。

2. 经营性收入

经营性收入主要是农牧民兴办民宿、牧家乐、农家乐、草原露营帐篷接待点，经营商店，销售副食、旅游特色商品（如藏香、青稞糌粑、手工羊毛披肩、自制酸奶、牦牛肉等）增加的现金收入，目前旅游是促进农牧民增收的主要来源。

3. 财产性收入

一是农牧民通过集体经济分红获得的收入，如集体土地、资产租赁、经营获得的收入分红。二是因发展旅游项目农牧民土地经营权流转等获得的收入。

（二）主要机制

依据当前我国农村新型经营体系的发展和农牧民参与乡村旅游的基本理论，结合调研组2023年3月在山南市收集的第一手调查资料，分析调查发展乡村旅游的组织运行模式及其对农牧民增收的影响。其中扎西曲登村、雪巴村、扎玛龙村均为全国乡村旅游重点村，强吉村入选中国美丽休闲乡村。这四个村均发展了旅游扶贫和乡村旅游，发展前期均依赖于政府对基础设施和经营设施的建设。从乡村旅游业发展的主导主体看，也都属于政府主导或村集体主导，但四个村在发展乡村旅游的组织形式、运行机制、土地利用、主营业务等方面都有所差异，旅游与农牧民的利益联结机制也有所不同，因此对农牧民增收产生的影响也有差异。

1. 扎西曲登村：公司+村委会+农户模式

扎西曲登是山南市乃东区昌珠镇行政村之一，位于昌珠镇南部，雅砻河畔，距泽当镇约8公里车程，总面积22.23平方公里。全村有2个自然小组、13个联户单位，目前有132户524人。扎西曲登有着悠久的历史文化资源，是昌珠历史文化名镇、藏源文化旅游的核心区域。依托国家级非物质文化遗产代表性项目雅砻扎西雪巴藏戏，扎西曲登发展了文化旅游，村民通过表演藏戏、经营民宿增加了收入。

2019年乃东区委区政府结合昌珠镇全国历史文化名镇5A级景区打造，将扎西曲登社区列为人居环境整治示范村。又通过整合本级财政投资3000万元和武汉援藏资金 2000 万元对社区实施了人居环境提升项目，通过对居民住宅升级，推出了“藏戏第一村、高原慢生活”的特色民宿群落。截至目前，扎西曲登社区的 79 户群众开办了家庭旅馆，共有床位 644 张。

2021 年乃东区政府与山南旅投公司组建了西藏青禾旅游开发有限责任公司，由青禾公司为扎西曲登社区开拓、巩固乡村旅游市场，开展专业的市场销售，提高乡村旅游信息化、市场化程度，对接区内外 20 余家旅行社，实现乡村旅游产品与市场的有效对接，以宣传打名气、树品牌，以营销引客源、促消费。2022 年扎西曲登共计接待游客 2.69 万人次，实现旅游收入 262.8 万元，为扎西曲登社区乡村旅游高质量发展打下了坚实基础。2022 年青禾公司共向村民及村集体兑现旅游分红 207.2 万元。

2. 雪巴村：村集体+农户模式

雪巴村位于桑日县东北部，增期乡以南，距桑日县城 45 公里，平均海拔 3900 米左右。全村占地面积 7 万平方米，草场面积 19180 亩，耕地面积 874.3 亩，共 109 户 387 人。该村依托邦卡温泉、帕姆温泉、卓罗卡温泉、米玖卡温泉和久曲邦卡温泉等资源发展了温泉旅游，农户主要通过参与温泉宾馆经营、民宿经营工作增收。

除邦卡温泉承包经营外，其他温泉均采用村集体经营，按照集体收入分红方式实现就业及增收，全村每户均参与温泉经营。邦卡温泉 2018 年 1 月与桑日县平安建筑公司签订承包合同，由该公司承包经营，承包金总价 160 万元，公司分四个五年以递增形式将承包金交给雪巴村村委会，作为村集体收入。2019 年邦卡温泉实现贫困户 4 人就业，人均年收入 42000 余元。

在具体经营方式上，由雪巴村党总支健全完善集体经济运营管理各项制度和激励机制，推行“党建+旅游发展”“四个一”工作模式。实行 3 户 12 天值班、每户由党员带头的经营方式，值班人员负责值班期间温泉宾馆经营等工作。若 12 天内经营所得收入超过 4 万元，超出额的 0.13%作为值班人员奖金，剩余部分由村委会统一纳入集体账户中。“四个一”为“每户由党员带头值班一次，每一组值班结束后收入公开一次，公开后村两委讨论一次、群众点评一次”的工作模式，由党员带领全村群众发展壮大村集体经济，采取多种措施管理好温泉的日常旅游接待、服务、管理等工作，不断对其进行提档升级。

2021 年雪巴村集体经济实现收益 313 万余元，每户分红 3 万元；2022 年实现收益 389 万元，每户分红 3.5 万元。

3. 扎玛龙村：村集体+公司+农户混合模式

扎玛龙村地处浪卡子县白地乡，岗巴拉山脚下、349 国道旁边，国家 3A 级旅游景区羊卓雍措盘卧门前，素有“最靠近羊湖的村”的美称，距县城 55 公里，距乡政府 38 公里。全村共有 34 户 160 人，耕地面积 361.2 亩，草场面积 30911 亩。扎玛龙村主要依托羊湖景区，大力发展乡村旅游，通过旅游观景台展销旅游产品，提供餐饮休闲、酒店、民宿住宿等旅游服务，实现农牧民转移就业与增收。

目前扎玛龙村的旅游运营分为三类。一是各类乡村民宿直接由本村村民运营，目前有乡村民宿 12 家，民宿聚集在村内、湖边、田园边上。二是由村集体对集体资产进行租赁。村集体将朗布其景区房屋进行租赁，与西藏羊湖文化旅游有限责任公司签订房屋租赁合同，每年增收租金 12 万元。旅游接待室对外租赁（极地酒店），签订 5 年的租赁合同，第一年租金为 10.5 万元，往后租金逐年增长 0.5 万元。三是村集体创办朗布其清洁公司，对景区观景台商店、餐厅、旅拍、清洁等工作进行村集体运营管理。

在具体运营上，扎玛龙村党支部针对本村旅游市场经营秩序相对混乱、收费标准不一、从事旅游经营活动不规范等问题，于 2019 年通过村两委班子研究制定《扎玛龙村旅游观景台服务管理制度（试行）》等，维护村内旅游市场经营秩序。一是提供旅游商品销售柜台，鼓励群众积极参与经营服务活动，村集体收取柜台租金，群众自负盈亏；二是在景区观景台提供有偿共享按摩椅，群众轮流参与日常管理，村集体支付工资；三是成立的景区清洁公司解决建档立卡贫困户就业岗位，年底公司收入中部分分红给付。

通过创办村级企业、房屋租赁等方式大力发展村集体经济以及村民个体的民宿经营，村民增收成效显著。全村共计 140 余名农牧民直接参与乡村旅游。2022 年该村共接待游客 16.6 万人次，增收 470 余万元，平均每人增收 3.3 万元。

4. 强吉村：村集体+合作社+农户模式

强吉村地处藏源吐蕃故都——山南市琼结县拉玉乡境内，距县城 12 公里，距山南市首府泽当镇 26 公里，全村共有 180 户 729 人，拥有耕地 1205.25 亩，草场面积4500多亩，林地面积900多亩。强吉村借助琼结县打造藏源文化核心区的机遇，依托村集体特色产业全力打造强钦青稞酒、自治区级文物保护单位强钦庄园以及强钦林卡三位一体的乡村旅游文化区，发展壮大村集体经济，促进农牧民群众增收。

2016年强吉村开始制定乡村旅游规划，2019年该村被评为中国美丽休闲乡村，2020年5月开始逐步发展民宿，目前发展采取了“村集体+合作社+农户”模式。强吉村旅游专业合作社成立于2020年8月，合作社以村两委为骨干，是一家集旅游接待、餐饮服务、住宿服务、工艺制品销售、服装服饰出租等于一体的现代化旅游专业合作组织。合作社管辖签约民宿35家、农家乐1家、茶馆5家。合作社坚持“民办、民营、民受益”的原则，在管理方式上，推行民主管理、民主决策；在经营方式上，统一服务、统一产品销售，实行集约化、标准化经营。

在具体运营上，强吉村旅游专业合作社坚持健全完善运营管理制度，对民宿经营主体实行统一经营模式，统筹管理民宿日常经营、旅游接待、服务质量等，避免恶性竞争乱象，打造利益共同体。一是统一服务标准。从食材采购、菜品制作、房间布置、卫生保洁、餐具使用、食宿定价等方面全流程统一标准。二是统一登记接待。由旅游专业合作社对团队游客统一登记，分配至民宿经营住宿区，合作社理事长和执行监事对民宿服务、卫生等情况进行监督检查。三是统一收费结算。合作社设立专项管理账户，统一收取团队游客住宿、餐饮等费用，按季度或半年分配到户。

强吉村旅游专业合作社2020年5月营业，2021年接待观光游客3000余人，实现营收44.9万元，35家民宿户均增收1.3万元，旅游商品（如青稞酒）销售20余万元，辐射带动110名农牧民增收。

总体上，以上四个村乡村旅游增收机制有以下特点。雪巴村和强吉村，整体上村级产业发展主要依靠旅游，村集体经济比较发达，农民参与乡村旅游获益程度高。但两村具体的村级乡村旅游组织形式不同。雪巴村以村办集体旅游企业为主导，采用了公司制，吸纳了绝大多数村民就业；强吉村以乡村旅游合作社为主导，规范引导了民宿经营者。扎玛龙村旅游产业业态较丰富，依靠羊湖旅游景区的游客客流，获得旅游发展机会。该村乡村旅游依靠村集体企业、外来公司、个体民宿等多种组织形式并存。扎西曲登村也发展乡村旅游，但组织化程度低，以农户个体家庭经营为主，乡村旅游组织形式大致为“农户个体经营+企业”，没有乡村旅游的集体经营组织。此种情况在我国大多数农村地区也较为普遍。

三　旅游发展促进农牧民增收经验与问题

（一）主要经验

1. 以乡村振兴为统领，确立适合本村发展的旅游增收机制

山南乡村旅游以实施乡村振兴战略为统领，以增加村级集体收入、实现农民共同富裕、促进农村经济持续发展、农村社会和谐稳定为目标，有效利用地理资源优势、现有旅服设施要素，积极探索适合本村的乡村旅游发展道路。本报告中四个村发展乡村旅游探索了不同的组织运行机制。集体经济发展较好的村，如雪巴村的农户来自旅游的收入，尤其是旅游财产性收入较多，农户参与乡村旅游的形式更丰富。探索新型乡村旅游经济的实现形式，如乡村旅游合作社、集体旅游企业等，有助于农户参与乡村旅游，解决农户参与乡村旅游缺乏初始资本、技能不足、劳动力短缺、有意愿但缺乏渠道和途径等问题，确立适合本村的增收机制。

2. 充分发挥政府主导作用，夯实旅游促进农牧民增收的基础

在乡村旅游发展的初级阶段，政府在其中起到规划、引导、扶持的作用，政府主导作用的发挥有利于调动各方积极性，有效地推动乡村旅游快速健康发展。尤其是在各种规划、政策，开拓各种渠道引进资金方面，政府起到不可或缺的作用，为乡村旅游发展奠定了基础。如雪巴村 2013~2014 年争取短平快资金 25 万元，整合为民办实事资金 14 万元，修建了雪巴村帕姆温泉接待点，后由县旅发局投入 5 万元为帕姆温泉购买设施设备进行提档升级。由本级财政投资 1700 万元修建了邦卡温泉宾馆、餐厅、游泳池和温泉泡池等基础设施，奠定了雪巴村温泉旅游发展的基础。

3. 发挥基层党组织带头作用，不断提升促进农牧民增收的组织保障

基层党组织在乡村振兴中发挥着不可或缺的作用。乡村旅游发展与村基层党建工作相结合，党建引领，依靠农村精英的作用，可以充分调动群众参与乡村旅游发展的积极性，引领乡村旅游经营组织的内生式成长。如强吉村在发展乡村旅游时，就是由党总支围绕“一支部一特色品牌”原则发展壮大村级集体经济，在促进农民群众增收方面做活乡村旅游和农牧民专业合作社这两篇文章，激发村民开家庭旅馆的积极性，通过党建引领，打造“观光休闲体验”模式乡村旅游，激发群众内生动力。雪巴村则是实行“四个一”工作模式，由党员带领全村群众发展壮大村集体经济。

4. 利用乡村旅游促使农民集体土地在用地功能上更加丰富，拓展农牧民收入来源

乡村旅游使得集体土地在用地功能上更加丰富，农户获得了更多的土地发展权。发展乡村旅游时应充分利用现有资源，立足自身实际，摆脱“土地束缚”，盘活村集体资源资产。如扎玛龙村将景区房屋及接待室出租给外来旅游开发商，从而拓展了农户的土地发展权，发展了村集体经济，同时增加了农户收入来源。扎西曲登村村民通过将住宅改造为民宿、藏戏表演舞台，获得了更多的收入。

（二）存在的问题

1. 乡村旅游精品化程度不高，产品特色有待深入挖掘

在全国推动消费升级的大环境下，游客旅游需求和旅游方式的转变，对西藏自然观光、生态体验、文化体验等乡村旅游产品提出了新的需求，但目前山南乡村旅游仍以短程产品为主，缺少地域特色浓郁、文化特征鲜明、游客体验性强的乡村旅游产品。同时，山南乡村旅游业自身要素仍不健全，难以满足来藏游客对乡村旅游产品的需求。如扎西曲登虽然开发了以藏戏为主体的乡村旅游产品，但与周边的西藏第一块农田、第一座宫殿等文化元素结合的体验性产品较少。

2. 旅游公共服务设施有待完善，进入性有待提升

配套设施较为缺乏，许多旅游公共服务设施仍无法满足目前乡村旅游发展的需求。旅游集散中心、旅游标识标牌、旅游厕所等旅游公共服务设施仍需完善；交通运输条件仍是制约山南乡村旅游尤其是错那、隆子等边境县乡村旅游发展的重要因素，许多优质的乡村旅游资源难以发挥优势；乡村旅游配套服务设施整体水平仍需提高，部分景区（点）、特色小镇、旅游示范村普遍存在旅游住宿设施不足且档次较低、卫生状况较差等问题，部分农牧民群众经营的家庭旅馆不能有效满足游客洗浴、卫生等需求，旅游公共服务设施的建设有待提升完善。如扎玛龙村虽然是全国乡村旅游重点村，但是村内人居环境仍存在脏、乱、差等问题，影响游客体验感。村内道路狭窄，错车困难，影响游客出入。

3. 乡村旅游专业人才欠缺，发展内生动力不足

山南市乡村旅游的迅速发展与高素质乡村旅游经营管理人员及从业人员短缺的矛盾逐渐凸显出来，主要表现为：乡村旅游经营户、带头人、创客、管理人才等总量偏少。现有民宿经营者不知道如何延伸产业链、如何延长游客在乡村的停留时间，乡村旅游处于粗放经营状态，管理不科学，服务水平和服务质量不够高。或是仅满足于能吃能住，或是有热情但服务技能欠缺，现有的服务不能满足客人多方面的需求。流向乡村的旅游经营管理人员相对较少，乡村旅游从业人员缺乏系统有效的培训，旅游服务意识有待加强。

四　旅游发展促进农牧民增收的对策建议

（一）促进一、二、三产业的融合发展，增强产业韧性使农牧民增收更有保障

乡村旅游要促进农村一、二、三产业融合发展，要充分利用农业和乡村旅游业的天然联系，挖掘和拓展农业的更多功能，促进旅游业的横向融合与纵向延伸，拓展“旅游+农业种植”“旅游+农产品加工”“旅游+民俗文化”等经营形式，最大限度地将乡村旅游产业链各个环节的收益保留在农村，增加农牧民的收入。例如扎西曲登村除了简单的观赏藏戏之外，可以结合西藏第一块农田开发糌粑制作、藏香制作、藏族农耕文化体验产品，形成多样化的乡村旅游业态。此外，应结合地区旅游资源，将乡村旅游与研学产业、信息科技等产业紧密结合，创新乡村旅游产品，让乡村旅游成为吸纳更多人口就业、巩固脱贫攻坚成果和有效衔接乡村振兴的农村新兴支柱产业，从而使得旅游业韧性更强，农牧民增收更有保障。

（二）强化政府引导与市场需求结合，构建旅游促进农牧民增收的长效机制

一方面应强化政府引导，立足于高水准，针对乡村旅游促进乡村振兴和农牧民增收，在政策引导、宏观管理、规划指导、人才开发、资金筹措、土地流转、效益提升等方面提供保障。另一方面旅游市场需求是乡村旅游发展最根本的驱动力量，应鼓励旅行社、酒店等旅游企业在互利共赢的前提下，为重点扶持的乡村旅游村开拓、巩固旅游市场提供尽可能多的帮助；尤其对于山南边境县的乡村旅游点，应引导旅行社开展专业的市场销售，提高乡村旅游信息化、市场化程度，实现乡村旅游产品与自由行市场的有效对接，以宣传打名气、树品牌，以营销引客源、促消费，构建农牧民增收的长效机制。

（三）探索多样化利益联结，构建更加公平的农牧民收入分配机制

乡村旅游的发展和旅游增收的效果，在一定程度上依赖于乡村旅游中组织形式的创新和利益联结机制。目前山南各乡村旅游点利益联结机制相对简单，以政府和村集体主导为主。可以根据各村状况，引入外部企业和资金，探索多样的运行机制，如"私企+合作社+村办集体企业""党支部+村集体经济组织（股份合作社）+专业合作社+外部开发商+农户"等，以多种运行机制促进乡村旅游发展和农牧民增收。此外，乡村旅游要发挥新型经营主体的示范带动作用，鼓励其通过吸纳就业、土地流转、资金入股等形式密切与农户的利益联结。通过建立农户与乡村旅游合作社、集体旅游企业的利益联结机制，加强集体资源的资本化，农牧民通过土地入股、资金入股等途径获取财产性收入，形成工资、经营与财产等多种旅游收入途径，帮助农牧民获取多元化的旅游收益，增加农民的财产性收入。同时保障农民参与机会均等，缩小旅游发展带来的村内收入差距。

G.22

重庆市乡村文旅综合体助力乡村振兴的机制与路径研究报告

邓宇婷　李燕琴*

摘　要： 乡村文旅综合体是乡村旅游促进乡村振兴的重要载体。为探究重庆市乡村文旅综合体助力乡村振兴的机制与路径，本研究基于一体化乡村旅游（IRT）框架，以重庆三河村为代表案例，分析其乡村旅游多利益相关者对该村旅游业发展价值和能力变化的感知情况。研究发现，三河村乡村旅游发展在IRT各维度上均有正向改善，不同利益相关者在感知程度上存在差异。报告通过访谈进一步凝练出乡村文旅综合体助力乡村振兴的三个阶段，并结合三河村具体实践提出发展建议，以期为我国乡村旅游高质量发展提供有益探索和经验借鉴。

关键词： 乡村文旅综合体　乡村振兴　一体化乡村旅游　重庆三河村

2023年中央一号文件提出做好全面推进乡村振兴重点工作①，新时代的乡村发展不再局限于传统农业生产，而需将乡村视作社会经济文化孵化的新空间，从而激发其生产、生活、生态等多重功能。② 乡村旅游作为乡村振兴事业

---

* 邓宇婷，中央民族大学管理学院硕士研究生，研究方向为乡村旅游、社区管理；李燕琴，北京大学博士，中央民族大学管理学院教授、博士生导师，研究方向为社区管理、乡村旅游、可持续旅游。

① 《中共中央 国务院关于做好2023年全面推进乡村振兴重点工作的意见》，新华社，https://www.gov.cn/xinwen/2023-02/13/content_5741361.htm，2023年2月13日。

② 高清明、陈红霞、席曾苹：《基于IRT理论的社区旅游整合乡村资源功能研究——以四川阿坝羊茸·哈德的社区旅游实践为例》，《农村经济》2022年第3期，第91~100页。

的重要组成部分，相比于传统以农家乐和农业园区为代表的第一、第二代乡村旅游发展模式，当下乡村旅游的发展更加注重科学的规划、有效的资源整合以及合作平台的搭建等，强调对乡村文化的挖掘和活化，从而避免“千村一面”。伴随着休闲旅游的发展和消费需求的扩大，各地基于农业农村部提出的乡村旅游高质量发展准则，着手打造业态多元、功能集聚的乡村文旅综合体，探索顶层蓝图设计与资源的有效整合，从而产生规模效应，助力乡村振兴。

乡村旅游地的转型升级是从依靠单一农家乐形式的改造向“产、村、景”一体化的乡村文旅综合体转变，呼应了乡村旅游一体化的理念，强调乡村各种资源的整合以及相关利益者的支持，以乡村文化和环境的“资源化”促进乡村旅游的可持续发展。因此，欧洲一体化乡村旅游（Integrated Rural Tourism，IRT）框架因其系统性强、适用范围广，被国际社会公认为良好的乡村发展评价工具。① 基于此，本研究尝试以 IRT 框架为指导，从不同利益相关者的角度对重庆三河村乡村旅游的发展价值和能力变化做出科学评价，探究乡村文旅综合体助力乡村振兴的机制与路径，以期为其他乡村旅游地发展提供理论参考和经验借鉴。

一　乡村文旅综合体与乡村振兴

乡村文旅综合体作为一种新业态，是文旅融合的新产物，也是当前乡村旅游转型升级的新模式。综合体强调资源的整合与协调，通过产业的集聚产生规模效应和吸引力，契合旅游消费方式多元化发展下对旅游要素集聚模式转变的需要。② 旅游综合体被认为“是一种区域之间通过合作与联盟的方式构建的推进区域旅游业共同发展的综合体”。③ 乡村文旅综合体则强调以乡村文化旅游资源为基础，因地制宜地推进文化内容和多元产业的落地。具体来说，即通过乡村治理、基础建设、产业开发等多种途径结合独特的乡村资源，形成集观光

① 李燕琴：《乡村振兴战略的推进路径、创新逻辑与实施要点——基于欧洲一体化乡村旅游框架的启示》，《云南民族大学学报》（哲学社会科学版）2019 年第 4 期，第 63~69 页。

② 陆林、陈振、黄剑锋等：《基于协同理论的旅游综合体演化过程与机制研究——以杭州西溪国家湿地公园为例》，《地理科学》2017 年第 4 期，第 481~491 页。

③ 平文艺：《创建“西部旅游综合体”的理论思考》，《经理日报》2004 年 10 月 5 日。

休闲、文化体验、度假等于一体的产业聚集区。① 乡村文旅综合体的建设一方面符合当今政府和社会热切关注解决“三农”问题的需要，旨在破解投资、就业、增收等乡村发展难题；另一方面也满足“全面推进乡村振兴重点工作”这一任务要义，众多的资金、项目、人才、机会投向乡村，推进乡村旅游更精细化地提档升级和高质量发展。国内关于乡村文旅综合体的研究偏向于实践模式与经验的探索，实践经验总结超前于理论研究，亟待与现有理论对话，以更好地整合凝练出乡村文旅综合体助力乡村振兴的深层逻辑，为新时代乡村发展提供建设性指导。

二　一体化乡村旅游研究框架

一体化乡村旅游（IRT）理论框架的提出源于2000年欧洲乡村发展变革，其倡议“支持和促进欧洲农村落后地区的一体化旅游”②，以帮助贫困落后地区实现乡村振兴。IRT充分考虑了乡村旅游发展中利益相关者的多样性，构建了一个包含旅游对某地区经济影响、社会文化、环境范围的整体框架，是一种具有长远眼光，且兼顾旅游发展多重价值的方法。有关IRT的早期实践主要集中在欧洲一些落后的乡村地区，而后扩展至美国和发展中国家，表现出良好的适用性。③ 国内学者最早于2011年基于利益相关者的视角引入IRT研究，后有学者将IRT框架与中国乡村振兴战略对标，结合中国减贫实践从而推进了IRT框架的本土化应用④。

据关于IRT实践的文献梳理，其主要涉及7个维度：网络、规模、内生性、可持续性、内嵌性、互补性和赋权，具体含义见表1。IRT框架整合了乡村发展的各维度，兼具理论分析和实践指导两种功用。一方面本研究可根据

① 卢杰、闫利娜：《乡村文化旅游综合体与新型城镇化耦合度评价模型构建——以江西省为例》，《企业经济》2017年第7期。

② Saxena G., Clark G., Oliver T. et al., “Conceptualizing Integrated Rural Tourism,” *Tourism Geographies*, 2007 (9), pp. 347-370.

③ 张晓慧：《基于利益相关者的一体化乡村旅游研究》，西北农林科技大学博士学位论文，2011。

④ 李燕琴、崔佳奇、施佳伟：《IRT框架视域下的中国旅游减贫特征与模式》，《资源科学》2023年第2期，第361~374页。

IRT 各维度定义更广泛测度重庆三河村利益相关者对该村发展价值和能力变化的感知情况；另一方面可依据评价结果进一步挖掘背后机理以促进更细化的实践指导。

表 1　IRT 框架各维度定义

维度	含义
网络	本地与外来人员、企业共同管理并发展乡村旅游业的能力
规模	随时间推移旅游业在一个区域内地理空间扩散的程度
内生性	乡村旅游业发展基于本地资源的程度
可持续性	旅游业不破坏，甚至改善本地生态环境
内嵌性	被用于旅游业的资源与本地文化、传统、身份认同之间的关联程度
互补性	旅游业发展为居民提供便利与好处的程度
赋权	本地人通过所有权、法规、规划等来控制地方政策的程度

资料来源：李燕琴：《乡村振兴战略的推进路径、创新逻辑与实施要点——基于欧洲一体化乡村旅游框架的启示》，《云南民族大学学报》（哲学社会科学版）2019 年第 4 期，第 63~69 页。

Saxena G., Clark G., Oliver T. et al., "Conceptualizing Integrated Rural Tourism," *Tourism Geographies*, 2007 (9), pp. 347-370.

三　研究设计

（一）重庆三河村发展概况

三河村位于缙云山区，毗邻大学城，辖区面积 2.36 平方公里，是地处重庆沙坪坝区的区级示范村。现有竹林口、堰塘湾 2 个村民小组，共 159 户 380 人，党员 20 人。村党支部坚持生态城市中的“诗意田园”定位，大力推行乡村治理“积分制”，同时建立“村两委+平台+项目+农户”利益联结机制，以“集体经济+艺术家+农户+产业”为发展模式，引入“远山有窑”等农文旅融合项目 46 个，盘活农村闲置资产，带动居民一起增收。重庆三河村目前已有 26 家企业入驻，“缙泉烧”“镜蓝染”“伴山漆艺术中心”等 14 家企业已经开业，具有代表性的乡村旅游资源点如表 2 所示。

表 2　三河村乡村旅游资源点汇总

乡村旅游资源点	投用时间	特色与功能	合作模式
远山有窑	2016 年	特色:远山有窑是以“发扬传统刘氏土陶,传承非遗制作技艺”为基础的休闲空间。功能:游客可在此体验餐饮、咖啡、品茗、陶艺制作	大学教授+村两委+居民
萤火谷农场	2017 年	特色:萤火谷农场既有文创又有农业,是一二三产业融合发展的典范,集休闲、教育、自然、生态于一体。功能:可接待游客观萤,观赏期长达 6 个月,也是重庆市中小学实践教育基地	企业+村两委+居民
远山有源文化大院	2017 年	特色:由废弃宅基地改造而成,设计遵循“五化”原则——主题故事化、情景艺术化、艺术乡土化、乡土个性化。功能:游客可感受到乡村文化生活,体验院坝电影	大学教授+村两委+居民
远山-幽篁里	2019 年	特色:依山傍水,交通便捷,占地约 2000 平方米。功能:游客可体验品酒文化,可采摘茶叶、水果以及露营轰趴	外地商户+居民
镜蓝染植物染文创基地	2019 年	特色:该基地是集发扬传统染布技术、休闲旅游、研学基地于一体的传统手工艺观光体验区。功能:游客可参观购买产品,同时还可体验植物提色以及植物染色的过程	企业+艺术家+村两委+居民
缙泉烧陶瓷文创基地	2022 年	特色:缙泉烧陶瓷文创基地四面环山,景色宜人,并租用民房生产陶烧工艺品,每天 6 名工人不间断地制作各类产品。功能:除已有的文创产业,还打通了研学板块,可让游客感受陶瓷魅力	企业+艺术家+村两委+居民

资料来源：三河村实地走访（村委办公室、公告栏、新闻媒体等）所得。

据悉，2021 年全村旅游接待游客超过 30 万人次，实现旅游收入近 3300 万元，全村集体经营性收入达 61.5 万元，人均分红超 3200 元。三河村先后荣获重庆市首批美丽宜居乡村、重庆市健康村、旅游重点村等荣誉称号。2022 年，三河村入选第四批全国乡村旅游重点村，乡村发展事业受到更高层次的认可。

（二）问卷设计与调查

IRT 框架能够把握多利益相关者诉求的均衡表达，多主体视角因而能更全面、客观地反映乡村旅游融入当地经济和文化的程度。因此，本研究采用 Clark 等①的 IRT 纵剖面测量方法，旨在向每个利益相关者询问旅游业七个维度的价值变化感知：变化方向被测量为正或负（变强或变弱），变化程度被赋值为 1、2 和 3，0 分表示“没有变化”。通过梳理国外有关 IRT 的研究，旅游发展的利益相关群体可分为 6 种：居民、守门人、机构、资源控制者、游客和企业。② 由于中国政策、国情不同，政府常常兼具机构、资源控制者、守门人等多重角色③，因此，本报告根据相关研究④把利益相关者分为 4 类：游客、本地居民、商户或企业和组织机构。此外，结合深度访谈法和非参与观察法，基于 IRT 框架进一步挖掘重庆三河村文旅综合体的乡村振兴实践。

（三）数据收集与样本概况

1. 数据收集

笔者于 2022 年 7 月前往重庆三河村开展预调研，根据案例地实际情况对拟定的调查问卷和访谈提纲进行调整和修改，并确定受访者应为当地旅游发展的长期亲历者。2022 年 8 月 1~4 日，笔者两次前往重庆三河村进行正式调研，通过与当地村党支部书记、党员干部、老居民、窑厂咖啡店员工等座谈，获取一手资料（问卷和访谈），每人访谈时间控制在 10~60 分钟不等。同时，借助公示栏以及各宣传平台获取当地各利益方的联系方式，进行线上补充调研。此次共收集到 42 份乡村旅游资深参与人的问卷，另完成深度访谈 10 份。

2. 样本人口统计学特征

总体来看，本次调查样本（见表 3）包含了不同年龄段、不同受教育程度、不同身份、居住时间不等的三河村旅游发展利益相关者，大部分被调查对象对当地了解较深，居住 4 年以上的人数占比达到 78.5%，在一定程度上能反映不同群体对三河村旅游业价值变化的看法。绝大部分被调查对象月收入在

---

① Clark G., Chabrel M., “Measuring Integrated Rural Tourism,” *Tourism Geographies*, 2007 (9), pp. 371-386.

② Cawley M., Gillmor D. A., “Integrated Rural Tourism,” *Annals of Tourism Research*, 2008 (2), pp. 316-337.

③ 李燕琴：《乡村振兴战略的推进路径、创新逻辑与实施要点——基于欧洲一体化乡村旅游框架的启示》，《云南民族大学学报》（哲学社会科学版）2019 年第 4 期，第 63~69 页。

④ 贾增慧：《基于 IRT 框架的乡村旅游发展评价研究》，上海师范大学硕士学位论文，2020。

5000 元及以下，整体收入水平一般。经过交叉分析发现，本地居民的月收入水平比其他 3 类利益相关者低，商户或企业成员月收入最高，这从侧面反映了三河村旅游发展相关利益者旅游参与和收益分配具有一定差异。

表 3　样本人口统计学特征

单位：人，%

人口统计学特征	类别	频数	百分比	人口统计学特征	类别	频数	百分比
性别	男	18	42.9	月收入	1000 元及以下	6	14.3
	女	24	57.1		1001～3000 元	12	28.6
年龄	18 岁及以下	0	0		3001～5000 元	19	45.2
	19～24 岁	3	7.1		5001～8000 元	4	9.5
	25～34 岁	3	7.1		8000 元以上	1	2.4
	35～44 岁	14	33.3	身份	本地居民	20	47.6
	45～54 岁	7	16.7		商户或企业	10	23.8
	55～64 岁	10	23.8		组织机构	8	19.0
	65 岁及以上	5	11.9		游客	4	9.5
受教育程度	初中及以下	10	23.8	居住时间	1 年以内	5	11.9
	中专或高中	16	38.1		1～3 年	4	9.5
	大专	9	21.4		4～10 年	8	19.0
	本科	5	11.9		11～20 年	10	23.8
	硕士研究生及以上	2	4.8		20 年以上	15	35.7

四　多利益相关者基于乡村一体化发展的感知评价

（一）基于 IRT 各维度的综合评价

本研究通过考察 4 类利益相关者对 7 个方面的变化感知情况，全面、综合地判断三河村乡村文旅综合体整体的旅游发展价值。由表 4 可知，旅游发展在各维度上综合得分最大值为 126 分，参与者在各个维度上肯定了三河村旅游发展的价值和能力变化，均为正值，分数主要集中在 85～95 分。具体而言，三河村一体化乡村旅游发展中互补性、内生性、内嵌性维度有着良好表现，均值分别为79.37分、78.57分、76.19分，内生性和内嵌性维度都从侧面说明了三河村旅游开发的内源性特征，互补性得分较高则体现了三河村旅游活动和本地传统活动（农业、烧窑技艺）结合程度高，各相关利益者正向感知明显。此外，赋权维度分数相对较低（59.52分），相较于互补性低25%，说明各利益相关者群体对旅游发展下的赋权变化感知不够强烈，仍有提升空间。

表4 多利益相关者对乡村一体化发展的感知评价

单位：分

维度	本地居民（20）	商户或企业（10）	组织机构（8）	游客（4）	均值（变化值/最大值）
规模	66.67	90.00**	79.17	58.33*	73.81（93/126）
网络	70.00	80.00**	70.83*	66.67*	73.81（93/126）
内生性	66.67*	93.33***	91.67	75.00	78.57（100/126）
可持续性	60	80.00**	70.83*	50.00*	65.87（83/126）
内嵌性	71.67***	76.67	87.50**	75.00	76.19（96/126）
互补性	66.67*	90.00	95.83***	83.33**	79.37**（100/126）
赋权	53.33*	66.67*	83.33**	50.00*	59.52*（75/126）
均值（变化值/最大值）	65.00*（273/420）	82.38**（173/210）	82.14（138/168）	65.47（55/84）	

注：* 表示所在行/列变化最小值，** 表示所在行/列变化最大值，*** 表示在行列中均为极值。

（二）基于多利益相关者角度的综合评价

上文总述了基于7个维度的感知评价，然而仍有必要从多利益相关者的角度探究群体之间在各维度上的差异。4类利益相关者基于一体化乡村旅游价值变化感知评价各有不同，其中商户或企业和组织机构两类利益主体评价得分最高，分别为82.38分、82.14分；而本地居民和游客评价得分相对较低，分别为65.00分、65.47分。细究其因，三河村从内生性改革到外源性引进的旅游发展过程中，村委会和基层党支部发挥着重要的牵头引领作用，加之其与各商户和企业合作深厚，两类利益相关群体处于旅游发展获益的核心圈层，因而正面感知强烈。游客由于生活时间较短，对三河村的旅游发展各维度情况了解不深或不全，所以变化感知不明显。此外，不同利益相关群体在各维度上呈现一定规律：①赋权在4类利益相关群体中整体正面感知均不高，除组织机构外，在其他3类利益相关群体中均位列最后；②组织机构、商户或企业与本地居民在互补性、内生性感知上存在较大差距。

总体而言，三河村各类利益相关群体在各维度上都持有正向的旅游价值变化感知，但在不同维度感知上又存在差异。其主要原因可归结于利益相关程度、旅游参与程度、获益公平性、权利与话语权等方面的差距。因此，社区在赋权层面上亟待做进一步的整体规范与提升，组织机构在联合商户或企业的过程中需考虑当地居民的主体性，并要加强居民和游客对该地旅游发展的认同感和自豪感。

五 乡村文旅综合体助力乡村振兴的实践机制

（一）基于IRT框架的乡村文旅综合体实践机制阐释

三河村文旅综合体助力乡村振兴的实践机制在不同阶段侧重点不同，本文基于IRT框架归纳出乡村文旅综合体三个阶段的发展逻辑（见图1）。第一阶段主要表现为通过乡村治理加强生态环境的可持续性，为乡村旅游资源点的开发提供孵化空间。在该阶段发展中强调利用外部力量促进内部资源创新性发展，关注村集体的初期获益，即可持续性、内生性和互补性的协调一体化，主要目标为乡村治理下的资源内生与利益互补；第二阶段主要表现为延长旅游线、产业链以实现社区参与下的价值共创，强调以实质性的赋权和扩大规模促进产业兴旺，将第一阶段资源点的示范优势拓展为第二阶段产业的发展红利，主要目标为旅游发展下的社区赋能与规模运作；第三阶段主要表现为贯彻内嵌性、联通内外网络，促进多元主体在思想上朝着地方认同与文化自信方向发展，行动上朝着利益最大化和获益公平化方向转变。在前两个阶段生态、经济方面发展基础上促进关系协调与经济共生，以实现更高层次、多元参与的“生态—经济—社会”协调共生。

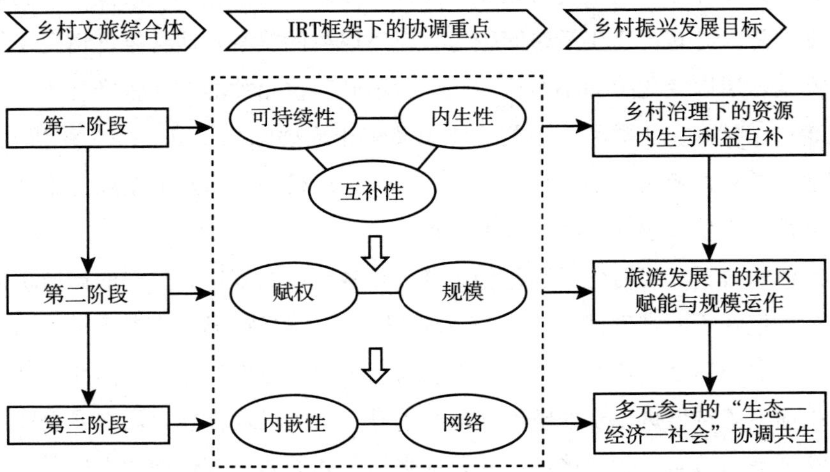

图 1　基于 IRT 框架的乡村文旅综合体实践机制

（二）重庆三河村文旅综合体促进乡村振兴的实践与展望

基于多利益相关者对三河村乡村一体化发展的感知评价，结合 IRT 框架下乡村文旅综合体的实践机制阐释可知，目前重庆三河村文旅综合体仍处于第二阶段夯实，并向第三阶段跃进的过程中。因此，梳理重庆三河村文旅综合体乡村振兴现有实践，以及确定未来第三阶段的发展方针与实际目标，很有必要。

1. 第一阶段：资源内生与利益互补成效显著

三河村文旅综合体发展的第一阶段，在 IRT 框架中协调重点为可持续性、内生性和互补性，主要表现在对生态环境的治理和乡村旅游资源点的挖掘，以及村集体通过乡村治理和旅游发展初期获益。该阶段三河村在乡村治理下资源内生与利益互补成效显著。

首先，三河村党支部以“一化两改三不见”行动为切口，大力推行积分制开展人居环境整治，激励全村人民参与生态环境建设。此外，还邀请艺术家对村容村貌做进一步提升，利用闲置空房发展艺术相关产业，如八社罗文淑家的土墙猪圈被改造成“诸卷书屋”等，为三河村文旅综合体的建设孵化了成长空间。

其次，三河村旅游活动的开发依托本土资源。三河村的第一个文旅项目“远山有窑”将本土老窑厂与艺术、旅游相结合，改造为手工制作与文化体验的新空间。萤火谷农场、楠之林雪生态园等依托当地农牧业开展农旅融合研学项目。文创、观光农业、旅游产业与本土资源深度融合，并得到内生性发展。

最后，旅游作为乡村发展的优势工具为三河村居民带来了益处。①人居环境得到彻底改善。“发展旅游后，村里修得漂亮了，包括外墙、外面的花花草草，也不用我们掏钱，生活环境也变好了”。（A03，女，36 岁）②提高了当地居民的生计水平。“我在老陶厂待了 30 多年了，以前我在这里做帮工，后来旅游发展起来了，才做的这个陶艺师傅，收入差不多翻了 4 倍。”（A01，男，59 岁）“缙泉烧”项目常年雇用村里十来名工人作为烧制瓷器和体验区的师傅。此外，全村已有 30 余幢闲置农房被租用，有效地增加了农民的资产性收入。

2. 第二阶段：社区赋能与规模运作亟待夯实

三河村文旅综合体发展的第二阶段在 IRT 框架中协同重点为赋权与规模，主要表现为将乡村旅游资源串点成线，有效延长产业链，以实质性的赋权和更大的规模推进各主体参与共创。该阶段三河村在社区赋能与规模运作上虽取得了一定进展，但还需夯实。

三河村村委以及党支部通过一系列的制度安排赋权予居民。①公开、透明的居民议事制度。为了能够保障居民的发言权、参与权，三河村定期召开村支两委会议，组织院坝会以商讨土地分红、项目入股事宜。②居民以资源“入股”共享旅游收益。然而，赋权在居民端感知价值变化却不强烈，因此在制度落地实施过程中，居民的代表性、信息的公开与普及、获益权的公平性方面还需进一步探索。

此外，三河村在乡村文旅综合体发展与建设中逐渐形成规模效应，主要体现在如下三个方面。①文旅产业规模日益增大。自 2018 年以来，三河村通过推动产业项目来发展经济，已建成 28 个相关农业和文创艺术项目、研学体验基地、艺术民宿等，开发了远山、见山等6个系列文创产品，成为缙云山脉文创艺术产业集群的领头羊、排头兵。[①] ②接待能力不断增强。2021年三河村接待游客超30万人次，村集体收入从不足1万元增长到61.5万元。③返乡创业人数和外来力量增加。三河村鼓励外出人才返乡创业，并给予补贴，有关三河村发展的在册艺术家高达200余位。但以成熟的乡村文旅综合体规模来衡量，还存在一定发展空间。

3. 第三阶段："生态—经济—社会"协调共生有待加强

三河村文旅综合体的发展思路为"示范带动、重点推进、以点串线、以点扩面"，发展的第三阶段在IRT框架中协调重点为内嵌性与网络，以达到更高层次、多元参与的"生态—经济—社会"协调共生。

三河村文旅综合体"远山文化"贯通整个村落，从村口"远山的呼唤"的红字招牌再到"远山"系列的文创项目——远山有窑、远山有源、远山-幽篁里等，以及沙坪坝区文化馆线上推出的民谣《远山·遇见》。外来商业元素与本地资源巧妙衔接，"远山文化"在功能价值上进行了丰富和拓展。而内嵌性在本地居民间感知相对较弱，仍需加强本村居民对本地文化的认同和自信，以便乡村文旅综合体在后续建设过程中居民能够以更高的归属感和自豪感投入其中，保持其主体性。

IRT中将网络分为垂直网络和横向网络，垂直网络指与外来企业、资本进行合作，横向网络指本地利益相关者间的合作。[②] 重庆三河村在乡村文旅综合体建设过程中，最大成效就是通过基层党建的引领作用搭建了村内与外界资源对话的垂直网络，协同附近高校搭建培训基地，并向全国其他示范村学习经验，如2019年底村支两委带着居民前往四川明月村考察等。此外，村党支部牵头成立农业发展公司，以集体资产入股项目，带动居民以承包地入股经营，进一步拓展横向网络。目前，三河村在垂直和横向网络的搭建上仍有不足，一方面是垂直网络还未形成稳定、成熟的关系矩阵，另一方面是横向网络在主体

① 沙慈文艺：《重庆市文联党组书记、副主席陈若愚到沙坪坝区"三河村艺术家村落"调研"文艺两新"工作》，重庆沙坪坝区文联，https://mp.weixin.qq.com/s/ZtGZ_VLoP4Dq8Q1kwurzkg，2023年5月24日。

② 李燕琴：《乡村振兴战略的推进路径、创新逻辑与实施要点——基于欧洲一体化乡村旅游框架的启示》，《云南民族大学学报》（哲学社会科学版）2019年第4期，第63~69页。

性、利益分配方面存在不足。因此，“生态—经济—社会”协调共生模式要在第一阶段和第二阶段的基础上，确保村民利益、平衡内外网络，形成多元主体间的良性循环。

六　结语

重庆三河村是以文创振兴乡村的典范，在乡村文旅综合体的实践中走出了独特的“远山”道路。本文借助 IRT 框架衡量了多利益相关群体对三河村乡村旅游业发展价值和能力变化的综合感知，从侧面印证了乡村文旅综合体助力乡村振兴的实践意义，并结合三河村的具体经验归纳出乡村文旅综合体三个阶段的发展逻辑。总的来说，有三点关键经验：①保障居民参与的主体性，赋权与赋能并行；②坚持本土资源的文旅化，内生与外源并存；③扩大基层党建的引领作用，自上而下与自下而上路径相结合。重庆三河村文旅综合体助力乡村振兴虽初显成效，但仍需在前两个阶段的基础上，进一步向“生态—经济—社会”协调共生的第三阶段发展，以期为同类型的乡村旅游地发展提供有益探索和经验借鉴。

G.23

城郊乡村研学旅行基地发展案例研究*

明庆忠　李红芳　史鹏飞**

摘　要： 结合乡村旅游和研学旅行等现实需求而构建起来的乡村研学旅行基地，具有良好的发展前景，但在满足研学旅行者物质和精神需求上仍存在影响基地可持续发展的现实问题，制约了研学教育与乡村振兴的融合发展。本文以问卷调查和访谈的方式探讨影响中国地质大学（武汉）秭归研学旅行基地旅游体验质量的因素及发展中存在的问题。研究发现：该基地在研学课程建设、管理服务水平、基地环境维护以及配套服务设施方面存在不足。鉴于此，本文提出了以下发展策略：整合资源优势，丰富研学旅行课程内容；聚焦学生需求，提升六要素管理水平；营造舒适环境，展现美好乡村形象；完善价格机制，提供全方位服务支持。通过对案例地的调查评价分析，探索破解城郊乡村研学旅行基地研学活动开展和升级困境的有效策略，也为乡村研学旅行实践教育体系的完善和同类研学基地的建设发展提供有益的参考。

关键词： 研学旅行基地　乡村研学　旅游体验质量　发展策略

一　研究背景

乡村旅游与研学旅行作为新兴发展的两种旅游形式，近年来备受瞩目。随

---

* 本文为国家自然科学基金项目（41961021）、文旅融合与全域旅游发展云南省哲学社会科学创新团队（2020CX09）阶段性研究成果。

** 明庆忠，云南财经大学旅游文化产业研究院教授、博士生导师，研究方向为区域旅游开发与管理；李红芳，云南财经大学旅游文化产业研究院硕士研究生，研究方向为区域旅游开发与管理；史鹏飞，云南财经大学旅游文化产业研究院博士研究生，研究方向为区域旅游开发与管理。

着乡村振兴战略的推进，依托于乡村地区的自然环境和人文景观，乡村旅游已成为促进乡村经济发展和文化传承的重要途径。自2013年国务院办公厅发布《国民旅游休闲纲要（2013~2020年）》并首次提出“逐步推行中小学生研学旅行”的设想以来，中国的研学旅行已然发展了10年之久，国家也相继出台了一系列政策措施和规范以促进研学旅行产业的发展（见表1）。除国家政策助力外，义务教育的“双减”背景叠加新一代父母教育理念的革新，也让研学旅行市场发展迅速。乡村研学旅行是乡村旅游与研学旅行的有机结合，作为一种有明确研学目标的旅行方式，与传统的乡村旅游相比，乡村研学旅行更强调知识的获取和传递，更注重发挥旅游者的主观能动性，让其在实地考察和体验式学习的过程中，不断提高自己的综合素质和认知能力，增强社会责任感，在提高乡村旅游品质和竞争力的同时，也促进了学校教育和乡村经济社会的全面发展，让旅游彰显出重要的教育、文化、经济和社会价值。

表1　研学旅行相关政策及文件

发布主体	发布时间	政策文件名称
国务院办公厅	2013年2月	《国民旅游休闲纲要(2013~2020年)》
国务院	2014年8月	《关于促进旅游业改革发展的若干意见》
国务院办公厅	2015年8月	《关于进一步促进旅游投资和消费的若干意见》
教育部、国家发展改革委、国家旅游局等11个部门	2016年11月	《关于推进中小学生研学旅行的意见》
国家旅游局	2016年12月	《研学旅行服务规范》
教育部	2017年8月	《中小学德育工作指南》
教育部办公厅	2017年12月	《关于公布第一批全国中小学生研学实践教育基地、营地名单的通知》
教育部办公厅	2018年10月	《关于公布2018年全国中小学研学实践教育基地、营地名单的通知》
中国旅行社协会	2019年2月	《研学旅行基地(营地)设施与服务规范》
中共中央、国务院	2020年3月	《关于全面加强新时代大中小学劳动教育的意见》
文化和旅游部	2021年4月	《“十四五”文化和旅游发展规划》
工业和信息化部、国家发展和改革委员会、教育部等8部委	2021年6月	《推进工业文化发展实施方案(2021~2025年)》
国务院办公厅	2022年1月	《“十四五”旅游业发展规划》

续表

发布主体	发布时间	政策文件名称
文化和旅游部办公厅、教育部办公厅、国家文物局办公室	2022 年 2 月	《关于利用文化和旅游资源、文物资源提升青少年精神素养的通知》
中共中央办公厅、国务院办公厅	2022 年 8 月	《"十四五"文化发展规划》
教育部等十三部门	2023 年 1 月	《关于健全学校家庭社会协同育人机制的意见》

国内研学旅行的概念最早是在《国民旅游休闲纲要（2013～2020 年）》中提出的，而后学者滕丽霞、陶友华认为研学旅行是融参观访问、亲身体验、集体活动、同伴互助等为一体的综合性校外实践活动。[①] 白长虹、王红玉归纳研学旅游的内涵为以学习为主要目的的专项旅游活动。[②] 教育部相关文件的研学旅行概念与本研究更贴合：研学旅行是面向全体中小学生，由学校有计划地组织安排，通过集体旅行、集中食宿方式开展的研究学习和旅行体验相结合的校外教育活动。[③] 学者们主要结合乡村振兴的背景进行乡村研学旅行的研究，学者杜芳芳、潘祝青探讨了研学旅行传承乡土文化的实现路径[④]；徐宏以西南地区的民族村寨为例，分析了研学旅游促进民族村寨振兴的作用机理和带动民族村寨乡村振兴的发展策略[⑤]；等等。

研学旅行基地是一种具有教育性的旅游目的地，对旅游目的地进行评价有助于了解其在发展中存在的问题，进而有针对性地采取措施解决，为旅游者提供更好的旅游产品和服务，带来高质量的旅游体验，实现旅游目的地的可持续发展。白凯等以整体形象和旅游客观要素即住宿、餐饮、交通、购物、娱乐、导游服务、邮电通信 7 个方面的体验作为评价维度对北京入境游客的体验质量进行研究[⑥]；李

---

① 滕丽霞、陶友华：《研学旅行初探》，《价值工程》2015 年第 34 期。

② 白长虹、王红玉：《以优势行动价值看待研学旅游》，《南开学报》（哲学社会科学版）2017 年第 1 期。

③ 《关于做好全国中小学研学旅行实验区工作的通知》，中华人民共和国教育部，2016 年 3 月 18 日。

④ 杜芳芳、潘祝青：《研学旅行的教育学意蕴探析：乡土文化传承的视角》，《教育理论与实践》2019 年第 11 期。

⑤ 徐宏：《研学旅游促进西南民族村寨振兴机理与路径研究》，《四川旅游学院学报》2023 年第 2 期。

⑥ 白凯、马耀峰、李天顺：《旅游目的地游客体验质量评价性研究——以北京入境游客为例》，《北京社会科学》2006 年第 5 期。

瑛构建旅游景观、目的地环境气氛、餐饮、旅游商品、住宿、娱乐、交通与通信、旅游服务与管理 8 个评价项目，了解旅游者对目的地的实际感知和评价①；钟志平、刘天晴通过分析 14 个省（市）出台的研学旅行示范基地相关文件条款，从需求方的视角归纳出了影响研学旅行示范基地建设的因素：硬件设施、软件设施、服务价值、满意度、情感价值、支付意愿、安全问题②；周婷婷对田园体验型研学旅行基地进行实证研究，构建了研学课程感知、基地导师专业感知、文化创新感知、基地环境形象感知、基地管理服务感知和基地配套服务感知 6 个影响基地旅游体验质量的维度。③ 这些研究成果是本研究构建城郊乡村研学旅行基地评价指标体系的重要基础。

城市郊区有着丰富多彩的自然景观，大多还属于历史文化悠久的地区，如古镇、古村落等，这些地方有着鲜明的地域特色和历史文化底蕴，再加上离城市较近，其交通便利、设施完备，可以吸引更多城市居民来开展旅游活动。城郊乡村研学旅行基地作为发展乡村研学旅行的重要空间载体，通过设置不同主题场景的课程活动，让乡村研学旅行成为一种寓教于乐的旅行方式。然而在实际经营发展过程中，城郊乡村研学旅行基地也存在一些亟待解决的问题，制约了乡村研学旅行的有效开展。本文以中国地质大学（武汉）秭归研学旅行基地为例，通过对该基地的旅游体验质量进行评价调查，全面了解、掌握目前该基地在运行发展的过程中存在的问题，从而探索破解城郊研学旅行基地研学活动开展和升级困境的有效策略，也为乡村研学旅行实践教育体系的完善和同类研学基地的建设发展提供有益的参考。

二 研究设计与数据收集

（一）案例地概况

本次研究选取中国地质大学（武汉）秭归研学旅行基地（以下简称“基

① 李瑛：《旅游目的地游客满意度及影响因子分析——以西安地区国内市场为例》，《旅游学刊》2008 年第 4 期。

② 钟志平、刘天晴：《研学旅行示范基地政策评价与需求方强相关性因素研究》，《湖南社会科学》2018 年第 6 期。

③ 周婷婷：《田园体验型研学旅行基地旅游体验质量评价与优化研究——以合肥燕域田园为例》，南京师范大学硕士学位论文，2021。

地”）为案例地，该基地位于湖北省宜昌市秭归县城西北缘，是在中国地质大学（武汉）秭归产学研基地的基础上为开展中小学生研学旅行而建，属于教育部重点支持的实践教学基地。该基地依托中国地质大学（武汉）学科优势和野外地质教学资源，结合三峡大坝、屈原故里等当地人文历史景观，设计特色文旅研学路线，拥有丰富齐全的教学、科研、生活配套设施和完善的后勤服务，为乡村研学旅行提供集食、住、行、研、学于一体的一站式服务。基地通过与当地学校建立合作、引入研学机构、举办校园科普开放日、主题科普展演等方式，以更加开放的姿态面向社会大众，研学接待规模逐年扩大，获得省内外诸多机构的认可，入选中国地质学会第一批“地学科普研学营地”，先后被授予“全国自然教育学校（基地）”和“湖北省第二批中小学生研学实践营地”。①

（二）问卷设计

该案例基地主要承接一两天短期研学旅行，大多数研学活动在基地内进行，学生后续去屈原故里或三峡大坝进行考察，并由两地工作人员代为讲解教学，下一个地点由学校选择决定，因此问卷内容主要针对基地内部活动而设计。

问卷整体分为三个部分，第一部分是单选题，考察调查对象的人口统计学特征以及对案例基地的整体满意度情况，包括性别、年级、是否愿意把案例基地推荐给他人 3 个题项。为了方便筛选无效问卷，另设有 1 个逻辑陷阱题项。第二部分是量表题，这部分是问卷的主体部分。在对相关文献进行归纳总结的基础上，结合导师与专业领域内专家的意见以及与案例基地的负责人和研学导师进行访谈后，将影响基地旅游体验质量的因素分为研学课程、管理服务、基地环境和配套服务 4 个维度，参考吴丽霞、赵现红提出的旅游体验质量评价研究模型②、周婷婷构建的田园体验型研学旅行基地旅游体验质

① 《中国地质大学（武汉）秭归产学研基地入选湖北省第二批中小学生研学实践营地》，中国地质大学（武汉）后勤保障部，https：//hqbzc. cug. edu. cn/info/1052/14802. htm，2022 年 2 月 9 日。

② 吴丽霞、赵现红：《旅华外国游客旅游体验质量评价实证研究》，《地理与地理信息科学》2007 年第 3 期。

量评价指标体系①等一系列既有研究编制题项，最后形成了该基地旅游体验质量的评价指标体系（见表2），评价采用李克特五级量表进行度量。第三部分是为了解调查对象对提升案例基地研学旅行品质的建议而设计的填空题。

表2　案例研学旅行基地旅游体验质量评价指标体系

维度	评价指标(题目)
研学课程	导师知识渊博,讲解风格有趣 基地研学旅行活动整体设计具有创新性 基地研学旅行活动项目种类丰富 活动中既讲文化知识也讲如何动手实践 活动中会对积极表现的同学给予奖励 活动课程参与度强并获得了收获 研学旅行活动中增加了与同学的交往 研学旅行让我身心放松
管理服务	基地食堂饭菜卫生又美味 公寓宿舍卫生干净 研学旅行过程中交通安全方便 基地岩石园等展览很有吸引力 基地超市商品种类丰富质量好 基地研学过程中娱乐体验活动丰富多彩
基地环境	基地研学环境很安全 助教老师和员工都很热情 基地绿化环境优美 厕所等基础设施设备完善且及时维修
配套服务	课程价格不高很实惠 基地网络信号良好 有医务人员和医疗物资能提供及时的救助

（三）数据收集与样本概况

本次调查在2023年5~6月对基地参与研学旅行的中小学生现场发放问卷

① 周婷婷：《田园体验型研学旅行基地旅游体验质量评价与优化研究——以合肥燕域田园为例》，南京师范大学硕士学位论文，2021。

140份，剔除陷阱题目选错和所有题项答案相同的无效问卷14份，最后回收有效问卷126份，有效回收率为90%。调查样本中男女比例各占一半，其中有小学生30人，占比23.81%，初中生67人，占比53.17%，高中生29人，占比23.02%（见表3）。

表3　样本人口统计学信息

单位：人；%

变量		频数	占比
性别	男	63	50
	女	63	50
年级	小学	30	23.81
	初中	67	53.17
	高中	29	23.02

三　城郊研学旅行基地旅游体验质量影响因素

在对统计数据进行分析之前，先将有效问卷中量表题所调查得到的数据结果录入SPSS26.0进行信效度分析。在分析量表数据结果的过程中，结合问卷中的主观填空题与访谈内容，探讨该城郊乡村研学旅行基地旅游体验质量影响因素及发展中存在的问题。

（一）问卷信度检验

本文将Cronbach's α系数作为信度分析的主要指标。Cronbach's α系数值如果在0.8以上，表示量表的信度非常好；系数在0.7以上表示量表信度可以接受；系数在0.6以上，则该量表应进行修订，但仍不失其价值；如果低于0.6，量表就需要重新设计题项。①

① 张文彤：《SPSS统计分析基础教程》，高等教育出版社，2017。

表 4　整体量表与各维度变量的信度分析

维度	对应题项	数量	修正后的项与总计相关性（CITC 值）	删除项后的 α 值	分维度 α 系数	整体 α 系数
研学课程	导师知识渊博，讲解风格有趣	8	0.525	0.880	0.856	0.886
	基地研学旅行活动整体设计具有创新性		0.562	0.878		
	基地研学旅行活动项目种类丰富		0.411	0.886		
	活动中既讲文化知识也讲如何动手实践		0.446	0.887		
	活动中会对积极表现的同学给予奖励		0.546	0.887		
	活动课程参与度强并获得了收获		0.482	0.886		
	研学旅行活动中增加了与同学的交往		0.457	0.885		
	研学旅行让我身心放松		0.464	0.881		
管理服务	基地食堂饭菜卫生又美味	6	0.602	0.877	0.814	
	公寓宿舍卫生干净		0.532	0.879		
	研学旅行过程中交通安全方便		0.400	0.883		
	基地岩石园等展览很有吸引力		0.531	0.880		
	基地超市商品种类丰富质量好		0.543	0.879		
	基地研学过程中娱乐体验活动丰富多彩		0.485	0.881		
基地环境	基地研学环境很安全	4	0.581	0.879	0.807	
	助教老师和员工都很热情		0.555	0.879		
	基地绿化环境优美		0.664	0.875		
	厕所等基础设施设备完善且及时维修		0.641	0.876		
配套服务	课程价格不高很实惠	3	0.598	0.878	0.804	
	基地网络信号良好		0.474	0.881		
	有医务人员和医疗物资能提供及时的救助		0.649	0.875		

由表 4 可知，此量表整体信度系数值为 0.886；其中研学课程维度信度系数为 0.856；管理服务维度信度系数为 0.814；基地环境维度信度系数为 0.807；配套服务维度信度系数为 0.804，量表中整体信度系数值和各维度信度系数值都大于 0.8，表明研究数据信度高。删除项后的 α 值不会使 α 系数有明显变化和各个分析项的 CITC 值都达到 0.4，则进一步表明题项不用做删除处理，研究数据信度质量整体良好，可用于进一步分析。

（二）问卷效度检验

KMO 统计量是比较变量间简单相关系数和偏相关系数的指标，用于判断信息提取的适合程度，KMO 值最大接近 1，当 KMO 值越大时，表示变量间的离散程度高，越适合进行信息提取，KMO 值小，则对提取信息不利。一般的标准是，当 KMO≥0. 9 时，表示非常合适；当 0. 8≤KMO<0. 9 时，表示较为合适；当 0. 7≤KMO<0. 8 时，表示一般；0. 6≤KMO<0. 7 表示不太合适；KMO<0. 5 则是极不合适。效度分析要求通过 Bartlett 球形度检验，即对应 p 值需要小于 0. 05，效度较好。

表 5　整体量表与各维度变量的效度分析

整体量表	KMO 值		0. 833
	Bartlett 球形度检验	近似卡方	1067. 841
		df	210
		p 值	0. 000
研学课程	KMO 值		0. 755
	Bartlett 球形度检验	近似卡方	226. 621
		df	28
		p 值	0. 000
管理服务	KMO 值		0. 802
	Bartlett 球形度检验	近似卡方	248. 958
		df	15
		p 值	0. 000
基地环境	KMO 值		0. 789
	Bartlett 球形度检验	近似卡方	155. 277
		df	6
		p 值	0. 000
配套服务	KMO 值		0. 679
	Bartlett 球形度检验	近似卡方	78. 264
		df	3
		p 值	0. 000

如表 5 所示，问卷总体数据的 KMO = 0. 833，Bartlett 球形检验 P = 0. 000，同时研学课程维度的 KMO = 0. 755，管理服务维度的 KMO = 0. 802，基地环境

维度的 KMO=0.789，配套服务维度的 KMO=0.679，都大于 0.6，Bartlett 球形检验 $P=0.000$，表明本研究数据效度良好，可用于继续研究分析。

（三）描述性统计分析

描述性统计分析用于研究定量数据的整体情况，主要对分析项平均得分高低情况进行说明，标准差大的情况下还需要考虑中位数描述整体得分情况。

1. 研学课程体验质量描述性分析

由表 6 可知，学生对研学课程体验质量评价总体较高，尤其是对“研学旅行让我身心放松”一项给予了很高的评价，同时“活动中会对积极表现的同学给予奖励”“研学旅行活动中增加了与同学的交往”“活动中既讲文化知识也讲如何动手实践”都得到学生的一致好评。相对而言，“导师知识渊博，讲解风格有趣”“基地研学旅行活动项目种类丰富”的满意度评价略低于其他指标，因此，导师的讲课风格、知识水平与基地研学旅行活动项目的种类仍有待提升。标准差方面，由于 8 个题项的标准差均低于 1，说明平均值分析信度较高，不需要再进行中位数分析。

表 6　研学课程体验质量描述性分析

单位：人；分

题项	样本量	最小值	最大值	平均值	标准差	中位数
导师知识渊博，讲解风格有趣	126	3	5	4.270	0.731	4
基地研学旅行活动整体设计具有创新性	126	3	5	4.349	0.708	4
基地研学旅行活动项目种类丰富	126	3	5	4.333	0.716	4
活动中既讲文化知识也讲如何动手实践	126	3	5	4.421	0.611	4
活动中会对积极表现的同学给予奖励	126	3	5	4.437	0.626	5
活动课程参与度强并获得了收获	126	3	5	4.397	0.633	4
研学旅行活动中增加了与同学的交往	126	3	5	4.429	0.720	5
研学旅行让我身心放松	126	3	5	4.460	0.641	5

通过实地调研考察并结合问卷主观填空题发现，不少学生反映课堂上进行化石标本和宝石等教材展示时存在样本数量较少、观察时间较短、课堂奖励的次数不够以及奖品种类单调等问题，也有学生表示希望多一些体验设备或动手实

验活动。在与学生、带队老师和家长进行调查访谈时了解到，课堂上大部分科普知识由中国地质大学（武汉）的教授导师进行讲解，且授课风格非常的幽默风趣，确实能学到有意思的知识，美中不足的是研学过程中一些年轻讲师的知识储备不足，未能对学生提出的问题进行有效的回答。与基地和公司的相关负责人访谈后了解到，这部分年轻导师主要是来自省内高校的大学生，并不是基地的全职讲师，一般是提前招募的相关专业的学生，如旅游管理、矿产普查、岩石矿物材料学等专业，临时有紧急活动还会招募播音主持、物理学等专业的学生。据了解，该基地现在开展的主题探究课程只有“化石小猎人”“宝石大魔王”“小小李四光”三个，研学活动项目种类较单调，没有充分利用乡村自然资源，发挥城郊乡村研学旅行基地的优势。因此该基地存在研学课程活动教学材料准备不充分、实践机会和体验时间不足、招募的年轻兼职讲师专业性不强的问题，这些都会对研学旅行者的研学课程体验质量带来影响。

2. 管理服务体验质量描述性分析

由表 7 可知，学生对管理服务体验质量评价总体不是很高，这部分主要围绕基地的食、住、行、游、购、娱六方面进行考察，其中基地食堂饭菜口味、公寓宿舍卫生以及娱乐体验活动均有学生满意度打分低至 2 分，说明这三个方面均有提升空间，基地食堂饭菜口味和基地岩石园等游览场所的满意度平均值相对较低，有待努力提升。

表 7　管理服务体验质量描述性分析

单位：人；分

题项	样本量	最小值	最大值	平均值	标准差	中位数
基地食堂饭菜卫生又美味	126	2	5	4.143	0.969	4
公寓宿舍卫生干净	126	2	5	4.302	0.740	4
研学旅行过程中交通安全方便	126	3	5	4.341	0.622	4
基地岩石园等展览很有吸引力	126	3	5	4.286	0.631	4
基地超市商品种类丰富质量好	126	3	5	4.397	0.646	4
基地研学过程中娱乐体验活动丰富多彩	126	2	5	4.429	0.753	5

经实地亲身体验以及与学生交谈了解，基地食堂的饭菜种类少，味道有些清淡，没有很好兼顾南北方同学的需求；学生宿舍水泥地面有时候灰尘清理不干净，还有同学反映夜间宿舍吵闹情况，需要严加管理；不少同学表示自由活动时间太少，活动安排太紧凑感觉很累，能够游玩放松的场所或设施较少。为保障学生安全，供学生游览的场所局限在基地岩石园、标本室和实验楼旁的果园，学生对乡村生态环境的体验感不强，室内实验与户外考察时间衔接紧张，学生缺乏自主观察、探索的时间，若整体研学过程不设计一些娱乐体验活动，学生会心理疲劳，缺乏参与感，影响学习效果。

3. 基地环境体验质量描述性分析

由表 8 可知，学生们对基地环境的体验质量评价很高，各题项的标准差都小于 1，说明各组数据波动程度较小，且平均值也很相近，其中平均值相对较低的厕所等基础设施的完善和维修情况有待改善。

表 8　基地环境体验质量描述性分析

单位：人；分

题项	样本量	最小值	最大值	平均值	标准差	中位数
基地研学环境很安全	126	3	5	4. 556	0. 587	5
助教老师和员工都很热情	126	3	5	4. 508	0. 616	5
基地绿化环境优美	126	3	5	4. 484	0. 690	5
厕所等基础设施设备完善且及时维修	126	3	5	4. 452	0. 688	5

基地宿舍的热水器、电灯等设备有老旧情况，厕所卫生、地上的枯枝落叶存在清扫打理不及时不彻底的情况；基地优美的绿化环境是乡村自然与生态优势的体现，为学生们提供了广阔的探索空间，但由于管制力度不够的原因，基地除户外采集点外的草地、橙子园等地方有严重的践踏和采摘痕迹。城郊乡村研学旅行基地得天独厚的资源和环境使得乡村研学旅行带给学生一种与城市截然不同的旅游体验，因此基地要针对以上问题加强良好环境形象的塑造。

4. 配套服务体验质量描述性分析

由表 9 可以看出学生们对该基地的配套服务评价一般，课程价格和医疗救助最小分值都很低，特别是后者平均值也是最低的，表明该基地在这方面存在不足，应当提升医疗救助品质，保障学生安全健康，同时考虑对课程价格进行差异化调整。

表 9　配套服务体验质量描述性分析

单位：人；分

题项	样本量	最小值	最大值	平均值	标准差	中位数
课程价格不高很实惠	126	2	5	4.484	0.642	5
基地网络信号良好	126	3	5	4.397	0.694	5
有医务人员和医疗物资能提供及时的救助	126	1	5	4.262	0.956	5

由于该基地目前主要承接短期的研学旅行活动，供学生体验学习的课程项目较少，时间安排紧凑，学生的收获也受影响，如果定价不合理，研学旅行者会流向其他更为经济实惠的研学旅行目的地，进而影响城郊乡村研学旅行基地的发展潜力。结合访谈以及主观题目提出的建议，了解到有学生希望课程价格能够再优惠一些，带队老师也希望基地能够推出针对团体研学旅行的套餐价、提供折扣优惠，宜昌研学旅行网显示，目前基地的课程定价确实相对僵化不灵活。此外不少学生反映基地网络信号不是很好，特别是无线网覆盖范围较小，与基地负责人交谈了解到基地目前只准备了急救箱以及创可贴、酒精等自救药品，医疗条件较差，研学旅行过程中若学生身体不适或遇到别的突发情况只能送往附近的秭归县人民医院。因此，该基地的课程价格与提供的服务和体验不相匹配，应当着重改善，提升研学旅行者对该基地的认同感。

四　城郊乡村研学旅行基地发展策略

（一）整合资源优势，丰富研学旅行课程内容

第一，虽然基地课程内容的设置非常具有院校特色，但是调查后了解到不少老师和学生还是希望基地推出更多有趣的课程，丰富研学旅行课程内容。因此，该研学基地应当在整合基地资源优势的基础上，适当扩展以自然科学类知识为核心的研学课程项目，并增加或者在主打课程中融合一些人文科学的内容，比如带学生走进秭归脐橙种植基地，体验乡村农耕文化。对于中小学生群

体而言，研学课程可以与语文、历史等学科相互关联，提高学生综合运用知识的能力，使思想教育与自然科学相融合，丰富乡村研学旅行的内涵。

第二，该基地在设计研学课程时，要考虑学生的年龄特点和研学需求，提高学生的参与度和体验感。比如对于小学生，可以设计农作物种植、认识动植物等以体验、游览为主的观赏体验型研学旅行课程，重视趣味性，减少讲授内容或者讲授一些相对简单易懂的理论知识，既能让他们感受乡村生活，又符合他们活泼好动的特点；而对于初中学生，适宜设计更具发散思维的科普型课程，增加有奖竞猜等强调师生互动的环节，满足他们的好奇心和求知欲；对于高中生，则可以设计综合性强并注重理论应用的课程活动，比如可以组织他们参与农产品推广、践行地质生态保护等活动，使他们深入了解乡村振兴和美丽乡村建设的实际问题，让他们在放松心情进行旅行的同时还能为备战高考增加知识储备。当然，随着研学旅行越来越受重视，为了确保研学课程全面、系统、科学，基地在为学生设计教学大纲、研学手册等资料时要以国家最新的政策和业内发展动态为导向。

第三，乡村研学旅行与传统的课堂教学和传统的旅游形式最大的不同在于提供真实情境，学生的表现和参与贯穿整个研学过程，学生既是整个研学过程的学习者同时也是产出者。因此，该基地要为学生提供充足的实践操作和观察的样本材料、设备和仪器，研学导师还要在融洽的学习氛围中合理地为学生多设计互动交流的研学环节并确保每个同学都能参与进来，比如让学生在教师、学生、导游和游客角色之间互换，这非常有利于学生自身主观能动性的发挥、学习效率的提升以及压力的释放。同时还要科学地规划整体课程的时间和任务安排，适当地给学生留出自由活动的时间，让他们能够自主探索和体验乡村的环境和文化。不同学年的学生室内和室外的时间分布应该有差别，设置的活动任务最好不要太具挑战性。最后应该留出足够的时间让学生积极大胆地分享自己的收获和乐趣，并以目前比较流行的短视频形式记录学生的研学旅行过程，动态视觉给人带来的直观感受比照片更有意义。

第四，研学旅行基地的教学人员包括研学导师、研学讲师、研学助理等，调查发现学生主要对基地临时招募的研学讲师和研学助理满意度不是很高。城郊乡村研学基地相比于一般的乡村研学基地，较容易引进人才，但应着重建设兼备高效的组织协调能力、娴熟的导游能力和较高的知识水平、优秀的教学技能的师资队伍。此外，基地今后若考虑拓展研学课程内容，可招聘有乡村农业背景的专业人才，或通过为现有教学人员提供相关培训和资质认证，来培养掌握乡村农业知识和文化的乡村研学旅行导师。

（二）聚焦学生需求，提升六要素管理水平

根据问卷调查结果，学生们对基地管理服务的评价不是很高，在全面了解学生需求的基础上，基地要全面提升管理服务水平，应采取以下策略。第一，基地的食堂除了采用本地健康、新鲜、绿色的农产品作为食材，制作乡村特色菜肴让学生领略乡村的饮食风情外，还应适当增加菜肴种类来满足不同口味学生的需求，定期查看学生对食堂的反馈。第二，基地的清洁人员应该加强对公寓宿舍、基地大巴车等地方的打扫力度，维护好宿舍秩序，确保学生的学习和休息质量。第三，基地超市的商品能满足学生日常生活需要，该基地的微信商城目前也有少量的标本、化石、宝石等产品出售，但是销量并不高，可见宣传力度和曝光度不高，作为展示并销售乡村特色农产品、传统手工艺品、文创产品和科学教育产品的窗口，基地应当增加相关特色商品种类进行线上线下联合销售，这样有利于消费者将特色产品或消费体验分享给他人，有利于拓展乡村产品的消费市场，推动乡村经济发展。第四，据调查该基地在研学旅行活动中较少安排娱乐体验活动，游览场所也有限，虽然研学旅行不同于传统的室内教学，本身“游”的因素就让人处在轻松休闲的情境中，但是如果能将学生带出基地领略乡村的风土人情和独特魅力，推出具有当地特色的文艺演出、知识竞赛、户外运动、民俗游戏等一系列娱乐活动，就真正能为学生提供“学中有游、游中有学”的乡村研学旅行。

（三）营造舒适环境，展现美好乡村形象

此次问卷调查发现，学生对基地环境形象体验质量评价较高，但仍反映基地存在草地被践踏、橙子树被私自采摘等突出问题，因此该基地应该完善安全管理机制。学生的安全问题一直是各方工作之重，除了对学生加强安全教育以外，基地还应该增加安保人员，保障学生在户外实践体验时的安全，维护研学活动中的秩序。另外，乡村研学旅行是对学生进行乡村生态文明教育的一种重

要形式，通过教学改革、实践活动等方面渗透乡村生态文明教育内容，实地培养学生的生态文明素养，增强学生的生态保护意识。最后，安排维修人员对厕所、宿舍、多媒体教室等地方的设备进行定期检查，对过于陈旧的设备要及时更换，为学生提供安全、舒适的研学环境。

（四）完善价格机制，提供全方位服务支持

为提升研学旅行者对基地的价格满意度以及提高顾客的购买欲，基地仍需完善定价机制。第一，延伸研学时间的长度和拓展空间的广度，实行差别定价。基地应在主打短期研学项目的基础上推出科考夏令营等长期研学活动，并适当将空间扩大至秭归县域内，让学生接触到更广泛的自然和人文资源，了解乡村的生态环境和农业文化，加强对乡村的认识和关注，这也丰富了研学内容，不仅让基地增加了吸引力和盈利模式，同时也促进了乡村旅游发展。不同的研学课程项目定价不同，不同数量的研学群体也要实行差别化定价。第二，基地的课程价格可根据市场供求关系进行动态调整，期末学生集中复习的淡季价格适当下调，新学期伊始或寒暑假的旺季价格适当上浮，平衡基地客流量。第三，提供免费增值服务。例如免费对获奖的宝石进行刻字或者打洞、免费体验 1 小时植物标本制作课程、免费品尝农特产品等，以此提升学生对基地的忠诚度。

随着乡村振兴政策的不断深入，国家对乡村基础设施不断加强建设，补齐乡村发展短板，城郊乡村研学旅行基地更是形成了相对完备的基础设施和公共服务体系，然而此次调查发现基地的基础硬件设施仍存在一些亟待完善的问题。为了给研学旅行者提供全方位的服务支持，在配套服务设施方面，基地应优化电信基站布局，扩大网络覆盖范围，确保基地有良好的信号接收，满足学生和老师们的通信需求；在基地内建立配备基本医疗设备和药品的医务室或诊所，由专业医师或护士进行常规的医疗服务和急救处理，保障学生们的身体健康；在主要区域安装监控摄像头并定期检查维修，加强安全监控，以便及时发现和处理安全问题。

城郊研学旅行基地为开展乡村研学旅行提供了丰富的自然资源和乡村文化体验，也构建了集教育、居住、饮食等服务于一体的接待体系，为满足研学旅行者物质和精神上的功能需求，其发展和建设要深深植根于乡村特色文化土

壤，立足乡村丰富的资源禀赋，为广大研学旅行者培养实践创新能力，培育生态文明和生态旅游意识，让他们在旅游中学习“绿水青山就是金山银山”的发展理念，构建“尊重自然、保护自然、人与自然和谐相处”的乡村研学生态价值理念。本文基于湖北省秭归县城郊乡村研学旅行基地案例研究，提出该基地在研学课程、管理服务、基地环境和配套服务四个方面的提升策略，是对基地实现可持续发展的有益探索，可为同类型研学旅行基地的发展建设提供一定的参考。

G.24

云南省大理喜洲古镇乡村旅游发展报告*

刘宏芳　王爱霞　明庆忠　宋田倩**

摘　要：　乡村旅游发展已成为推进乡村振兴的重要引擎。云南省大理喜洲古镇在优美乡村环境和丰厚独特人文旅游资源的基础上实现了乡村旅游高质量发展。本报告分析了喜洲古镇乡村旅游发展中的主要举措及旅游产品业态开发方式，发现：政府对整体风貌与发展速率的把控是塑造喜洲乡村旅游特色的关键；严谨细致的行业管理与精益求精的生态治理是喜洲乡村旅游发展的根本保障；新移民的文化创意与乡民主动的文化创新所形成的合力是乡村旅游发展的重要动力；古镇文化与乡村生态的耦合共生是喜洲备受青睐的主要因素。喜洲古镇乡村旅游发展的相关启示有：要突出独特古韵与厚重历史积淀，并重视地方文化内涵与生态环境建设；要以农业或其主导产业为基，全面整合资源推进“文旅+”大融合；要以开放包容的心态形成新移民与原居民的地方建设合力等。喜洲古镇为其他古镇的乡村旅游高质量发展提供了借鉴。

关键词：　乡村旅游　云南省　喜洲古镇

* 本报告为以下项目阶段性成果：国家自然科学基金项目“边疆少数民族古镇地方性生产中的旅游空间正义：问题、测度与实现机制研究”（42161038）；国家自然科学基金项目“山地旅游目的地人地关系地域系统变化及其机制研究”（41961021）；“兴滇英才支持计划”青年人才专项项目“基于空间正义的民族旅游地共同富裕实现机制研究”；教育部人文社科青年项目“民族旅游小镇地方性的感知与建构研究——以云南大理喜洲、双廊为例”（20YJC850008）；云岭学者资助计划项目。

** 刘宏芳，云南师范大学人文地理学博士，云南财经大学旅游文化产业研究院副教授、硕士生导师，研究方向为民族文化旅游、文化地理；王爱霞，云南财经大学旅游文化产业研究院硕士研究生，研究方向为旅游文化发展与管理；明庆忠，兰州大学理学博士，云南财经大学旅游文化产业研究院教授、博士生导师，通讯作者，研究方向为区域旅游规划与管理；宋田倩，云南财经大学旅游文化产业研究院硕士研究生，研究方向为古镇旅游。

引　言

实施乡村振兴战略，解决“三农”问题，关系国计民生。古镇的“古”表明其具有悠久的发展历史，“镇”则表明其空间尺度是介于城市和乡村之间。古镇既承载着厚重的乡愁记忆，也面临着当代发展诉求，其发展是新时代新背景下乡村振兴中不可或缺的一环。古镇乡村旅游可拓宽乡村发展路径，为当地农村农业发展提供产业发展新平台，也可为游客提供新的游赏空间，其承载的古韵乡愁、厚植的人文历史、缓慢的生活节奏与独特的自然生态可满足游客怀旧（nostalgia）与回归自然的双重需求，是治愈现代人“城市病”的重要良方。旅游引导的古镇新型城镇化也是城市更新的重要手段。云南省旅游古镇建设起步较早，兼具浓郁的民族风情和优美的自然景观，是中国西南边境的旅游热土。喜洲古镇作为大理洱海边的白族古镇与中国特色小镇、中国历史文化名镇，因其悠久的白族历史、保存完好的白族民居、井然有序的发展节奏、创新独特的开发方式和苍山洱海景色而表现出彩。有着 2000 多年历史的喜洲古镇，坚持“旅游活镇”的发展思路，成为弘扬和传承白族文化的重要窗口，其旅游开发模式是对自然遗产、文化遗产等资源保护方式的有益创新探索。其乡村旅游发展的经验值得探寻与推广。

一　喜洲古镇乡村旅游发展概况

（一）区域概况

1. 概况介绍

喜洲镇位于大理市北端，距大理州、市政府所在地下关 32 公里，214 国道滇藏公路、大丽公路在其境内穿过，是电影《五朵金花》的故乡，也是云南省著名的历史文化名镇和重点侨乡之一，被誉为“中国白族风情第一镇”。①

① 杨建芳：《大理喜洲白语语音变化及相关影响因素探析》，《青年文学家》2019 年第 20 期，第 178～179 页。

喜洲全镇面积161平方公里，白族人口占90%，下辖喜洲、寺里、桃源、仁里邑、永兴、文阁、上关、沙村、金河、河矣江、庆洞、作邑、周城13个行政村，其中喜洲村、周城村、庆洞村、城北村（自然村）为中国传统村落。喜洲镇是大理国家级风景名胜区、国家级自然保护区、国家级历史文化名城的重要组成部分，名胜古迹遍布域内，有大小寺院数百座，古牌坊、古戏台和古桥散布其间；也有着云弄峰、沧浪峰和五台峰三座山峰，其中花甸坝是位于云弄峰和沧浪峰之间的高山草甸；河矣城、金圭寺和城北村之间有一大湖泊，名为龙湖，并与洱海相连通；在沙村和深江海湾中间有海心亭将两地连接。

喜洲镇是活态的白族文化最佳体验地，是承载着“诗和远方”的栖居地，被誉为“东方剑桥”与“奇迹”般存在的“世外桃源”。喜洲古镇以风貌保留完好、白族文化活态传承为依托，跳出了传统古镇以观光为主导的开发模式，构建起了以白族文化多元体验为核心的文化旅游产业链，涵盖了古镇及周边田园观光，乡村度假，传统白族院落文化展示与活化利用，扎染、刺绣、陶艺、甲马版画、泥塑面塑等非遗展示与体验，文化创意，特色美食等内容。举办多种民俗文化节日活动，打造民间工艺手作品牌。整个镇区已开发的景区和品牌主要有蝴蝶泉（4A）、上关花天龙洞（3A）、海舌公园、桃源码头、海心亭、喜洲古镇、白族扎染之乡——周城村等，并开发了严家大院博物馆、扎染博物馆、陶艺博物馆等多个非遗博物馆，且依托110座古民居建筑群落已开发出了喜林苑（杨品相宅）、喜洲客厅、稼穑集、苍逸图书馆、严家大院、董家大院、尹家大院等一批知名旅游品牌。

喜洲古镇如大家闺秀般大气沉稳，在时间的流淌中以厚重的历史积淀、端庄优雅的身姿慢慢展开，凭借着得天独厚的资源禀赋，喜洲也获得了诸多荣誉（见表1）。云南省特色小镇评语如此描述喜洲：“青瓦白墙，雕梁画栋，九曲小巷，四围香稻。喜洲古镇是中国白族风情第一镇，是白族生活的活态体验和白族文化的集中展现。喜洲民居建筑规制严谨，乡村肌理明晰流畅。百二里迤西大地，无能出其右者，堪称典范！”

表1 喜洲乡村旅游相关荣誉一览

年份	荣誉
2022	云南省农业农村厅评定喜洲镇为2022年云南省绿美乡镇
2019	喜洲镇被认定为全国乡村治理示范乡镇
2019	喜洲古镇成为云南省首批特色小镇之一
2019	喜洲镇位列2019年度全国综合实力千强镇榜单第997名
2016	喜洲镇被住房和城乡建设部等认定为第一批中国特色小镇
2015	喜洲镇被评为省级生态文明示范镇、省级文明小城镇
2014	喜洲镇被住房和城乡建设部等七部委确定为全国重点镇
2012	喜洲镇被评为云南省生态乡镇
2010	喜洲镇入选第一批全国特色景观旅游名镇(村)
2009	获得“全国民族团结进步模范镇”的荣誉称号
2007	喜洲镇被评为“云南省十大名镇”
2006	喜洲镇“白族绕三灵”和“白族扎染技艺”进入国家级非物质文化遗产名录
2005	喜洲镇被列为省级旅游小镇
1999	喜洲镇被列为国家小城镇经济综合开发示范镇

资料来源：文化和旅游部网站。

2. 发展历程

喜洲古镇乡村旅游发展可以追溯到20世纪以蝴蝶泉、扎染体验为主导的“白族第一村”周城村的发展。1992年，喜洲村委会依托白族传统民居重点打造民俗文化体验旅游项目，该举措促使喜洲古镇成了大理风光一日游的固定景点之一，自此喜洲古镇逐渐走上乡村旅游发展道路。1994年，喜洲镇政府制定《喜洲历史文化名镇保护规划》，进一步明确了提升旅游经济的发展思路，高度重视对地方传统民居建筑保护。在古建筑保护规划的指导下，喜洲村结合政府要求对喜洲古镇核心片区内的平顶建筑进行了统一外观整治，为打造历史名镇保留坚实基础。① 2004年，镇政府在“修旧如旧”理念下着手对喜洲古镇西入口片区的魁阁等历史建筑进行维护，并通过扩建文化休闲广场在喜洲古

① 孙九霞、阿荣娜：《民族旅游场域中新乡贤的成长路径与社区角色研究》，《北方民族大学学报》2020年第1期，第54~62页。

镇西入口处打造文化体验空间。通过一系列对喜洲古镇民居建筑的外观整治和保护利用，2006 年，“喜洲古镇保护和开发项目”被当地政府列为大理文化旅游产业重点开发建设项目，以大理省级旅游度假区为投资主体，喜洲镇政府参与和配合，共同组建了大理旅游古镇开发有限公司。紧接着，围绕喜洲古镇保护和开发项目进行环境整治，营建出新的水景与绿化景观，并开发了喜洲古镇文化旅游商业街。同年，“白族绕三灵”和“白族扎染技艺”被国务院批准收入国家级非物质文化遗产名录。2007 年“大理三月街”荣获节庆中华最佳文化传承奖，与“白族居民彩绘”共同列入第二批国家级非物质文化遗产保护名录。2009 年 4 月，大理白族自治州旅游产业开发有限责任公司控股喜洲古镇开发，加快了喜洲古镇的旅游发展步伐。此后不断出台相关规划指引喜洲古镇乡村旅游有序发展。1998～2004 年，喜洲古镇的旅游接待量一直保持在 33.15 万～42.15 万人次，处于缓慢增长阶段。2004 年，喜洲全镇的旅游接待量为 274 万人次，其中喜洲古镇接待 41.1 万人次，约占全镇的 15%，除喜洲古镇外，旅游者主要分布在蝴蝶泉、周城、庆洞、上关等景点，说明早期的喜洲古镇乡村旅游已经多点开花，但大致仍处于初级阶段。①

2008 年，完善修复后的杨品相宅变身喜林苑对外营业，成为喜洲旅游发展史上的重要里程碑。

2014 年，喜洲接待国内外游客达到 267.7 万人次，旅游经济总收入 1.9 亿元；2015 年，接待国内外游客 298 万人次，旅游经济总收入 2.1 亿元；2016 年，接待国内外游客 327 万人次，旅游经济总收入 3 亿元。②

2016 年 10 月被住建部、财政部、发改委评选为首批中国特色小镇之一。

2017 年被选入云南省创建全国一流特色小镇名单。③

2019 年喜洲古镇成为云南首批特色小镇之一。

特色小镇建设为喜洲古镇的建设发展带来了重大利好契机，随着特色小镇

---

① 朱宏莉、车震宇：《政府主导旅游开发对村落空心化的影响——以大理市喜洲村为例》，《华中建筑》2012 年第 11 期，第 145～148 页。

② 大理时讯：《喜洲镇：推进特色小镇建设 巩固提升旅游形象》，搜狐新闻网，https：//www.sohu.com/a/167768280_628373，2017 年 8 月 28 日。

③ 白若兵、杨大禹：《对大理白族古镇民居保护传承的思与变——以大理喜洲古镇为例》，《城市建筑》2021 年第 11 期，第 64～67 页。

建设的不断推进，喜洲古镇备受瞩目，吸引了来自全国乃至世界各地的游客。同时，喜洲古镇严格按照特色小镇规划建设要求，充分考虑多业态的发展需要，围绕“五美喜洲古镇”，在传统农业大镇、农耕大镇、茶马古道商贾重镇的基础上，着力展示农耕文化、商帮文化、民族文化及其厚重的历史人文底蕴。并将民族文化体验、非遗体验、田园观光、自然休闲、怀旧旅游等相互融合，通过场景展示、庭院营造，将民宿客栈建成农耕文化艺术馆、喜林苑、喜遇酒店、喜洲古镇会客厅、喜洲古镇民艺馆、花语牧场等一批农文旅项目，以农业观光、绿色生态、休闲度假、稻田油菜花海生态观光为主的新型乡村旅游产品开发渐入佳境，实现了喜洲古镇“农业+文化+旅游”产业的有机融合。镇内同步开发“开秧节”“稻米丰收节”等农耕文化活动，并在油菜花和水稻等作物被用于游客观赏之余，发展以“喜米”“喜油”“喜酒”为代表的“喜”系列文化农副产品，策划开设稼穑集农耕文化艺术馆等吸引广大旅客前来游览、体验。① 2017 年，大理市喜洲镇农村经济总收入完成 52.61 亿元，同比增长 8%；接待中外游客 344 万人次，实现旅游经济总收入 2.00 亿元；农村常住居民人均可支配收入达 14862 元，同比增长 10%。② 2020 年，全镇接待游客约 200 万人次。

（二）主要举措

1. 政府与企业通过多种举措全面加强古镇白族风貌保护

喜洲的白族传统民居建筑群落、商帮文化和田园风光被视作喜洲古镇的三大典型特征。喜洲是首批中国特色小镇之一，从国家到云南省、大理市、喜洲镇等各级人民政府及其主要开发经营主体—喜洲古镇旅游开发公司均高度重视喜洲的传统风貌保护。先后编制了《大理市喜洲历史文化街区保护详细规划》《喜洲镇新区控制性详细规划》《喜洲白族古建筑群文物保护规划》《喜洲古镇消防专项规划》《云南大理喜洲白族特色小镇发展总体规划》等相关规划文

① 黑浩川：《大理市以生态优先促农业产业转型升级》，大理白族自治州人民政府网，https://www.dali.gov.cn/dlrmzf/c101533/202102/b444591e8d864b94a20bf83720bd0dd4.shtml，2021 年 2 月 11 日。

② 王之凡：《大理市喜洲镇白族特色小镇发展路径研究》，《乡村科技》2018 年第 22 期，第 17~18 页。

件，明确要求逐步分期实现建设目标，根据远近不同时期建设要求区分轻重缓急，稳步推进建设进程，采用“政府主导、公众参与、以修为主、渐进改善”的更新模式，最终达到有效保护和延续地方传统风貌与人文环境、提升整体环境品质的改造目的。同时，还编印《喜洲古镇建筑保护、整治与新建街巷环境保护与整治导则》等技术手册，努力解决“老百姓不知道怎么保护、管理人员不知道怎么管理”的现状问题，通过大范围发放相关手册，引导广大群众按照要求参与到古镇保护与文化传承中来。多重举措并举促进喜洲历史文化街区保护和活化利用，维护了典型、传统与完整的“白族风情第一镇”的喜洲风貌，为喜洲乡村旅游发展打下坚实基础。在政策方面，大理白族自治州人民政府针对加强历史文化名城（镇、村、街）保护管理工作和相关建设项目管理办法等方面出台了较多文件，如2022年修订的《云南省大理白族自治州大理历史文化名城保护条例》，就提出了包括喜洲古镇、周城历史文化名村在内的规划、保护、管理、利用的相关要求。此外，大理市人民政府还出台了《大理州打造名副其实的历史文化名城实施方案》《大理州打造名副其实的历史文化名城五年行动方案（2021-2025年）》《大理白族自治州人民政府关于加强历史文化名城（镇、村、街）保护管理工作的通知》《大理白族自治州人民政府关于加强海西建设项目规划管理的意见》《大理市历史文化名城名镇名村建设项目管理办法》《大理白族自治州传统建筑和近现代优秀建筑评估认定办法》《大理白族自治州非物质文化遗产保护条例》等一系列文件，从不同尺度、不同角度提出了历史名城、名镇、名村、建筑民居、非物质文化遗产等相关保护要求，为喜洲镇及其所辖村落提供了保护依据与行动指南。

2. 新移民通过多元途径推动空间重塑与文化更新，激发地方自信

说到喜洲新移民，不得不提以美国的林登先生、田飞先生为代表的“新村长”“新喜洲人”。他们被喜洲独有的生态环境、文化氛围与历史积淀吸引，扎根喜洲，将喜洲作为“第二故乡”，投入大量的人力、财力与智慧积极探索喜洲空间重塑与文化再造的新途径与新可能，充分挖掘、展示喜洲本土文化，并与当地居民保持友好、互融的亲密关系，被当地人亲切地称为“村长”。

林登先生依托宝成府、杨品相宅创办了喜洲的知名住宿品牌喜林苑。依托杨品相宅修复的喜林苑，其空间被用作主题餐厅、咖啡厅、图书室、健身房等，林登先生希望把喜林苑打造成一个国际文化交流的桥梁和平台，以此来传播中国传统文化和当地少数民族文化。在酒店内，林登先生通过组织提供体验式旅游产品，如白族三道茶等，让住客深度体验地方文化。同时将喜林苑作为教育交流的开放式平台，与国际院校合作运营研学教育项目，每个项目林登先生都会辅助设计在地文化课程，这样的课程每年有近1/3的时间在进行。林登先生还会邀请国外驻店艺术家，在喜林苑内通过文化讲座等方式搭建地方与世界的沟通桥梁，并通过组织插秧节、喜洲粑粑节等传统节庆活动，复兴并创新性发展传统节事，搭建游客与当地居民交流的平台。在喜林苑的经营中，林登先生坚持聘用喜洲本地人作为员工，让他们在工作中发挥原居民文化优势的同时强化自身文化认同。另外，名誉村长田飞先生深度挖掘喜洲农耕文化，并将其与二十四节气和当地学校的乡土课程等实践活动结合起来，开创了独特的“小而精”的农耕文化展示新空间。

3. 居民通过多种渠道参与喜洲乡村旅游发展，实现增收致富

喜洲镇乡村旅游的发展为地方居民提供了多样化、大批量的就业机会，当地居民也积极参与到地方乡村旅游发展中去。喜洲镇周城村是“中国扎染之乡”，千百年来白族扎染文化与技艺在地方居民之间代代相传，伴随着乡村旅游的兴起与热潮，扎染作品受到众多游客的喜爱，成为热销的旅游纪念品。地方大小扎染作坊紧抓时机，通过与地方及周边村落有意愿、会技术的三四千名村民进行合作，生产出大量富有地方特色又满足市场需要的优秀作品。生产出的扎染作品通过镇域内商铺的售卖，每年平均产值可以达到7000多万元，为参与扎染工作的村民每月额外创收千元左右。随着乡村旅游规模逐步扩大，大理旅游古镇开发有限公司在喜洲镇域范围内先后共流转1.3万亩土地，便于统一规范种植。土地流转不仅在喜洲内造就出驰名内外的稻田、油菜花海田园景观，更是为当地居民创造了新的就业途径。大理旅游古镇开发有限公司将流转的土地采用传统耕种方式进行作物种植，基本每天固定用工100人左右，农忙时增至400人左右，每年用工量约为2万人次，这些下地劳作的工人全是来自周边村落的地方居民。土地统一规划和种植造就的田园景观成为喜洲独特的风景线，地方居民在选择被雇用回到田间劳作时，也会选择在田野附近开设地方美食、地方手工艺品等店铺，或是为游客提供马车游览、田园景观摄影等服务，极大地增加了就业机会和就业选择。乡村旅游的发展在喜洲古镇域内形成了以四方街为核心，向外延伸至市上街、富春里、市坪街和市户街的发展格局。临近游客量大的街道的铺面，由于长时间接触到外来游客，大部分选择进行旅游交易活动；距离街道稍远的、有意愿参与旅游商业活动的居民则会通过摆摊售卖地方美食、手工艺品等方式参与到旅游交易中。同时在喜洲“1806”小镇项目建设实施过程中，喜洲古镇非遗文创、下关沱茶等文旅项目不断被提上日程，地方政府通过积极整合地方优质资源实现了资源叠加利用，增强了项目吸引力及聚合力，一批扎染、泥塑、木雕、甲马等非遗项目传承人，纷纷选择回到喜洲古镇，为游客打开了非遗技艺体验的“方便之门”，为地方居民提供了就业机会和选择，提升了旅游产业附加值。①

（三）喜洲古镇乡村旅游产品业态开发方式

1. “乡村旅游+古建筑活化利用”创新传统民居开发方式，形成独具特色的院落经济

近年来，喜洲古镇政府和居民均意识到白族传统建筑的重要性，注重对白族民居古建筑的保护、维修，以提升改造古镇风貌，挖掘文化内涵，达到了保护与合理利用的目的，强化了喜洲古镇乡村旅游的核心吸引力，并助力其可持续发展。在政府主导下，喜洲古镇按照“一院一品质”“一院一主题”“一院一产业”“一院一特色”的理念，活化利用大量老宅院，形成了华中大学西迁纪念馆、杨焕南宅、宝成府等一批历史院落活化利用典范。在乡村旅游发展中，喜洲古镇依托保存完好的110座古民居建筑群落，培育发展了一批地方特色体验空间，转角楼和喜林苑之间的土地片区被游客称为田园风情网红打卡点，以杨焕南旧宅为主体改造成的喜洲古镇客厅和以杨品相旧宅为依托打造的喜林苑成为传统院落活化利用典范，以“稼穑集”为代表的白族农耕文化展示馆，成为人们追忆乡愁的胜地。严家大院既是白族民居博物馆，也同步发展主题民宿；苍逸图书馆成为新的网红打卡地与公共文化休闲空间；董家大院也成为白族民居与私家园林建设的典型。除挂牌保护的老宅院外，同步发展的还有一批本土居民依托自家院落自行开发经营的民宿客栈。每个院子都诉说着历

① 秦蒙琳：《【走进乡村看小康】大理喜洲：旅游活镇 产业富民》，云南网，2021年8月22日，https：//yn. yunnan. cn/system/2021/08/22/031624878. shtml。

史的沧桑，游客来喜洲看保存完好的白族传统民居已成为他们来喜洲旅游的重要动机之一。

2. “乡村旅游+非遗文化体验”丰富体验活动，更新地方文化遗产传承路径

在喜洲古镇乡村旅游发展中的非遗项目开发方面，当以周城的扎染最早最优。周城被誉为“白族扎染艺术之乡”，因紧邻蝴蝶泉，20 世纪 90 年代就有大量团队进入。20 世纪 80 年代末期，周城扎染进入鼎盛时期，在旅游业尚未兴起之时，周城村内的扎染行业便通过集约化经营实现了扎染技术的不断提升。在周城蝴蝶牌扎染厂的兴盛时期（大约在 1987 年），其曾带动本村和周边村庄近 10000 名妇女参与扎花，产品远销日本、英国、美国、加拿大、中国香港等十多个国家和地区，产品供不应求。随着时代的变化，如今扎染虽然没有那么广阔的大众市场，却在旅游商品市场中有着重要地位，尤其是参与扎染创作成为游客 DIY 的重要项目之一，扎染制品也成为游客喜爱购买的旅游商品之一。随着周城扎染研究会的成立和中国第一个白族扎染博物馆的建成，扎染博物馆—体验馆—销售馆的扎染产业发展模式使游客可以通过亲身参与扎染创作的实践活动加深相关理解。喜洲古镇内的扎染体验馆数量也逐步增多，如璞真白族扎染博物馆、蓝续古法扎染体验店、青白扎染坊、青蓝扎染手工馆等，有的扎染坊还通过色彩更新、款式更新等方式为游客提供个性化 DIY 文创体验，如染布画、手绢、丝巾、衣服、玩偶、饰品等，也通过扎花、扎染制品销售促进了当地居民增收致富。此外，游客同样可以体验制作流程与特色商品购买的还有泥塑、面塑、陶器、甲马版画等“非遗”项目，喜洲古镇内有相应的特色店铺，部分为政府免费提供给非遗传承人使用的，也有一些是手艺人自己开的。通常创作者会融入当地一些独特的文化元素如瓦猫、茶杯、茶匙、储茶罐等，也会与一些美术机构或研学课程合作，通过艺术创作的形式形成个性化产品。喜洲非物质文化遗产基于市场对接的当代创新为其传承带来了新的生机与活力，如有年轻人会在师从当地匠人的同时主动去景德镇学习陶艺，以提升产品的美观性与艺术性；扎染制品也在产品形态、构图设计、色彩等方面不断探索创新，如布艺扎花、扎染水墨画等，均是对传统技艺进行创新的产物。而本土文化元素的手作工艺品，更是别处难觅，增加了喜洲古镇厚重的乡土气息与人文底蕴。

3.“乡村旅游+生态农业体验”升级传统乡村旅游业态，助力古镇农旅经济提质增效

传统的基于生态农业的乡村旅游方式以观光为主，喜洲的生态农旅业态融合了景观营造、大地艺术、生态观光、慢生活度假、生活方式体验、农耕劳作体验等多重业态。喜洲古镇大力实施的农业产业结构调整和转型升级为乡村旅游发展增添了无限色彩。喜洲以稻田、油菜花为代表的田园农业景观对人们充满着吸引力，古镇内的白族村落仍然保持的日出而作、日落而息的生活习惯，呈现出现世版的“诗意栖居”。喜洲古镇有着整齐漂亮的阡陌田垄，田地里的稻子、小麦绿了又黄，成为远近游客热衷打卡的网红景点。喜洲古镇及邻近村落，既有苍山洱海为依托，又保持着田园环绕的生态农业景观，人居环境优越，是中国田园栖居乡镇的典范。古镇周边的土地营造了以油菜、水稻为主的田园景观，其中转角楼和喜林苑之间的田园景观成为最受游客喜爱的景观之一。依托稻田和周边田园景观，新老喜洲人开办了民宿、咖啡馆、特色餐厅等，还举办了“开秧节”“稻米丰收节”等农耕文化活动，并以此为依托，设置了马车游赏喜洲古镇及田园风光活动。民宿临近生态农业种植区，观景效果更好的客房因其正向的生态外部性，价值也更高。金秋时节，喜洲丰收节除了推出白族舞龙、霸王鞭、绕三灵等民俗活动外，还推出了插秧、收割等农耕体验活动，开展研学课程，极大地丰富了喜洲生态农业体验内容。村民在取得土地流转费用后，又可以参与到大理旅游产业的务工中来，既有租田收入又有就近务工收入，实现家庭经济收入的增加。喜洲古镇同时将农耕文化与古院落活化有机结合，打造出稼穑集农耕文化艺术馆，该艺术馆由杨氏祠堂改造而成，通过创造性装置和抽象手法，使老一辈人司空见惯的农具、老物件呈现出更符合当代人审美的全新面貌，为人们呈现了喜洲长久以来的农耕发展和农民生活方式，为其提供了一个能够与千年农耕文化和前人生活智慧互动的空间。稼穑集农耕文化艺术馆围绕人与土地的关系，设置“种之馆”“秧之馆”“稗之馆”“稼之馆”“稷之馆”等主题馆，以“稷之馆”为例，场馆内有本土设计师和非遗传承人合作设计的各类文创作品，如各种造型的瓦猫，还有花酿果酒、“喜油”、“喜米”等特产。在喜洲古镇，生态农业体验+稼穑集农耕文化艺术馆“打卡”成为游客的热门选择。

4. “乡村旅游+商帮文化展示”提升喜洲文化内涵，凸显喜洲文化积淀

喜洲的文化遗产与商帮历史密不可分，其中，物质文化遗产以传统白族民居建筑为主要依托，精神文化遗产则呈现为开放包容精神。乡村旅游发展使得这些文化遗产得到有效保护，同时通过合理开发焕发新的生机。民国时期，喜洲商帮成为由三四百家商户组成的商业集团，其商埠、商号遍及海内外，为现在的喜洲留下了巨大精美的白族传统建筑。商帮的发展使该地区以“四大家八中家十二小家”为代表的民族资本家获得资本积累，他们将财富的一部分用于建造大量精美的白族建筑，这些精美的白族民居保存至今，比如严家大院、杨家大院、董家大院等，是喜洲古镇宝贵的物质文化遗产。乡村旅游的发展使地方政府与居民愈发认识到物质文化遗产保护的价值和重要意义，在保护性利用原则的指导下，开发严家大院为古建筑观光点，使游客可以深入宅院体会白族建筑的精美；同时将董家大院开发为旅游酒店、将杨品相宅打造为国际教育交流平台。民族资本家还合资打造五台中学、苍逸图书馆、淑川女子小学等诸多教育场所，并为华中大学西迁提供支持。喜洲无一处不展示着浓厚的文化积淀，游客在喜洲游览时，仍然能够感受到浓浓的崇文重教氛围。自商帮时期延续至今的开放包容精神更是激励和指导一代又一代喜洲人紧抓发展机遇，勇于拼搏创新。喜洲居民紧抓发展机遇，参与到旅游发展之中，开办充满民族风情的民宿和展示地方美食的餐馆，为游客在喜洲的吃、住、行、游、购、娱提供全方位的保障，让喜洲的文化全方位浸润着游客感官。

二　喜洲古镇乡村旅游发展经验梳理

（一）政府对整体风貌与发展速率的把控是塑造喜洲乡村旅游特色的关键

喜洲白族古建筑群在 2001 年 6 月就被国务院列为全国重点文物保护单位，喜洲历史文化街区是大理历史文化名城的重要组成部分。大理州各级政府历来对喜洲作为历史文化名镇的保护高度重视。喜洲白族特色小镇建设之时，还专门聘请上海同济城市规划设计研究院、清华大学建筑设计院文化遗产保护中心、云南省设计院等国内先进的设计单位进行规划编制。除了高标

准的规划引领外，大理州各级政府恪守历史文化古镇的保护要求，在开发中对文物保护、消防安全、业态控制等层层管控，使喜洲没有出现井喷式发展与过度商业化的问题。喜洲古镇内至今无一家 KTV、酒吧，有民宿老板表示："开 KTV 吵吵闹闹的，老人（母亲）不喜欢，回去估计就要骂你为什么要开了，我们也没人开。"基于"四大家""八中家""十二小家"的商贾人家与其他大户人家形成的 110 座老宅院是喜洲古镇发展的底牌和底气，这也使其成为名副其实、当之无愧的"中国白族风情第一镇"。

（二）严谨细致的行业管理与精益求精的生态治理是喜洲乡村旅游发展的根本保障

喜洲的旅游行业管理一直规范有序。正在发展壮大的喜洲令人印象深刻的是诸多特色非遗工坊与手作纪念品，而无明显的与其风貌或地方文化不符的店铺。"宁缺毋滥""宁慢毋乱"的发展原则为其可持续发展提供了重要保障。

喜洲古镇在生态治理方面，更是精益求精。古镇污水收集率和生活垃圾收集率均达 100%，区域内所有污水经市政管网收集后进入喜洲污水处理厂处理，所有垃圾经喜洲垃圾中转站收集后转运到海东垃圾焚烧发电厂处理。再者，以洱海治理为契机的海舌公园和龙湖湿地建设大大改善了喜洲的生态环境。而田园综合体项目、土地沟埂治理的"最美田埂"建设以及生态库塘建设等，在增加湿地面积的同时营造了优美且优质的乡村旅游发展环境，为喜洲乡村旅游的可持续发展奠定了基础。

（三）新移民的文化创意与乡民主动的文化创新所形成的合力是乡村旅游发展的重要动力

以林登、田飞为代表的"新村长"成为喜洲文化创意的重要源泉，并带动了当地居民主动学习与创造。大理本是藏羌彝走廊的重要节点，其文化的开放性与包容性极强，在乡村旅游发展过程中喜洲人民也表现出极强的主动学习能力。喜洲中国传统村落沙村是电影《五朵金花》取景地，曾推出了"鱼鹰捕鱼"项目，其独特的文化呈现方式备受欢迎；庆洞村的"神都、圣源寺、观音阁"为国家级非物质文化遗产项目白族绕三灵活动的核心区域，有着独特的"土库房”，当地乡村旅游发展主要依托其非物质文化遗产节庆活动。

此外，喜洲不断探索文化创新可能，围绕特色小镇建设举办了稻米文化艺术节、“洱海保护生态农业”插秧节、稻梦空间·传承农耕遗风、“喜洲·金色古镇”最美摄影作品有奖征集活动等。喜林苑“新村长”林登则依托喜洲的资源禀赋与本土文化，开展了一系列文化创意活动，如大理“柴米多”——宝成府游园会、StuidoKlasse 影像工作坊、Kelley 商学院与喜林苑合作的 Globase China 访学项目、“驻地艺术家”等活动，在展示喜洲地方文化的同时实现了文化交流，促进艺术家、外地学者与喜洲社区村民的互动，为喜洲传统的社区民俗赋予新的生机与可能。田飞的“稼穑集”也成为喜洲乡村旅游中农耕文化展示的新名片之一。

（四）古镇文化与乡村生态的耦合共生是喜洲备受青睐的主要因素

文化与生态是乡村旅游发展的“两端”，一端从时间上连接着历史，一端从空间上连接着自然，人们在时间的历史长河中积淀着文化，在空间上同自然逐步分离又渴求回归自然。喜洲古镇的乡村旅游既重视了文化，也重视了生态。喜洲古镇与其孕育出的传统村落的乡村文化展示、文化资源的创新性开发与创造性转化均可圈可点，古镇多元的文化遗产使游客感受到了独特的地方文化，推动乡村旅游的可持续发展。甲马木刻版画、白族民居建筑、扎染技艺、绕三灵、泥塑、面塑、陶艺等非遗项目体现出了喜洲古镇深厚的文化底蕴，其中以白族民居建筑、扎染作品为代表的物质文化和地方开放包容为主的精神文化令游客感受深刻。

独特的田园风光、苍洱风光也令人流连忘返。花甸坝、五台峰、苍山、洱海、海舌公园、龙湖湿地公园以及稻田、油菜花海都是喜洲古镇重要的“生态法宝”。

《云南大理喜洲白族特色小镇发展总体规划》提出要布局文化体验板块、时尚创意板块、田园养生板块三大产业板块。文化体验板块主要展示喜洲商帮文化、白族建筑文化、白族民俗文化；时尚创意板块主要是挖掘当地传统手工技艺，促进传统乡土技艺的再开发，融入更有时代感的创新创作主题，以实现传统手工艺的传承；田园养生板块主要在于建设喜洲田园风光旅游休闲区，重视保护自然生态环境和传统田园风光特色，维持传统农作物种植结构，形成具有观赏价值的农业旅游区；创新农业旅游、乡村旅游模式。以幸福为主题，发展幸福产业和大健康产业，以健康养生为核心，全面推进户外运动、疗养、亲子娱乐等旅游产品开发。借助海舌公园、龙湖湿地、田园综合体等优美的自然环境和稀缺的景观资源，发展婚纱摄影等文化旅游项目。无论当下还是未来的发展方向，喜洲均注重古镇的文化表达与传递，同时高度重视生态保护，且又将其作为关键的生态产品开发资本，真正巧妙地实现了生态产品的资本化转化。

三　喜洲经验对古镇乡村旅游发展的启示

（一）古镇乡村旅游开发要突出独特古韵与厚重历史积淀

古镇的古韵是其有别于其他小镇的重要标志，看似相似的外观背后有着不同的地脉与文脉影响，无论历史积淀所形成的文化底蕴还是基于自然肌理的建筑风格均有所不同。因此，古镇乡村旅游发展，必须重视挖掘和彰显其古色古香的古韵及与之相匹配的历史积淀，充分整合其文脉、地脉中遗留下来的特色文化，以提升其乡村旅游品位。在一些乡镇中，某些田园风光要素大致相同，但地方历史积淀及其在长期与自然、与他地的发展交互中所形成的特色文化则是其区别于他地的主要因素。古镇乡村旅游开发要善于发掘地方历史中的文化价值，讲好古镇故事，传导古镇文化，以给游客留下深刻印象。喜洲的商帮文化、白族文化最为突出，商帮文化在喜洲留下的印记包括特色鲜明的白族院落，也包括反哺地方发展主动建小学、建图书馆的动人事迹，这些文化印记成为旅游场域中讲好喜洲故事的重要素材，其他古镇也可通过效仿喜洲古镇，做好自身文化沟通这一环节，只有当旅游者真正走进旧日时光、触摸历史故事时，古镇旅游开发才拥有打动人心的前提。喜洲最突出的古韵与历史文化承载于其110座传统白族院落之中，政府、公司与开发经营者积极探寻其差异化发展道路，有的发展主题酒店、特色民宿，有的打造会客厅、非遗博物馆、艺术馆、书店，营造出了一系列特色新空间，在活化利用传统白族建筑过程中形成独特的“庭院经济”模式。闲置不用的保护只会加速其衰败，而在使用中产生效益的保护反而因有人参与管理可以使其得到更好的保护。用巧、用好、用精沉睡的院落，使其焕发出新的生机与活力，也增加其保护的动力。喜洲古院落的活化利用不仅使传统建筑得到较好的保护，还让传统建筑空间焕发了新活力，并形成了有别于街道商铺的特殊商业空间形态。

（二）古镇乡村旅游发展应与地方文化内涵与生态环境建设并重

对于古镇乡村旅游发展而言，跳出传统的思维模式与视角，以国际化视野高位审视并挖掘地方文化内涵，延伸拓展文化产业链，以形成独有的地方气质，并通过有形的建筑、旅游服务设施、特色美食、服饰、文创手工艺品等物质文化与特殊技艺、节庆活动等非物质文化进行系统性呈现，形成一些极具个性的文化符号与品牌进行推广宣传；同时将其文化精神植入古镇建设的各个层面，从而形成包括新移民、游客和当地居民在内的文化认同，对提高古镇乡村旅游开发品位十分必要。喜洲乡村旅游得益于新村长林登的独到眼光和乡创实践，开启了一条高品质的国际化发展之路。在喜洲古镇，依托自然环境的生态文化与农耕文化、依托由历史发展而来的商帮文化和世代传承的传统白族文化构成其复合的文化体系，以开放包容为核心的文化取向对内有凝聚力，对外有吸附力，对游客产生了巨大的感召力和吸引力，铸就了喜洲乡村旅游发展的辉煌。

再者，古镇的乡村发展应坚持以生态建设为基。优质的生态环境是古镇乡村旅游基础设施中的关键要素，其既是景观，也是古镇乡村旅游发展中的重要正向外部性资源，是乡村旅游共建共享的首要可视化要素与优质旅游服务设施的重要依托，也是乡村振兴、人居生态环境改善的重要指标，可以给游客和当地居民带来愉悦感与幸福感，优美的生态环境是实现主客共享的途径之一。喜洲古镇乡村旅游的兴旺离不开苍洱神韵与诗意田园，优越的生态环境使其被誉为理想的“诗意栖居之地”。在生态环境方面，古镇的乡村旅游规划建设要践行“保护优先、合理利用、兼顾效益”的共生发展理念，尽量满足人性化设计和多元化需求，探索旅游用地创新模式，以筑牢古镇乡村旅游发展根基，打造生态环境优美、文化氛围浓厚的宜居宜游宜业的乡村旅游地。

（三）古镇乡村旅游开发要以农业或其主导产业为基，全面整合资源推进“文旅+”大融合

古镇乡村旅游开发，要以农业或其他主导产业为依托，延伸其包含生产流程、艺术创意加工、产品销售、价值创新在内的产业链、价值链，全面整合各方资源探寻乡村旅游发展的各种可能，实现以主导产业为基的乡村旅游“文旅+”大融合。在喜洲古镇，大理旅游古镇开发有限公司在转角楼和喜林苑之间的大块土地上统一播种和收割，形成春有油菜花海、秋有稻田飘香的田园景观，“田园景观+乡村旅游”备受游客青睐。同时，在整合周边田园景观进行“大地艺术”设计的基础上进行农产品深加工，打造“喜米”“喜油”“喜酒”农产品品牌，逐步实现从播种到收获的种植过程、景观的溢出效应，并实现观光休闲度假、农耕文化展示、农产品销售以及“喜”字系列的文化创新，在推动农文旅深度融合发展的同时展示了完整的生态农文旅产业链。除“田园景观+乡村旅游”业态外，喜洲古镇不同村落还出现了“非遗技术+乡村旅游”“特殊技艺+乡村旅游”“节庆活动+乡村旅游”等多元形态，有的是以扎染、鱼鹰捕鱼等特殊技艺为核心吸引物，有的是以节庆活动为特色，多元化的旅游业态合力带动地区乡村旅游发展。在注重古镇乡村旅游业态多元化以增强旅游吸引力的同时，也需要关注古镇游客扎堆问题，同步做好“镇进乡散、镇乡全景化、全服务”的游赏空间的拓展，以提升游客体验。喜洲古镇乡村旅游发展空间逐步由镇内向镇外拓展，逐步形成一体化发展趋势。同时，喜洲古镇还依托苍山洱海自然资源，通过综合开发外围龙湖湿地、海舌公园等，强化景点之间、古镇与乡村之间的相互联动，带动片区整体发展。其他古镇也可针对各自的区域自然环境探索镇内与乡村共进的空间拓展方式，以更好地释放古镇旅游的涓滴效应。

（四）古镇乡村旅游开发要以开放包容的心态形成新移民与原居民的地方建设合力

古镇乡村旅游开发，离不开人才这一地方发展主体。“筑巢引凤”是吸引人才的关键，除了优越的自然资源禀赋外，政府还要提供宽松的营商环境，做好旅游发展的服务工作与管理工作，要充分调动、发挥、整合好新移民与原居

民两种人才的积极性与主动性，吸引“新乡贤”，让“新里变故里”。文艺青年这一群体，往往对古镇或某个地方有着非同寻常的价值解读，并能将其个性化理解与表达渗透在对地方的空间营造、景观塑造与活动安排中。在文艺青年群体中，有的青年手艺人将其艺术表达融入当地非遗产品创作；有的青年画家就地取材手绘地景；有的艺术家建特色别院，营造稻田剧场。喜洲古镇因为美国人林登先生的加入，将杨品相宅开发为蜚声海内外的喜林苑，成为古院落活化利用的典范。林登还相继开发宝成府和杨卓然府系列喜林苑宅院。新喜洲人田飞老师打造的本地农耕博物馆稼穑集农耕文化艺术馆精巧别致。同时，古镇乡村旅游发展也离不开本地居民的努力。政府可通过组织培训班、学习班等方式，充分调动当地居民的参与性、创造性，以非遗传承人为纽带，培植本土手艺人、艺术家与文化创作者，并将其文化活动、手工艺品、文艺作品等安插在文化旅游活动体验、旅游商品销售过程中，增加游客体验感与趣味性的同时展示地方特色文化，带动文化产业发展。实际上喜洲的非遗，如甲马版画、扎染、泥塑、面塑、陶艺等，政府已经在鼓励当地以手艺人为代表的居民参与到文化表达与创新中，目前已取得一定成效。

G.25

湖北省恩施州乡村旅游发展的消滴效应及其内在治理逻辑研究报告

李亚娟　许阳艳　郭之天　虞　虎*

摘　要： 本研究报告关注湖北省恩施州龙凤镇青堡村在旅游发展过程中的涓滴效应形成及其内在治理逻辑。研究发现：中国的精准扶贫政策推动了由政府主导的以农业为主体的第一产业扶贫，并引发了乡村振兴背景下的以社区为主导的第三产业扶贫模式的出现；乡村产业扶贫是围绕产业经济增长的主线展开的不同利益主体的增值创新网络形成的过程，其中政府、企业、村民分别根据政治逻辑、市场逻辑和精英逻辑推动产业扶贫网络的不断完善；乡村产业扶贫形成了农业扶贫"广而稀"、旅游业扶贫"少而稠"的涓滴效应，从被动发展转换到主动发展，村民生计由单一生计向农业兼业型、旅游兼业型转变。

关键词： 旅游扶贫　涓滴效应　治理逻辑　恩施

一　问题提出

"涓滴"作为一个"描述财富从富人向穷人垂直流动现象"的概念，最早

* 李亚娟，人文地理学博士，华中师范大学城市与环境科学学院副教授，研究方向为民族旅游和社会文化地理；许阳艳，华中师范大学城市与环境科学学院硕士研究生，研究方向为乡村旅游；郭之天，社会学博士，华中师范大学社会学院讲师，研究方向为文化社会学和乡村文化振兴；虞虎，人文地理学博士，中国科学院地理科学与资源研究所副研究员，研究方向为旅游地理与生态旅游。

见于 Nehru 一篇关于“霍布森-列宁”帝国主义理论的文献。[①] 涓滴效应一般被定义为：在经济发展的过程中并不给予贫困阶层、弱势群体或贫困地区以特别的优待，而是由优先发展起来的阶层、群体或地区通过消费或就业等途径来惠及前者，即富人消费投资、刺激经济发展，最终惠及穷人，如水之向下“涓滴”。[②]

随着中国贫困治理进程的不断推进，产业扶贫因其本身具有的灵活性、多样性、适应性和脱贫减贫的快速性，成为当下各地扶贫政策及实践中的重要选项。然而，在反贫困实践中，由于制度设计与政策落地间的理论和实践偏差，产业收益未能顺利涓滴，且不同治理模式下涓滴效应也存在差异。对于政府而言，精准扶贫方略兼顾经济效率与分配公平，旨在有效引导涓滴效应精准“滴灌”到贫困群体、贫困区域，实现“精准涓滴”；对于企业而言，扶贫产业项目的申请和经营，是在履行地方脱贫责任的同时，尽可能获取利润，实现“小而广”的涓滴；对于农户而言，是在政府、企业的介入下，参与产业扶贫项目，促进地方经济增长，实现“大而全”的涓滴。

以政府、企业和居民为代表的多元主体，其不同的利益诉求和权力关系为涓滴的顺利实现带来了复杂的社会关系网络，遵循着不同的治理逻辑，展演了多元复杂的动态互动过程。那么，产业扶贫过程中的政府、企业、村民如何进行博弈与协商？形成怎样的涓滴效应？这些效应又将对村民生计产生怎样的影响？诸多问题亟须得到回应。基于此，本报告以扶贫的典型案例地——恩施市龙凤镇青堡村为例，探究在中国贫困治理语境下乡村地区产业扶贫引致的涓滴效应特征及形成机制，进一步拓展涓滴效应在微观的村域范围的应用，并为正确引导、发展产业扶贫过程中的涓滴效应提供参考。

二　案例地概况、数据来源与研究方法

（一）案例地概况

青堡村位于湖北省恩施土家族苗族自治州恩施市龙凤镇西北部，距离龙凤

① 盖凯程、周永昇：《所有制、涓滴效应与共享发展：一个政治经济学分析》，《政治经济学评论》2020 年第 6 期，第 95~115 页。

② 杨思飞：《涓滴效应再讨论：理论与关系》，《信息系统工程》2017 年第 10 期，第 157~158 页。

镇政府驻地34公里，全村共938户。实施精准扶贫之前，青堡村由于缺乏技术指导和统一规划，种植模式单一，导致自然资源利用效率低，产品以自给自足为主，村民现金收入有限，属于市重点贫困村。2013年，全国精准脱贫攻坚战打响，恩施州烟草专卖局（公司）对口帮扶青堡村。烟草行业先后投资5亿元，推进实施“六个一”工程，青堡村基础设施条件明显改善，2016年全村实现脱贫摘帽。2017年起，青堡村利用其气候资源，引进李八姑乡村旅游合作社，实施“民宿+旅游”项目，打造了“民宿一条街”，推进民宿建设，全年共接待游客960人次（见图1）。

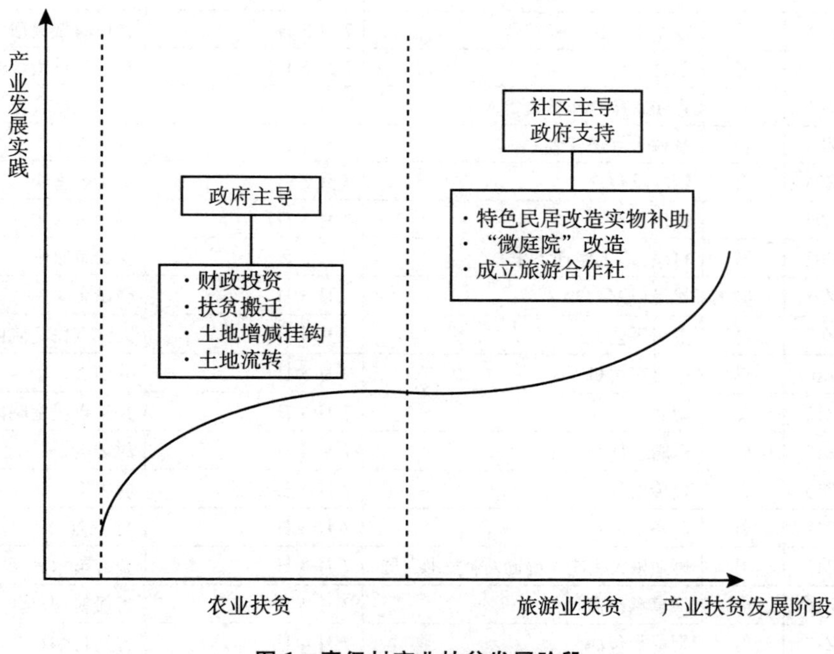

图1 青堡村产业扶贫发展阶段

（二）数据来源

为获取青堡村在扶贫背景下的发展情况，研究团队分别于2022年7月2~5日前往龙凤镇青堡村进行调研，于7月8日前往女儿城（青堡村文化项目投资地）第一次调研，于7月30~31日第二次前往青堡村补充调研。对青堡村发展的利益相关群体如政府、企业、村民等开展30~60分钟的深入访谈，在访谈前征求受访者同意，对访谈过程全程录音，后逐句转化为文本。后于 8 月 16~17 日、12 月 2~3 日进行线上回访补充调研数据，最后共访谈了 31 位受访者（见表 1），并根据受访者顺序依次编码为 SFZ01，SFZ02，……积累了 16 个小时的录音，整理了约 5 万字的基础访谈资料；同时也从村委会获取如青堡村志、青堡村规划等二手文本资料。此外，关于青堡村的新闻报道和扶贫视频等也提供了丰富的信息。

表 1　受访者基本信息

编号	性别	身份	访谈时间	访谈地点
SFZ01	男	青堡康旅民宿经营者	7 月 3 日	青堡康旅民宿
SFZ02	男	前村主任	7 月 3 日	青堡村供销合作社
SFZ03	男	青堡康旅合作社负责人	7 月 3 日	青堡康旅合作社
SFZ04	女	乡村人家经营者	7 月 3 日	乡村人家
SFZ05	男	烟叶承包户	7 月 3 日	受访者家中
SFZ06	女	村民	7 月 3 日	受访者家中
SFZ07	男	村民(山上搬迁下来)	7 月 3 日	受访者家中
SFZ08	男	村民(脱贫户)	7 月 3 日	受访者家中
SFZ09	男	漆树手艺人	7 月 3 日	兴试点民宿院内
SFZ10	男	中巴车司机	7 月 3 日	受访者家中
SFZ11	女	游客	7 月 4 日	兴试点民宿院内
SFZ12	男	返聘主任	7 月 4 日	村委会
SFZ13	女	宣传主任	7 月 4 日	村委会
SFZ14	男	后备干部	7 月 4 日	村委会
SFZ15	男	硒来乐大棚花卉负责人兼技术人员	7 月 4 日	花卉苗木大棚
SFZ16	男	烟草承包商	7 月 4 日	青堡村烟草合作社
SFZ17	男	烟草承包商	7 月 4 日	青堡村烟草合作社
SFZ18	男	主任	7 月 4 日	村委会
SFZ19	男	书记	7 月 4 日、12 月 2 日、12 月 3 日	村委会/线上
SFZ20	男	李八姑民宿经营者	7 月 4 日	电话访谈
SFZ21	女	游客	7 月 5 日	青堡康旅民宿
SFZ22	女	山嘎里民宿老板(外来)	7 月 5 日	山嘎里民宿
SFZ23	男	青堡村烟站技术员	7 月 5 日	电话访谈
SFZ24	男	药材合作社负责人	7 月 5 日	电话访谈

续表

编号	性别	身份	访谈时间	访谈地点
SFZ25	男	游客	7月5日	青堡村沿路
SFZ26	男	兴试点民宿老板	7月5日、8月16日、8月17日	兴试点民宿院内
SFZ27	男	游客	7月5日	兴试点民宿院内
SFZ28	男	女儿城文化部总经理	7月8日	女儿城
SFZ29	男	香菇种植大户	7月17日	电话访谈
SFZ30	男	村民	7月30日	受访者家中
SFZ31	男	硒来乐大棚花卉老板	7月31日	兴试点民宿

三　产业扶贫过程及涓滴效应形成

产业扶贫项目落地并得以施行，对乡村地区产业发展及村民生计产生了多重综合效应。归纳而言，青堡村产业扶贫经历了两个阶段的演替：①农业扶贫阶段（2013~2016年），在政府主导下，从传统小农经济转变为以烟草业为主导的第一产业发展。②旅游业扶贫阶段（2017年至今），在社区主导下，以民宿业为主导的旅游业从无到有。

（一）农业扶贫阶段：政府主导下“广而稀”的涓滴效应

受自然条件的限制，青堡村耕地“小而散”，村民以种植玉米、红薯为生，传统农业受自然条件影响大，产量较低且不稳定，除去家庭消耗和牲畜喂养外，所剩无几。有劳动能力的村民通过外出打工获得有限的经济收入，青堡村逐渐成为只剩老人和儿童的“空心村”。在此背景下，政府投资是带动地方发展的主要途径。从2013年起，烟草公司对青堡村进行对口帮扶，因地制宜地发展特色农业——烟草业。一方面，通过大量的财政资金投入和工程实施，完善青堡村的交通、饮水、电力等基础设施，改善了人居环境，奠定了产业发展的基础。另一方面，通过土地流转，将自然资源集中起来，建立了以烟草业为支柱产业，其他农业（魔芋、番茄、高山蔬菜等）为辅助产业的基本产业格局。

此阶段，政府主导的农业扶贫将地方产业发展目标以项目形式下发给企业，企业在获得了国家财政资金分配的经济权利的同时也承担了发展地方产业、带动农户脱贫的政治责任。为获取国家提供的财政补贴，完成脱贫任务，烟草公司通过技术培训、免费设备使用等策略，鼓励有一定物质基础的农户成为烟草业种植大户（如 SFZ05：2013 年和 2014 年烟草局提供一些优惠政策，那两年田租不要钱，烟草局出钱租的田）。此外，集体土地的租用、雇用农户进行烟叶种植和粗加工等方式也使得普通村民直接参与到农业产业收益分配中。但由于农村基础薄弱、种植技术含量低、农民文化素质不高等因素，农业发展仍然以农产品种植和初步加工为主，附加值不高。

基于以上农业扶贫实践的分析，青堡村农业产业收益流动机制分为三个层次。第一个层次是掌握资金、技术的企业主体，作为扶贫政策的承接者获得了大部分政策优惠和财政补贴。同时，龙头企业主导的农业生产也通过市场流通获取了农业产业发展的主体收益。第二个层次是加入合作社的、具有一定物质资本的种植大户，作为扶贫项目资金的申请者，其根据自身承接的农业产业生产规模获得对应收益，例如 2014 年某烟草种植大户共承包 150 亩土地，收益为 20 余万元。第三个层次是将土地流转用于农业生产，同时通过为种植大户或龙头企业打工获得较少的兼职收益的村民，也包括缺乏劳动能力，仅通过土地流转获得极少的经济收入的村民，例如某村民家中共有 5 亩地以 350 元/亩租给烟草站，同时以 70 元/天的报酬为种植大户打工，年均收益 8000 元（见图 2）。

农业扶贫阶段，企业与农户建立了基于契约的交易关系，进而获得了产业发展所需的土地和劳动力，并带来了经济的增长。这使得年老的、具有一定劳动能力的村民通过参与农业生产，分享了农业扶贫的涓滴效应，促进了村民生计由传统小农型、外出务工型、半工半农型向农业兼业型的转变，如“传统种养+烟草种植”“传统种养+香菇种植”“传统种养+魔芋种植”。

（二）旅游业扶贫阶段：社区主导下“少而稠”的涓滴效应

2016 年，青堡村顺利脱贫摘帽标志着国家烟草专卖局扶贫任务的完成，而连续几年的烟草种植对青堡村的土地质量造成了极大的影响，天气的变化也使烟叶产量波动较大，烟草公司开始逐渐缩减在青堡村的投资规模（如

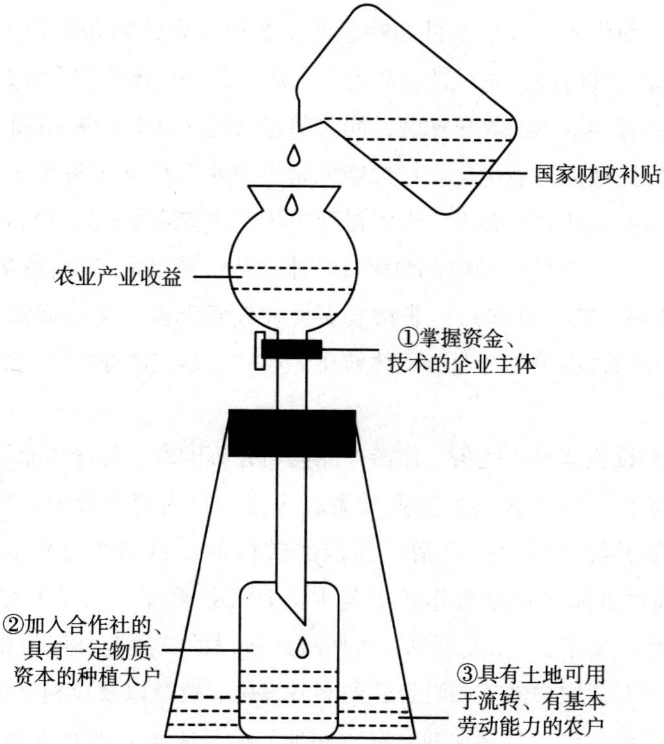

图 2　农业扶贫收益流动机制

SFZ12：因为烟叶收成不理想，估计烟草公司会撤走，不会再在青堡村种植烟草了）。烟草业长期的土地资源占用进一步制约了其他第一产业的发展，受自然条件一般、政策支持较少、销售渠道不完备等因素的影响，青堡村其他农业产业更替频繁（如 SFZ29：青堡村香菇合作社都欠一身债，没种了）。外援拉力的减少和第一产业发展的瓶颈使得青堡村经济增长速度减缓，而后扶贫时代我国反贫困工作的重心由脱贫攻坚向缓解相对贫困与乡村振兴衔接的转变，也呼唤着社区参与程度的提升，以充分激发村落内生动力。

此背景下，使利益分配权力回归村落主体，且在不改变土地用途和所有权关系的同时将土地上附着的旅游吸引物转变成为资本①，旅游业便成为促进贫

① 保继刚、左冰：《为旅游吸引物权立法》，《旅游学刊》2012 年第 7 期，第 11~18 页。

困地区乡村振兴的重要路径。青堡村集中建设好的住宿设施为旅游业发展奠定了物质基础，而优越的气候条件和特色的少数民族风情则是其得天独厚的优势。在旅游业扶贫阶段，龙凤镇镇政府牵头成立了兴试点民宿合作社，吸引具有一定物质和金融资本的农户加盟，同时通过特色民居建设补贴和“微庭院”建设等项目促进整体环境优化。村内能人精英也牵头成立了青堡康旅合作社。该阶段在乡村振兴政策引领下，青堡村利用精准扶贫阶段的积累将村落外部要素（资金、技术、市场）同内部要素（资本积累、劳动力）、村落的物质要素（农业产业资源、基础设施）与非物质要素（气候资源、文化资源）相整合，促进乡村产业结构由第一产业为主体转化为第一、第三产业共同发展，重塑了产业格局。

但因配套设施建设不完备、旅游产品同质化等问题，青堡村旅游发展尚处于初级发展阶段，以“候鸟型”避暑游客为主，村内消费较少，制约其经济增长。此时旅游收益掌握在民宿经营能力较好的少部分本地精英手中（如SFZ20：之前村里和李八姑合作的也基本上自己拉客了，与李八姑合作的很少，他们抽得太多了）。由此可见，青堡村此阶段的旅游业发展虽由地方社区主导，但由于普通农户缺乏旅游经营的必备设施、资源以及权利意识，地方旅游业发展的话语权仍然掌握在拥有资本和地位的外来经营者和本地精英手中，参与到旅游经营中的村民较少（如SFZ08：他们的发展是他们的，跟我没有太大关系）。

基于旅游业扶贫实践分析可知，青堡村旅游业收益流动机制可归纳为三个层次。第一个层次是经营理念先进或物质资本雄厚的外来经营者，本地政治、经济精英主体，他们从政府手中获得了民宿建设的奖补资金和地方旅游业发展的绝大部分收益。具体而言，村集体由于人才、资金等经营条件的欠缺，通常在市场中处于不利地位，导致其旅游发展的多数利润被外来者获取。此外，地方精英群体一方面通过组建合作社获得上级的财政补贴，另一方面凭借充足的物质资本和优秀的人力资本进行民宿经营，赚取直接收益，如某村委会成员家经营的民宿共有12间房，每间房补贴5000元，共获得补贴6万元；疫情之前某经济精英经营的民宿共有18间房子，售价100元/（人·天），年均收入约为10万元。第二个层次是经营能力一般的民宿业主或通过提供旅游配套服务获得较少收益的本地主体。受个人能力限制，多数村民民宿经营水平一般，经营规模较小，无法提供优质的服务或特色的旅游产品，导致其回头客较少，民宿经营时间不持续，收益也不稳定，甚至一些村民退出民宿经营转而外出务工（如 SFZ06：疫情之前经营了一年民宿，第二年没有多少客人，后面就没有人了，我们现在就不做了）。如普通村民经营的民宿共有 10 间房，售价 80 元/（人 · 天），年均收入约为 4 万元。另外，游客的到来促进了地方农特产品和商品消费，从事商品经营的店主，或农特产品有富余的主体可通过市场交易获得少量收益。如地方商店的经营者表示，旅游者到来的时候，店铺内商品销售速度很快（如 SFZ04：有武汉的人来住，水果、菜这些都卖得快）。第三个层次是未参与旅游收益分配的本地主体，几乎无法获得旅游发展的直接收益（见图 3）。

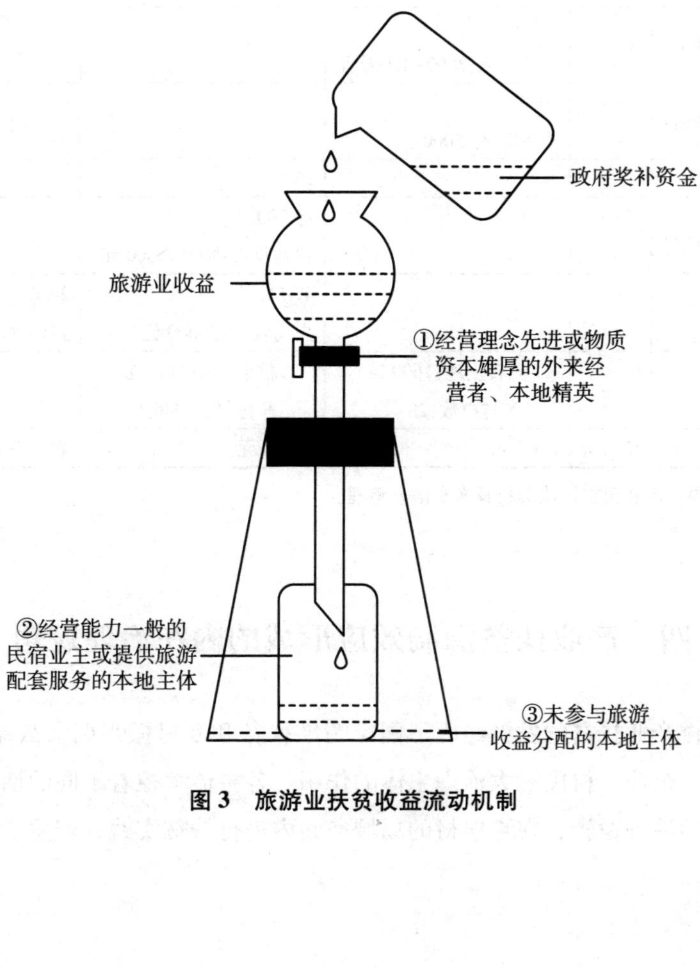

图 3　旅游业扶贫收益流动机制

得益于第一阶段农业扶贫的涓滴效应，农户积累了一定的物质资本和经济资本。在第二阶段旅游业扶贫过程中，民宿经营的高收益吸引了资金雄厚的外来经营者和本地精英，以及具有经营基础和能力的青壮年劳动力回流，开展旅游接待，增加非农收入。其生计类型由农业兼业向旅游兼业类型拓展，如“旅游+打工”“旅游+养猪”“旅游+香菇”等（见表2）。

表2　青堡村村民产业收益情况

生计类型	2012年	2013~2016年	2017~2020年	2021~2022年
烟草种植	— —	15户 户均收入:140000元	10户 户均收入:100000元	— —
养殖户	— —	5户 户均收入:100000元	50户 户均收入:150000元	— —
零工(烟草种植)	— —	200户 户均收入:8000~10000元		— —
零工(魔芋种植)	— —	70户 户均收入:5000元		— —
香菇种植	—	—	25户	—
零工(香菇种植)	— —	— —	近200户 户均收入:4000~5000元	— —
食宿接待	— —	— —	47户 户均收入:30000元	20户 户均收入:60000元
土地流转	—	流转土地:1600亩 参与户数:283户	流转土地:1100亩 参与户数:240户	—
人均收入	2250元	8000元	12000元	超13000元

资料来源：笔者根据访谈资料及文本信息整理。

四　产业扶贫涓滴效应形成的内在治理逻辑

青堡村产业扶贫的发展经历了国家精准扶贫和乡村振兴两大战略的落地，受到政府、企业、村民三大治理主体的作用。各主体掌控着不同的话语权，遵循着不同的治理逻辑，在青堡村的场域空间内进行扶贫实践，产生了不同的涓滴效应。

（1）政府主体主导下的产业扶贫体现了实现发展公平的资本下乡的政治逻辑。它多以项目制的方式进行运作，通过将各种农村社会建设工程以专项划拨和项目的方式向下分配和转移，使中央与各级政府之间形成一种“分级治理”模式。[①] 青堡村的农业扶贫阶段凸显了州、镇政府的强势主导地位。为贯彻国家脱贫意志，地方政府依托政策方针和规划制定，自上而下地决定了土地利用的发展方向，意图通过投资地方基础设施建设和地方产业发展创造尽可能多的工作岗位，解决村落劳动力就业问题，进而实现产业发展的普惠性作用。

（2）企业主体主导下的产业扶贫一般沿着资本逐利的市场逻辑展开。在产业扶贫过程中，地方政府一般选择引入并扶持龙头企业这样的规模经营主体成为农业政策的接应主体与具体执行的代理人，因而企业肩负着完成上级政府规定的扶贫任务的责任，即“利益捆绑”与“责任连带”。[②] 但企业作为市场主体为追求经营成功，会采用多种多样的策略降低成本，获取更多的产业收益。青堡村的农业扶贫阶段，烟草公司统筹推进基础设施建设，开展土地整理、铺设管网、建设水池等，形成了“地连片、路相通、渠相连、旱能灌、涝能排”的现代化烟区格局。[③] 统一的土地流转为烟草公司创造了产业发展的基础条件，形成了规模经济优势，同时也通过土地租用和提供就业岗位将尽可能多的农户嵌入产业发展过程中，完成了扶贫任务。

（3）社区主体主导下的产业扶贫彰显了依靠乡村精英激发村落内生动力的精英逻辑。乡村精英包括村干部、小企业主、外来经营者等，他们本身拥有较强的物质、人力、金融资本积累，具备了调动内外资源、进行产业投资的可能性。同时，由于其更容易获得政府的资金支持，因而更有产业投资动力。而旅游的参与使得以精英为代表的地方村民的生计方式得以转变，并在社区内形成示范效应，使其成为推动地方内生发展的核心力量（见图4）。

---

① 渠敬东：《项目制：一种新的国家治理体制》，《中国社会科学》2012年第5期，第113～130页。

② 许汉泽、李小云：《精准扶贫背景下农村产业扶贫的实践困境——对华北李村产业扶贫项目的考察》，《西北农林科技大学学报》（社会科学版）2017年第1期，第9～16页。

③ 岳伍东：《金色的希望——湖北现代烟草农业建设看恩施之产业扶贫篇》，《东方烟草报》2015年12月2日，https：//paper.eastobacco.com/html/2015-12/02/content_1_2.htm。

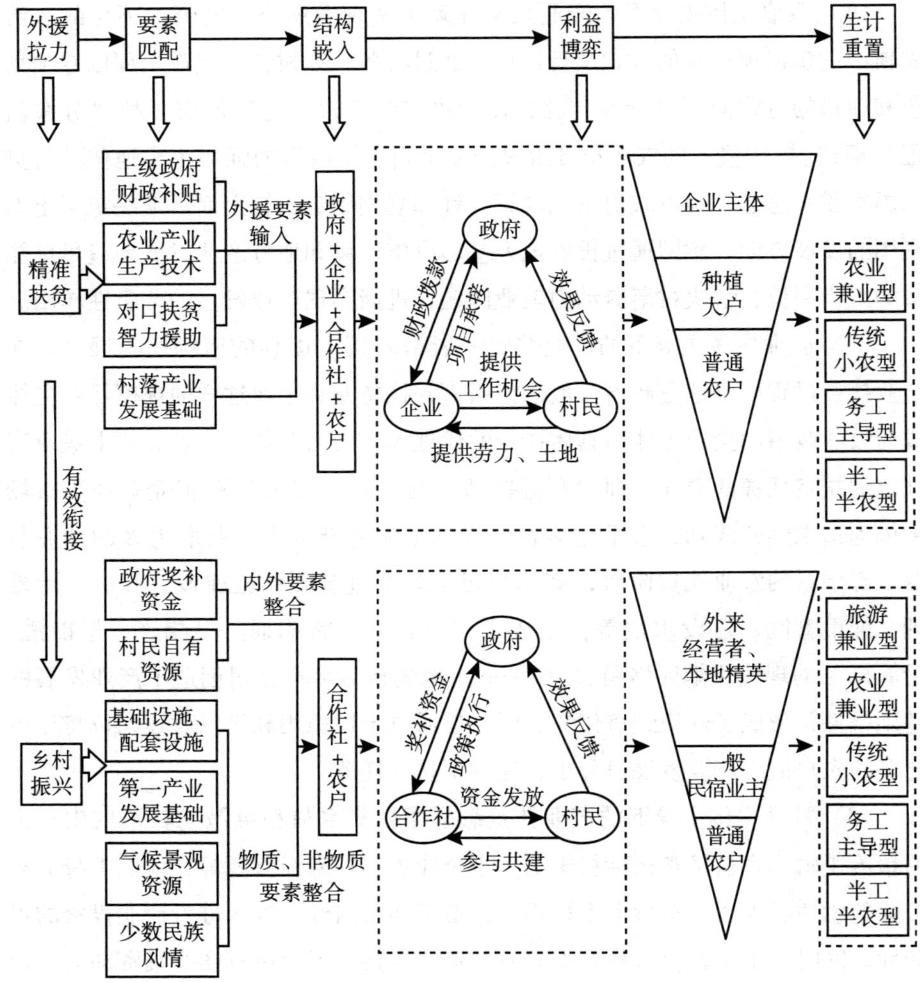

图 4　青堡村产业扶贫的涓滴效应特征及形成机制

五　结论

本报告立足于当前的精准扶贫和乡村振兴背景，以湖北省恩施市龙凤镇青堡村为典型案例，深入剖析其产业扶贫的涓滴效应和内在治理逻辑。政府、企业、村民是产业扶贫过程中的核心治理主体。治理主体遵循其发展目标和治理逻辑，投入各类资本，凭借其资源禀赋和话语权，以产业为载体在乡村场域内进行交互作用，共同建构了产业扶贫实践过程。该过程共包括两个阶段，分别是政府主导下的农业扶贫阶段和社区主导下的旅游业扶贫阶段，分别形成了“广而稀”“少而稠”的涓滴效果，推动村民由单一生计过渡到“农业兼业型”“旅游兼业型”，其乡村经济发展由外援拉力主导向内生动力主导转变。

青堡村的产业扶贫过程是国家治理乡村贫困问题的缩影。无论精准扶贫还是乡村振兴，都需要发展产业。根植于发展基础和资源特色的产业扶贫，通过特色经济作物种植和民宿接待业开展，成功撬动了地方的土地、资本、劳动力，使得乡村的人居环境得以改善，土地价值得以提升，社区居民的自主发展意识得以增强。此外，本报告的分析过程说明了农业扶贫和旅游业扶贫的涓滴效应的生成原理不同。政府主导下的农业扶贫的涓滴效应受市场影响相对较小，扶贫的政治任务决定了即使特色产业经营状况不佳，农户也能够获取土地流转和产业务工的固定收入。而社区主导下的旅游业扶贫的涓滴效应受市场规模影响，只有在经营主体达到涓滴效应所需要的“资本积累率足够高”的理想水平①时，收益才有可能向下流动。但市场往往存在不完善之处，上层主体的发展需求不断增大，下层主体基本无法获得收益，因而精英群体取得了绝大部分的发展成果。

六 对策建议

促进精准扶贫和乡村振兴战略的有效衔接是目前乡村治理的重要目标，旅游业在促进从产业扶贫向产业兴旺转变的过程中发挥着重要作用。针对目前旅游业扶贫“小而稠”的涓滴效应，政府应该将补贴向资源不足的农户倾斜，通过知识传授、技能赋予等方式带动普通农户参与旅游业发展；对于企业来说，为实现地方旅游业可持续发展，不能一味地剥夺旅游业收益，而是应该反哺，即将部分收入重新投入地方设施建设及环境改善；就精英而言，应更好地发挥示范效应，利用其社会网络资源，团结村内力量，充分链接村外资源，实现旅游业的共建、共创和共享。

① 庞清云、保继刚：《涓滴策略对乡村社区旅游收益分配的影响》，《旅游学刊》2022 年第 8 期，第 13~25 页。

G.26

文旅融合促进山地乡村振兴的“贵州模式”研究

陈云坤　彭 瑛　刘孝蓉　石 恪　王艺霖　钱 静*

摘　要： 在文旅融合促进乡村振兴过程中，贵州以山地为重要旅游资源，以民族特色文化、红色文化等为重要特征，塑造了“山地公园省·多彩贵州风”的文旅融合品牌。文旅融合发展为贵州山地乡村振兴带来新的机遇和挑战。具体来看，贵州文旅融合发展势头强劲，在促进乡村振兴中资源丰富、新业态不断涌现、乡村旅游蓬勃发展、人才培养体系日益成熟，形成了“红色+田园+体验”三位一体模式、“民族特色村寨+研学旅游基地”模式、“非遗+多元产业”模式、“民宿+多元产业”模式、“茶文旅融合”模式、“民俗+体旅融合”模式等“贵州模式”。尽管贵州文旅融合促进乡村振兴取得了上述成果，但仍然存在旅游形式与产品单一、地域与民族文化异化严重、配套设施不健全、管理体制机制不完善、乡村文化旅游经营管理水平低、发展资金不足、服务人才匮乏等问题。据此，应加大文化资源挖掘保护力度，健全文旅产业基础设施，完善文旅产业管理体制，提高乡村文旅产业服务能力，构建乡村文化旅游产业链，加大资金投入力度，建构文旅产业发展人才体系，助推贵州山地乡村振兴高质量发展。

* 陈云坤，厦门大学理学博士，安顺学院院长、党委副书记，教授，硕士生导师，贵州省高校乡村振兴研究中心负责人；彭瑛，旅游管理博士，安顺学院旅游学院党委书记，教授，硕士生导师，研究方向为乡村旅游、遗产旅游；刘孝蓉，文化和旅游部旅游质量监督管理所研究员，研究方向为乡村旅游、文化旅游；石恪，博士研究生，安顺学院科研处处长、教授、硕士生导师，研究方向为文化旅游、文艺学；王艺霖，安顺学院乡村振兴研究中心工作人员，研究方向为民族文化；钱静，安顺学院经济与管理学院讲师，研究方向为乡村文化振兴。

关键词： 文旅融合　山地乡村振兴　贵州模式

一　文旅融合促进贵州山地乡村振兴现状

贵州作为全国唯一没有平原的省份，拥有优美的自然景观资源、丰富的民族乡村旅游资源以及户外运动旅游资源，这些都为发展以“山地旅游业态”为主体的旅游产业奠定了坚实基础。事实上，山地旅游作为贵州旅游业的基本定位已经提炼出贵州乡村旅游资源的“山地特质”。①

“十三五”期间，贵州省的旅游业取得了突飞猛进的发展，其年均旅游收入以超过30%的增速持续攀升，刷新了贵州省旅游业发展史上的最大增幅纪录。贵州接待的旅游总人数从2011年的1.7亿人次增至2021年的6.44亿人次，旅游总收入也从2011年的1429.48亿元跃升至2021年的6642.16亿元。这一系列的数据显示，贵州已经从一个文化旅游大省逐渐转变为一个文化旅游强省。

党的二十大报告明确把坚持“以文塑旅，以旅彰文，推进文化和旅游深度融合发展”作为繁荣发展文化事业和文化产业的重要要求。贵州省聚焦建设多彩贵州民族特色文化强省和多彩贵州旅游强省的目标，强化“山地公园省·多彩贵州风”文旅融合的品牌，努力打造“国际一流山地旅游目的地”、“世界级旅游目的地”和“国内一流度假康养目的地”，形成了文旅产业融合发展的强劲势头。

（一）文旅融合助推贵州山地乡村产业振兴

近年来，贵州省文旅融合有效助推了全省山地乡村产业振兴。一是通过积极对外招商，推动文旅产业融合走深走实，促进了乡村闲置资产的盘活利用。通过对乡村闲置房屋进行改造而开发的黄果树景区的“匠庐·阅山”和“匠庐·村晓”民宿就是典型代表。二是文旅融合推动文化产业发展，有效带动地方居民提高收入。毕节市织金县依托当地乡村非物质文化遗产资源，研发旅游产品，开展一系

① 吴亚平、周江、潘珊：《对乡村旅游扶贫“贵州模式”的思考》，《理论与当代》2016年第7期。

列非物质文化遗产体验活动，有效促进了当地文化产业高质量发展，以当地的苗族蜡染产业为例，该产业带动了3000多人就业，年产值达600万元以上。

（二）文旅融合助推贵州山地乡村人才振兴

为进一步推进文化和旅游深度融合发展，贵州省先后推动实施包括“锦绣计划”等在内的多项传统手工技艺培养培训系列工程，有效助力乡村非物质文化遗产传承人培养。贵州省文旅厅和各市州文旅局相继开展文旅融合发展专题培训班、“乡村振兴”文化人才骨干培训班、乡村文化带头人培训班等系列培训活动，持续培养乡村文旅人才，为贵州乡村振兴人才队伍建设注入活力。

（三）文旅融合助推贵州山地乡村文化振兴

随着文旅产业融合程度加深，贵州很多颇具文化底蕴和特色的村落居民开始有意识地重拾文化记忆，树立文化自信，推动了乡村优秀传统文化、民族文化的传承、弘扬与发展。为深化文旅融合，贵州多地相继建设了非物质文化遗产体验馆、村史馆、文化展览馆、研学旅游基地等，使得当地乡村文化建设基础设施得到完善，公共文化服务水平得以提升。

（四）文旅融合助推贵州山地乡村生态振兴

良好的生态环境是推进文旅融合的重要基础，文旅融合为乡村生态环境的保护与改善提供内驱动力。很多乡村为了留住游客而在乡村生态环境的保护与改善上下了更多功夫。30多年前毕节市的海雀村，生态环境十分恶劣，森林覆盖率仅为5%，村民的生活“苦甲天下”。通过多年的植树造林活动，海雀村彻底改变了生存环境，森林覆盖率达到了77%。目前正依托苍翠的万亩林海，发展生态产业与乡村旅游。该村老支书文朝荣带领村民改变恶劣生态环境的感人事迹成为贵州省进行党性教育的重要内容，海雀村也成为贵州省开展党性教育的重要现场教学基地。“绿色生态+乡村旅游+红色旅游”，成为文旅融合促进乡村振兴的一种独特模式。

（五）文旅融合助推贵州山地组织振兴

为深入推进文旅融合发展，在以党建引领乡村文旅融合发展的过程中，贵州很多特色村寨基层党组织凝聚力和战斗力得到了有效提升。例如，修文县幸福村持续深化建设“党建+旅游”模式，充分利用支部活动、谈心谈话等机制集思广益、积极谋划，使得基层党组织机制作用得到了充分发挥。

二　文旅融合促进山地乡村振兴的贵州模式发展历程

（一）萌芽发展，点上开花（20世纪80年代至2011年）

贵州乡村文旅融合发展萌芽于20世纪80年代，直至2011年，贵州乡村旅游逐步发展，乡村文旅融合则呈现“点上开花”的局面，以“郎德模式”“天龙模式”等最具代表性。

1985年郎德上寨作为黔东南民族风情旅游景点率先对外开放，随后，村民在实践中不断探索，创造性地借鉴了人民公社制中的工分制，逐渐形成了基于民族村寨文化保护与传承的“社区主导、全民参与”的旅游发展模式，被称为“郎德模式”。这是贵州省最早关于山地乡村文旅融合的探索。

2000年前后，贵州山地乡村文旅融合有了进一步发展。贵州省平坝县天龙屯堡是一个典型代表，该地以临近贵阳、安顺的区位优势和独有的屯堡文化旅游资源为依托，以特色节庆活动为引领，融合特色传统文化表演、旅游接待、特色旅游产品销售，形成了“旅游公司+政府+农民旅游协会+旅行社”的山地乡村旅游发展模式，即“天龙模式”，曾是我国旅游扶贫发展模式的成功典范。

（二）快速发展，百花齐放（2012~2020年）

党的十八大以来，贵州省山地乡村文旅融合快速发展，呈现“百花齐放”之势，为贵州省旅游扶贫注入强大动能，其中以“红色+田园+体验”三位一体模式、“非遗+多元产业”模式、“民宿+多元产业”模式、“民族特色村寨+研学旅游基地”模式、“茶文旅融合”模式、“民俗+体旅融合”模式等颇具代表性。

1.“红色+田园+体验”三位一体模式

以遵义市花茂村为代表，依托良好生态和乡村民居特点，以文化创意街、生态农业观光园、红色之家、乡愁小道、真理小道为载体，形成“一街一园一家两小道”经典旅游路线，形成了红色游、田园游、体验游三位一体模式。

2.“非遗+多元产业”模式

以苗绣、蜡染、侗族大歌等非物质文化遗产为核心，以旅游为载体，将特色文化创造性转化与创造性发展和乡村旅游有机结合的模式，集非遗欣赏、体验、文创产品设计与销售于一体，实现文化和多元产业协同发展。黔西化屋村、黔东南黎平肇兴侗寨是较为典型的代表。

3.“民宿+多元产业”模式

以知名旅游景点为依托，以保留传统建筑风貌和民族文化为基础，以巧妙融合地方特色文化与现代消费需求为路径，以“民宿+民族文化”“民宿+养生”“民宿+度假”“民宿+运动”等为发展主线，形成民宿+多产业集群。安顺黄果树景区和兴义万峰林景区的民宿产业发展是较为突出的案例。

4.“民族特色村寨+研学旅游基地”模式

以民族村寨为依托，以文化挖掘为路径，广泛融合红色文化、三线文化、传统文化、民族文化等各种文化元素，探索民族特色村寨旅游与研学旅游活动相结合的乡村旅游模式，安顺牛蹄关村是重要代表。

5.“茶文旅融合”模式

将茶产业、茶文化、地域文化、茶园观光与采茶体验等有机结合，形成利益联合机制紧密、一二三产业有效融合的发展模式，以遵义凤冈和湄潭为主要代表。

6.“民俗+体旅融合”模式

结合贵州山地特点推广如登山攀岩、漂流探险、洞穴探险、山地骑行、滑翔伞低空飞行等山地体育项目，结合多姿多彩的民俗，开展休闲性、观赏性、参与性强的赛事活动，借助新媒体传播力吸引游客，形成“民俗+体育+旅游”的融合发展模式，兴义市成功举办了六届国际山地旅游暨户外运动大会，其成为该模式的典范。

（三）转型升级，高质量发展（2021年至今）

自 2020 年贵州省脱贫攻坚取得胜利，文旅融合促进山地乡村振兴进入高质量发展阶段，山地乡村文旅融合发展转型升级已全面开启。具体表现为：一是新媒体平台影响更广泛；二是逐步形成独特品牌；三是逐步构成多维联动发展的产业融合新态势；四是形成了中国式现代化在乡村的实践探索路径。

“农商文体旅”融合发展多元复合模式。该模式尤以贵州省黔东南苗族侗族自治州的乡村体育赛事最为亮眼。2023 年 3 月举行的台江县台盘村“村 BA”和 2023 年 5 月举行的榕江县三宝侗寨“村超”，借助现代信息技术的强大传播力，成功“出圈”，不仅展示了贵州省独特的乡村风貌和民族特色，更是实现了贵州乡村体育文化的“破圈”“出海”，并形成了“农业+商业+文化+体育+旅游”融合发展多元复合模式。根据相关数据显示，2023 年前三季度，台江县村 BA 赛事接待游客 468.51 万人次，同比增长 60.46%，旅游综合收入 54.25 亿元，同比增长 91.63%。

2023 年“村超”系列赛事，榕江县接待游客超 733 万人次，实现旅游综合收入 81.13 亿元。村 BA 与村超赛事成为贵州省文旅融合促进乡村振兴的典型案例。

三　文旅融合促进贵州山地乡村振兴存在的问题

贵州文旅融合促进乡村振兴资源优势明显，发展过程中新亮点、新业态、新模式不断涌现，但总体发展水平仍然处于初级阶段，与其他先进省份相比，差距较大，主要存在如下几个问题。

（一）文化资源挖掘不足，旅游形式与产品单一

首先，贵州省民族特色村寨众多，民族文化丰富，有“文化千岛”之美誉，但民族村寨旅游形式单一，产品与服务同质化严重，如拦门酒、长桌宴等，与许多其他民族村寨的旅游产品与服务雷同，难以给游客带来多元独特的文化体验。通过对贵州省某布依族村寨的文旅产品满意度调查，对该民族特色村寨的文旅产品非常满意的游客数量仅占受调查游客总量的 20.19%。因为该村寨的文旅产品多集中在布依族服饰及相关手工艺品方面，这些产品设计因缺乏文化符号提炼，创新性与艺术性严重不足，难以满足游客多层次多样化个性化的购物需求①，难以实现传播贵州旅游目的地形象的价值诉求。

① 许丹：《乡村振兴视角下贵州民族村寨乡村旅游发展研究》，《战略研究》2019 年第 7 期，第 17~18 页。

其次，乡村旅游大多仍然处于农家乐或者季节性采摘等初级产品发展阶段，自然风光与文化体验、康养休闲、乡村度假、农业科普等模式发展严重不足。此外，传统乡村旅游向乡村文化旅游发展转型不到位，没有充分挖掘民族和地域文化资源，没有开发富有地域民族特色的旅游项目，不同地区的村落文化难以得到充分展示，多功能多元化的乡村产业发展格局尚未形成。[①] 以遵义凤冈县为例，由调研得知，游客对凤冈县的农家休闲产品、休闲度假产品、文化体验产品等都有较高期待，虽然该地许多村落拥有丰富的文化旅游资源，但是尚未开发出具有地方乡土特色的文化旅游产品，旅游服务依然以茶山观光为主，以茶叶采摘体验和农家乐棋牌娱乐为辅，既无法满足游客深层次的精神文化需求，也无法形成乡村特色文化旅游品牌。

最后，对文化内涵的挖掘不够深入和准确。目前贵州省很多乡村对于乡村文化资源的利用渠道比较狭窄，常常局限于特色服饰展示、民族歌舞表演等方面。部分乡村忽略了文化在旅游业中的核心地位，在乡村优秀传统文化的创造性转化和创新性发展方面存在不足，文旅产业融合发展的创新思路匮乏。以凤冈县为例，由调研得知，仅有 8.54%的游客认为在旅游过程中对体验“当地独特文化”最为满意，可见当地特色文化并没有在游客心中留下深刻印象，乡村文旅融合尚有较大提升空间。

（二）过度追求经济效益，地域与民族文化异化严重

由于部分村落过度追求经济效益，在开发文化旅游服务与产品的过程中过度追求形式上的“热闹”与“喧嚣”，却忽略了特色文化内涵的彰显，相当一部分原本美丽宁静的田园风光、多姿多彩的民风民俗、风情万种的民族歌舞在这种舍本逐末的“开发”中日渐失去了其原有的特色，导致该地区的地域文化与民族文化在发展旅游的过程中被严重异化。还有少数的民族村落甚至不顾传统民俗和民族庆典对特定时间、特定地点的传统要求，为了迎合游客需要，随时随地肆意开展。当民族风情仅仅只是表演而不再是精神财富与文化传承载体的时候，其对游客的吸引力、影响力都会大打折扣，最终将导致该地文

---

① 张亚芝：《产业链视角下贵州山区乡村文化旅游发展路径探析》，《商业经济》2019 年第 5 期，第 118~119 页。

化旅游发展的韧性不足和耐力有限。除此之外，为节省成本、获得更多经济效益，很多地方将非常具有地方民族特色的工艺品由手工制作转为机械化的批量生产，导致产品不仅失去其手工技艺附着的核心价值，也失去传统的艺术形象。①

（三）配套设施不健全，主客共享理念缺乏

乡村文化旅游产业是一个旅游综合服务体，旅游开发涉及道路、游览、观光、观赏、餐饮、住宿、购物、娱乐等方方面面。由于贵州属于西部欠发达省份，乡村旅游发展的各项基础性配套设施建设还不够健全。很多山区村落区位条件优越，也具备优美的田园风光、浓郁的民族风情、独特的地域文化，但是由于交通发展落后，游客往返时间成本高。村庄住宿、餐饮、卫生设施建设不完善，旅游接待能力不足，服务质量低下，导致游客体验质量不高。在一些偏僻乡村，缺乏相应的配套设施，乡村文化旅游项目建设只注重外部“形象”，实用性差，缺乏主客共享理念。正因如此，丰富独特的景观资源与乡村文化优势难以转化成经济优势，乡村文化旅游难以形成持续发展动力。

（四）乡村文化旅游经营管理水平低，服务人才匮乏

总体而言，贵州乡村旅游经营管理水平低下。许多民族村寨乡村旅游的管理经营以当地农民为主，虽有效解决了部分农民家门口就业的问题，但专业技能水平和培训不足等也导致了一系列问题，比如接待能力不强、服务质量不高、景区管理不规范等，严重影响了乡村旅游品牌的形成和乡村旅游的可持续发展。以乡村农家乐经营管理为例，大多数农家乐以本村家庭经营为主，经营者普遍受教育程度低，缺乏先进的经营理念和敏锐的市场眼光，服务质量普遍偏低，游客满意度不高。许多村民对市场化发展的接受度不高，思维上因循守旧，没有形成发展乡村旅游的系统观念，导致推行乡村旅游的新模式和新方式阻力很大，村寨的乡村旅游难以形成统筹发展理念。

---

① 暨星球：《发展乡村旅游促进新农村建设——基于贵州乡村旅游发展的思考》，《中国管理信息化》2017 年第 14 期，第 121~122 页。

（五）管理体制机制不完善，组织力量发挥有限

良好的山地生态环境、多彩的民族风情是贵州发展特色乡村旅游的有利资源。但在推动特色乡村旅游发展中，很多地方管理者、旅游业经营者、旅游项目投资者都对发展主体、发展路径、发展目标、发展思路、市场前景及保障措施等问题缺乏深入思考，一些地方缺乏科学规划，导致发展的盲目性和随意性。近年来文化旅游项目烂尾的情况仍有发生。许多乡镇政府在政策支持上缺乏协调机制，对相关宏观政策的领会和把握相对不足，政策执行效果欠佳，对乡村文化旅游产业发展的促进作用有限，主要体现在对相关产业的扶持精准性和扶持力度仍有待提升。同时，贵州特色乡村旅游还缺乏有效的管理组织和相对完善的管理体制机制，因而在其向市场化、产业化方向发展的过程中存在发力不准、后劲不足等问题。

（六）发展资金不足，投融资渠道相对单一

无论乡村文化旅游的产品与服务的开发，还是乡村文化旅游项目的运营管理与维护，都需要大量的资金投入。目前贵州文化旅游发展的主要资金来源以政府项目投入为主，融资渠道狭窄，招商引资面临挑战，优质外来投资者数量不足，这些因素都成为乡村旅游高品质建设、高质量发展的瓶颈。与此同时，随着旅游消费升级，人们对于旅游服务的质量要求越来越高。面对人们对于高端化、智慧化、创意化旅游产品与服务的旺盛需求，贵州旅游服务由于缺乏资金，还在基准线上挣扎，产品和服务难以实现个性化和精细化特色，难以满足游客多样化需求，在一定程度上制约了全省乡村旅游发展，尤其制约了传统乡村旅游向高质量、特色化乡村文化旅游发展的转型升级。

四　文旅融合促进贵州山地乡村振兴的路径

虽然贵州独特的喀斯特地貌为乡村产业振兴带来了一定的客观困难，比如开发难度大、粮食等农作物产量偏低等，但是也成就了贵州独特的自然风光和良好的生态环境，为保护传承山地区域的独特文化创造了有利条件，这些成为贵州省乡村旅游迅猛发展的天然优势。璀璨多彩的特色乡村文化、独特的喀斯特地

貌、优质多样的生态资源，是贵州实现后发赶超的底气与志气，只有积极推动这些资源变成可利用和发展的资本，才能实现乡村在经济上的振兴，继而带动乡村其他各项事业的发展、兴旺与繁荣，促使乡村振兴走出贵州发展的新路径。①

（一）加大文化资源挖掘保护力度，推进乡风文明建设

在乡村振兴战略背景下，应充分利用山地自然资源，深入挖掘地方生态、民风民俗、民族工艺等文化元素的内涵与价值，开发特色旅游产品，突出贵州各地乡村文化旅游特色，有效避免乡村旅游产品与服务的同质化，提升游客旅游体验感和满意度。在开发乡村旅游资源时要做好“就地取材”，努力做到彰显特色、不失本色、持续出色，既不过多地加入或者引入现代都市元素冲淡乡村文化，也不刻意“表演”而痛失本原。

发展是乡土文化生存的基因和动力，传统乡土文化发生变化也是时代发展的必然结果，因为它会随着时代的进步和文化的交流互鉴而实现创新和发展。发展特色文化乡村旅游，就是在“保护—传承—发展”中实现乡土文化永续发展。

要深入理解和充分把握乡土文化精髓，落实乡土文化教育，加强乡土文化设施建设，推动乡风文明建设，为乡村旅游发展营造良好的社会文化环境。在日常生产生活中，应该引导农民重视保护传承优秀的传统文化。同时，政府也可以以乡村旅游发展为契机，构建农村优秀乡土文化保护传承机制，加强对乡土文化的创造性转化和创新性发展，孕育具有时代气息的新乡土文化，推进乡风文明建设。

（二）健全文旅产业基础设施，加大民生保障力度

优质健全的文旅产业基础设施建设不仅能有效促进乡村旅游的持续向好发展，也能助力当地村民改善生活环境，提高生产条件，是一项一举多得的民生工程，也是实现主客共享的基础。

一是要着重改善各乡村地区的交通设施，提高乡村的旅游交通服务能力，让深山美景连接“康庄大道”，让游客免“跋山涉水”之苦，享轻松旅游之乐。

---

① 柏友恒、杨昌儒：《存在与发展：乡村振兴的优秀乡村文化符号及其价值空间逻辑研究——基于贵州乡村旅游资源的调查思考》，《贵州民族大学学报》（哲学社会科学版）2021年第5期，第32~53页。

二是要强化对旅游餐饮行业的卫生环境与食品安全的监督和管理，不断促使乡村旅游住宿餐饮等行业设施等级和服务水平持续提升。

三是要完善旅游景区内外相关基础设施，提升公共服务质量。首先要增加对文化及旅游产业发展的基础设施方面人力和物力的投入，不仅要出资建设，更要用心养护；其次要根据实际情况对乡村文化及旅游景区、交通、农家乐、客栈、民宿、乡村精品酒店等基础设施进行科学长远规划和特色打造，杜绝“面子工程”“短期工程”，让景区不仅接得住新游客，更留得住回头客。

（三）完善文旅产业管理体制，提高乡村治理水平

在政府的行政管理职能中添加对乡村旅游的管理，并同时制定相应的法律法规，使乡村旅游的发展有法可依、有规可循、有矩可守。比如制定各地的乡村文化旅游管理实施细则，强化对乡村文化旅游规划、运营、管理等方面的监管等。乡村文化及旅游产业需要有效协调政府、文旅企业和社区三者之间的关系，推动形成多方合作共赢的良好局面。在乡村振兴战略背景下，需要尽快制定乡村旅游行业管理标准和协调机制，进一步明晰企业、政府和社区在乡村旅游发展中的责任和管理边界。

在文物保护与文化传承方面，应坚持有效保护原则和适度利用底线，利用现代科技手段，丰富乡村旅游发展内涵，打造乡村旅游品牌。政府应对旅游演艺、节日庆典、艺术节、音乐节、体育节、美食节等文化活动给予政策支持，对融合发展文化产业与旅游产业的企业给予贷款、税收优惠或直接补贴。制定严格的考核标准，为文化产业与旅游产业融合发展创造良好的社会环境。

加强乡村基层治理，扩大社区参与，实现基层社会善治，发挥基层党组织及政府的领导作用和主导作用，提供资金、政策支持，加强基础设施建设，制定乡村旅游发展规范，配备和培养基层社会治理所需专门人才。

在共治过程中发挥基层主体作用，建立多方参与渠道，形成政府治理、社会调节、居民自治的良性互动。① 以此实现完善文化旅游产业融合发展体制与提升乡村治理水平同向同行的发展目标。

---

① 安永娜、李锦宏：《基于乡土文化重塑的乡村旅游发展模式研究——以贵州西江苗寨为例》，《经济研究导刊》2019 年第 21 期，第 167~170 页。

（四）提高乡村文旅产业服务能力，提升游客体验质量

聚焦乡村重点景区，全力抓好乡村文化旅游服务工作，确保游客良好的旅游体验。应重点加强乡村景区交通秩序维护，特别是在节假日期间，要加大警力、干部力量、服务人员投入，做好预警发布、交通疏导、接待规范等工作，确保交通通畅和旅游有序进行；提高景区游玩设备、餐饮食品等检测频次，做到维修及时、管理得当，加强景区巡逻巡查，加大景区占道经营、流动摊点整治力度，确保景区游客安全、秩序正常；全面安装设置旅游景区引导标识标牌，成立乡村旅游志愿服务队，设立景区旅游服务站等，全力做好路线引导、景点解说、投诉处置等相关工作，全面提升游客在乡村文化旅游中的多元体验。

（五）以市场为导向，构建乡村文化旅游产业链

强化对地方特色文化与乡村旅游市场的深入研究，洞悉游客对文化和旅游产品的多层次、多元化的消费需求，以消费者需求为导向进一步完善文化旅游产品及文化创意产品的供给侧改革。在提升文化旅游产品与服务的市场竞争力方面，应牢牢抓住创新是经济发展第一动力这一牛鼻子，加大对文化旅游产品与服务的科技创新力度，实现特色文化创意的不断升华。

注重开发参与体验型的乡村文化旅游产品，通过吸引旅客直接参与，真实体验乡村生活，形成集农耕体验、生态教育、文化创意、休闲度假、康体养生、户外运动、乡村体育、研学科普等为一体的乡村生态旅游产业链，因地制宜，结合区域特色，打造区域独特的乡村旅游产品。①

（六）加大资金投入力度，夯实乡村文旅产业融合发展基础

政府要根据地方乡村文化旅游发展的现实需求，整合各项支农资金，对区位条件好、发展潜力大的地区安排专项资金予以重点支持。鼓励农业银行、农信社、村镇银行等涉农金融机构创新服务模式、拓宽服务半径，对于农民乡村旅游创业项目给予支持，放宽授信条件、简化贷款手续。积极吸引民间资本投

---

① 谭云：《乡村振兴背景下贵州乡村旅游发展路径研究》，《区域经济》2020 年第 7 期，第 69~70 页。

资贵州山区乡村文化旅游产业，在税收、土地、水电费等方面给予乡村文化旅游项目一定优惠，增强投资者信心。以主客共享理念，加强乡村文化旅游的交通、供水、供电、卫生等领域的基础设施建设，抓好基础设施维护管理工作，夯实乡村文化旅游产业融合发展的基础。

（七）加大人才培养力度，建构文旅产业发展人才体系

一是要通过强化技能培训等方式，不断夯实乡村文化旅游从业人员的综合素质，以提升服务质量和服务水平为重要目标，对其加大本地民族文化和特色文化的培训力度。

二是要充分利用农村本土的劳动力资源，开展有针对性的旅游服务培训，培训内容和培训方式应该以农民“用得上、学得会”为准则，接地气、可操作性强，充分挖掘农民自身潜力和发展内驱力，积极支持鼓励农民充分发挥自身优势，投身当地文旅产业的发展，通过组建高素质的乡村旅游服务队伍，形成山地乡村文旅产业发展的强大凝聚力。

三是政府应具备人才培养的“源头意识”，对乡村文化旅游产业人才队伍建设进行长远谋划，坚持外引和内培相结合，激励并督促高校构建良好的人才选拔与培养机制，尤其强化对跨产业复合型人才的培养，通过“产、学、研”融合提升人才素质，不断优化学校社会协同育人机制，为促进全省文化产业与旅游产业深度融合构建高质量人才队伍。结合文化旅游产业融合发展定位、发展前景及发展模式等制订相应的培养计划，打造一支在农村用得上、留得住并能真正带动乡村文化旅游发展的人才队伍。与此同时，乡村旅游的发展要依靠当地人的意识觉醒，用当地人的朴素、善良、好客等优良品质赋予游客最佳旅游体验。以此建构乡村文化旅游产业人才体系，补齐人才短板。

G.27

旅游驱动民族村寨幸福乡村建设的司莫拉案例报告*

明庆忠　闫　昕**

摘　要： 建设民族地区幸福乡村是新时代下我国关注农村社会发展、乡村振兴的重要举措。本报告以云南腾冲市中寨司莫拉佤族村为典型案例，通过深入调查和分析其建设背景与发展阶段，探讨总结了司莫拉民族村寨基层党建引领村寨共建共治、政策红利集成叠加资源发展优势、文化活态传承融入产业富民振兴、自主自觉造血带动主体价值彰显等驱动幸福乡村建设的主要经验，提出了旅游驱动民族村寨幸福乡村建设的政策增权以强化主体使命感，物质增益以激活主体参与感，文化增能以提升主体认同感，环境增质以催生主体依恋感，激发内生动力以增强农民主体性的实践策略，为发展乡村旅游促进民族地区乡村振兴提供借鉴和启示。

关键词： 幸福乡村　民族村寨　乡村旅游　乡村振兴　司莫拉

乡村振兴是当今中国经济发展的一大重点。以旅游业为龙头的现代服务业，长期以来已被视作推动乡村振兴的一把利器。在中国的乡村旅游发展中，云南省腾冲市清水镇中寨司莫拉成为一颗耀眼的明珠。清水镇在乡村振兴的道

---

* 本文为国家自然科学基金项目（41961021）、文旅融合与全域旅游发展云南省哲学社会科学创新团队（2020CX09）阶段性成果。

** 明庆忠，兰州大学理学博士，云南财经大学旅游文化产业研究院教授、博士生导师，研究方向为区域旅游开发规划与管理；闫昕，云南财经大学博士研究生，研究方向为区域旅游开发规划与管理。

路上始终保持警醒，牢记2020年1月19日习近平总书记视察清水中寨时的寄语“让幸福的佤族村更加幸福”，感恩前行。对标“产业兴旺、生态宜居、乡风文明、治理有效、生活富裕”的乡村振兴目标，清水镇不断进行改革创新，借鉴其他优秀乡村社区的经验，并将这些经验与清水镇中寨司莫拉的实际情况结合起来，以当地的自然生态、历史、人文、民族风情等资源优势为依托，司莫拉在旅游发展的驱动下，不断推进幸福乡村建设并取得了骄人的成绩。借助“司莫拉效应”，中寨党支部牵头成立了旅游专业合作社，引入市旅投公司，村民以户为单位入股合作社，探索形成“党支部+合作社+公司+农户”的模式，盘活村内公共资源、闲置资产，激发就业活力，2022年脱贫群众年均纯收入比发展乡村旅游前增加4200多元。

借助旅游驱动，司莫拉不仅为当地的经济发展带来新机遇，也为推动民族村寨幸福乡村建设迈出了坚实的一步。本报告旨在通过对司莫拉的调查研究，总结旅游驱动民族村寨幸福乡村建设的实践经验，以促进民族村寨幸福乡村建设，为更多乡村社区旅游开发、乡村振兴及可持续发展提供经验借鉴。

一　民族村寨幸福乡村建设背景与乡村旅游发展阶段

（一）建设背景

历史悠久的中寨司莫拉佤族村，是腾冲市清水镇三家村中一个有着500多年历史的佤族聚居村寨。2018年前，其是典型贫困村，用“看寨不是寨，茅草垒成堆；夏恐屋漏雨，冬怕寒风吹”形容它再贴切不过。近年来，司莫拉乘着脱贫攻坚的春风，通过各级政府和村民不懈努力，从“泥泞坑洼道”到“宽阔块石路”，从“杈杈草屋”到“庭院安居房”，从“一师一校”到民族共融，从“要我干”到“我要干”和美丽乡村的产村融合，先后投资1300多万元实施了“草改瓦”“农危改”“扶贫安居”等村容村貌改善治理、完善基础设施等工程，曾经偏僻贫穷、无人问津的边陲村寨，不仅实现了整个村寨的脱贫摘帽，而且村容村貌、村民精神面貌等都焕然一新，蜕变成了“中国传统村落”、中国少数民族特色村寨、国家4A级景区，形成了旅游+农业+文化的发展模式，村民吃上了“旅游饭”。2020年11月从腾冲机场到达景区的幸福游览线全线完工。以中寨司莫拉旅游为核心，清水镇建设的22.8公里旅游环线为牵引，与机场、茶博园、大地茶海、热海形成旅游联动，串联古寨乡旅示范、农旅融合发展、现代农业观光三大片区，打造佤乡风情、古寨乡旅、农旅休闲、民宿示范、温泉休闲、现代农业6种业态，带动打造了清水社区老寨子“花缘里”玫瑰主题村，建成具有浓厚司莫拉风情的幸福餐厅、幸福烤吧、大米粑粑加工厂和农特产品一条街，实现资源多元化利用及发展区域化、一体化。2021年来共接待游客43.9万人次，促进群众增收500余万元，集体经济增收50余万元。形成了村寨环境舒适宜居、产业振兴，村民生活闲适、安居乐业的美丽乡村画卷。

（二）发展阶段

1. 旅游基础设施建设阶段

以前司莫拉村基础设施十分不完善，道路都是泥泞土路，晴天尘土漫天，雨天积水淤泥，既影响村容村貌，也给村民的出行造成很大的困扰。杨旭东等人指出交通问题一直是困扰司莫拉村民生活和当地旅游发展的突出问题。①2012年实施“村村通”工程，现在通往村里各处的道路基本硬化，还安装了路灯。道路畅通后，村民的日常生活更加方便，来往的游客也日益增加。与此同时，“农村危房改造”“扶贫安居”“厕所革命”等项目也迅速跟进落实，不断巩固发展基础。杜加从指出，从2015年开始，司莫拉全力发展“一村一品”，调整传统种植业，开始设计规划司莫拉乡村旅游业发展，修建旅游设施、基础配套设施，使古老的佤寨告别了过去的脏、乱、差，焕然一新。②

2. 旅游融合创新发展阶段

李静等人指出司莫拉村寨的佤族文化及自然景观是独特的旅游资源，当地干部合理有效地利用当地的旅游资源优势，探索实现乡村脱贫、乡村振兴的新模式，共同促进集体增收，因地制宜地打造属于司莫拉的旅游特色，如建设彩色稻田画景观区、佤族民俗陈列馆、佤王府等项目，致力于打造人文与自然融

① 杨旭东、濮进军、刘申仙：《牢记嘱托 幸福前行——腾冲市司莫拉佤族村的奋进之路》，《云岭先锋》2021年第2期，14~17页。

② 杜加从：《司莫拉佤寨：“幸福的地方”向着幸福前行》，《党建》2021年第6期，第49~51页。

合、观光体验相交融的司莫拉佤族特色旅游区。司莫拉村还积极将当地的农业景观转变为特色旅游资源，做好旅游与农业融合文章。[①] 蔺应俊指出新时代发展背景下的外力干涉和旅游发展促使司莫拉佤族村的仪式信仰复兴和改造尤为迅速。现在村子里已经有包括文化活动室、文化活动广场、寨中休息亭、佤族特色寨门在内的文化设施。通过对具有代表性且含义不同的文化景观进行分类，再将其进行合理有机的布局，在创新的基础上勾勒出司莫拉佤族村寨的历史文化脉络，让人们在游览观光的同时体会到司莫拉佤族村寨的人文情怀。[②]

3. 旅游全面可持续发展阶段

突破收入单一化的窘境，全面融合多种业态，融入腾冲市的大旅游发展格局，是实现司莫拉乡村旅游可持续发展的关键所在。赵银梅指出推进司莫拉乡村旅游发展首先要打造发展旅游新业态，鼓励业态创新；其次是完善旅游配套设施，提高旅游品质；最后要深入挖掘特色民族文化内涵，打造文化 IP，树立自己的专属品牌。[③] 姜太芹、刘东指出司莫拉村寨独具的人文景观是大滇西旅游环线上极具开发价值的旅游资源。司莫拉应在保护开发本村寨民族文化景观、文化资源的基础上，把握住大滇西旅游环线建设的机遇，主动在环线上构建合作关系网络，以不断凸显村寨自身优势和增强旅游核心竞争力。同时还需要不断挖掘多样化的旅游产业融合渠道。[④]

二　旅游驱动民族村寨幸福乡村建设的主要经验

（一）基层党建引领，协同机制创新

健全“镇党委—行政村党组织—村民小组党支部—党员中心户”的组织

① 李静、古昕：《让幸福的佤族村更加幸福——记云南省腾冲市清水乡三家村党总支书记、村委会主任赵家清》，《中国民族》2021 年第 8 期，第 62~63 页。

② 蔺应俊：《司莫拉佤族村祭寨仪式研究——基于对司莫拉佤族村的田野调查》，《昆明冶金高等专科学校学报》2021 年第 6 期，第 74~79 页。

③ 赵银梅：《疫情防控常态化背景下司莫拉佤族村乡村旅游发展策略研究》，《西部旅游》2022 年第 10 期，第 44~49 页。

④ 姜太芹、刘东：《大滇西旅游环线建设背景下的民族村寨文化景观旅游开发研究——以腾冲司莫拉佤族村为例》，《乐山师范学院学报》2022 年第 6 期，第 60~64 页。

体系，推动组织体系、治理体系一体化、严密化。中寨党支部先后被评为省级“规范化建设示范党支部”“云岭先锋红旗党支部”。建立以党员为骨干的专兼职网格员队伍，做好日常巡查、入户走访、信息收集、问题发现、协同处置、结果反馈等工作，推行党员户挂牌公示、无职党员设岗定责，广泛开展“党员亮身份、公开亮承诺、设岗定责”活动，教育党员在联系服务群众、应对突发事件、处理复杂问题等基层治理工作中当先锋、做表率。

在提高为民服务能力方面，全面落实党员联系服务群众制度，深化“我为群众办实事”活动，探索“党员带领下的200米服务圈”模式，广泛开展游客问询、乡村绿化美化、矛盾纠纷调处化解等工作，解决群众“急难愁盼”事项240余项，推动游客服务中心、党员驿站、新时代文明实践中心、志愿服务站等服务阵地和司莫拉党群服务中心融合共建、资源共享，做到党员“要活动到中心、有需求找中心、做奉献来中心”。

在动员社区参与方面，深化党建带群建，加强工会、共青团、妇联等群团组织建设，延伸党组织工作手臂，积极开展健康养老、家庭服务、教育培训、公益慈善、防灾减灾及农村生产技术服务，严格实行村干部和党员“一月一次”对社会救助对象、外出务工人员、空巢老人、困境儿童、“三留守”人员、精神障碍患者等群体的常态化关爱服务和心理健康疏导制度。在党组织和群团组织的带动下，司莫拉咖啡吧、书吧、餐厅等10余家进驻企业化身为村情民意“信息员”、服务群众“志愿者”，主动认领服务事项110余项，做到矛盾纠纷“小事不出村、大事不出乡、矛盾不上交”。

（二）政策红利集成，发展优势叠加

邀请浙江大学规划设计院和腾冲本地专家协同，修编制定了《清水乡村振兴战略规划》《云上司莫拉总体规划》《中寨近期建设规划》，明确了“一环三片、六村六品、一核一寨”的乡村振兴总体布局，对标实施。注重传承保护传统建筑风貌，民居仍以传统榫卯结构为主，司莫拉实施了墙体景观改造，统一建筑风貌，保留特有的土墙和仿真茅草建设。以建设22.8公里的旅游环线为牵引，串联古寨乡旅示范、农旅融合发展、现代农业观光三大片区，打造佤乡风情、古寨乡旅、农旅休闲、民宿示范、温泉休闲、现代农业6种业态，实现资源利用最大化，发展模式最优化。

坚持走乡村绿色发展之路，以“厕所革命”、农村垃圾和污水治理以及村容村貌提升为主攻方向，坚持保护与开发并重，深入推进“人居环境整治三年提升行动”，持续深化人居环境“大排查、大宣讲、大整治、大督导、大曝光”专项行动。克服重重困难，千方百计筹集资金，并广泛动员社会力量，推动农村基础设施建设实现大加速、大提升，打造生态和谐、环境优美的美丽乡村。如今，司莫拉佤族村已成功创建4A级景区，与机场、茶博园、热海形成旅游联动，并带动打造了清水社区老寨子“花缘里”玫瑰主题村，使之成为司莫拉景区的“前厅花园”。

（三）文化活态传承，产业富民振兴

司莫拉坚持文化聚力，丰富“文化+”载体，建成优秀民俗文化陈列馆，传承弘扬司莫拉佤族“新米节”“答牛丛”“摸你黑”等传统节日，组建乡村文艺队，开展文艺会演和联欢活动，佤族篝火晚会和木鼓等民族风情体验项目受到游客青睐。司莫拉把民族文化资源优势转化为乡村旅游发展优势，推进文旅融合发展。把习近平总书记考察云南重要讲话精神作为促进清水乡村振兴的“纲”和“魂”。推出的红色线路中，讲好讲透“情满司莫拉”红色故事和清水感恩奋进的故事，近年来，累计开展各类宣传宣讲、红色教育现场教学600余场次、受众2万余人次。举办了“欢喜过大年”“幸福来摸你”等一系列活动，承办2023年全国“村晚”示范展示活动保山分场“我们的幸福生活”春节联欢会；根据清水历史、中寨佤族传说以及为了表达对习近平总书记视察云南的感怀之情而创作上演沉浸式舞台剧《幸福清水故事汇》。通过文艺演出、音乐会、佤族传统体育赛事、佤族传统节日、佤族篝火晚会等活动把群众的智慧和力量凝聚到促进民族团结、共建美好家园上来，形成和巩固干部群众团结奋斗、克难奋进的生动局面。

在文旅融合实现产业富民方面，挖掘农村乡土文化，拓展“幸福·旅游+”产业，大力发展有机茶园、观光农业、土鸡养殖等农业产业，镇党委牵头研发司莫拉系列产品，引导群众积极发展精品民宿、民族特色农家乐等特色旅游业态。截至目前，司莫拉建成农家乐6户、民宿4家，从事农特商品售卖35户，27名村民参加餐厅务工和景区保洁、讲解、秩序维护等实现稳定就业。建成具有浓厚司莫拉风情的幸福餐厅、幸福烤吧、大米粑粑加工厂和农特产品

一条街，新增就业岗位500余个，带动村民就近就地务工1000余人，实现村民人人有事做、户户有收入、集体得实惠、公司有盈余、团结共致富，群众的幸福感、获得感、安全感不断增强。

（四）主体价值彰显，自主自觉造血

把人才振兴作为推动乡村振兴的重要支撑，采取“引、培、派”相结合的方式，扩大增量、优化存量、提高质量，为乡村振兴提供坚实的人才保障。在换届选举中，坚持把能人选进领导班子，2021年村级换届调整充实新人25名，书记、主任全部“一肩挑”，新一届村“两委”成员平均年龄较上届降低8.2岁，大专及以上学历成员占38.8%。镇党政班子实现年龄梯次配备、专业优势互补、学历经验相长。

在组织培训方面，深化“领头雁”培养，组织乡村组干部外出观摩等系列活动，进一步凝聚了人心，充分提振了干部的精气神。围绕乡村旅游、创业就业等，近三年累计开展民宿、农家乐、茶艺师、导游、种养殖等培训19期，累计培训950余人次，为清水镇乡村振兴培养和储备了一大批“土专家”和“田秀才”，切实为少数民族村寨各项事业的发展提供了坚实的人力支撑。

在人才引育方面，建立乡土人才库，培育乡土人才1548名，集聚乡土有用之才，实现抱团发展、强村富民。突出少数民族文化优势，立足佤族酿酒、制茶、民族特色舞蹈和民族画等民俗，培育民族文化技艺传承人18人、乡土民族文化能人75人，有力地推动民族特色文化的传承和弘扬。

三　旅游驱动民族村寨幸福乡村建设的主要机理与策略

（一）政策增权，强化主体使命感

政策增权的核心是强化政策的主体意识和责任感，通过政策引导和激励民族村寨的农民、政府和企业等各方主体积极参与乡村旅游和民族文化传承保护工作，从而实现较高质量的乡村建设和经济盈利。

政府以政策支持的方式，加大对乡村旅游的政策倾斜，为其提供必要的资金、税收、贷款和补贴等方面的支持，同时，确保政策的针对性和稳定性，以

便各方更好地参与乡村旅游和民族文化传承保护活动。

政府借助媒体、网络等媒介，向社会宣传政策的各项内容和优惠政策的实施扶持。这是为了让当地的民众和企业了解政策的支持范围和具体措施，进而激发他们的参与热情，积极投入乡村旅游和民族文化传承保护工作。

政府对乡村旅游和民族文化传承保护做出明确的目标和要求，为民众和企业提供各种形式的激励性措施，以逐渐提高民众参与其中的积极性和自发性。

政策增权是旅游驱动民族村寨幸福乡村建设的重要机制之一，通过有效的政策推动和各方协同发力，可实现民族村寨优秀文化遗产的保护和发扬光大，同时，也能促进当地的经济发展和人民幸福感提高。

（二）物质增益，激活主体参与感

通过提高当地居民和企业的物质利益、创造就业机会、提高生活品质等方式，能够激活村民和企业的参与感和主体性，促进他们在乡村旅游和民族文化传承保护工作中的积极作用。

乡村旅游和民族文化传承保护工作可以为当地居民创造更多的就业机会和增加收入来源，从而提高他们的物质收益。这样，当地社区居民更有动力和热情参与到乡村旅游和民族文化传承保护工作中来。随着旅游发展不断向好，当地的基础设施将得到改善，交通、住宿、餐饮等业态也将得到进一步改善，从而提高居民的生活品质和满意度。

乡村旅游和民族文化传承保护工作需要充分利用当地的资源，包括自然环境、历史文化和村庄风貌等，因此动态保护、适应性管理也成为一种资源保护的手段。通过旅游业的带动和资源保护的实施，在吸引游客前来旅游的同时，也促进了当地自然环境和社会文化的保护和传承。

（三）文化增能，提升主体认同感

将文化振兴纳入乡村振兴发展总体规划，与乡村振兴总体工作同部署、齐推进，坚持实践育人、以文化人，不断丰富乡村文化体育活动，大力整合文化惠民资源，结合法治宣传、文化下乡、节日庆典等，实行“送”文化与“种”文化相结合，以丰富和弘扬特色文化为主线，提升当地居民和游客的文化认同感和归属感，增强其对乡村文化的钦佩和爱护，激发乡村活力，凝聚发展合力，从而推动当地文化繁荣，促进乡村振兴。

从供给侧视角出发，首先，开发和构建乡村文化景观，大力打造和丰富乡村文化旅游资源，将文化景观作为乡村旅游和民族文化传承的重要载体之一，促进居民对乡村文化的关注。其次，通过丰富的文化庆典和节日活动，创造和推动积极向上的乡村文化氛围，让居民和游客领略当地的文化魅力，增强其文化认同感，进而推动文化的繁荣发展。在深入推进文旅产业融合发展的过程中，通过挖掘和发掘乡村特色文化元素，打造出具有地方特色的文化品牌，以此增强居民的文化自信。通过贯彻文化创意设计理念，让文化成为独特的体验和回忆。以全新的方式呈现乡村文化，如将当地的历史文化、民俗文化、传统手工艺等融入旅游线路中，打造出更具特色的乡村文化旅游内容。反观需求侧，随着人们生活水平的提高，游客对文化旅游的需求日益丰富。因此，在提升居民对本土文化认同的同时，也要根据游客的需求，提供丰富多样的文化体验。

（四）环境增质，催生主体依恋感

乡村环境的保护与治理是乡村旅游和民族村寨幸福乡村建设中的重要措施。乡村环境污染和破坏不仅会对当地居民的生产、生活造成影响，也会严重阻碍乡村旅游业的发展。因此，加强乡村环境管理和治理工作，对于催生主体依恋感至关重要。

通过加大环保力度，提升乡村环境质量，打造宜居、宜业、宜游的环境。加强乡村环境管理，不断提高村落环卫和生态文明建设水平，减少环境污染和自然资源破坏，加大环保工作力度，提升居民对本土环境的热爱和保护意识。通过加强对重点自然区域和生态景观的保护和修复，保护本地生态环境和可持续发展，唤起居民的主人翁精神与环境保护意识。由于乡村旅游愈发注重文化资源的发掘，因此，立足地域文化资源优势，通过开展自然文化体验活动，如亲子游、户外探险、文化专场演出等，提升游客参与性。营造良好的主客互动关系，进而增强居民对本土文化的信心与恒心。

（五）激发内生动力，增强农民主体性

农民是乡村发展的主体，其内生活力是乡村发展的关键。因此，在实施旅

游驱动幸福乡村建设的时候，应该密切关注农民的实际情况，积极激发其内生动力，让他们自愿、自发地参与到乡村旅游发展的各个环节中来。

鼓励农民参与旅游业务。旅游业务的发展离不开广大农民的参与和贡献。因此，在发展旅游业务的过程中，要鼓励农民积极参与，让他们能够享受到旅游发展带来的物质增益。首先，在农家乐和民宿经营等方面，可以为农民提供培训和指导，帮助他们提高业务能力和管理水平。其次，推行专业培训。在旅游业的专业化、精细化发展过程中，推行专业培训是非常重要的。可以邀请专业人士到基层进行技能培训，让农民能够掌握最新的技术和知识，不断提升自身的能力和素质。再次，加强综合服务。针对农民的日常需求和实际困难，加强综合服务，促进他们的生产和生活的改善。同时，也可以为农民提供较优惠的旅游待遇，让他们在旅游过程中获得更多的实惠。最后，优化政策环境。在推行旅游驱动幸福乡村建设过程中，应该加强政策支持，为农民提供更加优惠的政策，促进他们更加全面地参与到农村旅游业务中。同时，也要加强政策安全保障，有效遏制旅游乱象，保护农民的合法权益。

四 结语

通过对云南腾冲市中寨司莫拉的调查和分析，我们深入了解了旅游驱动民族村寨幸福乡村建设的做法与经验，以及推进民族村寨的乡村振兴发展实践机理。司莫拉佤族村不仅为腾冲市民族地区旅游产业发展树立了成功典范，也为中国西南地区民族村寨乡村振兴提供了重要的实践经验。

皮 书

智库成果出版与传播平台

皮书定义

皮书是对中国与世界发展状况和热点问题进行年度监测，以专业的角度、专家的视野和实证研究方法，针对某一领域或区域现状与发展态势展开分析和预测，具备前沿性、原创性、实证性、连续性、时效性等特点的公开出版物，由一系列权威研究报告组成。

皮书作者

皮书系列报告作者以国内外一流研究机构、知名高校等重点智库的研究人员为主，多为相关领域一流专家学者，他们的观点代表了当下学界对中国与世界的现实和未来最高水平的解读与分析。

皮书荣誉

皮书作为中国社会科学院基础理论研究与应用对策研究融合发展的代表性成果，不仅是哲学社会科学工作者服务中国特色社会主义现代化建设的重要成果，更是助力中国特色新型智库建设、构建中国特色哲学社会科学“三大体系”的重要平台。皮书系列先后被列入“十二五”“十三五”“十四五”时期国家重点出版物出版专项规划项目；自 2013 年起，重点皮书被列入中国社会科学院国家哲学社会科学创新工程项目。

皮书网

（网址：www.pishu.cn）

发布皮书研创资讯，传播皮书精彩内容
引领皮书出版潮流，打造皮书服务平台

栏目设置

◆ **关于皮书**

何谓皮书、皮书分类、皮书大事记、
皮书荣誉、皮书出版第一人、皮书编辑部

◆ **最新资讯**

通知公告、新闻动态、媒体聚焦、
网站专题、视频直播、下载专区

◆ **皮书研创**

皮书规范、皮书出版、
皮书研究、研创团队

◆ **皮书评奖评价**

指标体系、皮书评价、皮书评奖

所获荣誉

◆ 2008 年、2011 年、2014 年，皮书网均在全国新闻出版业网站荣誉评选中获得“最具商业价值网站”称号；

◆ 2012 年，获得“出版业网站百强”称号。

网库合一

2014年，皮书网与皮书数据库端口合一，实现资源共享，搭建智库成果融合创新平台。

皮书网

“皮书说”
微信公众号

S 基本子库
UB DATABASE

中国社会发展数据库（下设 12 个专题子库）

紧扣人口、政治、外交、法律、教育、医疗卫生、资源环境等 12 个社会发展领域的前沿和热点，全面整合专业著作、智库报告、学术资讯、调研数据等类型资源，帮助用户追踪中国社会发展动态、研究社会发展战略与政策、了解社会热点问题、分析社会发展趋势。

中国经济发展数据库（下设 12 专题子库）

内容涵盖宏观经济、产业经济、工业经济、农业经济、财政金融、房地产经济、城市经济、商业贸易等 12 个重点经济领域，为把握经济运行态势、洞察经济发展规律、研判经济发展趋势、进行经济调控决策提供参考和依据。

中国行业发展数据库（下设 17 个专题子库）

以中国国民经济行业分类为依据，覆盖金融业、旅游业、交通运输业、能源矿产业、制造业等 100 多个行业，跟踪分析国民经济相关行业市场运行状况和政策导向，汇集行业发展前沿资讯，为投资、从业及各种经济决策提供理论支撑和实践指导。

中国区域发展数据库（下设 4 个专题子库）

对中国特定区域内的经济、社会、文化等领域现状与发展情况进行深度分析和预测，涉及省级行政区、城市群、城市、农村等不同维度，研究层级至县及县以下行政区，为学者研究地方经济社会宏观态势、经验模式、发展案例提供支撑，为地方政府决策提供参考。

中国文化传媒数据库（下设 18 个专题子库）

内容覆盖文化产业、新闻传播、电影娱乐、文学艺术、群众文化、图书情报等 18 个重点研究领域，聚焦文化传媒领域发展前沿、热点话题、行业实践，服务用户的教学科研、文化投资、企业规划等需要。

世界经济与国际关系数据库（下设 6 个专题子库）

整合世界经济、国际政治、世界文化与科技、全球性问题、国际组织与国际法、区域研究 6 大领域研究成果，对世界经济形势、国际形势进行连续性深度分析，对年度热点问题进行专题解读，为研判全球发展趋势提供事实和数据支持。

法律声明